アメリカの大学の豊かさと強さのメカニズム

基本財産の歴史、運用と教育へのインパクト
<small>エンダウメント</small>

長野公則

東信堂

はしがき

　2018年、英国のファイナンシャル・タイムズ(FT)紙は、経営学修士号(MBA)を取得できる大学のランキングを公表した。ビジネススクールという実践的かつアカデミックな分野での世界ランキング「FTグローバルMBAランキング」で、世界の上位10校の中で、アメリカの大学が7校を占めた。スタンフォード大学経営大学院(1位)、ペンシルバニア大学ウォートン校(3位)、ハーバード大学ビジネススクール(5位)、シカゴ大学ブース・ビジネススクール(6位)、コロンビア大学ビジネススクール(7位)、マサチューセッツ工科大学スローン校(9位)、カリフォルニア大学バークレー校ハース・スクール(10位)の7大学である。10位のカリフォルニア大学は州立大学であるが、その他の6大学はすべて私立大学である。

　FTによるランキングと並んで、権威のある大学ランキングとしてしばしば引用される上海交通大学高等教育研究院による「世界の大学学術ランキング(ARWU: Academic Ranking of World Universities)」2017年版によれば、総合ランキングで、同じく世界のベスト10のうち、8大学をアメリカの大学が占めた。ハーバード大学(1位)、スタンフォード大学(2位)、マサチューセッツ工科大学(4位)、カリフォルニア大学バークレー校(5位)、プリンストン大学(6位)、コロンビア大学(8位)、カリフォルニア工科大学(9位)、シカゴ大学(10位)である。この8大学でも5位のカリフォルニア大学を除く7大学はすべて私立大学で、プリンストン大学とカリフォルニア工科大学以外の5大学は、ビジネススクールのランキングでもベスト10に入っており共通の顔ぶれである。ランキングで世界の大学を順位付けすることに関しては、引用論文数が英語圏に偏っていることや、理科系の専門分野に有利である等の様々な批判があることも事実ではあるが、世界の学生や研究者が目標として目指すべき大学を選択する際の参考情報として、大きな地位を占めつつあることは否定できない。アメリカの大学は、どのようにしてここまで世界に

冠たる存在になったのであろうか。

　ハーバード大学、イェール大学、プリンストン大学を始めとするアメリカの最も伝統のある東部ニューイングランド地域の大学は、イギリスのケンブリッジ大学やオックスフォード大学のカレッジの伝統を受け継ぎつつ、アメリカという新しい社会に根ざしてアメリカ型の大学として発展してきた。南北戦争後の19世紀後半から20世紀にかけては、アメリカの更なる発展と共に、伝統的なリベラルアーツ教育を軸とした学士課程教育に加えて、専門的な教育と研究を行う大学院教育の充実が図られた。コーネル大学、マサチューセッツ工科大学、スタンフォード大学、シカゴ大学を始めとする新しい私立研究大学や連邦政府の援助の下で各州の方針に沿って設立された州立大学群が、高い教育・研究の質と幅広い層からのアクセスを両立する大学として創設され、すそ野も広げつつ多様な発展を遂げた。開放的なアクセス、学問の自由、アメリカ社会のダイナミズムが、一流の研究者や優秀な留学生を世界中からアメリカに引き付ける原動力となった。

　21世紀の現代では、スタンフォード大学やマサチューセッツ工科大学を始めとする最先端の教育・研究に質の高さと競争力を発揮する大学群、長い歴史と伝統のうえに最先端の教育・研究を行うハーバード大学等の総合的研究大学群、更には少人数の学士課程教育の伝統を受け継ぐリベラルアーツ・カレッジの大学群、アクセス（入りやすさ）とアフォーダビリティ（手ごろな費用）の面で公共性の高い州立大学やコミュニティ・カレッジ群等の様々な大学の類型で、アメリカの大学はその豊かさと強さを発揮するようになっている。これらのアメリカの大学群の中でも、私立の研究大学とリベラルアーツ・カレッジの一部は、実力主義、自治の面での高い自由度、教育・研究面での高い質、大学の中に蓄積された基本財産の豊かさを共通の特色として持っている。

　翻って日本の大学は、明治以来、帝国大学を中心としてドイツ的な大学の概念で発展してきた。戦後はアメリカ型の高等教育の様々な考え方や仕組みを取り入れ、私立大学も含めて日本的な独自の発展を遂げ、1970年代には

大学進学率が20％から25％に到達した。この時点では、日本の人口も伸び、高度経済成長の恩恵を受けていたこともあって、旧帝国大学を中心としつつ様々な規模の国公私立大学に支えられた日本の大学システムの質は、世界の中で見劣りするものではなかった。

　しかし、その後進学率が50％まで伸び大学の数が700以上に達するようになった21世紀になると、一部のエリート大学を除いて入学してくる学生の質の低下が少しずつではあるが、見られるようになる。少子高齢化が進み、日本の国家財政の厳しさが明らかとなるに及んで、国公私立のどの設置形態においても、収入面での大きな伸びが期待しにくい大学が増加している。また2004年の国立大学法人化以降、国立大学法人の運営は自由度を高めるはずであったが、国からの運営費交付金が毎年少しずつ減額されている。最も基盤となるはずの条件の付かない交付金が、期限付の競争的資金に少しずつ置き換えられる傾向が10年以上継続するに及んで、長期的視野での基礎研究や地に足のついた人材育成に十分財源が振り向けられないのではという懸念、施設設備の維持・更新さえ危ういのではという危機感も芽生え始めている。質の向上の期待よりも、衰退のインパクトが懸念される状況となっている。

　いつのまにか、日本の大学の未来は、アメリカの大学の未来ほど明るくないかのように見受けられるようになりつつある。アメリカの大学の豊かさと強さは、どこからもたらされているのであろうか。それらは、今日の教育・研究・社会貢献を充実させると同時に、将来の世代のための豊かな贈り物として、どのように受け継がれる仕組みを持っているのであろうか。

　アメリカの大学の豊かさと強さは、学生に提案する大学独自奨学金の充実につながり、教員給与の面でも長期的な競争力の維持に無視しえない役割を果たしつつある。これらが、優秀な学生や優秀な教員の確保につながり、教育の豊かさ、質の向上に新しいインパクトを持ちつつある。また年度内に使用されずに翌年度以降のために繰り越される基本財産は、未来に向けたギフトとして蓄積される。アメリカの大学の豊かさと強さは、アメリカ社会の豊かさを基盤として、長い歴史と努力の積み重ねのうえに形作られたものである。

本書は、アメリカの大学の豊かさと強さの秘密を、財務、戦略、大学独自奨学金、教員給与、学生・教員比率等の教育へのインパクトを切り口とした事例研究で具体的に明らかにし、21世紀の日本の高等教育政策と大学経営への示唆を探る。

目　次／アメリカの大学の豊かさと強さのメカニズム
　　　──基本財産(エンダウメント)の歴史、運用と教育へのインパクト

はしがき （i）

序章　大学の基盤、歴史 …………………………………………………………… 3
　第1節　問題の所在　(3)
　第2節　基本財産の概念─日米比較─　(13)
　第3節　先行研究の検討と研究方法　(17)

第I部　大学の基本財産 ……………………………………………………… 41
　第1章　基本財産の歴史と意義 …………………………………………… 43
　　第1節　基本財産の定義と社会的意義　(43)
　　第2節　18世紀までの基本財産
　　　　　　─植民地カレッジと合衆国独立を経てダートマス判決まで─　(55)
　　第3節　19世紀における基本財産　(65)
　　第4節　20世紀前半におけるアメリカ研究大学の発展と基本財産　(77)
　　第5節　20世紀後半の新しい展開と21世紀における基本財産　(82)
　　第6節　小括　(109)

第II部　基本財産と研究大学─8大学のケーススタディ─ ……………… 119
　第2章　基本財産のガバナンス …………………………………………… 121
　　第1節　ケースの概要と重要なガバナンスの項目　(121)
　　第2節　基本財産のミッション　(127)
　　第3節　寄付者による使途制限と実際の支出領域　(138)
　　第4節　基本財産の使用をめぐるルール（スペンディング・ポリシー）によるガバナンス　(146)
　　第5節　基本財産の投資方針　(164)

第 6 節　小括　ケーススタディから見た基本財産のガバナンスとその果実
　　　　　　　　　　　　　　　　　　　　　　　　　　　　　　　　（190）

第 3 章　基本財産と奨学金 ………………………………………………… 198
　第 1 節　アメリカの学士課程学生向けの学費援助の概要　（202）
　第 2 節　基本財産と大学独自の奨学金政策
　　　　　―2002 年から 2007 年の 8 大学ケーススタディ―　（208）
　第 3 節　小括　（253）

第 4 章　基本財産と教員給与 ……………………………………………… 266
　第 1 節　アメリカの大学における教員給与と近年の水準　（271）
　第 2 節　基本財産と教員給与
　　　　　―2002 年から 2007 年の 8 大学ケーススタディ―　（277）
　第 3 節　小括　（316）

第Ⅲ部　基本財産とリベラルアーツ・カレッジ ………………… 321

第 5 章　基本財産とリベラルアーツ・カレッジ ………………………… 323
　第 1 節　リベラルアーツ・カレッジの定義とアメリカにおける特色　（324）
　第 2 節　基本財産のガバナンス（リベラルアーツ・カレッジ）　（330）
　第 3 節　基本財産と奨学金（リベラルアーツ・カレッジ）　（355）
　第 4 節　基本財産と教員給与（リベラルアーツ・カレッジ）　（363）
　第 5 節　小括　（368）

終章　結論と課題 …………………………………………………………… 373
　第 1 節　基本財産の歴史　（373）
　第 2 節　研究大学における基本財産　（377）
　第 3 節　基本財産の豊かな研究大学（8 事例大学）におけるポジションの違
　　　　　いと戦略の違い　（385）
　第 4 節　リベラルアーツ・カレッジにおける基本財産　（391）
　第 5 節　全体のまとめと残された課題　（393）

引用文献　(397)
既発表論文について（初出一覧）　(409)
あとがき　(411)

付属資料　事例大学から上院財務委員会への回答書（要約）……………415
　付属資料の主旨　(416)
　上院財務委員会の質問状の内容　(418)
　事例大学から上院財務委員会への回答書の要約　(420)

　索引　(443)

アメリカの大学の豊かさと強さのメカニズム

——基本財産(エンダウメント)の歴史、運用と教育へのインパクト——

序章　大学の基盤、歴史

第1節　問題の所在

　アメリカの大学の基本財産[1]は2000年代に従来とは異なる新しい発展を見せつつある。2000年代のアメリカにおける大学の経営と財務の特徴を概観すると、GDPに占める政府の高等教育支出が漸減する一方で、各大学における高等教育の質の向上とその高コストを支える各大学の戦略が注目されるようになったことをあげることができる。とりわけ私立大学においては、授業料が毎年値上がりを続け、これに伴う高い奨学金の伸びが併存する傾向[2]が顕著になったことを指摘することができる。奨学金は、連邦政府奨学金に加えて大学独自の奨学金を組み合わせ、学生と家族の負担能力に応じて学生に提案する各大学の奨学金政策の重要度が増大した。機会均等を確保しつつ優秀な学生を確保することは、大学にとって常に重要である。一方、優秀な学生の確保と同じく優秀な教員を確保することが、大学の教育の質を決定するもう一つの重要なファクターである。教育を支える優秀な教員の確保においては、大学の社会的威信やキャンパスの立地等の多くの要素が関係していると考えられるが、教員給与が優秀な教員を確保するうえで最も重要な要素の一つであることは否定できない。

　2000年代、アメリカの大学の基本財産は、急激にその規模を拡大するが、上述した同時期の大学の財務・経営上の特色と基本財産の間には密接な関係がある。全米大学実務者協会 (National Association of College and University Business Officers, 以下NACUBO) による2010年度の資料[3]によれば、全米全体では2001年の2,360億ドルが2010年には3,460億ドルとなっている。

総額1位のハーバード大学では、276億ドル（3兆2,292億円）[4]、2位のイェール大学では167億ドル（1兆9,539億円）に達している。この額は、2000年度に比してそれぞれ1.5倍、1.7倍となっている。このように、2000年代にアメリカの私立大学で拡大した基本財産は、授業料が高額化し、奨学金が高額化多様化し、教員給与がインフレを上回る競争力の維持を求められる中で、どのようにガバナンスされ、いかなる運用がなされてきたのだろうか。また、そうしたガバナンスと運用を可能とする背景として、そもそも教育・研究を通じた社会への貢献を目的とし、営利を目的としない大学という存在において、なぜアメリカの大学ではこのような基本財産の蓄積が許容され、どのような社会的意義を持つものとして発展してきたのだろうか。

本研究は基本財産の社会的意義、歴史を踏まえつつ、アメリカの大学における基本財産のガバナンスと教育へのインパクトを明らかにすることを目的とする。そのために「学生1人当り[5]の基本財産の規模」や「学生1人当りの学費援助額」等に着目し、個別のケースでの実証分析を積み上げることとする。なお分析対象は、原則として経営戦略面において基本財産の役割が大きい私立大学とし、州立大学は比較対象として取り上げるにとどめる。

問題の所在と背景

1 アメリカ独自の発展を遂げた基本財産

アメリカの基本財産は独自の発展を遂げてきた。Rudolph[6]（1962）は、「アメリカのカレッジは、まれな例外を除いて、長年にわたってイギリスの大学から大きな影響を受けて形作られた（Rudolph, 1962, p.24）」と述べている。基本財産の面でもアメリカの大学は、イギリスで発展した有産カレッジをルーツに持つ。しかし、現代のイギリスの大学では、収入に占める基本財産からの収入の比率は5％未満の場合が多く、基本財産の持つ財務上・経営上の意味は、アメリカにおけるほど大きくはない[7]。またドイツやフランス、そして日本の国立大学は、国家施設型の設置形態をとっており、発展系統的にアメリカと異なる。日本の私学とアメリカの大学における基本財産の異同については後述するが、日本のそれとも異なり、アメリカの大学の基本財産だけ

が、どのような経緯を経て独自の発展を遂げたのであろうか。

　アメリカで最も長い歴史を持つハーバード大学は、1636 年設立である。アメリカ独立戦争以前に設立された自治植民地カレッジ[8]は、英国法の下で、各植民地内における独占的な特許状に基づいて設立され、公共的性格を有していた。Trow[9](2003) は、アメリカ独立戦争以前の植民地カレッジ時代におけるコミュニティーと大学との関係の特色を 3 点挙げることができるとしている。「第一点は特許状が制限的なものであるという点である。第二点は、政府が大学の管理運営やアカデミックな質の維持に関して直接の利害を有する点である。第三点は政府が最も主要でほとんど全面的なサポートを行う立場にあることである。これら 3 点の特色は現在のほとんどのヨーロッパ諸国の政府と高等教育との関係でもある」(Trow, 2003, pp.13-14) と述べている。一方で、植民地カレッジは、設立の早い時期から教会の他に、個人や私的なファミリーを寄付者として持ち、基本財産を有しており、この面では私的な立場に基礎を置く団体としての性格を基本的に有していた (Herbst,1982)。

　アメリカは独立戦争を経て 1776 年に独立を宣言し、1789 年に合衆国憲法が制定された。帝国大学令、明治憲法制定を経て、専門学校令、大学令等によって高等教育を法制化していった日本と異なり、判例法の法体系であるアメリカで、私立大学の基本財産の法的側面の守護を確立したのは 1819 年のダートマス判決であった。Thelin (2004) は、1800 年代の初頭のアメリカのカレッジでは、公 (public) と私 (private) の明確な区別があったかどうかは疑わしいと述べ、この最高裁判決よって初めて、明確で強いアカデミックコーポレーションの権限 (power) が確立し、州知事や州議会がカレッジに影響力を行使できるのは特許状の原則の範囲内に限定されることとなったと述べている。ダートマス判決の法的側面から見た意義をまとめると以下の 2 点である。第一点は、私的な基本財産が公的な目的の高等教育機関においても法的に保護され、蓄積することを可能にしたことである。第二点は Geiger (2011a) が述べているように、ダートマス判決が民主的議会や政府による望まざる侵入から私立カレッジを守る盾を提供し、当時のカレッジを悩ませていたカ

レッジの所有権・管理権の問題を解決した点である。このダートマス判決によって、アメリカの大学の基本財産が独自の発展を遂げる基盤が形成された。

　Cubberley (1919) によれば、1775年から1860年までにカレッジが246校設立され、うち17校が州立で残りの229校は私立であった[10]。一方1860年までに700を超えるカレッジがアメリカで破綻した (Rudolph & Thelin, 1990, p.219)。この乱立と淘汰の時代にあって1862年に連邦政府による高等教育政策であるモリル土地付与法が成立し、私立の5カレッジを含む17の高等教育機関がランドグラントの恩恵を受ける既存大学として指定された。また1862年と1879年の間に26のカレッジが設立された。このモリル法に基づく基本財産は、設立間もない大学の運営を財政面から支える役割を果たした[11]。しかし、19世紀においては、基本財産を蓄積するだけの財務的ゆとりを持つ大学はほとんどなかった。

　20世紀前半は、鉄鋼、石油を始めとする多くの産業が隆盛を見せ始め、アメリカの大学もさまざまな専攻分野で、研究大学としての実力を高めていった。Geiger (1986) によれば、1900年代に入るとアメリカの研究大学は3つの新しいグループから寄付を仰ぐことができるようになった。ロックフェラー (John D. Rockefeller) やカーネギー (Andrew Carnegie) を始めとする財団、この時代に巨大な富を蓄えた個人の篤志家、研究大学を母校とする卒業生の3つのグループである。Kimball&Johnson (2012) によれば、財団による慈善寄付活動の拡大と並んで、20世紀前半の研究大学の基本財産に大きなインパクトを与えた特色は、ハーバード大学などの基本財産の蓄積であった。慈善寄付の規模が大規模で活発になるに従って、受け入れる側の大学からは、これを長期的に蓄積していくメリットが次第に認識されるようになった。「基本財産の蓄積が、学術的な達成、影響力、ステータスの面における他の大学との関係で優位に導くという見解を最初にとった大学がハーバード大学であった。アメリカでトップクラスの私立の研究大学では、潤沢な基本財産が重要であることが、次第に認識され始めた」(Kimball and Johnson, 2012, p.10)。

20世紀の後半にはアメリカの高等教育が本格的な大衆化の時代を迎える。1960年代にアメリカの大学の基本財産の新しい展開が始まった。Massy (1996) によれば、新しい投資の考え方が1972年までにかなりの大学で採用され、それを規制する枠組みが1972年に導入された。新しい枠組みとしての統一州法 Uniform Management of Institutional Fund Act（以下 UMIFA）である。1972年の UMIFA は、基本財産のうち毎年使用を許される額を決定するに際しての基本的なルールとして「トータル・リターン」の概念を導入した。それまでの古いルールでは、信託法の概念に沿って、収入（すなわち例えば金利収入や配当収入）だけが使用を許されるとされていた。UMIFA ではこれを改め、元本の値上がり益と収入の両方の穏当な使用（prudent use）が許されることを明確にした。かくして資産の成長と収入が、基本財産の目的のために使用されてよいことになった。

　元本の値上がり益と収入の両方の穏当な使用が認められた結果、それまでに長い歴史を持ち、基本財産の蓄積を有していた一部の有力私立大学を中心として、消費者物価上昇率を上回る利率のリターンを享受し、各年度の大学

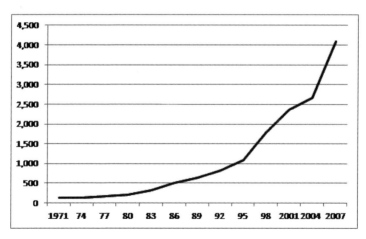

図序-1　アメリカの大学全体の基本財産総額の動向（単位：億ドル）
出典：Department of Education, National Center for Educational Statistics（NCES）, *Digest of Education Statistics2011*, 1998年から2005年は *NACUBO Endowment Study* 各年版[12]。

運営経費に活用した上でその余剰部分を更なる基本財産の成長に充てることができるようになった。マクロの金融・経済環境によっては、トータル・リターンがマイナスになる時期があるものの、長いタイムスパンで見ると、アメリカ全体で大きな成長を遂げるようになった。1971年にアメリカの大学全体で137億ドルであった基本財産は、2007年には4,097億ドルに達した(**図序-1**)。

　基本財産で豊かな大学は、投資のもととなる基本財産の厚みが次第に増し、これを専門的知識で投資することによって更なる基本財産の成長を果たした。この結果、2000年代に入ると歴史の長い私立の研究大学とリベラルアーツ・カレッジの一部では、学生1人当りの基本財産が30万ドル(3,510万円)を超えるようになり、とりわけトップクラスの研究大学では学生1人当り1億円を超えるレベルに達し、毎年の大学運営に少なからざるインパクトを持つこととなった[13]。

2　2000年代の新しい展開——厚みを増した基本財産とフローの収入構造面での変化——

　2000年代になって、アメリカの私立大学の収入構造の中での基本財産収入は、今までにも増して重要な位置付けを占めるようになって来た。約30年以上に渡るストックの基本財産の増加により厚みを増した基本財産が、フローの毎年の収入にも構造的変化をもたらしつつある。

　まず第二次世界大戦後約10年を経過した1955-56年度を高等教育大衆化前のいわば戦後の出発点の状況として確認し、これとの比較において直近の現況を確認する。

　1950年代の半ばに、米国保健教育福祉省(U.S. Department of Health, Education, and Welfare)が、当時の高等教育機関の財政統計(*Statistics of Higher Education: Receipts, Expenditures and Property, 1955-56*)を公表した。これをもとに1960年に日本の文部省調査局が、『アメリカ合衆国の高等教育』と題する調査報告書を纏め、第5章で当時のアメリカの大学の財政を具体的なデータを用いて記述している。その87頁から108頁では、「F.　大学経費の分析」と

いう節を設け、アメリカの大学の歳入及び歳出を、公私立別及び学校類型別に分析している[14]。

大学の経常収入は、「教育・研究活動会計収入 (Educational and general income) [15]」と「補助活動会計収入 (Auxiliary enterprises income) [16]」とその他に分類している。教育・研究活動のための収入は、さらに財源により

(1) 授業料収入
(2) 公費
(3) 基本財産収入
(4) 寄付金 (私立の場合は、後援団体等からの援助金・寄付金)
(5) 事業収入 (Organized activities relating to educational departments)
(6) 雑収入

の6種に分類される (文部省調査局, 1960, p.87)。

この財源別百分比が戦前にさかのぼって記録されている。戦前の1939-40年度の私立大学では授業料収入が52.9％で主たる財源であり、基本財産収入が23.4％で第2位の財源である。寄付金収入が12.8％でこれに続く。戦後の1955-56年度では、授業料収入が42.8％で最大の財源であり続ける一方、基本財産収入は10.5％まで低下し、公費18.4％、寄付金が16.0％に次ぐ第4番目の財源になっている[17]。公立大学では、当然のことながら、公費のウエイトが更に高い。戦前の1939-40年度の公立大学では、公費が69.1％と最大の財源であり、授業料収入が18.6％でこれに次ぐ。基本財産収入は2.3％、寄付金収入は1.7％である。公立大学の戦後の1955-56年度では基本財産収入は1.0％、寄付金収入が2.9％に留まる (前掲文部省調査局, 1960, p.92)。

これらの具体的な数字をもとに、当時の文部省は、アメリカの私立大学の財政構造について「私立大学のばあいにまず注目されるのは、戦前において23.4％を占めていた基本財産収入が、戦後は10％台に大きく減少していることである。また、戦後における授業料収入の占める比重は、戦前にくらべてかなり減少している。後援団体からの援助金・寄付金の占める比重が年々増加しているのは、戦後、財政難を訴えてきた私立大学が、財政難打開の主

な道をこの種の資金に仰いできた事実を裏付けるものと見られる。また、連邦支出金の占める比率は、私立大学のばあいも、戦後はかなり増大している」（前掲　文部省調査局, 1960, p. 89）と記述している。

1960年の文部省の上記調査で指摘されている通り、戦後アメリカの私立大学の財政構造では、基本財産収入はさほど大きいとはいえず、州立大学も含めたアメリカの大学全体では、着目に値するほどの構成比を占めてこなかったといってよい。

しかしこの状況は、私立大学、とりわけ長い歴史を持つ研究大学やリベラルアーツ・カレッジにおいて少しずつではあるが着実に変化し、2000年代に至って新しい展開を見せている。**表序-1**は、2011年度のアメリカの私立大学の学生1人当り収入の財源別内訳を私立大学類型別に示したものである。

表序-1　学生1人当り収入の財源別内訳　私立大学類型別　　（単位：ドル）

	私立大学全体	私立研究大学 （カーネギー分類 very high）18	修士学位授与 私立大学	学士課程中心の 私立大学
授業料・納付金	18,276（29.0%）	26,065（12.2%）	15,857（62.2%）	15,105（35.5%）
連邦政府	7,407（11.7%）	38,101（17.8%）	905（3.6%）	1,201（2.8%）
州政府	519（0.8%）	1,527（0.7%）	259（1.0%）	264（0.6%）
地方政府	140（0.2%）	342（0.2%）	8（0.0%）	4（0.0%）
寄付金	6,727（10.7%）	23,464（11.0%）	1,637（6.4%）	5,747（13.5%）
基本財産収入	16,306（25.9%）	70,279（33.0%）	2,890（11.3%）	13,639（32.1%）
教育活動	1,519（2.4%）	7,261（3.4%）	125（0.5%）	212（0.5%）
事業収入	4,504（7.1%）	8,018（3.8%）	3,163（12.4%）	5,433（12.8%）
病院収入	5,333（8.5%）	28,048（13.2%）	115（0.5%）	0（0.0%）
その他	2,345（3.7%）	10,057（4.7%）	549（2.15%）	897（2.1%）
合計	**63,550 (100.0%)**	**213,162 (100.0%)**	**25,508 (100.0%)**	**42,502 (100.0%)**

出典：U. S. Department of Education, National Center for Education Statistics, *Digest of Education Statistics 2012*, p.572, Table406 より作成。

私立大学全体では、フルタイム換算で学生1人当り、63,550ドルの収入があり、授業料・納付金が18,276ドル（29.0%）で最大であるが、基本財産

収入が 16,306 ドル (25.9%) で 2 番目に大きい収入源となっている。非常にレベルの高い研究大学では、同じくフルタイム換算学生 1 人当り 213,162 ドルの収入があり、基本財産収入が 70,279 ドル (33.0%) で最大の収入源となっている。次いで連邦政府が 38,101 (17.8%) で第 2 位の財源である。授業料・納付金は 26,065 ドル (12.2%) で第 3 位の財源となっている。右端の欄の学士課程中心の大学では、学生 1 人当りの収入が 42,502 ドルあり、授業料・納付金が 15,105 ドル (35.5%) を占める。基本財産収入が 13,639 ドル (32.1%) で第 2 位の財源となっている。

リーマンショック前に基本財産の増加がピークを迎えた 2007 年時点で、学生 1 人当たりの基本財産額で 40 万ドルを超える大学が 30 大学存在する。これらはすべて私立大学である。これらの大学では授業料収入と同じかそれを大きく上回るインパクトを持つようになっている。こうした財源面での新しい可能性を得つつある私立大学では、基本財産のガバナンスがこれまで以上に重要になりつつある。更に基本財産からの増加する財源を大学独自奨学金の増強等により学生獲得や学生の負担軽減に活用するのか、あるいは教員給与のアップに使用するのかといった戦略的決定がこれまで以上に重要になりつつある。

3 アメリカの大学における 2000 年代の基本財産のガバナンスと運用・使途

後述するように、基本財産の歴史を分析する課題の中で、1977 年以降 2007 年までの 5 年毎の大学類型別の基本財産の成長を消費者物価指数の伸びと比較して分析した結果、1982 年以降の各 5 年間のいずれも消費者物価上昇率を上回る上昇をほぼすべての類型で記録した。特に 2002 年から 2007 年の 5 年間は、アメリカ経済が好調な時期で、大学の基本財産もこれまでの成長を土台として更に順調に拡大を続けた時期であった。

こうした基本財産の拡大の 2000 年代は、また大学の基本財産の社会的意義があらためて問われる時期でもあった。公益を目的とする大学が、基本財産をため込み過ぎているのではないか、大学独自奨学金にもっと使用すれば高等教育の機会均等に更に貢献できるのではないかといった観点である。

大学の基本財産は、寄付者による使途指定の付与されたものと大学が自由に使えるものとからなりたっている。この比率は大学によって異なり、また時代とともに変化する。現代のアメリカの大学のうち、学生1人当りの基本財産が大きく成長した主要大学では、この基本財産から得られる収入を「今使うのか、将来のために蓄積するのか」という問題を大学それぞれのルールに基づいて決定することが、基本財産のガバナンスの課題の一つとなっている。また寄付者の使途指定のない部分については、理事会の裁量で使途を決定できるものの、学生に対する大学独自奨学金を増強して機会均等と学生確保に重点を置くのか教員の処遇を改善して教育・研究の質のレベルアップに重点を置くのかといった年次予算とリンクした戦略決定も基本財産のガバナンスの課題である。更に基本財産の安定的成長のための投資のガバナンスも理事会の大きなガバナンス上の課題である。

　Massy (1996) は、将来世代の犠牲を前提としないで現在の必要性に可能な限り前向きに対応する基本財産のガバナンスの原則について論じている。そこでは理事会が基本財産の使用率 (spending rate) をどのようなルールで設定すべきかを論じている。元本を消滅させないで未来永劫に基本財産の実質価値を維持し、かつ現在の学内ニーズをも満足させる使用率の決定方式である。

　基本財産の使用をめぐるルールと同時に重要なのが、その運用・使途の実際の重点をどこに置くかである。2000年代の新しい基本財産の展開の時代には、アイビーリーグを始めとする選抜性の高い一部の研究大学では、大学独自奨学金を拡充して教育の機会均等という社会的要請に応えつつ、優秀な学生をいかに確保するかが焦点となった。優秀な学生の確保と同時にいかに各分野の優秀な第一級の教員を確保するかが大学の教育・研究のステータスの維持・向上に最も重要な鍵を握る。他方で、同様に選抜性の高いリベラルアーツ・カレッジでも、研究大学と同様に、学生1人当り基本財産の厚みを持つところが出現した。これらのリベラルアーツ・カレッジでは、ステータスを重んずる点など研究大学と比較できる要素も持っている。他方、研究大学と異なり、リベラルアーツ・カレッジは学士課程教育に重点が置かれており、大学院は置かれていないかあるいは小規模である。リベラルアーツ・

カレッジは、学士課程に加えて大学院教育と大学院での研究に大きな比重が置かれている研究大学とは明らかに異なる文脈に置かれており、両者は分けて論じる必要がある。

第2節　基本財産の概念——日米比較——

1　大学の設置形態と基本財産

　基本財産の概念は、日本とアメリカでどのように異なるのであろうか。アメリカの考察に入る前にまずは、基本財産の概念の日米比較を行っておきたい。アメリカの大学と日本の大学を、大学の設置形態の発展系統図（**図序-2**）に位置づけると、日本の国立大学は、フランスやドイツの大学と同じ系統に属する「国家施設型」に分類することができる。

　アメリカの私立大学と日本の私立大学は、イギリスで発展した有産カレッジ[19]をルーツに持つ有産カレッジの系統に分類することができる。また有産カレッジを基本としているイギリスの大学やアメリカの州立大学を「政府負担型」と呼ぶこととすると、アメリカと日本の私立大学は、更に政府負担の少ない「私立型」と分類することができる[20]。分類上は同じ「私立型」では

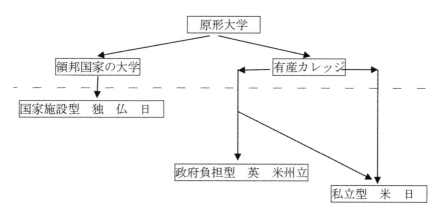

図序-2　大学の設置形態から見た発展系統図
出典：　金子元久, 2010「大学の設置形態——歴史的背景・類型・課題」『大学の設置形態に関する調査研究』国立大学財務・経営センター研究報告第13号 p.222。

あるが、基本財産の規模やそのガバナンスの面では日米で大きく異なる。

2　アメリカの私立大学の基本財産

　アメリカの私立大学は、基本的には有志の寄付によって形成される基本財産を基礎として運営される。広い意味での社会が、政府を経由せずに直接に、社会的な利益を実現するために大学を設立すると解釈できる。私立大学の組織的な基本的な意思決定は、基本財産を寄付目的の実現のために使い、基本財産を維持することを委託された理事会 (Board of Trustees) によって行われることが原則である。通常は理事会の成員は、なんらかの理由で欠員ができた場合には、それを残った成員の承認によって補充することになっており、これによって設立時の理事会の意思を永続的に受け継ぐことになる。理事会は学長を選出し、学長は執行の責任者となる。私立大学の財政は、基本財産の運用による利益と授業料などを徴収することによって得た納付金を収入とし、これを経常的な支出にあてる。また寄付によって形成された基本財産を物的に設備に投資してそれを利用する (金子, 2010, p.229)。

3　日本の私立大学の基本財産

　このアメリカの私立大学の基本構造と対比して、日本の私立大学の基本財産は、制度的にアメリカと異なる。日本の私立大学について金子 (2010) は以下のように述べている。「財政的には日本の私立大学は、寄付金によって十分な基本財産を提供されることなく設置され、その後、急速な市場の拡大に応じて学生数を拡大させてきた。従ってその収入を学生からの授業料に依存しなければならないだけではなく、むしろ授業料の一部を内部資金として蓄積し、これによって施設設備を確保するとともに、経営の安定性を確保してきた」(同上, p.230)。

　明治維新以降における日本の私立大学の基本財産の基本概念を概括的にまとめたものが、**表序 -2** である。

　明治 19 (1886) 年の「帝国大学令」で創設された帝国大学のモデルは「国家の大学」としてのドイツの大学であった。官立セクターの拡充は政府の財政

難で思うようなスピードでは進まなかった一方で、私立セクターも脆弱な基本財産の歴史と言っても過言ではない。明治以降の制度面の展開を中心に、日本の私立大学の基本財産の歴史を概観する。

　明治36 (1903) 年の「専門学校令」、大正7 (1918) 年の「大学令」に基づいて、設置、運営された日本の私立大学もまた資産蓄積は貧弱であった。専門学校令は「私人は専門学校を設立することを得」としただけで、備えるべき「校地、校舎、校具其の他、必要の設備」についても、法人設立の必要性や基本財産の額などについても、具体的に規定するところはなかった (天野, 2009, p.207)。

　大正中期の「大学令」では、財団法人たることを要することと基本財産を有すべきことが明文で定められる。第6条で「私立大学は財団法人たることを要す。但し、特別の必要に因り、学校経営のみを目的とする財団法人がその事業としてこれを設立する場合は、この限りに在らず」と定めた。またこれに続き第7条で「前条の財団法人は、大学に必要なる設備又はこれに要する資金、及び少なくとも大学を維持するに足るべき収入を生ずる基本財産を有することを要す。基本財産中前項に該当するものは、現金又は国債証券其の他、文部大臣の定める有価証券とし之を供託すべし」と定めた。私立大学の設置認可の要件のうち重要なものは、50万円以上の基本財産の供託、高

表序-2　日本の私立大学の基本財産

	専門学校令	大学令	教育使節団報告書と学校教育法	学校法人会計基準と私学振興助成法
公布年[21]	明治36 (1903) 年	大正7 (1918) 年	昭和21 (1946) 年 昭和22 (1947) 年	昭和46 (1971) 年 昭和50 (1975) 年
基本財産の規定	基本財産について規定なし	50万円以上の基本財産の供託	授業料以外の財政基盤が必要	帰属収入から組み入れた額を基本金
設置者と法人格	私人は専門学校を設立することを得	私立大学は財団法人たることを要す	学校は、国、地方公共団体及び私立学校法第3条に規定する学校法人のみが、これを設置することができる	同左　補助要件として学校法人会計基準に基づく会計

出典：各条文、記述より筆者作成。

等学校と同水準の大学予科の設置、校舎・図書館など施設設備の整備、一定数の専任教員の確保の4点である。しかし、専門学校令で大学と称していた26校の「私立大学」の経営や財務の実態からは、厳しいものであった（天野，前掲，p.386）。大正9年に設置認可を受けた8大学のうち、容易に資金面の障壁を乗り越えることができたのは、事実上、慶應義塾と早稲田の2大学だけであった（天野，前掲，p.399）。戦前期の日本私立高等教育機関における教育と財政の相克は、戸村（2017）等で知ることができる。

　戦後の私立大学の基本財産の面での大きな転機が、国費からの経常費補助金の創設とこれに伴い制定された学校法人会計基準であった。「学校法人会計基準」は、昭和46（1971）年の文部省令第18号によって定められたもので、国費から経常費補助金の交付を受ける学校法人は、この「学校法人会計基準」に従って会計処理を行い、貸借対照表・収支計算書・その他の財務計算に関する書類を作成しなければならないとされた。基準では第29条に「学校法人が、その諸活動の計画に基づき必要な資金を継続的に保持するために維持すべきものとして、その帰属収入のうちから組み入れた金額を基本金とする」と定義づけている。私立大学の帰属収入には、寄付金や投資収入も含むが、多くの学校法人ではその大部分が、授業料等の学生納付金である[22]。

　以上の通り、日本の戦前の私立セクターにおける基本財産の蓄積は貧弱であった。また経済が高度成長を遂げる戦後においても、金子（2010）が指摘するように、寄付金によって十分な基本財産の提供をされることなく設置され、その後急速な市場の拡大に応じて学生数を拡大させてきた。従って、その収入を学生からの授業料に依存しなければならないだけでなく、むしろ一部を内部資金として蓄積し、これによって施設設備を確保するとともに、経営の安定性を確保してきた。

　この結果、日本の私立のトップに立つ研究大学である慶應義塾と早稲田大学を例にとると、アメリカの大学の基本財産に相当する「第3号基本金引当資産[23]を含むその他固定資産」の簿価の合計は、2015年3月決算で慶應義塾が1,272億円、早稲田大学が784億円である[24]。ハーバード大学の基本財産約3兆円、イェール大学の約2兆円と比較すると20分の1程度の規模

に留まる。

　この基本財産の日米の違いは、ガバナンスにも及ぶ[25]。アメリカの場合には、私立大学の組織的な基本的な意思決定は、基本財産を寄付目的の実現のために使い、また基本財産を維持することを寄付者から委託された理事会 (Board of Trustees) によって運営が行われることが原則である。理事会のメンバーも、基本財産を守り育てて行くために自己継続的[26]に選出される。これに対して日本の私立大学の場合には、「私立学校法の規定により理事は、学校長、評議員会の中から選出されるものの、学識経験者から選ばれ、任期が定められていることが多い。席が空いたら、理事会内で後継者を選ぶというアメリカの方式とは大きく異なっている」(両角, 2010, p.46)。また大学全体のガバナンスの一部をなす基本財産のガバナンスについても、アメリカでは特色のある発展を遂げてきた。19世紀初頭からアメリカでは、私立のカレッジの乱立と淘汰が繰り返されるが、設立時に基本財産を守護するための法人とカレッジを運営する法人を別個に設立する例[27]もあった。現代のアメリカの私立大学の理事会は、その責務として基本財産を守護し発展させる立場と現在の大学の運営資源を最大化する立場を兼ね備えている点に特色がある。

第3節　先行研究の検討と研究方法

1　先行研究の検討

　先行研究をアメリカの基本財産の歴史的展開、ガバナンス、運用・使途の3点から整理する。

1　基本財産の歴史的展開

　基本財産のガバナンスと実際の運用を議論する前提として、基本財産の意義・役割とその歴史的展開を踏まえておく必要がある。詳細は第1章で触れるが、先行研究の概要と到達点を示しておく。

　アメリカの大学は、植民地カレッジから出発し、19世紀になると一方で

州立大学が、他方で研究大学が登場して発展した。初期の基本財産はどのようなもの（定義と社会的意義）で、その後新たなタイプの高等教育機関が登場することで、その意義や役割はどう変化してきたのであろうか。

　アメリカの大学の基本財産の歴史は19世紀前半のダートマス判決から始まるといわれている。ダートマス判決とは、ニューハンプシャー自治植民地に1769年に設立されたダートマス・カレッジにおいて、独立後のニューハンプシャー州議会が1816年に反理事会の立場を鮮明にしてダートマス・カレッジの新大学（ダートマス・ユニバーシティー）への転換を企てたことに対し、1817年にカレッジ側の理事会が、ユニバーシティー側についた旧カレッジの財務担当を訴えた事件の最高裁判決である。Trow (2003) は、アメリカの私立大学の特質がダートマス判決によって形成されたとして次のように論じている。当時の州が既存のカレッジを乗っ取ったり、あるいは特許状に変更を加えて財産権を取得したりするような公的権限行使をダートマス判決が禁じたことが、その後の私立大学の設立と増加を守護する実際的な効果を持った。基本財産との関係で述べれば、この判決によって、アメリカの私立大学が基本財産を形成し、活用・蓄積していくことについて法的な保護が確認されたのである[28]。Geiger (2011b) は、ダートマス判決が民主的議会や政府による望まざる侵入から私立カレッジを守る盾を提供し、当時のカレッジを悩ませていたカレッジの所有権・管理権の問題を解決したと論じている。

　では、ダートマス判決以前の大学における基本財産とは何だったのか。植民地カレッジも基本財産を有していたが、それは英国法の下での基本財産であり、ダートマス判決以降の基本財産とは法的保護の面で異なる。Herbst (1982) は、植民地カレッジは自治植民地議会から財政的な支援を受けているとは限らなかったが、高等教育についての英国法の下での独占的権利を認められていた。またこれらの自治植民地はまた各カレッジの統治方針においてその地域における最も主要な教会の宗派の影響を受けていたと指摘している。これらの点でもダートマス判決以後の基本財産とは異なり、州や教会の影響を様々に受けざるを得ない基本財産であったということができる。

　ダートマス判決以降の大学の基本財産については、まず州立大学や研究大

学が登場する以前のリベラルアーツ・カレッジに着目する必要がある。基本財産が豊かで現存するカレッジにはアマースト、ウイリアムズ、グリネル、ウエルズリー等がある。当時これらのカレッジにおける基本財産はどのようなものであったのであろうか。基本財産との関係でこれらのカレッジについて論じたものには、アマースト・カレッジについて Frederic (1873), Fuess (1935), King (1950), ウイリアムズ・カレッジについて Rudolph (1956), グリネル・カレッジについて Nollen (1953), ウエルズリー・カレッジについて Hackett (1949) 等があるが、本研究ではこのうちの一つのアマースト・カレッジについて後ほど事例的に紹介する[29]。

19世紀半ば以降に登場する州立大学や研究大学において、基本財産はどのように位置づけられ、どのような役割を果たしていたのであろうか。両者における基本財産の成り立ちは大きく異なり、本研究が私立の研究大学にターゲットを絞って実証するのもそのためであるが、両者の基本的な相違は州立大学がその年次計画や予算上の承認等の組織的な基本的な意思決定が州の監督に服するのに対して、私立の研究大学では、基本的な意思決定は、基本財産の寄付目的の実現のために使い、維持することを委託された理事会 (Board of Trustees) によって行われることが原則であることである。この点を知る手がかりとなる研究には、初期の州立大学についてはペンシルバニア州立大学について論じた Bezilla (1987) や カリフォルニア大学について述べた Hammond (1967) 等がある。前者は、ペンシルバニア州の農業カレッジとして設立された1850年代において、基本財産の不足から破綻の危機に瀕し、州における唯一のランドグラント・カレッジの指定をうけることによって危機を乗り越えたことが述べられている。後者は、1868年に州により設立された同大学でも州からの財政支援が安定するのは1890年以降であって、それまでは基本財産からの収入と寄付収入が収入全体の50％以上を占めていたことが明らかにされている。

初期の研究大学については、篤志家や幅広い寄付者の層を持つことが19世紀の私立大学の生き残りと発展のために不可欠であったことがコーネル大学についての Hewett (1905) やハーバード大学について Morison (1936) 等で

述べられており、また 1850 年前後のモリル法と基本財産について論じた先行研究には、Morgan and William（2013）等がある。モリル法は連邦政策による土地を用いた基本財産増強の政策であるが、各州が対象となる大学を指定し州立大学が主たる対象となった。モリル法時代の州立大学については、第 1 章で具体的に取り上げる。1865 年以前においては、アメリカの経済はまだ十分に余剰価値を生産してはいなかったために、アメリカ経済が生み出す富によってなされる慈善寄付も大きなインパクトを持つほどの規模には至っていなかった。従ってほとんどの寄付は、そのときどきの使用すなわち長期にわたらない使用が多くならざるを得なかった。

20 世紀に入ると基本財産は新たな展開を迎える。Kimball and Johnson（2012）によれば、1870 年と 1920 年の 50 年間にアメリカの国民総生産は 6 倍以上に成長した。交通運輸、通信、製造業の革新が大きな経済の全体的拡大を引き起こした結果であった[30]。20 世紀の幕開けと共に、さまざまな種類の慈善寄付の数と規模が驚くべき次元で拡大した。Lindeman（1936）によれば、19 世紀には、5 名の篤志家が慈善目的の財団を設立したにすぎなかったが、20 世紀の最初の 10 年には 6 つの新しい財団が設立され、次の 10 年間には 22、更に次の 10 年間には 41 の新しい財団が設立された[31]。この現象は、高等教育分野で最もはっきりしていた[32]。

財団による慈善寄付活動の拡大と並んで、20 世紀前半の研究大学の基本財産に大きなインパクトを与えた特色は、ハーバード大学などの基本財産の蓄積であった。慈善寄付の規模が大規模で活発になるに従って、受け入れる側の大学からは、これを長期的に蓄積していくメリットが次第に認識されるようになった。基本財産の蓄積が、学術的な達成、影響力、ステータスの面における他の大学との関係で優位に導くという見解を最初にとった大学がハーバード大学であった。アメリカでトップクラスの私立の研究大学においては、潤沢な基本財産が重要であることが、次第に認識され始めた[33]。

20 世紀後半の基本財産の新たな展開のきっかけは UMIFA であった。Massy（1996）によれば、新しい投資の考え方が 1972 年までにかなりの大学で採用され、それを規制する枠組みが 1972 年に導入された。新しい枠組み

としての Uniform Management of Institutional Fund Act (以下 UMIFA) である。1972 年の UMIFA は、基本財産のうち毎年使用を許される額を決定するに際しての基本的なルールとして総合収入（トータル・リターン）の概念を導入した。それまでの古いルールでは信託法の概念に沿って、収入（すなわち例えば金利収入や配当収入）だけが使用を許されるとされていた。UMIFA ではこれを改め元本の値上がり益と収入の両方の穏当な使用（prudent use）が許されることを明確に示した。かくして資産の成長と収入が基本財産の目的のために使用に当てられてよいことになった。1980 年代には、私立大学を中心に基本財産の成長と蓄積が比較的安定して継続し、Rosovsky (1990) は、トップ層の私立大学では基本財産の大きさがその大学の威信のかなり信頼できる指標であると指摘している。一方で Hansmann (1990) は、大学が基本財産を蓄積することの社会的意義を分析した。Andersen (1991) は、成長の 10 年間として 1977 年から 1987 年についてどこでどのように基本財産が成長したかを私立大学と州立大学、総額と学生 1 人当りに区分の上で分析している。ただし、これらは、1970 年代以降の長期的な基本財産の成長と社会経済的文脈を総合的に明らかにしたものではない。

　21 世紀に入って、基本財産は更に新たなステージを迎える。具体的には、一部の有力私立大学において基本財産が急成長を遂げ、学生 1 人当り収入構造の中で基本財産の投資が生み出す収入が大きな比重を占めるようになった。また寄付募集の面でも Reed and Reed (2007=2008) を始めとする多くの研究が盛んに行われている。2000 年以降の基本財産の動向や特徴については、Lapovsky (2007) が複雑になりつつある大学の基本財産をめぐる意思決定が、現在の大学の質と将来の価値を決定すると指摘している。大学の基本財産の成長が一つのピークを迎えた 2007 年後半には、大学の内部に蓄積する基本財産のストック面の大きさが政治的・社会的な問題として批判の対象となる傾向がみられるようになった。2007 年 11 月第 1 週の *Chronicle of Higher Education* はその第一面で、「富裕な大学は資産をもっと使用すべきであるという批判的圧力が強まっており、一部の上院議員が大学に対する新しい課税案を検討している」と報じた[34]。授業料の値上げが続き学生や家族の

高い経済的負担が社会問題となる中で、大学が基本財産を十分に使用せずに蓄積しすぎているという批判である。Orchowski (2008) は、基本財産を蓄積する大学にため込み過ぎといった批判がある中で、大学教育への高いレベルの資源投入が個人に付加価値をもたらすのみならず、社会にも利益をもたらすとして基本財産の蓄積批判はあたらないと指摘している。

2　基本財産のガバナンス

　大学のガバナンスとは、大学の統制であるが、これには内外二つの側面がある。大学と外部（政府を含む利害関係者）との関係に焦点がある場合（マクロ・ガバナンス）と大学という組織の内部の統制を指す場合（ミクロ・ガバナンス）がある。マクロ・ガバナンスに関する研究は多く、例えば概念をめぐる研究には Kerr (1991) 等があり、大学システムに外部から加わる力の比較を、国家システム、市場システム、専門職システムという概念で整理している。Clark (1983) は、アメリカでマルチバーシティと呼びうる多様な側面を持つようになった大学は、連邦、州等の他に、学外に多くの利害関係者を持っていると指摘している。私立大学の場合には、卒業生、寄付者、財団、連邦諸機関、職業団体等があるとしている。

　これに倣えば、大学の基本財産のガバナンスとは、基本財産の統制を指す。統制には、寄付者、財団等との外部関係も含まれるが、ここでは組織内部の統制（ミクロ・ガバナンス）に焦点があり、それらはさらに細分化できる。アメリカの私立大学の基本財産のガバナンスでは、①基本財産のミッション②使用をめぐるルール③寄付者の使途制限と実際の使用領域④投資をめぐる方針という領域に分けられる。①から③については、個別の大学全体のミッション、寄付者の個別の意向の影響をさまざまに受ける分野で大学により多様である。大学としての守秘義務がある場合や集計が煩雑であることなどから、そもそも一般的に情報開示が少ない。ただし、②については、Tobin (1974) 等の現在のニーズに応えつつ基本財産を恒久的に維持する使用をめぐるルールについて基本的な考え方を示す先行研究がある。同じく②の使用をめぐるルールについては Frey (2002) が、1990年代の大学は、総じて基本

財産の投資からの収益の約半分しか使用しておらず、もっと高等教育の利益のために使用すべきであると指摘している。また②と④の使用をめぐるルール、投資をめぐる方針については、フォード財団の委員会がまとめた (Ford Foundations, 1969) が、その後の基本財産の現代的ガバナンス研究の出発点となった。そこでは、値上がり益の穏当な使用の標準、投資権限、投資意思決定の権限移譲、理事会の責任履行のガイドとなる注意義務と公正な配慮、寄付に課せられた使途や投資の選択についての制限を寄付者の同意または裁判所の行為により取り除く方法などが示されている。更に④の投資をめぐる方針については、1980 年代の、金融派生商品 (デリバティブズ) や資産組合せ手法 (ポートフォリオマネジメント) といった金融工学の発達によって、基本財産の運用手法を対象にした研究分野が急速に立ち上がってきた。Hansen(1992), Spitz (1999) などの投資方針の先行研究は数多く存在する[35]。この分野は大学以外の機関投資家にも共通の証券や金融の投資理論研究の分野も含めて更なる発達を見せている。大学の基本財産についても 21 世紀に入って多くの研究者が、基本財産の基金としての側面に着目している。

　また①から④のすべてに関連するマクロ的な実証的考察として、Massy (1996) が高等教育の資源配分について論じる中で、基本財産という独立の章を設け基本財産のガバナンスについて詳しく論じている。また全米大学実務者協会 NACUBO (National Association of College and University Business Officers) が、約 700 以上の会員大学を対象に定期調査を実施し、その回答に基づいて年次レポート *NACUBO Endowment Study* を発行している。しかし、前者の Massy は基本財産の合理的な使用ルールの決め方等の各大学に共通する理論面に焦点が絞られており、後者の NACUBO は幅広い大学からの定期的な基本財産のデータの収集によるガバナンスの結果としての残高や投資対象の集計に特色があり、ミッションや使用方針、運用方針等について個別の大学の具体的な事例を踏まえて論じたられたものではない。本書は、個別の事例で具体的にガバナンスを比較するところに特色がある。

3　基本財産の運用・使途

　本書は、基本財産に対して教育へのインパクトという観点から分析している。なぜならば、基本財産の理念は、多くの大学において教育の機会均等や質の維持向上と切り離せないものであり、また実際の使用についても学生への奨学金など教育に関わるものがその中心となっているからである。教育のインパクトとして大きなものは、一つは学生の軸、もう一つは教員の軸である。

　学生の軸として重要なのは奨学金である。なぜならばアメリカでは、高授業料による高質な教育を提供する一方、奨学金による支援を充実させているからである。アメリカの大学の授業料と奨学金についてとりあげた先行研究で、日本人によるものには、丸山 (2001)、吉田 (2002)、犬塚 (2006)、金子 (2006)、小林 (2010) 等があり、そこでは 1960 年代以降の連邦政府による学生経済支援政策の変遷や、学生経済支援の内容がローン中心にシフトしていること等が明らかにされている。また教育機会均等をめぐってアメリカを含む 8 か国の授業料と奨学金を比較した研究に小林 (2012) がある。アメリカにおいてはさらに多くの先行研究がある。例えばアメリカの大学のコストと授業料高騰の背景について分析した先行研究には Bennett (1987)、Ehrenberg (2002) 他があり、アメリカの高授業料とそれに関連した高奨学金政策についての先行研究は、Kimberling (1995)、Geiger (2011a) 等がある。Geiger (2011a) によれば 1980 年前後を境に、連邦政府が保証する学資ローンが拡大し、ローンに裏付けられた授業料収入は、アメリカの高等教育部門の最大の収入源となり、その後の長期的な授業料上昇の一因となったことが指摘されている。

　以上の研究は、セクターレベルの高授業料と政策レベルの高奨学金についてのものであり、続いて個別の大学における奨学金政策を検討する。個別大学における奨学金政策の柱は、大学独自資金によるものであるが、大学ごとに学生経済支援政策等は一律ではなく、また財源となる寄付者の層や学生 1 人当り基本財産の蓄積も大学ごとにさまざまであるため、アメリカ全体としての大きな流れを論じることは連邦による支援と比較して一般に困難である。そのため、個別の事例研究が中心となる。Morrell (1999) は、大きな基本財産を有する大学が必ずしも低い授業料を提示するとは限らず、むしろ質の高

い教育は大きな基本財産と高い授業料収入の両方を必要とすると指摘している。個別大学の奨学金政策を論じたものには、Somers (1996) や Tilghman (2007) があり、後者ではプリンストン大学がローンを一切用いない奨学金政策を 2001 年秋から採用するに至った背景の一つとして、1990 年代の後半に同大学の基本財産が成長し規模が大きくなったことを指摘している。ローンフリー戦略や低所得層学生を引き付けるコミュニケーション戦略の面から大学独自奨学金戦略を論じた研究に Prena et al., (2011) 他がある。

基本財産と奨学金の関係について一般的に論じたものには Geiger (2004) があり、大学における教育を支える 3 つの主要な収入源は、両親による負担、教育ローンを含む外部からの学費援助、大学自身の基本財産からの収入であるが、限られた豊かな大学においては基本財産からの収入が主たる財源となっている点を指摘している。また Zemsky (2003) は、基本財産が潤沢で威信の高い大学では、基本財産等の大学独自資金の活用で値引き後の授業料を低く抑えることによって、基本財産が相対的に少ない威信の低い大学に対して競争上更に優位に立つことができると指摘している。

しかし、個別大学の基本財産がどのように奨学金に使用されているかを明らかにしたものは少ない。わずかに Gravelle (2010) がある程度であり、そこでは 2006 年時点の基本財産の大きな 20 大学と 10 リベラルアーツ・カレッジについて、2006 年度の学士課程授業料の増加額が基本財産の何パーセントに当たるか、並びに 2005 年度の大学独自資金による学士課程奨学金が基本財産の何パーセントにあたるかを分析している。この先行研究では (1) 各大学の基本財産の時価に対する学士課程授業料の増加額、大学独自奨学金の額の比率は、機関ごとにばらついており、基本財産の金額とは小さな相関関係 (small relative) にあること、(2) トップ層 (4〜5 大学) では、基本財産からのペイアウト率を仮に 0.5% 高めれば、授業料を値上げせず、大学独自奨学金を倍増できることの 2 点が指摘されている。しかしトップ層の大学における基本財産と奨学金の関係を時系列でとらえ、基本財産の増加時期における大学の奨学金政策との関連で分析するという点は不十分である。

教員の軸として重要なのは教員給与である。なぜならアメリカでは、ファカルティの給与は、特に私立大学においては、その大学の教育・研究水準や学問分野における大学の威信を反映し、更に教育の質に反映すると考えられるからである。ハーバード大学の学部長(ディーン)の経験を持つ Rosovsky は、1990 年の著書の中で、「年配の教授こそ学士課程教育に活発に従事すべきである。人生経験は、専門分野に関わりなくリベラルアーツ教育の価値の高い一部である。多くの年配の教授が大学院で教えており、大学院生も教室や研究室で教授の指導を望んでいる。同時に最も秀でた学士課程の教員は大学院を出たばかりの若手の教員である。教授の成功は、専門分野における認知、大学院生の数、補助金獲得等で測られる」(Rosovsky, 1990, p.217)と述べている。

　アメリカの伝統校の私立大学では、教員給与はどのように決定されるのであろうか。基本的には、それぞれの親しい集団(ピア・グループ)での横並びと競争の高度な判断によって個別のレベルを決定していく分野である[36]。教員給与の決まり方に影響を与える要素に関して、先行研究を3つの領域に分けることができる。第一は、教員給与の専門分野間(医学、法学、経営学、コンピュータ情報科学、経済学、文学、哲学等)の格差の要素である。Hansen (1986) は、教員給与の構造的変化をもたらした要因について、経済の私的セクターの成長が高い専門的スキルを伴う新たな分野の教員需要を創出し、大学はこの高い需要分野の給与増額のためにその他の分野の増加率を犠牲にしたと述べている[37]。Ehrenberg, McGraw and Mrdjenovic (2006) は、専門分野による教授の平均給与の大学ごとの差は、教授レベルでは、教授の質[38]と密接に結びついているとしているが、准教授や助教授レベルでは必ずしもそうではないとしている。Thornton (2007) は、専門分野別の差について近年の傾向を分析している。教員給与の決まり方に影響を与える第二の要素は、消費者物価上昇率と教員給与の増加率の比較の分野である。消費者物価上昇率を上回る給与の上昇は、大学に限らず実質賃金の維持向上の観点から常に考慮される要素である。第三の要素は、個別の大学の豊かさの水準である。Geiger (2004) が指摘しているように、高い水準の教育や研究を目指す大学では、教育研究活動の水準向上に向けて高い教員給与を提示するために、基本

財産からの収入の一層の充実を含む収入の増強が重要となっている。

　教員給与と基本財産の関係に触れた先行研究は多くない。数少ない研究として Thornton (2007) があり、基本財産が豊かな大学とそうでない大学の差、学長と教授の差、スポーツ活動のコーチと教授の差、処遇の恵まれたファカルティと恵まれないファカルティの差が増大している傾向が見られるとしている。

　なお本書では、基本財産とそのガバナンスやその運用・使途に関して、研究大学とリベラルアーツ・カレッジとに分けて考察を行うこととしている。なぜならば、学生1人当りで見た場合にこそリベラルアーツ・カレッジの基本財産は研究大学と匹敵する豊かさであるものの、基本財産の絶対額では大きな差があり、また、教育へのインパクトという点でも大学院教育や多様な研究部門を有する研究大学と学士課程教育にほぼ重点特化しているリベラルアーツ・カレッジでは異なると考えられるからである[39]。

　研究大学とリベラルアーツ・カレッジの特徴については、例えばハーバード大学の学長経験者の Bok (2006) が、研究大学における学士課程教育の特徴と質の改善の方向について論じている。一方リベラルアーツ教育を支えるための不可欠な3要素について、リベラルアーツ・カレッジの集まりによる研究プロジェクトである Wabash National Study of Liberal Arts Education 2006-2009[40] が、次のように定義している。(1) 職業教育よりも知的教養の開発により大きな価値を置くことについて大学全体のエートス[41]と伝統が存在すること。(2) 学生の知的経験において、カリキュラムとキャンパスの構造が相互に関連して首尾一貫性と統合性を有していること。(3) 学生と学生、学生と教員の教室内外での相互研鑽に強い価値を置くことについて大学全体のエートスと伝統が存在すること。

　基本財産との関係について考察したものは、研究大学では Swensen (2000) があり、基本財産の規模が US News and World Report の大学の高いランキングと相関関係にあると指摘しているが、教育へのインパクトは明らかとなっていない。他方でリベラルアーツ・カレッジについても Breneman (1994)

があり、1980年代の190のリベラルアーツ・カレッジを基本財産額、純授業料、志願者の合格率という3要素で10のグループにランキングし、上位10分の2に入るカレッジは繁栄しているようであり、上位3番目から8番目までは存続し、下位10分の2の中のいくらかが危機状態にあると展望している。しかし、繁栄しているグループにおける教育へのインパクトまでは明らかとなっていない。

2　各章の構成と研究方法

本書は5章から成り立っている。第1章から第5章までの構成を図に示したものが、**図序-3**である。

第1章では、基本財産の定義と社会的意義を概観した後、アメリカの大学における基本財産の歴史的展開を整理する。まず19世紀以前の定義と1940年時点の定義、2000年時点の定義（ACE）の比較検証を行い、基本財産の定義と変遷を明らかにする。それと同時に、基本財産の社会的意義の特質と変遷についても、既存資料を用いて明らかにする。

第Ⅰ部　大学の基本財産
第1章　基本財産の歴史と意義
（時期区分＝①18世紀まで　②19世紀　③20世紀前半　④20世紀後半〜21世紀）

（特に21世紀初頭を取り上げての事例的な考察）

第Ⅱ部【私立研究大学】　　　　　**第Ⅲ部【私立リベラルアーツ・カレッジ】**
全体の動向とケース・スタディ　　　全体の動向とケース・スタディ

⇩　　　　　　　　　　　　　　　　⇩

第2章　基本財産のガバナンス　　　第5章　リベラルアーツ・カレッジ
第3章　基本財産と奨学金　　　　　　　　　基本財産のガバナンス
第4章　基本財産と教員給与　　　　　　　　基本財産と奨学金
　　　　　　　　　　　　　　　　　　　　基本財産と教員給与

図序-3　第1章から第5章までの構成

次に、基本財産の展開について、ダートマス判決が出る 19 世紀初頭まで、ダートマス判決後の 19 世紀、研究大学が登場し確立する 20 世紀前半、20 世紀後半以降と大きく時代を 4 つに区分して、考察を行う。各時期の分析に用いる軸は次の 2 点である。第一は法制的な位置づけである。具体的には初期のアメリカの高等教育制度と基本財産の関係に関して、特許状、合衆国憲法、そしてその転機となる連邦最高裁判決であるダートマス判決、19 世紀のモリル法、20 世紀の UMIFA 等に着目し、法制度の変遷という視点から基本財産の歴史的展開を位置づける。

　第二は、各時代と法制の下で、個別大学における基本財産がいかなるものであったのかという視点である。ダートマス以前については、アメリカ独立戦争以前の植民地カレッジ 9 校について、英国法の下における特許状と母体となる自治体や教会とのカレッジとの関係を Herbst (1982) や Trow (2003) をもとに明らかにする。

　ダートマス判決後の 19 世紀の動向については、まずはカレッジの基本財産としてアマースト・カレッジを取り上げる。アマースト・カレッジは、ダートマス判決の 2 年後の 1821 年にアメリカ東部の学術と文化の中心地であるボストンと同じマサチューセッツ州の西部に設立されたアメリカを代表するリベラルアーツ・カレッジの一つで当時のリベラルアーツ・カレッジの基本財産の状況を知るには適切な事例である。用いる資料は、King (1950) による *A History of the Endowment of Amherst College* である。一方、モリル法の時代に多く設立され始めた州立大学については、カリフォルニア大学を取り上げる。カリフォルニア大学を取り上げる理由は、モリル法の成立から 6 年後の 1868 年に設立されたアメリカを代表する州立大学の一つであるからである。扱う資料は同大学の 100 年史の中の財務の部分である。

　20 世紀前半については、当時の主たる研究大学 8 校を取り上げて、Kimball&Johnson (2012) に基づいて、研究大学における基本財産の状況を概観する。

　20 世紀後半については、考察の対象を拡大し、時系列的データが入手可能なニューイングランド地区の 90 校を取り上げる。対象を拡大する理由は、

この時代にアメリカ高等教育の大衆化が進展し、一部の大規模研究大学にのみ多額の基本財産が蓄積される状況の裾野が少しずつではあるが拡がりを見せ、また比較的小規模な大学においても基本財産を投資運用することが多くなってきたためである。具体的には、1977年から2007年の30年間について、基本財産の成長率と消費者物価上昇率とを大学の類型別に比較検証する。用いるデータは、ニューイングランド地区の高等教育局 (New England Board of Higher Education) が、1994年に公表した研究報告とその後の時期についての *NACUBO Endowment Study* である。さらに、基本財産の成長をもたらした経済的背景の詳細を検討するため、イェール大学の事例を取り上げて明らかにする。その理由と意義を明示するために、リーマンショック前に基本財産がピークを迎えた2007年時点における学生1人当り基本財産額を考察する。具体的には *NACUBO Endowment Study* を用いて、学生1人当り基本財産額が100万ドル以上の7大学と40万ドル以上100万ドル未満の23大学を分析する。

　第2章から第4章までは、研究大学を取り上げて、基本財産をめぐるガバナンス、基本財産と奨学金の関係、基本財産と教員給与の関係について明らかにする。事例研究の対象とするのは、優れた研究大学の集まりであるアメリカ大学協会 AAU (Association of American Universities) 加盟の私立大学25大学[42]を基本財産がピークを迎えた2007年時点での学生1人当り基本財産額に従って3つのグループに分類し、各グループから合計8大学である。8大学とする理由は、同じ研究大学について長いスパンで奨学金、教員給与、財務等の戦略を分析するに足る資料があるためである。事例8大学の2007年時点の学生数、設立年、所在地 (**表序-3**)、専門分野別構成の特色 (**表序-4**) を以下にまとめる。

　対象とする期間は、アメリカ経済が今世紀初頭のITバブル崩壊から立ち直りリーマンショックに至るまでの拡大期、すなわち2002年から2007年の5年間である。この期間、大学の基本財産と大学の定価授業料が最もダイナミックに変化した (**表序-5**)。同期間の学生数と教員数の規模の変化は比

表序-3　8大学の学生数、設立年、所在地

記号	大学名	学士課程	大学院	合計学生数	設立年	所在地
A1	プリンストン大学	4,790	2,319	7,109	1746	Princeton, NJ
A2	イェール大学	5.333	6,083	11,416	1701	New Haven, CT
A3	ハーバード大学	6,715	13,399	20,114	1636	Cambridge, MA
B1	スタンフォード大学	6,689	8,201	14,890	1891	Stanford, CA
B2	マサチューセッツ工科大学	4,127	6,126	10,253	1865	Cambridge, MA
B3	シカゴ大学	4,780	9,951	14,731	1890	Chicago, IL
C1	ペンシルバニア大学	10,326	11,780	22,106	1740	Philadelphia, PA
C2	コーネル大学	13,562	6,855	20,417	1865	Ithaca, NY

出典：各大学の回答書（Response letter to U.S. Senate Committee）より作成。学生数は2007年度の在籍者数（単位：人）。

表序-4　8大学の専門分野構成の特色

記号	大学名	専門分野構成の特色
A1	プリンストン大学	学士課程における少人数教育に特色。MBA、ロースクール等を持たない。
A2	イェール大学	医学系を除くと Arts & Sciences, Law, Business の順で Faculty 数が多い。法学、政治学に特色。
A3	ハーバード大学	医学系を除くと Arts & Sciences, Business, Government, Law の順。総合的かつ大規模。
B1	スタンフォード大学	医学系を除くと Humanities and Sciencse, Engineering, Business の順。最先端技術分野に特色。
B2	マサチューセッツ工科大学	Engineering, Sciences, Humanities, Arts, and Social Sciences, Management の順。理科系の教育研究中心。
B3	シカゴ大学	医学系を除くと Humanities, Social Sciences, Physical Sciences, Business, Law の順。経済学他多様な分野。
C1	ペンシルバニア大学	医学系を除くと Arts & Sciences, Business, Engineering, Law の順。MBA に強み。
C2	コーネル大学	医学系を除くと Arts & Sciences, Agriculture & Life Sciences, Engineering の順。A & M（農・工）の伝統。

出典：Princeton Facts & Figures., Yale Facts & Statistics, Harvard Fact Book, Stanford Facts, MIT Facts, Report on the Status of Academic Women at the Univesity of Chicago, University of Pennsylvania Almanac Aupplement, Cornell Academics at a glance の 2002,2007 他より筆者作成。

表序-5　学生1人当り基本財産と定価授業料の変化（2002～2007）

記号	大学	学生1人当り基本財産（ドル）				定価授業料[43]（ドル）			
		2002	2007	増加額	年平均増加率（％）	2002	2007	増加額	年平均増加率（％）
A1	プリンストン	1,266,301	2,228,257	961,956	12.0	34,193	42,870	8,677	4.6
A2	イェール	955,475	1,983,641	1,028,166	15.7	34,030	43,050	9,020	4.8
A3	ハーバード	907,301	1,774,875	867,574	14.4	34,269	43,655	9,386	5.0
B1	スタンフォード	577,529	1,152,776	575,247	14.8	34,430	43,631	9,201	4.9
B2	MIT	539,992	973,699	433,707	12.5	34,460	43,550	9,090	4.8
B3	シカゴ	273,010	469,765	196,755	11.5	35,640	44,613	8,973	4.6
C1	ペンシルバニア	168,085	317,336	149,251	13.6	34,762	44,212	9,450	4.9
C2	コーネル	146,949	276,204	129,273	13.5	34,614	43,757	9,143	4.8

出典：*NACUBO Endowment Study2002,2007, Harvrd Fact Book 2002,2007* 他より筆者作成。

表序-6　学生数・教員数の変化（2002～2007）

記号	大学	フルタイム換算学生数[44]（人）				教員数[45]（人）			
		2002	2007	増加数	年平均増加率（％）	2002	2007	増加数	年平均増加率[46]（％）
A1	プリンストン	6,570	7,085	515	1.5	675	720	45	1.3
A2	イェール	11,014	11,358	344	0.6	785	850	65	1.6
A3	ハーバード	18,924	19,514	590	0.6	1,211	1,511	300	4.5
B1	スタンフォード	13,182	14,890	1,708	2.5	960	1,024	64	1.3
B2	MIT	9,925	10,250	325	0.6	974	998	24	0.8
B3	シカゴ	11,924	13,207	1,283	2.1	992	1,088	96	1.8
C1	ペンシルバニア	20,188	20,909	721	0.7	1,061	1,141	80	1.8
C2	コーネル	19,420	19,639	219	0.2	924	987	63	1.3

出典：*NACUBO Endowment Study2002,2007*, Prinston University Quick Stats, Yale University Some Facts and Statistics, Harvrd Fact Book, Stanford Facts, MIT Facts, Report on the Status of Academic Women at the University of Chicago, Penn at a glance, Cornel University Academics at a glance の 2002, 2007 他より筆者作成。

較的穏やかである（**表序-6**）。

　第2章では、基本財産のガバナンスを取り上げる。ガバナンスの要点は以下の4点である。第一は、基本財産のミッションである。基本財産は、過去の寄付者の志を受け継ぎつつ、現在の学生と教育・研究・地域貢献にイン

パクトを与え、未来に受け継ぐ役割を担う仕組みである。個別の大学におけるミッションを、まず抑える。第二は、そのミッションの下での基本財産の使用をめぐるルール（スペンディング・ポリシー）である。使用をめぐるルールは、現在の学生と大学に最大限貢献しつつ、未来の学生と大学にも十分な基本財産の実質的価値を引き継ぐという基本財産が持つ、相反する要請のバランスをとる仕組みとしてガバナンスの鍵となる項目である。第三は、寄付者の指定する使途制限や実際の基本財産の使用されるカテゴリーである。その理由は基本財産の使途は寄付者が条件として指定する場合と、指定がなく理事会がその使途を決定する場合に分かれるが、そのいずれもが実情を把握しづらいが重要な点であるためである。第四は、金融テクノロジーが発展する中で、各大学ではどのような投資方針のもとでどのような投資配分を行ったか、という点である。その理由は学生1人当りの基本財産額が大きくなるとその投資巧拙が現在の大学に対する使用可能財源としても、将来に受け継ぐ財産としても以前にも増して大きな意味を持つようになっているためである。用いる資料は、2008年1月25日付でアメリカ上院財務委員会が主要大学に回答を求めた質問状[47]に対する各大学の回答書[48]である。

　第3章では、基本財産と奨学金の関係を取り上げる。アメリカの大学における学費、学費援助と基本財産の関係を俯瞰した後、8校の研究大学全体の基本財産と奨学金の関係を踏まえた上で、第2章で取り上げた8校の研究大学について、大学独自奨学金と基本財産との関係を事例考察する。対象とする期間は、基本財産と大学独自奨学金が最もダイナミックに変化した2002年から2007年である。用いる資料は、各大学の各年の年次財務報告書と上院財務委員会への各大学の回答書である。年次財務報告書には大学独自資金による奨学金の額が記載されており、上院財務委員会への各大学の回答書には大学としての学費援助の考え方や方針が記載されている。これらを用いて個別大学の基本財産額の変化と大学独自奨学金の関係を明らかにする。その際、この間の授業料の動向や政府奨学金の動向にも触れ、独自奨学金が果たした役割と基本財産の意義を検証する。

　第4章では、教員給与と基本財産の関係を考察する。ファカルティの給与

は、特に私立大学においては、その大学の教育・研究水準や学問分野における大学の威信を反映すると考えられる。依拠する教員給与のデータは、アメリカ大学教授協会 AAUP（Association of American University Professors）の Faculty Survey である。まずはアメリカの大学における教員給与の近年の水準を、消費者物価の上昇率との比較を中心として俯瞰的に明らかにする。次に基本財産が最もダイナミックに変化し、また教員給与への影響を強め始めたと考えられる 2002 年から 2007 年の期間を捉えて、学生 1 人当りの基本財産で A，B，C の 3 グループに分けた事例 8 大学の教員給与の推移を教授、准教授、助教授のランク別に分析する。

第 5 章では、リベラルアーツ・カレッジを対象に、基本財産をめぐるガバナンス、基本財産と奨学金の関係、基本財産と教員給与の関係について明らかにする。分析対象の選定は以下の方法によった。学生 1 人当り基本財産について 2007 年版の *NACUBO Endowment Study*[49] の私立大学リストを用い、学生 1 人当り基本財産額を回答している 516 の私立大学についてカーネギー財団による 2000 年版高等教育機関分類による分類[50] を実施し、学士号授与大学（リベラルアーツ型）の 138 カレッジの中から、学生 1 人当り基本財産が 30 万ドル以上の 20 カレッジ[51] を抽出し、その中の 6 カレッジを本稿の対象カレッジとする。

事例 6 カレッジの 2007 年時点の概要を**表序 -7** に示す。ウイリアムズとスミスを除いて大学院を置かず学士課程のみである。ウェルズリーとスミス

表序 -7　6 カレッジの学生数、設立年、所在地

記号	大学名	学士課程	大学院	合計学生数	設立年	所在地
D1	ポモナ・カレッジ	1,547	0	1,547	1887	Claremont, CA
D2	グリネル・カレッジ	1,589	0	1,589	1846	Grinnell, IA
D3	アマースト・カレッジ	1,637	0	1,637	1821	Amherst, MA
E1	ウイリアムズ・カレッジ	1,964	49	2,013	1793	Williams Town, MA
E2	ウェルズリー・カレッジ	2,380	0	2,380	1870	Wellesley, MA
F1	スミス・カレッジ	2,756	458	3,214	1871	Northampton, MA

出典：各大学回答書（Response letter to U.S.Senate Committee）より作成。2007 年度の在籍者数（単位：人）。

は女子カレッジである。

分析対象とする期間は、前章までと同様 2002 年から 2007 年とした。この期間に、カレッジの基本財産と定価授業料が最もダイナミックに変化した（**表序 -8**）。

表序 -8　6 カレッジの学生 1 人当り基本財産と定価授業料の変化（2002 〜 2007）

記号	大学名	学生 1 人当り基本財産（ドル）				定価授業料（ドル）			
		2002	2007	増加額	年平均増加率（%）	2002	2007	増加額	年平均増加率（%）
D1	ポモナ	658,164	1,150,165	492,001	11.8	36,468	45,806	9,338	4.7
D2	グリネル	795,232	1,094,467	299,235	6.6	22,250	34,392	12,142	9.1
D3	アマースト	526,754	1,003,851	477,097	13.8	34,360	43,996	9,636	5.1
E1	ウイリアムズ	537,820	933,426	395,606	11.7	32,470	42,650	10,180	5.6
E2	ウェルズリー	470,371	740,530	270,159	9.5	25,022	32,384	7,362	5.3
F1	スミス	312,846	439,305	126,459	7.0	33,302	43,438	10,136	5.5

出典：*NACUBO Endowment Study2002,2007*, 各大学回答書（Response letter to U.S.Senate Committee）より筆者作成。

同期間のフルタイム換算学生数と教員数の変化を以下に示す（**表序 -9**）。

表序 -9　6 カレッジの学生数・教員数の変化（2002 〜 2007）

記号	大学	フルタイム換算学生数[52]（人）				教員数[53]（人）			
		2002	2007	増加数	年平均増加率（%）	2002	2007	増加数	年平均増加率（%）
D1	ポモナ	1,547	1,531	▲ 16	▲ 0.2	224	172	▲ 52	▲ 5.1
D2	グリネル	1,352	1,570	218	3.0	204	221	17	1.6
D3	アマースト	1,633	1,656	23	0.3	179	214	35	3.6
E1	ウイリアムズ	1,971	2,027	56	0.6	328	363	35	2.0
E2	ウェルズリー	2,195	2,237	42	0.4	307	325	18	1.1
F1	スミス	2,721	3,098	377	2.6	408	400	▲ 8	▲ 0.4

出典：*NACUBO Endowment Study2002,2007*, IPEDS より筆者作成

まずは研究大学と同様、基本財産のガバナンスを考察した後、続いて基本財産と奨学金、そして基本財産と教員給与の関係について考察する。ただしガバナンスと教員給与は同様の分析を行えるが、奨学金に関しては研究大学と同様の分析・解釈を行うことはできないので、その点は留意がいる。ガバナンスについては、研究大学の分析で用いた資料と同様の2008年1月25日付でアメリカ上院財務委員会が主要大学に回答を求めた質問状に対する各大学の回答書を用いる。教員給与はリベラルアーツ・カレッジの場合には、すべてのカレッジがAAUPに加盟しているわけではないため、各カレッジが報告したIPEDSデータを用いる。奨学金についても学士課程奨学金について各大学が報告したIPEDSデータを用いる。

終章においては、基本財産と大学独自奨学金がダイナミックに変化した21世紀の初頭（2002年から2007年）における事例8大学と6カレッジの分析から、基本財産が大学独自の経営戦略に様々に活用されている姿を明らかにする。

大学独自奨学金戦略においては、基本財産からの収入を活用して大胆な大学独自奨学金改革が実施され、ポジションの違いと戦略の違いが明確となりつつある。教員給与戦略でも、伝統的な横並びの給与水準の中での各大学のポジショニング戦略に、学生1人当り基本財産のストックとしての蓄積の厚さやフローとしての毎年の基本財産からの配分収入の伸び率の差が、新しい要素として加わりつつある。そして、基本財産をめぐる意思決定が、現在の大学の質と将来の価値に大きな影響を与えつつある。基本財産のガバナンス、奨学金、教員給与について、同じ事例大学について分析し、ポジションと戦略の違いを明らかにした点が、これまでの先行研究にない本書の新規性である。最後に残された課題について述べる。

注
1　基本財産はエンダウメント（endowment）の日本語訳である。1960年に日本の文部省調査局が刊行した『アメリカ合衆国の高等教育』では、その79頁からの第5章で当

時のアメリカの大学の財政を具体的なデータを用いて記述しているが、エンダウメントを基本財産と訳している。近年、エンダウメントを基金と訳すことも多いが、基金形態をとらないエンダウメントもあり、本書では基本財産を用いる。基本財産の定義は第1章、第1節で述べる。
2 小林（2010）は、アメリカの私立大学のこの傾向を高授業料・高奨学金政策としている。「近代大学の多くは、高奨学金・低授業料政策からスタートしたと見ることができる。（中略）しかし、大学が拡大するにつれて、高給付奨学金の財政負担は困難となり、エリートからより一般的な専門職の養成と高等教育機会の提供が大学の中心的な役割となるにつれて、低授業料・低奨学金政策に移行すると考えられる。アメリカの公立大学とりわけ公立2年制大学はこうした性格を持っている。また、かつての日本の国立大学もこのタイプに入れていい。さらに、高等教育の需要が拡大するとこれに対応するため私立大学が登場する。これらは高授業料・低奨学金政策をとることになる。日本や中国の私立大学がこのジャンルに入る。これに対して、近年生じているのは、高授業料・高奨学金政策である。高授業料・高奨学金政策への移行は、世界各国で生じていると見ることができる。この背景には、各国とも公財政の悪化と市場化への移行がある」（小林,2010,p.122）と述べている。
3 米国大学実務者協会（NACUBO）*2010 NACUBO ENDOWMENT STUDY*。
4 換算レート：本書では1ドル＝117円（2015年1月末に適用する関税為替レートとして税関長が公示した1ドル＝117.39円の円未満を四捨五入）で換算する。
5 学生1人当りの数値を計算するときに用いる学生数は「フルタイム換算学生数」を用いる。各大学がNACUBOの調査に回答するときには、IPEDSフォーミュラで回答するよう奨励されている。すなわちパートタイムの学生については、学生タイプに応じてフルタイム学生相当人数に換算して集計した学生数のこと（FTE = Full Time Equivalent）。
6 Frederick Rudolphは、1942年生まれのウイリアムズ・カレッジの名誉教授。アメリカ高等教育史の代表的研究者の一人である。
7 イギリスの大規模研究大学の集まりであるラッセルグループ20大学の合計での2010年7月決算期で、基本財産からの収入は2％の構成比を占めるにすぎない（出典：各大学の決算資料から集計）。
8 ハーバード、ウイリアム＆メアリー、イェール、プリンストン、コロンビア、ペンシルバニア、ブラウン、ラトガース、ダートマスの各植民地カレッジである。詳しくは第1章の基本財産の歴史と意義で述べる。
9 Martin Trowは、アメリカ高等教育の代表的研究者。元カリフォルニア大学名誉教授。
10 南北戦争以前の大学の設立には、Tewksbury（1965）が指摘するように宗教や宗派の影響も依然大きかった。
11 1862年のモリル法が成立した時点で17の高等教育機関がランドグラントとして指定されたが、私立5、州立8、農業カレッジ4であった。1862年と1879年の間に26のカレッジが設立されたが、私立はコーネル大学のみで、州立大学およびA&Mが中心となった。
12 アメリカ教育省の教育統計 Digest of education statistics で,1971年〜1996年と

2006年以降は、アメリカ全体の大学の基本財産総額が明示されているが、1997年〜2005年は全体の表示がないためNACUBO Endowment Studyの総額を用いた。なお2006年については両者の表示があり、アメリカ教育省は3,369億ドル、NACUBOは3,401億ドルで完全には一致しないが、長期のトレンドを見る目的のために両者を併用した。

13　2002年のNACUBO Endowment Studyによれば、2002年度で学生1人当り30万ドル以上の大学が29に達し、これらはすべて私立大学である。29大学の中でも上位のプリンストン大学は学生1人当りで127万ドル（1億4,900万円）、イェール大学が96万ドル（1億1,200万ドル）、ハーバード大学が91万ドル（1億600万ドル）に達した。

14　この文部省の調査では、歳入と同様に歳出についても記載しているが、ここでは歳入サイドに焦点をあてて論じる。

15　大学の教授・研究活動および社会教育活動の経費をまかなうための経常収入。

16　補助活動とは、学生、教職員のサービスのために行われる事業である。これには、寄宿舎、大学内の食堂、喫茶室、診療所、書店等の事業活動による収入が含まれる。

17　私立大学の経常収入の財源別百分比を、当時の学校類型別に見たデータも、1955-56年度について記録されている。基本財産からの収入の百分比は、総合大学で9.0％、文理大学（リベラルアーツ・カレッジ）で7.3％、師範大学で4.6％、工科大学で9.5％、神学大学で12.8％、他の専門大学で3.2％、短期大学で2.5％と記録されている（前掲　文部省調査課　1960, p.95）。

18　私立研究大学のうち、カーネギー分類の2005年分類以降使用されている分類で、非常に高い水準の研究活動を行っている研究大学（Research University with a very high level of research activity）。この分類の私立大学にはハーバード、イェール、プリンストン、スタンフォード、MIT、シカゴ等の大学を含む。

19　イギリスのオックスフォード大学やケンブリッジ大学は、多くのカレッジで構成されているが、イギリスでは伝統的にカレッジに資産が蓄積されることが多かった。こうしたカレッジを有産カレッジと呼ぶ。

20　金子（2010）のpp.222-223を参考として記載している。

21　法令は公布年。教育使節団報告書は報告年。学校法人会計基準は制定年。

22　学校法人会計には、その法人に属する高等学校や中学校等を含む。学校法人会計による私立大学の財政の歴史は、藤田（1991）等の研究がある。

23　学校法人会計基準が定める基本金のうち、基金として継続的に保持しかつ運用する金銭が第3号基本金である。貸借対照表の右側の基本金勘定として第3号基本金が計上され、これと同額が左側の資産勘定に第3号基本金引当資産として計上される。

24　アメリカの大学の基本財産は時価ベースで表示する会計ルールである一方、日本の大学は簿価ベースでの会計ルールである。日本では、貸借対照表の脚注に有価証券の時価情報が開示されている。基本財産は有価証券以外の銀行預金等の形態で所有される場合もあるため、基本財産そのものを示すものではないが、アメリカの大学の基本財産と比較する場合には、これらも参考となる。2015年3月末で慶應義塾が1,051億円、早稲田大学が756億円である。

25 アメリカの大学のガバナンス構造とその歴史的経緯は福留 (2012) に詳しい。
26 理事会のメンバーに欠員が生じた場合には、それを理事会 (残った成員) の承認によって補充する。これによって設立時の理事会が永続性を持つ。
27 第1章で現在まで存続し発展を続けているアマースト・カレッジの例について述べる。
28 Thelin (2004) は、1819年のダートマス事件の最高裁判決によって初めて、明確で強いアカデミックコーポレーションの権限 (power) が確立し、州知事や州議会がカレッジに影響力を行使できるのは特許状の原則の範囲内に限定されることになったと述べている。また Rudolph (1990) も、ダートマス判決の最高裁の意義は、私立団体と公立団体の区別を明確にする道を開いたことであると述べている。
29 19世紀のこれらのリベラルアーツ・カレッジが直面した法と経済の状況については折原 (1999) 等の研究がある。
30 Kimball & Johnson 2012, pp. 4-5。
31 Eduard C. Lindeman, 1936, p. 18。
32 前掲 Kimball & Johnson 2012, pp.5-6。1915年から1940年の時代は、アメリカの大学が世界中から本格的に留学生を受け入れ始めた時期でもあった。この時代のアメリカの大学のカルチャーは、Levine (1986) やカリフォルニア大学百年史等で知ることが出来る。
33 同上 p.10。
34 2007年11月2日付の Pressure Builds on Wealthy Colleges to Spend More of Their Assets という記事に基づく。
35 投資方針と並んで、大学の予算や決算の収入と支出の均衡をめぐっての数学モデルを活用した研究も盛んとなった。Hopkins and Massy (1981) 等がある。
36 Rosovsky は、第二次世界大戦の前までは、アイビーリーグの8大学、シカゴ大学、カリフォルニア大学バークレー校、ジョンズホプキンス大学、MIT、ウィスコンシン大学などが含まれる高等教育機関の親しい同盟があったと述べている (Rosovsky,1990, p.226)。
37 教員給与を含む大学の費用が、学生1人当りでどの程度まで支払われるべきかという研究に Bowen (1980) がある。
38 当該研究では、NRC (National research council) による大学院プログラム格付けを教授の質を指標として用いている。
39 アメリカ型のリベラルアーツ教育の直接の研究ではないが、日本において一般教育における総合の意味を探求した研究に絹川 (1982)、歴史的系譜を踏まえてリベラルアーツを論じた研究に大口 (2014) がある。一方、アメリカの学士課程教育におけるクラス外の体験の重要性や学生と教員の密な接触を重視する研究には Kuh (1995) や Kuh and Hu (2001) 等多くの研究がある。
40 アメリカの50近くのリベラルアーツ・カレッジが参加している長期的実践的リベラルアーツ教育の研究プロジェクト。
41 エートスの英語文では ethos である。この文脈では理念と行動に裏打ちされた気風、精神というようなニュアンスであろう。

42 AAUには、2014年10月現在で59の加盟校がある。このうち25が私立大学で34が公立大学である。他にカナダの公立大学2校が加盟しており合計61大学である。
43 この表に示す定価授業料は、学士課程学生向けの定価授業料である。
44 フルタイム換算の学生数であり、表序-3の合計学生数とは一致しない。
45 Facultyを構成する教授、准教授、助教授の合計教員数。医学部を除く。
46 2002年から2007年の5年間について年平均伸び率を算出。ただし、MITは、2002年、2003年の該当データが入手できなかったため、2004年から2007年の3年間について記載。ペンシルバニア大学については、2007年の該当データが入手できなかったため、2002年から2006年の4年間について記載している。
47 アメリカ上院財務委員会(U.S.Senate Committee on Finance)からMax Baucus議長とChuck Grassley上級委員名で、大規模な基本財産を運営する主要大学に対して2008年1月25日付で、基本財産のガバナンスや学士課程学生向け奨学金について質問状を提出した。
48 上記2008年1月25日付のアメリカ上院財務委員会の質問書に対して各大学は2008年2月下旬から3月上旬にかけて学長名または機関名で回答した。
49 NACUBO Endowment Studyは、NACUBO(全米の財務実務者協会)が出版している基本財産に関する年次調査である。
50 カーネギー分類の2000年版を用いる理由は、学士課程授与大学(リベラルアーツ型)が独立して分類されているためである。
51 フルタイム換算学生数が1,000名未満である4カレッジと財務情報が入手できなかった1カレッジを除く。
52 フルタイム換算の学生数であり、表序-7の合計学生数とは一致しない。
53 Facultyを構成する教授、准教授、助教授等のフルタイム換算合計数。

第Ⅰ部

大学の基本財産

第1章　基本財産の歴史と意義

本章では、基本財産の定義と社会的意義を概観した後、アメリカの大学における基本財産の歴史的展開を整理する。

第1節　基本財産の定義と社会的意義

1　基本財産の定義

1　19世紀以前の定義

基本財産は、英語のエンダウメント（endowment）の日本語訳である。リーダーズ英和辞典によれば、エンダウメントとは「学校、法人などに寄付された基本財産、寄付金」である。

オックスフォード現代英英辞典によれば、endowmentとは、"money that is given to a school, a college or another institution to provide it with an income: the act of giving this money"である。すなわち、学校や大学等の機関にその収入として提供されたお金のことである。またこのお金を寄付する行為をさす。

オックスフォード英語辞典（Oxford English Dictionary）の歴史的な用例記録（The definitive record of English language）では、エンダウメントという単語の最も古い記録として、1597年における「教会の財産は神聖なる神のエンダウメントである」という用例が示されている。同辞典では更に1845年の記録として「その聖職者の遺産は、その地域の教会と学校のエンダウメントの増加に充当された」という用例が示されている。エンダウメントという語は、教会や学校の基本財産に用いられることの多い言葉であることがわかる。

2　2000年時点の定義

アメリカの大学関連団体のうちで最も包括的な調整団体であるアメリカ教育協議会 (American Council on Education：以下 ACE) による 2000 年時点での基本財産の定義は次の通りである。「基本財産とは、大学によるその恒久的なミッションの遂行をサポートするために、大学によって投資された資産の集合体である。基本財産は、寄付者が個人的資金を公共目的に拠出するに際して、その贈与が大学の存続する限り恒久的に貢献することについての確信を深めるための仕組みである。基本財産は、寄付者と大学との間の一つの契約である。基本財産は、過去、現在、未来の世代を結ぶ。基本財産の仕組みの存在によって、大学は遠い未来に向けての約束において経営資源の裏付けが確保される」(ACE, 2000, Understanding College & University Endowments, p.6)。

この定義は、アメリカの大学における基本財産の特色を幅広く捉えたものということができる。まず大学の恒久的なミッションの遂行をサポートするために大学によって投資された資産の集合体であると定義している。次に寄付者から見た場合にその贈り物が大学の存在する限り恒久的に貢献することについての確信を深めるための仕組みであると述べられている。寄付者は個人の場合もあれば、宗教団体や慈善団体などの団体組織のこともある。また南北戦争のころのモリル土地付与法のように連邦政府が寄付者の立場に立つこともあるなど種々多様な場合を含む。すなわち私的なものと公的なものの両方を含むが、通常は私的な要素の強いものである。これらの多様な寄付者の多様な意図を伴った寄付を大学が管理・運営していくためには、大学と寄付者の間を時間的な流れに耐えて維持するような仕組みが必要であり、これが基本財産の仕組みである。この仕組みは、過去・現在・未来の世代を結ぶ役割も果たす。通常、寄付は現在と未来に向けてなされるが、現在の大学は、過去からのこうした基本財産の仕組みを引き継いだ上に成り立っている。過去に費消されずに受け継がれてきた基本財産の恩恵を現在の大学が享受している。同様に現在費消されない基本財産が未来の大学に受け継がれる。基本財産の仕組みによって大学が未来に向けての約束において経営資源の裏付けが確保される。

現代のアメリカにおける大学の財務の実務者団体である米国大学実務者協会（NACUBO）は、寄付に条件が付されているかどうかと付されている条件の内容に着目して基本財産を以下のように分類している。「基本財産に以下の3種類[1]がある。真性基本財産（True endowment）：元金の運用果実（利息等）のみが使用を許される契約の基本財産。通常元本は、大学等の組織において基本財産プールとして恒久的に投資される。条件付基本財産（Term endowment）：個別に指定された条件を満たすと元本も使用できる基本財産。条件には期間の満了、イベントの成就、元本の成長の達成等の種類がある。準基本財産（Quasi endowment）：大学等の機関の理事会の裁量で元本も自由に使える基本財産」（2005, NACUBO Endowment Study, p.69）。

基本財産の定義は、1940年代まで遡ることができる。1940年の基本財産を解説した書籍に見られる定義は以下の通りである。「基本財産基金（Endowment Funds）は、寄付者によって申し出られ、大学等の理事会によって受理される。元本は永久に費消されずに維持され、利息等の収入のみが大学等で使用されるという条件付きである。使途には寄付者の条件が付される場合（restricted）と無条件の場合（unrestricted）とがある」（Sattgast, 1940, The Administration of College and University Endowments, p. 6）。1940年代の定義と比較すると、2000年のACEの定義は、「元本は永久に費消されずに維持される」という文言が削除されている。一方で、基本財産は、「寄付者が個人的資金を公共目的に拠出するに際して、その贈与が大学の存続する限り恒久的に貢献することについての確信を深めるための仕組みである」としている。元本の値上がり益等の費消を認める一方で、恒久的に貢献することについての確信を深めるための仕組みであるという表現に変わっている。これは第5節で詳述する1970年代初めの統一州法の変更等を踏まえた定義の変更である。

アメリカの私立大学の会計制度では、基本財産はどこに含まれているのであろうか。私立大学は財務会計基準審議会（Financial Accounting Standards Board）による会計基準（FASB）に従って、財務資料を作成し監査法人による会計監査を受けている。

基本財産（Endowment）は、資産（Assets）と負債（Liabilities）の差額である純

資産 (Net Assets) の中に含まれる[2]。実例を**表 1-1** に示す。純資産の内訳 2 行目が基本財産である。

表 1-1　アメリカの私立大学の貸借対照表（例）

ASSETS（資産）
Cash and cash equivalents（現金・現金等価物）
Receivables- net（売掛金）
Prepayments and deferred charges（前払金・繰延手数料）
Notes receivable, net（受取手形）
Pledges receivable, net（未収寄付金）
Fixed assets, net（固定資産）
Net retirement assets（退職年金等引当資産）
Interest in trusts held by others（未収利息）
Investment portfolio, at market（投資有価証券等）
Market value of securities pledged to counterparties（差入担保有価証券）
TOTAL ASSETS（資産合計）

LIABILITIES（負債）
Accounts payable（未払金）
Deposits and other liabilities（預り金・その他債務）
Securities lending and other liabilities associated with the investment portfolio（投資関連債務）
Liabilities due under split interest agreements（受益権分割契約上の未払利息）
Bonds and notes payable（未払手形）
Accrued retirement obligations（未払退職年金等債務）
Government loan advances（政府前受金）
TOTAL LIABILITIES（負債合計）

NETS ASSETS（純資産）
General Operating Account（一般勘定の純資産）
Endowment（基本財産）
Split interest agreements（受益権分割契約上の純資産）
TOTAL NET ASSETS（純資産合計）

出典：*Harvard University Financial Report Fiscal Year 2007*, P.15 Balance Sheet より筆者作成。

財務会計書類とは別に基本財産を多く持つ大学は、NACUBO に対して基

本財産額等を年に一度報告しており、大学の実務者も基本財産の研究者もこの数字を多く用いている。

2　基本財産の社会的意義

　大学における基本財産に関して長い歴史と議論を経てきたアメリカでは、今も多くの議論がなされている。第2項ではアメリカでの基本財産の社会的意義をめぐる主要な議論について先行研究を手がかりとして検討する。

1　なぜ基本財産が必要か

　営利を目的としない大学がなぜ基本財産を必要とするのであろうか。Hansmann[3]（1990）は、「なぜ大学に基本財産が必要か」また「どのように基本財産は運営されているか」を探求した。基本財産を大学が蓄積し、運営することを是認すべきという論拠を整理し、いくつかの論点のそれぞれについて検討している。本稿ではその主要な論点について論じる。Hansmann（1990）は、基本財産の社会的意義を5つの論点に整理して論じている。

　5つの論点のうちでも、「世代間の公平」の論点が最も重要である。私立大学が基本財産を蓄積することに対する大学外からの批判に応える論拠の一つとなると同時に、大学内でも今すぐに可能な限り多く使おうとする学内各部局と大学の恒久的発展を使命としてこれに対抗する理事会側との間で年次学内予算編成上の論争点ともなる。実際に、第2章の基本財産のガバナンスで言及するように、私立大学の基本財産のミッションとして「世代間の公平を図る」ことが掲げられることが多い。こうした観点で、「世代間の公平」は、5つの論点の中でも、最も議論があり、重要な論点であると考えられる。

　第1項では、まず世代間の公平（Intergenerational　Equity）について、Tobin, Massyの見解を詳しく検討する。残りの4つの論点、すなわち寄付の不安定性に対する仕組み（"Lumpy" Funding）、現在の寄付に対する税務上のインセンティブ（Tax Incentives for Current Giving）、流動性の維持（Maintaining Liquidity）、長期の安全確保（Long-term Security）については、Hannsmanの見解に沿って論点を整理する。

(1) 世代間の公平 (Intergenerational Equity)

Hansmann は、大学が基本財産を持つ理由としてまず世代間の公平を実現することを挙げている。彼はこの世代間の公平に関する説明として、James Tobin[4] の説明が最も明確であるとしている (Hansmann, 1990, p.14)。

Tobin (1974) は、次のように述べている。「基本財産を有する大学の理事は、現在の請求に対する未来のための守護神である。理事の仕事は世代間の公平を確保することである。基本財産を有する大学の理事は、自ら属する大学が永久不滅であることを当然のことと考えている。従って理事たちは永久に基本財産を維持しようとし、永久に維持可能な毎年の使用率を知ろうとする。理事たちは現在にも未来にも公平な均衡を保つことを前提に考える。このように定義された基本財産の使用は、原則として現在の基本財産がサポートしている諸活動と同じセットの活動をサポートし続けることができることを意味する。このルールは現在の使用は、将来の基本財産への寄付の恩恵を期待に入れるべきでないということを言っている」(Tobin, 1974, p.427)。

Massy[5] (1996) は、多くの高等教育関係者が世代間の公平の議論を支持しているが、しかしそれは自明のことではないと論じている。「世代間の公平の考え方は、未来の学生が現在の学生と同じ恩恵を受けるべきであるという考え方を意味する。同様に今日の学生は基本財産がサポートする特定の活動に関して、未来の同じ立場の学生と比較して格別の待遇を受けるべきではないということになる。今日の教員、職員、卒業生の誰も基本財産からの資源に格別に異なる待遇を受けるべきでないということになる。世代間の公平の議論に従えば、将来の利害関係者の負担のもとに現在に基本財産を使ってしまう試みには、理事は抵抗しなければならない。しかし、この仕事は容易なことではない。今日の学生や保護者は現在の教育プログラムの充実と高い授業料からの救済を求める。今日の教員はもっと資金が使えればもっと教育、研究等が向上するアイデアを持っている。要支援者は特別プログラムや特別設備の充実を望んでいる」(Massy, 1996, p.94)。

Massy (1996) は、世代間の公平の議論に対する反論を 3 点指摘している。第一は、今日のニードは非常に要求が厳しいので将来についての心配はあと

まわしにすべきであるという議論である。目の前にあるニードに迅速に対応するためには、ある種の信用力を守ることよりも基本財産を今すぐに使うことが求められるという考え方である。更に、将来世代は一般に今より裕福であると考えられ、今日の学生が享受しているのと同じ基本財産からの補助を必要としない可能性もあるという主張である。世代間の公平原理に対する第二の批判は、高等教育における現代の投資は卒業生による立派な業績と研究の成果によって将来に対して配当にあたる果実を支払うというものである。高等教育コストが実質的に上昇する事態を考慮に入れると、将来の投資は今よりも高くつくこともあり、それゆえに、後で投資するより今投資することを求める。第三の批判は、簡潔に、大学は世代間の公平に関しての決定に関与すべきでないという議論である。世代間公平に関する不安定な要素から努力が徒労に帰す運命にあるので、今日の機会を単純に大切に進むべきであるという議論である。

　これらの3点の反論を述べた後で Massy (1996) は、世代間の公平の議論に対する反論は、いくつかの理由では疑わしいとしている。世代間の公平に反論を述べる人は、往々にして、現在この問題に個人的利害を持っていたり、特定の現在のプログラムに対する基本財産からの補助の可能性を探っていたりする人々であるという指摘である。利己的な主張による、今すぐ基本財産を使うべきという議論は割り引いて考えられるべきであることを示唆している。情報革命の進展により将来の支出は今より更に生産性が高くなるという議論も可能である。

　更に Massy (1996) は、以下のように結論を述べている。「理事は、世代間の公平の議論を無視することはできない。基本財産を今使うか蓄積するかの決定は、意図するか否かにかかわらず世代間の公平に影響する。言い換えれば、基本財産を持っているということは、すなわち大学が、世代間の公平をはかるべき存在であることを意味する。どの世代も緊急のニードを持っており、理事は今のニードと将来のニードのバランスをとるという波のなかを泳がなければならない。理事会は現在使いたいと主張する人々に対しては高いレベルの証明を求めなければならない」(Massy, 1996, p.96)。

Hansmann も「精密に吟味してみれば、世代間の公平の議論が現在の基本財産の方針をどれだけサポートしているかは疑わしい」(Hansmann, 1990, p.14) としている。

(2)　寄付の不安定性に対する仕組 ("Lumpy" Funding)

Hansmann (1990) は、大学が基本財産を持つことを正当化する議論として寄付の不安定性を論じている。大学の創設者や大学に対する後援者は、一回に大きな寄付をして、その1回の金額が今後数年間その大学の期待寄付総額の何分の一かを構成するということはよくある。また大学の大きな寄付キャンペーンも、小さい金額が絶え間なく入ってくるというよりはむしろ、かなり時間的な間隔をおいて行われる。これは寄付収入を何年かにならして平均して使用することの説明にはなる。ただ、この議論は恒久的な基本財産を持ち続けることを必ずしも正当化しない。また集合として見れば、毎年比較的コンスタントで予見可能なような少額の寄付のすべてには適用できない議論である。19世紀や20世紀初頭にはこの議論は現在より正当性を持っていたかと思われる。これらの時代には大学は個人の巨額の遺贈を受ける機会が多かったし、また寄付増強キャンペーンも今日一般化されているほど継続的なものでなかったからである[6]。

この寄付の不安定性に対する仕組みという論点については、多くの大学史や先行研究で具体的な実例を見出すことができる。例えば Pierson (1955) では、イェール大学の1920年代から1930年代の実例が示されている。この時期にイェール大学の基本財産は急増したが、2件の巨額の寄付と1回の寄付キャンペーンが突出して多額であった。基本財産による安定運営が、寄付の不安定性に対する仕組みとして不可欠であった実例の一つと考えられる。

(3)　寄付に対する税務上のインセンティブ (Tax Incentives for Current Giving)

Hansmann (1990) は、税務上のインセンティブを私立大学の基本財産を正当化する論拠の一つとして論じている。非営利である大学は法人税を免除されている。このため、投下された資本のリターンは免税でなく課税される個

人の投資のリターンより高い。Hannsman (1990) は、この税務上のインセンティブを理解しやすくするために、次のような実例を挙げている。「ある卒業生が母校に寄付するケースを仮定しよう。寄付者が税引き後の率で投資するよりも非課税の大学は有利な条件で投資できるので、大学に早く寄付して大学に投資を委ねた方が寄付者自身で増やしてから寄付するより一般に常に有利である。大学の基本財産の一般的蓄積のある部分はこの種の暗黙の契約の一部であるとみなすことができる」(Hannsman, 1990, pp.20-21)。

アメリカの高等教育機関における寄付と税制度をめぐっては 1960 年代～70 年代の大学団体の動きに着目した福井 (2010) 等の多くの研究がある。

(4) 流動性の維持 (Maintaining Liquidity)

Hansmann (1990) は、大学が大きな基本財産を維持するまた別な一つの理由として、財務面の逆境における蓄えを持っておくという議論を挙げている。彼は、財務面の逆境の実例として、授業料を満額支払える入学可能志願者数の人口動態や景気後退での突然の減少、税制改正や同窓生の態度変化による個人寄付の突然の減少、政権交代による連邦政府の教育や研究に対する補助のカットを収入面の逆境の例として挙げている。また 1970 年代のオイルショックを費用の突然の増加の一例として挙げている。基本財産という十分な余剰の蓄積を持っていればこのような財務的逆境は、内部の混乱を最小限にして乗り越えられる[7]。

この論点については、基本財産の内部蓄積が少なめで財務体質が弱い大学については説得力がある。しかし、基本財産の内部蓄積が一定以上進み財務面が強固な大学の場合には、財務面の逆境における蓄えという論点は重要度が高いとはいえない。例えば、Lapovsky (2007) は、基本財産が何をサポートするのかという論点において、大学全体の流動性の維持ではなく、予算配分で日の目を見ない部署における予算カットに対する守護として、使途指定付き寄付を原資とする基本財産からの安定的収入を挙げている。これは大学内の一部門における流動性の維持である。

(5)　長期の安全確保 (Long Term Security)

Hansmann (1990) は、大学が大きな基本財産を維持する理由として長期の安全確保を挙げている。短期の財務的逆境に備えるのではなく、何十年あるいは何世代にもわたる長い時間の厳しい環境に直面しても全体としての組織が消滅しないように基本財産は保険として維持されるという議論である。通常のビジネスであれば長期に赤字が続けば退場した方が効率的ということはあるが、大学の場合は長期の財務的逆境に対する保険を求める理由はあるといえる。評判の良い大学、財務的に強い大学として生き残り続けることは、卒業生にとって好ましいことであるし、基本財産の大きな大学であることは進学する動機にもなりうる。基本財産を蓄積することは大学の伝統を守る合理的な方法である。

他方、このような基本財産の蓄積だけで伝統を守り続けられるかどうかは明確ではない。伝統や評判という資本は一般に、十分に研究資金を提供し、優秀な卒業生を教育し、将来の教育と研究のために教員と施設を築きあげる現在の支出によって最も促進されるという議論も可能であることも事実である[8]。

この長期の安全確保という論点は、長期の生き残りのための保険という保守的な観点に加えて、更に教育・研究の質を高め、優秀な学生や優秀な教員を引き付けるという前向きな論点として捉えることもできる。

2　基本財産への課税の是非

基本財産の社会的意義に関連して、大学の基本財産への課税の是非について述べる。アメリカでは、連邦および州の税制度において、大学への寄付者に対する所得税上の所得控除や税額控除等の制度を有している。これが歴史的に大学への寄付を促進するインセンティブの一つとなって大きな役割を果たしてきた。この問題についても日米で多くの研究があるが、ここでは、大学が寄付を受け取ったあとの大学の基本財産への課税に焦点を当てる。

Cowan[9] (2008) は、大学がなぜ免税ステータスを持っているのかという問題について、基本財産の投資収入に対するルールを含む現行の大学への課税

の要約をし、大学がなぜ免税ステータスを持っているのか、基本財産収入への課税はこれらの合理的根拠と整合性があるのかどうかを論じている。

「2006年度のNACUBOの統計によると、765の大学で合計3,400億ドル (39兆7,800億円[10])の基本財産が持たれており、15.3％の運用利率で520億ドル (6兆840億円)の投資収入が記録された。この520億ドルに課税しないことにより、連邦政府は、計算上180億ドル (2兆1,060億円)の課税を差し控えたことになる。この数字を前にすると、大学への慈善寄付に対する税控除制度に伴う課税機会の損失試算額である66億ドル (7,956億円)が小さく感じられる」(Cowan, 2008, p.507)。

(1) 基本財産の投資収入に対するルールを含む現行の大学への課税の要約

私立で非営利である大学は、教育を目的として存在しているために連邦の内国歳入法第501条(c)の(3)に該当するとして免税ステータスを持っている。公立大学は州政府の一部と見なされ免税である。私立か公立かの区別は、基本財産からの収入に課税すべきかあるいは基本財産に何らかの規制をすべきかの議論では取り立てて重要ではない。公立大学の基本財産も通常は州の組織で管理運営されるということはなく、サポート組織で管理運営されている。その基本財産のサポート組織は、内国歳入法第501条(c)の(3)に該当する免税ステータスを持っている。従って基本財産に関して課税上の論議がなされるときには、公立大学にとっても私立大学にとっても同じである[11]。

内国歳入法上の法人所得税の免税に加えて、大学は内国歳入法第532条の内部留保税 (the accumulated earning tax)[12] も免税である。利益を追求する企業と異なり、大学は内国歳入法のこの税からも自由に基本財産を蓄積することができる[13]。

内国歳入法の第501条の(c)の(3)の基本的要件は、第一にノンプロフィット(非営利)であることである。ノンプロフィットであることが認められ、免税ステータスを維持するためには、法第501条(c)(3)に列挙された目的のいずれかのために組織され運営されていなければならない。大学の場合はもちろん教育が目的である。教育は個人の私的便益も提供し、また公共に対し

て社会的便益を提供する。大学は慈善事業に従事することが免税の要件ではない。大学の免税ステータスは、貧困層に支援の手を差し伸べるからではなく、教育を提供しているから認められているものである。大学が基本財産のより多くを学費援助のような項目に使用すべきだという要求があるとすれば、教育機関が税法上で扱われる考え方の著しい変化を示していることになる[14]。

第二に、免税のステータスには条件が付いている。第一は内部利益供与の禁止である。もし大学の収益の一部が、私的株主や個人に流れた場合は、金額にかかわらず大学は免税ステータスを失う。組織内の管理者や行政者のような内部者が、市場での公正な価格を超過して給与を受け取っていた場合も内部利益供与になりうる。第二の条件は、政治活動や重大なロビー活動の禁止である。また公の職の候補者を応援したり妨害したりすることはできない[15]。

第三に、免税ステータスを持っている大学であっても、特定の事業活動に対しては、連邦の法人税を課税されている。教育ミッションと無関係の事業[16]には課税される。大学はスポーツ活動のチケット販売やスポーツ放送で収入を得たりすることができるが、これらの大学の活動は歴史的に教育の性質を有するとして非課税である。金利、配当、キャピタルゲイン、不動産賃貸、ロイヤリティー等の受け身の収入も非課税である。基本財産の運用の金利や配当もこのカテゴリーに入り非課税である[17]。以上がアメリカの税法上の大学への課税の要約である。

(2) 大学が免税ステータスを持っている合理的根拠[18]

広く一般に受け入れられた免税理論というものはない。大学のような非営利組織に免税ステータスを認めることに賛成しない論者もいた。ここで検討される合理的根拠は、非営利組織に免税を認める根拠についてであって、非営利組織に寄付する寄付者に税控除を認める根拠ではない点に留意する必要がある。

免税を認める理論のほとんどは、その免除を政府補助と見ている。補助理論から伝統的公共の利益補助理論、資本補助理論の2つを検討する。

a. 伝統的公共の利益補助理論

免税の非営利組織が、政府自身ではできないかあるいは政府自身ではやる意思のないサービスを提供していることを、政府が免税という形の補助を与える根拠としている。裁判所はこの理論を採用している。この伝統的公共の利益補助理論では、免税は教育のような価値ある活動を、「私的慈善活動を支配することを条件としないで」援助し活性化するために免税が認められる。政府によるコントロールのないことが免税の仕組みのポイントである。この考え方により長い期間で見れば人類の福祉は増進される。

b. 資本補助理論

資本補助理論によれば、免税は非営利組織が経験する資本の調達の困難性を軽減する。

非営利組織は株式を発行することができず、銀行借り入れや債券の発行も機会が限られている。それゆえに非営利組織は留保した収入によって資金の源とし、また借入れの返済原資としなければならない。もし非営利組織が課税されたならば、現在の税率で35％の内部留保資金が減少し、その結果資本へのアクセスが限定される。この理論では、免税は非営利企業への資本の補助である。

第1章の第1節では、アメリカの大学の基本財産の定義と社会的意義について述べた。第2節から第5節まででは、大学の基本財産の展開について、ダートマス判決が出る19世紀初頭まで（第2節）、ダートマス判決後の19世紀（第3節）、研究大学が登場し確立する20世紀前半（第4節）、20世紀後半以降（第5節）と大きく時代を4つに区分して考察を行う。

第2節　18世紀までの基本財産——植民地カレッジと合衆国独立を経てダートマス判決まで——

1　植民地カレッジの時代——学位を与える特権の源と基本財産——

アメリカで最も長い歴史を持つハーバード大学は、1636年設立とされ

ている[19]。マサチューセッツ湾植民地における学位を与える特権の法的な根源である特許状がハーバード大学に与えられたのは1650年であった[20]。Trow (2003) は、アメリカの植民地カレッジの特許状について次のように述べている。「13世紀初頭における西欧の大学のそもそもの始まりから、大学に対する特許状は、誰がその特権を与えるパワーを持っているかにかかわらず学位を与える特権の授与であった。そしてそれらの学位は信頼できる価値のある特権を伴っていた。大学への特許状はある地理的領域における学位授与の独占権であった。それは大学が所在する地域における物やサービスを提供するギルドの親方に対して与えられる特許状と同様の特許状であった。アメリカの大学は、中世と近代初頭の大学がそうであったような、教授・学習・学位授与についてのギルドの親方的特色を受け継いでいる。12世紀と17世紀の間に大学は多くの変化を経験したが、アメリカ植民地カレッジの特許状は、依然として特定の植民コロニー地域における学位を与える権限を一つの組織に独占的に与えるものであった」(Trow, 2003, p.10) としている。ハーバード大学は、1636年に創設されていたが、マサチューセッツ湾植民地の創設者 Thomas Dudley によって署名された1650年特許状によって、ハーバードというコーポレーション (The Harvard Corporation) が設立され、大学の主たる統治機構としての権限が法的に与えられた。ハーバード大学は、今日でも2010年に修正されたこの1650年の特許状に基づいて運営・統治されている。この特許状によって、ハーバードは自治州内における独占権を公的に認められると同時に、英国法の伝統に基づく寄付や遺産による基本財産の創設とそれを恒久的に受け継いでいく仕組みが明示されたのである。

　アメリカ独立戦争 (American Revolution) が始まる1776年までに、東海岸の各植民地に、その地域内で独占的な学位授与権限[21]を付与されたカレッジが9校設立された (**表1-2**)。これらのアメリカで最も歴史のある9校には、アイビーリーグの8校のうちの7校、すなわちハーバード、イェール、プリンストン、コロンビア、ペンシルバニア、ブラウン、ダートマスが含まれている[22]。

表 1-2 アメリカ独立戦争以前の植民地カレッジ——特許状年月と現大学名、母体団体——

特許状年月	現在の大学名	自治植民地名	母体となる自治体と教会の宗派[23]
1650年5月	ハーバード	マサチューセッツ湾	植民地州：会衆派教会
1693年2月	ウイリアム＆メアリー	バージニア	植民地州：アングリカン教会
1701年10月	イェール	コネチカット	植民地州：会衆派・長老派教会
1746年10月	プリンストン	ニュージャージー	植民地州：長老派教会
1754年10月	コロンビア	ニューヨーク	植民地州：アングリカン教会
1755年5月	ペンシルバニア	ペンシルバニア	ロンドン市：植民地州：アングリカン教会・長老派教会
1765年10月	ブラウン	ロードアイランド	植民地州：洗礼派教会
1766年11月	ラトガース	ニュージャージー	オランダ改革派
1769年12月	ダートマス	ニューハンプシャー	植民地州：長老派教会

出典：Herbst, J., 1982, *From Crisis to Crisis : American College Government, 1636-1819*, pp. 244-246。

　これらのカレッジは、公共の植民地政府から種々の支援を受けていた。Trow（2003）はアメリカ独立戦争以前の植民地政府が各カレッジに対して有していた3つの基本的な力として以下の3点を挙げている。「特許状を与える権限、特許状の中で政府に留保された権限、公共の財布を有するものとしての権限」（Trow, 2003, p.12）の3つである。この面では公立大学に近い側面も持っていたということができる。

　他方で、これらのカレッジは、設立の早い時期から教会の他に、個人や私的なファミリーを寄付者として持ち、基本財産を有していた。この面では私的な契約に基礎を置く団体としての性格、言い換えればアメリカの私立大学の原形としての性格を基本的に有していた。

　すなわちこれらの植民地カレッジは、各植民地の社会構造や教会の宗派などの多様性を反映して様々な発展を遂げたが、それぞれの自治植民地コミュニティーにおいて、公的な面と私的契約的な面との両面を合わせ持っていたということができる。「これらの植民地カレッジは、自治植民地議会から財政的な支援を常に受けているとは限らなかったが、高等教育についての独占的権利を認められていた。またこれらの自治植民地はまた各カレッジの統治

方針においてその地域における最も主要な教会の宗派の影響を受けていた」(Herbst, 1982, p.128)。

　基本財産の面におけるこの時期の特色を 3 点挙げるとすれば以下の通りである。英国法の下での特許状に裏付けされた基本財産であったこと、自治植民地内における独占的な権限を認められて競争環境にはない基本財産であったこと、自治植民地議会や母体となる教会の影響を受けざるをえず公的な側面と私的な側面を合わせ持った基本財産であったことである。

2　アメリカ独立戦争・合衆国憲法の誕生と基本財産

　アメリカは独立戦争を経て 1776 年に植民地の会議体であった大陸会議が独立宣言を採択した。個々の植民地もまたイギリスからの独立を宣言した。しかしすぐに合衆国憲法が制定されたわけではない。合衆国憲法が承認され発効する 1789 年以前は植民地コミュニティーが一個の主権国家であることから、この過渡期の 13 年間については、「州」ではなく「邦」と呼ぶことにする[24]。「邦憲法により樹立された政府は、おおむね、植民地時代の経験に基づくものであり、大半は知事、司法府、そして二院制をとる立法府により構成された。もっとも、民主主義的気運の高揚のゆえに、一般民衆を代表する下院が上院よりも強い権限を付与されており、ペンシルバニアのように、上院を設置しないことにした邦もある。同じ理由から、知事は弱体化されるか、あるいは設置されなかった。英国法の下で各植民地の裁判所が個々の法的な判断を行っていたアメリカの法制度も新しい憲法を必要とすることとなり、1789 年に合衆国憲法が制定された。そして、裁判官に対する行政の干渉を避けるため、最大限に司法の独立が保障された」(Benedict, 常本訳, 1994, p.29)のである。

　合衆国憲法は、その第一篇で「連邦政府」が最終的権限を有する領域を限定的に列挙している。「外交と宣戦、外国貿易と州際通商の規制、郵便制度、破産制度、通貨制度の管理、そして、連邦政府直轄地およびその財産の管理である。新憲法は、また、憲法は州が一定の権限を持つことを特に禁じた。すなわち、独自の外交政策及び戦争の遂行、独自の通貨制度の創設、貴族制

度の創設、事後処置法の制定、私権剥奪法（重罪を犯した者から、裁判手続によらないで市民としての権利等を剥奪する立法）の制定、および契約の債権債務関係の侵害である」(同上, p.38)[25]。

この合衆国憲法によって州が禁じられている「契約の債権債務関係の侵害」が1819年のダートマス判決の重要な争点となり、その後のアメリカの大学への寄付や大学の基本財産、大学のガバナンスに大きな影響を与えた。第1項で見た通り、植民地カレッジの時代においては、カレッジは、各植民地の社会構造や教会の宗派などの多様性を反映して、それぞれの自治植民地コミュニティーにおいて、私的契約的な面と公的な面とを合わせ持っていた。「1776年以前においては州とカレッジの絆は母国であった英国と同様に明白であったが、独立戦争以降にはその関係は劇的に変化した。公式的な意味では、独立戦争は植民地政府を「州政府」に転換し、その上に邦連合から発展した「連邦政府」を置いた。しかし同時に独立戦争は新しい国家の根本として、人民による統治、政府が人民に服すること、個人と団体の自由と独創力の卓越を強調したことによって、すべての政府機関は弱体化された」(Trow, 2003, p.12)。

1789年の合衆国憲法の発効から1819年のダートマス判決までの約30年間においてコミュニティーと大学の関係はどのように変容したのであろうか。Trow (2003) は次のような見解を示している。「植民地カレッジの時代のコミュニティーと大学との関係の特色を3点挙げることができる。これら3点の特色は現在のほとんどのヨーロッパ諸国の政府と高等教育との関係でもある。第一点は、特許状が制限的 (restrictive) なものであるという点である。第二点は、政府が大学の管理運営やアカデミックな質の維持に関して直接の利害 (interest) を有する点である。第三点は政府が最も主要でほとんど全面的なサポートを行う立場にあることである。独立戦争以降はこれら3点の特徴がすべて変容した。社会的な諸組織と州との関係の多様化を反映して州が一つの大学に独占的な特許状を与えることはもはやなくなった。ハーバードはマサチューセッツ州における独占権を1793年のウィリアムズの設立で失った。イェールもコネチカットでの特権を1823年まで保持するのがやっとで

あった」(Trow, 2003, pp.13-14)。

　基本財産の観点から見ると、英国から離れ合衆国憲法が制定されたものの、大学設置の法律や設置基準が立法されるわけではなかった。判例の積み重ねに権利義務関係の確定が委ねられる判例法体系のアメリカ[26]では、1819年の最高裁判決であるダートマス判決が出るまでは、私立のカレッジの基本財産は、法的な守護の面で不安定な状況に置かれていた。

3　1819年のダートマス判決の論点と基本財産

　第3項ではアメリカの大学の基本財産に大きな影響を与えた1819年のダートマス判決の論点を整理する。アメリカは独立戦争を経て1776年に独立を宣言し、1789年に合衆国憲法が制定された。帝国大学令、明治憲法制定を経て、専門学校令、大学令等によって高等教育を法制化していった日本と異なり、判例法の法体系であるアメリカで、私立大学の基本財産の法的側面の守護を確立したのは1819年のダートマス判決であった。

　1789年発効の合衆国憲法により連邦政府と州政府が創設され、1800年ごろまでに州における教会の特権は少しずつ削減され弱められていった。一方、1785年のジョージア大学の設立に見られるように州が直接に高等教育に関与することも次第に増加していった。誕生間もない合衆国の各州にとって、カレッジは州の発展と若者の教育の面で非常に重要な組織であった。州の立場から見れば、既存のカレッジの運営組織の影響を排除して、州自身が主導権を持って運営できるカレッジを持つことは喫緊の課題となりつつあった。

　新しく創設された州政府と既存のカレッジとの争いは、まず州の裁判所に持ち込まれるが、ニューハンプシャー州での裁判は、合衆国憲法の条項が争点となり、連邦最高裁に持ち込まれた。これが1819年のダートマス判決である。その後のアメリカの大学の基本財産の法的側面の出発点となった判決であり、以下に経緯と論点を整理する。

1　裁判に至る経緯

　ニューハンプシャー州のダートマス・カレッジでは、1779年に就任した

ウィーロック学長（John Wheelock）が約30年余にわたって、なにかにつけて理事会と対立していた。1814年ごろには学長と理事会の対立は、教授の任免、地元の教会、学長の義務と特権にまで及ぶ広範なものとなった。ウィーロック学長は理事会が連邦党（Federalists）の一派であるとし、学内の問題をあえて広く一般に公表し、ニューハンプシャーの共和党（Republicans）の支持を訴えた[27]。1816年の州の選挙戦において学長を支持する共和党は、1769年のダートマスの特許状（charter）は、アメリカの自由の精神よりも君主制に馴染むものだとして、反理事会の立場を鮮明にした。共和党の勝利に終わった州選挙のあと、新しいニューハンプシャー州の議会は、ダートマス・カレッジをダートマス・ユニバーシティー（Dartmouth University）に転換した。理事会の理事定員を12名から21名に増員し、理事会が州に対して責任を負うように変更した。旧理事会側はこれに応酬し、もともとのダートマス・カレッジの旧い特許状（the old charter）は財産権（property rights）を認めており、州とカレッジの間の契約（contract）として機能していると主張した。更にニューハンプシャー州憲法の第15条では、これらの財産権は正当な法手続き（due process of law、すなわち裁判）なしでは没収されないことが明記されているとし、大学の新しい特許状（the new charter）は旧い特許状上で保証されている権利を侵害しており、同時に合衆国憲法の契約条項（Contracts Clause）にも違反すると主張した。1817年2月、カレッジ側の理事会が、ユニバーシティー側（共和党側）に寝返った旧カレッジの財務担当ウッドワード（William H. Woodward）を訴えた。カレッジの記録、印鑑（seal）、会計簿を無断でユニバーシティー側に持ち去った横領が訴えの理由である。3月にはユニバーシティー側はキャンパスの建物を差し押さえたが、ほぼすべての学生はカレッジとファカルティに味方し、授業は町の借りられた部屋で続けられた。この夏に第5代アメリカ大統領のモンローがこの地域を訪れた時には、カレッジとユニバーシティーの両方から名誉学位を授けられたというエピソードも残っている。秋になっても両機関の学生とファカルティによる小競り合いが続いた[28]。

2 ニューハンプシャー州での裁判の論点[29]

　こうした経過を辿ってニューハンプシャー州の高裁で1817年の5月と9月に公判が開かれた。カレッジ側の論点は以下の3点であった。(1)裁判所だけが財産権を奪うことができ、旧理事会は財産権上の権利を有している。(2)新しくユニバーシティーに変更することによって州議会はニューハンプシャー州の憲法に違反している。(3)新しくユニバーシティーに変更することは旧い特許状（契約）上の権利を害するので合衆国憲法の契約条項（Contract Clause）に違反する。更にカレッジ側の主張は、ダートマス・カレッジは寄付に依存する私法人（a private eleemosynary corporation）であるから州の干渉を受けないというものであった。1769年の特許状では先代のウィーロックの懇請によって最初の基本財産（the first endowment）が英国から寄付されダートマス・カレッジが設立されたので、彼が創立者とされており、カレッジの監督権は最初の基本財産の源により英国法で決定されると主張した。この創設者が任命した理事者のポジションに州議会が変更を加えることは合衆国憲法違反であると主張したのである。

　これに対してユニバーシティー側（ウッドワード側）の論点は以下の通りであった。(1)法人の公的ステータスはその目的による。州や更に広い目的のために設立された法人であれば公共の組織（a public institution）であり、州議会は介入する権利を持っている。(2)ニューハンプシャー州が地域の若者の教育という公共目的のために土地その他の便益を提供したのであるから、州は公共の目的のために理事会メンバーに変更を加える権限を有する。

　裁判官は3名とも共和党支持者で判決はユニバーシティー創設の立法を正当とするものであった。リチャードソン主任判事（Chief Justice William M. Richardson）は原告であるカレッジ側の議論を否定した。(1)州立法府と州司法のいずれもが財産権に変更を加えることができる。(2)ニューハンプシャー憲法の規定は州知事による行動に対する規定であり州憲法に違反しない。(3)合衆国憲法の契約条項は私的権利を保護することを意図しているが、ダートマス・カレッジは公的組織体[30]（a public corporation）であるから適用されない。契約条項は、州組織に対する州のコントロールを制限するものではない。

「大学に対する寄付は、実際には社会一般に対してなされた寄付である。理事はまたキリスト教の知識をインディアンの中に普及し、最良の教育方法を供給するという大学設立の目的に対して、社会の他の人々以上の利害関係をもつわけではない。また彼等は、大学の財産に対し、私的な利益をもつものではない。大学の財産が全部滅失した場合、その損害は、社会一般が負うものであり、理事個人が負うものではないのである。このように、ダートマス大学の理事の地位は、州知事や裁判官と同様、公的な地位である」(田中,1968,p.265)という判決が州段階の裁判所では下された。

3 連邦最高裁での論点 [31]

ダートマス・カレッジ側は1818年に連邦最高裁に上告し、ユニバーシティー側(ウッドワード側)も応訴した。ウエブスター(Daniel Webster)一人を除いて原告弁護団が再編された。原告ダートマス・カレッジ側のウエブスターは、ニューハンプシャーの下級審での事案のすべてをまとめた長い論考で始めた。更に彼は、ダートマス・カレッジの特許状もコーポレートパワーを与える契約であり、合衆国憲法の契約条項の適用を受ける契約であると論じた。

5時間に渡って彼は、理事会の位置付けについて論じ、最後の締めくくりの段になると涙をおさえることができなかったという。「裁判長、私の見解はこうであります。この裁判は単なるつつましいカレッジについての裁判ではなく、この国のすべてのカレッジにあてはまる裁判であります。それ以上です。この国のすべての慈善団体の裁判であり、・・・奪い取られるかも知れない財産を持っているすべての人の裁判です。問われていることは単純です。われわれの州議会が彼らの所有物でないものを奪い去ることが許されるのかどうか、州議会がもともとの利用目的を勝手に変更し、州議会の自由裁量のもとに勝手に活用することが許されるのかどうかということです。裁判長、貴下がこの小さなカレッジを取り潰すことはできましょう。しかし、そうなれば、過去1世紀以上にわたってこの国に輝きをもたらした科学の偉大な燈火を次々に消さなければならないことになるでしょう。裁判長、既に申し述べましたように、それは一つの小さなカレッジでありますが、それで

もなお、それを愛する人々がいるのであります」(Rudolph, 1990, pp.209-210)。

被告ユニバーシティー側（ウッドワード側）のホルメス（John Holmes）は、下級審のリチャードソン主任判事の決定を借りた形で、そもそも団体の性質はその目的によって決まり、教育は公共（public）の関心事であると論じた。もう一人の被告側の弁護士のリット（William Writ）は、公的組織体（a public corporation）の特許状は立法で変更可能であり、ダートマスは公的組織体であると論じた。またダートマス・カレッジの設立に際しての州の貢献について述べた。

原告ダートマス・カレッジ側のホプキンソン（Joseph Hopkinson）は、特許状においてウィーロックがダートマスの創設者であり、特許状の文言からカレッジは私的（private）カレッジであると論じた。理事会によりガバナンスする権利は、正当な元の理事会にあり、ニューハンプシャー州議会は、契約を侵害しているとして被告の主張に反論した。

1819年連邦最高裁首席判事マーシャル（John Marshall）は最高裁の判決を言い渡した。判決の主旨は以下の通りであった。私的な慈善組織体（a private charitable corporation）としてダートマス・カレッジは、合衆国憲法の契約条項によって守られ、その財産権を失うことはない。州は新しいユニバーシティーの創設でダートマス・カレッジの既存の理事会の監督を妨害することはできない。このマーシャル主任判事による画期的なダートマス判決によって、ダートマス・カレッジ側が勝訴した。

4　大学の基本財産から見たダートマス判決の位置付け

大学の基本財産から見たダートマス判決の意義をまとめると以下の2点である。第一点は私的な基本財産が公的な目的の高等教育機関においても法的に保護され、大学が内部に基本財産を蓄積することを可能にしたことである。このことはイギリス、ドイツなどの他の諸国の高等教育には見られないアメリカ的特色を生み出すこととなった。プリンストン大学、ハーバード大学、イェール大学等に見られるような高いレベルの基本財産が、独自奨学金や教育・研究の質的向上を生み出す重要なリソースの要の一つとして大きな

役割を果たしている。

　第二点は Geiger (2011b) が述べているように、ダートマス判決が民主的議会や政府による望まざる侵入から私立カレッジを守る盾を提供し、当時のカレッジを悩ませていた所有権・管理権の問題を解決した点である。このことは私立のカレッジを設立しようとする人々、私立のカレッジに寄付をしようとする人々にとって安心感を与える朗報であった。

　私的な基本財産が、公的な目的の高等教育機関において法的に保護されることとなった。この最高裁判決は、私立大学の基本財産の蓄積を法的に裏付けることとなり、寄付者に安心感を与え、私立大学での基本財産の長期的な蓄積に道を開いた。

第3節　19世紀における基本財産

1　19世紀前半の基本財産──アマースト・カレッジを例として──

1　アマースト・カレッジをとりあげる理由

　第3節では、19世紀における基本財産の展開を論じる。1819年のダートマス判決以降の大学の基本財産については、まず州立大学や研究大学が登場する以前のリベラルアーツ・カレッジに注目する必要がある。

　19世紀前半におけるリベラルアーツ・カレッジの実例として、ダートマス判決の2年後の1821年にマサチューセッツ州に設立されたアマースト・カレッジを取り上げる。アマースト・カレッジは、同じくマサチューセッツ州のウイリアムスタウンに1793年に設立されたウイリアムズ・カレッジと共にリベラルアーツ・カレッジの伝統校である。現在も生き残って繁栄し、学生1人当り基本財産で見て非常に豊かな財政状態を有している。アマースト・カレッジを実例として取り上げる理由は、当時の基本財産を含む財務面の具体的な姿が、時代背景と共に記録として残されているためである。

　生き残ることができたカレッジにおける19世紀前半の基本財産とはどのように形成され、どのように維持・管理されていたのであろうか。Cubberley (1919) によれば、1775年から1860年までにカレッジが246校設

立され、うち17校が州立で残りの229校は私立であった。

一方 Rudolph (1990) によれば、1860年までに700を超えるカレッジがアメリカで破綻した[32]。この時代はカレッジの乱立と淘汰の時代であった。

「19世紀のカレッジの設立は，運河の建設(canal-building)、綿花の紡績(cotton-ginning)、農園の経営(farming)、金鉱山開発(gold-mining)と同じアメリカ的なスピリットで進められた。これらの活動においては、合理的な手続きが支配的になるということはなかった。これらのすべての活動は、明日を信じるアメリカの精神によって、より良い世界の実現に向けてのアメリカ人の疑いのない能力によって突き動かされていた。カレッジを設立することにおいても、終わりのない進歩についてのロマンティックな確信の前には、合理的な思慮分別も太刀打ちするすべがなかった[33]」とカレッジの乱立の時代背景を Rudolph and Thelin (1990) は分析している。多くのカレッジが長く生き残るために必要な財政的資源の裏付けなしに設立された[34]。1819年のダートマス判決以前においては、10年間に設立されるカレッジの数は10カレッジに至らなかったが、1820年代以降は、10年毎に22カレッジ、38カレッジ、42カレッジと急激に増加し、1850年代には92カレッジに達した（**表1-3**）。

表1-3　アメリカ独立から1859年までに設立されたカレッジ数の推移

年代	設立カレッジ数	現在も生き残り基本財産が豊かなカレッジ（設立年）
独立戦争以前	10	
1780～1789	7	
1790～1799	7	ウイリアムズ（1793）、ボードウィン（1794）
1800～1809	9	ミドルベリー（1800）、
1810～1819	5	（1819年ダートマス判決）　ハミルトン（1812）
1820～1829	22	アマースト（1821）、ラファイエット（1826）
1830～1839	38	ハバフォード（1833）、
1840～1849	42	グリネル（1846）
1850～1859	92	
合計	232	

出典：Cubberley, E. P., 1919, *Public Education in the United States : A Study and Interpretation of American Educational History*, p.270 から作成。カレッジ名（設立年）は筆者が付記。

2　19世紀前半のカレッジをとりまく政治・経済情勢

カレッジが数百も創設され、数百も破綻していったアメリカの19世紀前半とは、どのような時代だったのであろうか。当時のカレッジやコミュニティーをとりまく政治・経済情勢について述べておきたい。1819年のダートマス判決の合衆国最高裁判所の首席判事マーシャル（司法の最高責任者）は連邦党[35]支持者であったものの、1800年の選挙でアメリカ国民が選挙で選んだ政権与党は共和党であった。そしてその後も新しく勢力を増しつつあった庶民に押される形で1828年にテネシー州出身のアンドリュー・ジャクソン（Andrew Jackson）が大統領に選ばれた。庶民的な政治が勢力を増しつつある時代であった。

庶民の勃興は、文化や教育の面にも及びつつあった。「政治上の上でのこのような民主化の進展が行なわれたことは、文化、教育の分野にも大きな影響を与えた。大衆新聞の発行、奴隷反対運動の激化、婦人参政権運動の開始、文学の興隆、授業料なしの公立学校制度の普及など、アメリカ社会の各分野にわたって、自由な民主的な進展が行われた[36]」。

経済面でもこの時代はアメリカの産業や経済が大きく発展した時代であった。1825年にアメリカの中西部とハドソン渓谷を結ぶエリー運河が開通を見た。五大湖地方と大西洋が結ばれ、ニューヨークの発展が基礎づけられた。鉄道網の発達が商業を発展させた。工業面では、内陸部で産出する石炭や鉄鉱石、移民がもたらす豊かな労働力に恵まれて鉄鋼などの産業が発達した。綿花の紡績（cotton-ginning）、農園の経営（farming）もアメリカの経済を支える大きな産業であった。この時代には新しい産業で財を成し、公共の福祉にその財の一部を寄付する篤志家が現われるようになった。

3　アマースト・カレッジ設立（1821年）当時の時代背景とアマースト町の立地環境

アマーストという町は、アメリカ東部の学術と文化の中心地であるボストンと同じマサチューセッツ州に所在する。ボストンが州の北東部にあるのに対して、アマーストは州の西部ハンプシャー郡に位置する。

1821年時点で、アマーストの町はハンプシャー郡にあった23の小さな

町の一つであった。主として農業の町であり、自給自足の町であった。主要産品は、小麦、とうもろこし、ライ麦、オート麦、大麦、亜麻布、エンドウ豆、ソラ豆、かぼちゃで、工場は町に1件あるのみであった。ダートマス判決のあった1819年は、新しい産業や交通手段の発達で成長を遂げつつあったアメリカ経済が、短期的な不況に見舞われた時期であった。小麦、トウモロコシ、綿花が数カ月のうちに半値になるほどであった。

　1821年当時、アマーストの町に鉄道はなく、交通手段は駅馬車であった。週に3回、ボストンのホテル前を朝2時にアマーストに向けて駅馬車が出発し、翌日にボストンに戻るというのが主たる交通手段であった。ハートフォード (Hartford) という町を経由すれば、水路でニューヨークに行くことができた。鉄道はアマーストの町の周辺にはまったく開通していなかった。この事実が町の中にカレッジを設立する理由の一つであった。ハンプシャー郡の人々は、教育を受けた聖職者を求め、自分の子どもたちのためにカレッジの教育を確保したいと望んだ。ハーバードやダートマスやイェールは、あまりに遠く、ほとんど入学できるものはいなかったのである[37]。

4　設立時の基本財産

　アマースト・カレッジの設立者は、設立後に100年以上も続くことになる「二つの部分から成る組織 (a dual organization)」を創設した。二つとは、アマースト・カレッジという大学と基本財産を管理するために独立させた法人である。

　マサチューセッツ州議会によって認可された条例 (特許状) は4頁から成り、表題は「Acts of 1824, Chapter 84. An Act to Establish a College in the Town of Amherst」である。一方、基本財産を管理する法人の規則は11頁から成り、タイトルは「A Constitution and System of By-laws for the Raising and Managing a Permanent Charitable Fund, as the Basis of an Institution in Amherst, in the County of Hampshire, for the Classical Education, of Indigent Young Men of Piety and Talents, for the Christian Ministry[38]」である。

　カレッジの統治機構は理事会 (The Board of Trustees) であり、基本財産を管

理する法人の統治機構は評議員会（The Board of Overseers）である。資産の法的な所有権は、アマースト・カレッジの理事会が組織された暁には、カレッジの理事会が持つと定められている。カレッジの理事は、基本財産の投資に責任を負う。

他方、7名から成る基本財産を管理する法人の評議員会は、ファンドの守護者"Guardians of the Fund"の役割を果たす。理事会がファンドに関する義務からはずれていると評議員会が判断した場合には、評議員会はその事実を、マサチューセッツ州の裁判所に持ち込むよう規定されている。[39]

カレッジの財務担当は財務部長（the Treasurer）である。基本財産を管理する法人の財務担当者は、最初フィナンサー（the financier）と呼ばれ、後にコミッショナー（the Commissioner）と呼ばれた。アマースト・カレッジの最初の50年間においては、カレッジの財務部長と基本財産を管理するフィナンサーは別々の人物が就任した。例外として5年間ほど、同一の人物が兼務したことがある[40]。

5　発展の基礎としての基本財産（1821〜1850年）

基本財産を管理する法人は、カレッジが設立される3年前に設立された。その枠組みは1818年に決定された。その後12か月間に設立のための最初の寄付集めの活動が行われた。目標は5万ドルであった。寄付者は、寄付を約束した者も含めて約275名に達した。最高額は3千ドルで、メイン州にある土地をカレッジに移転することで寄付をするというものであった。最も小さい金額は5ドルであった。これらすべては、ニューイングランドの居住者からの寄付であり、ほとんどはマサチューセッツ州の町々の居住者からの申し出であった。マサチューセッツ州の2大都市であるボストンとウースターの居住者からの寄付はなかった。州の西部の大都市であるスプリングフィールドからも2件のみであり、100ドルずつであった。しかし、ハードレー、サンダーランド、コンウェイ、ヒースといった何十もの小さな町から多くの寄付が寄せられ、カレッジの開学が可能となった。これらの個々の寄付の合計額は、3万7千ドルであった。そして目標額の5万ドルまでの残り

の差額は、地元のアマーストの有志の人々が2年以内に用意することを連帯して誓約した。

　基本財産を管理する法人の規則は、投資すべき対象についても具体的に列挙している。「このファンドは、生産的な不動産、合衆国の国債、マサチューセッツ州や他の政府の州債、不動産抵当付きの債券にのみ投資されるべきである」と規定している。

　基本財産の投資から得られる収入の6分の5は、アマースト・カレッジが設立されるとすぐに、聖職者となる予定の学生の奨学金のためにカレッジに支払われた。残りの6分の1は、毎年元本に加えられた。ファンドの基本法にはまた次のように付け加えられた。「ファンドの元本は神聖不可侵であり、手をつけてはならない。緊急事態であっても、非常事態を除いて元本を減額してはならない」。ファンドに基本法については、ファンドの目的と条件が、年年歳歳、理事会によって細部まで正確な注意力によって守られているかどうかについて評議員会によって精密に吟味されなければならないと規定している[41]。

　このようなファンドの規定により、基本財産は守護されたが、最初の約20年間は頼るべき収入源も少なく、カレッジの財政状態は厳しい事態が続いた。1844年にアマースト・カレッジは破綻の危機に瀕した。しかし、このころから篤志家による寄付も次第に増加し、新しい学長のリーダーシップのもとに財政の健全化に傾注し、ついに生き残ることに成功した。1847年には、アマースト・カレッジはマサチューセッツ州からの最初の補助金2万5千ドルを受領した。これらの篤志家の寄付と州からの支援によって、1847年にはアマースト・カレッジはそれまでの債務を完済した。この年には、カレッジの財務部長の管理下に10万ドル、それとは別にチャリティーファンドのコミッショナーの管理下に5万2千ドル、合計15万2千ドルの基本財産を持てるまでになり、ここにアマースト・カレッジの財政は健全化を達成した。

　以上のアマースト・カレッジの例から、当時のカレッジの基本財産の特色を述べると以下の通りである。19世紀前半のアメリカのカレッジの基本財

産は、それぞれの大学が生き延びていくための財源として重要で中心的な役割を担っていた。カレッジの乱立と淘汰の時代にあって、基本財産の社会的意義は、その地域あるいはコミュニティーにおいてカレッジを設立し、生き延びさせていくための主要な原動力であり、守護していくための仕組みであった。またカレッジへの寄付者に対して安心感を与えるための仕組みであった。基本財産の使途は、学生への奨学金を始めとしてほぼすべての分野にわたり、カレッジが安定した財政均衡を見出すまでの不安定な期間については、全体の赤字を補填することを含むあらゆる使途であった。

2　19世紀後半の基本財産　――モリル法と州立大学の基本財産――

　前項で述べた通り、19世紀はアメリカのカレッジの乱立と淘汰の時代であった。この乱立と淘汰の時代にあって、1862年に連邦政府による高等教育政策であるモリル土地付与法が成立し、私立の5カレッジを含む17の高等教育機関が、ランドグラントの恩恵を受ける既存大学として州から指定された。また1862年と1879年の間に26のカレッジが設立され、この法律に基づく基本財産は、設立間もない大学の運営を財政面から支える役割を果たした。

1　19世紀半ばのアメリカの教育改革

　1850年にイェール卒業の古典学者ジョナサン・ターナー (Jonathan B. Turner) が全く新しい高等教育の青写真を発表した。ターナーの考え方の骨子は以下の通りである。アメリカ社会はプロフェッショナルクラス（神・法・医・科学・芸術・文学の真理を教える職業の階層）とインダストリアルクラス（農業・商業その他の職業に従事するより大きな階層）に2分されている。プロフェッショナルクラスは既存の高等教育がカバーしているが、インダストリアルクラスには対応する高等教育がない。新しい高等教育は古典科目と科学が混合し、かつ科学カリキュラムが国家の輝く中心として機能する研究大学である。新しい大学は広く開放され、3か月の短期から7年の長期まで、各人の特定の希望分野に応じて教育を受けることができる。大学は公的にファンディン

グされるが政府の直接の監督には服さない。理事会が統治するが如何なる議会、セクト、党にも属さず、市民に直接責任を負う。このターナーの文言と概念が1862年のモリル法の基盤となった。

ランドグラント・カレッジ誕生の時代背景として、Morgan and William (2013) は以下の6点を挙げている。①アメリカンライフの生活パターンの変化、②南北戦争前の時代変化に不適応なカレッジについての当時の人々の認識、③民主主義の理想の当時としての成熟、④発展する経済の諸問題に対する科学の適用の期待、⑤不満を持ち自ら声を上げ始めた農民生活向上運動者層の存在、⑥アメリカ社会の速い変化を既存の教養中心カレッジはサポートしきれていないという当時の教育者と政治家の認識。

1850年当時のアメリカの産業別労働者数の構成比では、農業が55％、工業が15％を占める（**表1-4**）。

表1-4　1850年の産業別労働者数（10歳以上の自由市民）

	農業	工業	商業	建設	その他	失業	合計
労働者（万人）	452	120	53	41	72	87	825
構成比（％）	55	15	6	5	9	10	100

出典：Levergott, S., 1966, "Labor Force and Emloyment, 1800-1960," *Output, Employment, and Productivity in the United States after 1800 published by National Bureau of Economic Research*, pp.117 -121.

1862年のモリル法（The Morrill Land Grant Act of 1862）は、これらの新しい潮流に対する連邦政府による高等教育政策であり、新しいアメリカの高等教育の概念の導入であった。

2　1862年のモリル法に基づくランドグラント・カレッジと基本財産

モリル法が連邦議会を通過した1862年には、連邦政府は南北戦争の出費を賄うための一般所得税を初めて導入したばかりであった。現金収入や現金資産が少ない一方で土地が豊富であった連邦政府は、政策的な援助の原資として土地等を用いることが多かった。

各州は州選出議員1人当り3万エーカーの土地または土地証券（Land

Scrip）を受取り、売却して高等教育のための恒久的基本財産（Endowment）を創設してもよいこととなった。モリル法の定めでこのランドグラントの恩恵を受けるカレッジは農学と工学[42]に集中したカレッジでなければならなかった。モリル法の目的にカレッジの主たる目的と州の関与が明記されている。

　すなわちインダストリアルクラスに対する職業上のリベラルで実際的な教育を推進するために各州が定める農業と工業の科目を（他の特定科目や伝統科目を排除はせずに）教えることが主たる目的であるようなカレッジを、各州が少なくとも一つランドグラント・カレッジとして指定し、そのカレッジをサポートし維持するための基本財産として土地証書を使用することができるとする法律であった。1862年のモリル法は、新しいアメリカの高等教育の概念の導入であり、この連邦政府による新高等教育政策が、その後の州立大学

表 1-5　ランドグラントの受益機関名と土地面積、売却単価、売却による基本財産額

大学・カレッジ名	所在州	設置形態	土地証書面積（エーカー）	エーカー当たり売却単価（ドル）	売却による基本財産額（ドル）
Brown University	ロードアイランド	私立	120,000	0.42	50,000
MIT	マサチューセッツ	私立	360,000	0.66	78,769
Rutgers Scientific School of Rutgers College	ニュージャージー	私立	210,000	0.55	116,000
University of Vermont	バーモント	私立	240,000	1.02	244,805
Sheffield Scientific School of Yale College	コネチカット	私立	180,000	0.75	135,000
Delaware College	デラウエア	州立	90,000	0.92	83,000
University of Wisconsin	ウィスコンシン	州立	240,000	1.02	224,805
Michigan State Agricultural College	ミシガン	州農	240,000	1.15	275,104
Pennsylvania State College	ペンシルバニア	州農	780,000	0.56	439,186

出典：Morgan, P. L. and William, R.L., 2013, "Saving the Land Grant for the Agricultural Colleges of Pennsylvania," *Perspectives on the History of Higher Education,* (30), pp. 125-126.

の設立と発展の礎を築くことになった。

　1862年のモリル法が成立した時点で17の高等教育機関がランドグラントの恩恵を受ける既存大学として指定された。私立大学が5大学(Brown, MIT, Rutgers, Vermont, and Yale)、州立大学が8大学(Delaware, Florida, Georgia, Louisiana, Minnesota, Missouri, Tennessee, and Wisconsin)、農業カレッジが4カレッジ(Iowa, Maryland, Michigan, and Pennsylvania)である。

　上記の17の高等教育機関のうち9機関について実際に売却して基本財産とした額が判明している(**表1-5**)。

　売却単価は、実際に売却する時期の需給関係によってかなり大きく変動した。このモリル法に基づく基本財産のすべての運営投資費用は州が負担し、元本はとりくずさない。5％以上で運用し、不足が出れば州が補填する。このモリル法に基づく基本財産は、設立間もないこれらの新しい大学やカレッジの運営を財政面から支える役割を果たした。

　1862年と1879年の間に26のカレッジが設立されたが、コーネル大学は唯一の私立大学[43]である。ランドグラント大学は、ほとんどが州立大学および農業、工業を中心に学ぶA&Mが中心となった。11の州立大学、農業と工業を中心とするA&Mが8カレッジ、その他の6カレッジが1879年までに設立された。これらのランドグラント・カレッジは、時代の要請に対応した新しい高等教育の概念をアメリカのおかれた当時の状況の中で連邦政府と州政府が中心となって実現したものということができる。

　かくしてアメリカの大学は新しい科学と工業技術、農業技術の発展をユニバーシティーという新しい概念の中に包摂し、国民の経済生活との結びつきを持つ存在としての新しい歩みを始めることとなった。

3　州立大学と基本財産　——カリフォルニア大学の事例——

　南北戦争とモリル法の時代には、私立も公立も共に基本財産からの収入が大きな財政的な支えであった。次第に州政府が財政的な力を付け加えるに従って、州立大学における基本財産は、収入構成の中でどのような位置を占めたのであろうか。モリル法の成立から6年後の1868年に設立されたアメ

リカを代表する州立大学の一つであり、州がダイナミックな発展を遂げたカリフォルニア大学を事例として取り上げる。カリフォルニア大学の収入構成の長期的変遷をまとめたものが**表1-6**である。大学の教育・研究の質を支える主たる収入源が時代の大きな流れと共に移り変わる姿を、カリフォルニア大学の収入源の構成比の変化に見ることができる。

1860年代から1890年代のアメリカ高等教育の全体の流れについてGeiger（2011b）は「土地付与大学は当時切実に求められていた需要を満たしておらず、高等教育としての民主化もされていなかった」(Geiger, 2011b, p.50)と述べている。また財政面に関連して「学生納付金を見込んで独立していたら失敗していたであろうと思われる環境下で、州からのささやかながら確かな収入とあの手この手での支援がもらえる関係、そして個人の篤志家の寄付が支えとなった」(同上, p.50)と述べている。

表1-6　100年間の収入構成の長期的変遷　（単位：％、総額については百万ドル）

	1870	1880	1890	1900	1910	1920	1930	1940	1950	1960	1965
学生納付金	2	1	0	2	6	12	16	18	13	4	5
州交付金	85	9	36	45	59	54	63	58	36	29	29
連邦予算	0	0	7	10	5	3	3	5	41	57	54
基本財産・寄付	13	88	55	41	19	10	9	9	3	3	3
その他の収入	0	2	2	2	11	21	9	10	7	7	9
構成比（％）	100	100	100	100	100	100	100	100	100	100	100
総額（百万ドル）	0.1	0.1	0.2	0.4	1.3	4.8	11.1	14.2	90.7	334.4	615.8

出典：University of California, 1967, *The Centennial Record of the University of California*, pp. 293-294から筆者作成。

カリフォルニア大学もこの時期の財政は安定とは言い難い状況が続いた。1887年になって初めて州の課税収入の一定割合を常に大学へのサポートとすると州が決定したこと、1890年の第2モリル法により毎年連邦からも補助金が与えられるようになったことでようやく安定に向けたきっかけをつかんだ状況であった。1880年においても1890年においても、基本財産からの収入と寄付収入が収入全体の50％以上を占めている。

以上はカリフォルニア大学の例である。州の発展の状況や州の財政事情によって州立大学の財政状況も一律ではないが、時代背景と基本財産の果たす役割について見れば、多くの州立大学で同様の傾向が見られる。すなわち、設立当初の苦難の時代には基本財産と寄付金が大きな役割を果たしたが、次第に州からの交付金を中心とするパブリックセクターからの交付金、補助金と学生納付金が大きな比重を占めるようになった。州立大学の基本財産や寄付金からの収入は、現代では私立大学ほどには大きなウエイトを占めていない。

4　19世紀後半の基本財産の社会的意義

19世紀後半の基本財産の社会的意義について述べる。19世紀の後半の基本財産は、高等教育の新分野として登場した工業と農業の科目の新設のための教育資金の財源としての役割を果たした。19世紀後半の基本財産の使途は、上記の工業と農業の科目の新設のための教育資金に特色がある[44]。

他方、私立と州立を通して19世紀後半におけるアメリカの大学の基本財産の使途の特色は、アマースト・カレッジの例で見た19世紀前半の基本財産と同様に、全体としては、存続のためのさまざまな使途を含み、収入支出が均衡するまでので赤字補填資金が中心であったということができる。基本財産の使途は、学生への奨学金を始めとして、ほぼすべての分野に渡った。カレッジが安定した財政均衡を見出すまでの不安定な期間については、全体の赤字を補填することを含むあらゆる使途であった。

基本財産の社会的意義は、19世紀を通じてその地域あるいはコミュニティーにおいてカレッジを設立し、生き延びさせていくための主要なリソースであり、守護していくための仕組みであった。またカレッジへの寄付者に対して安心感を与える仕組みであった。

第4節　20世紀前半におけるアメリカ研究大学の発展と基本財産

1　20世紀初頭のアメリカの研究大学

　20世紀は、鉄鋼、石油を始めとする多くのアメリカの産業が隆盛を見せ始め、アメリカの大学も様々な専攻分野で、研究大学としての実力を高めていった。

　1900年にアメリカの研究水準の高い大学のみによって構成される大学の団体として、アメリカ大学協会AAU（Association of American Universities）が14大学でスタートした。そのスタートから6年後の1906年時点で、千人のアメリカの科学者を所属する大学、機関別に集計した記録がある（**表1-7**）。

表1-7　1906年のアメリカの1,000人の科学者の分布　　（単位：人）

	大学		大学	
1906年時点での研究大学	ハーバード	(66.5)	MIT	(19.5)
	コロンビア	(60)	ウィスコンシン（州）	(18)
	シカゴ	(39)	ペンシルバニア	(17)
	コーネル	(33.5)	スタンフォード	(16)
	カリフォルニア（州）	(27)	プリンストン	(14.5)
	イェール	(26.5)	ミネソタ（州）	(10)
	ミシガン（州）	(20)	イリノイ（州）	(6)
	その他の研究大学			(29.5)
1906年時点の研究大学の合計				403
その他の大学				193
政府機関				110
他の機関				24
所属なし				270
合計				1,000

　　出典：Geiger（1986）, *To Advance Knowledge : The Growth of American Research Universities, 1900-1940*　p.39
　　注：大学名のあとの（州）は州立大学。それ以外は私立大学。0.5は名誉教授あるいは併任。

　研究大学としてさまざまな専攻分野で実績のある教授をそろえ、研究施設を新設、拡充し、研究費の補助を出し、教育に割く時間を減らす等の配慮を

行うことは、結果として大きなコストのかかることであることが次第に明らかになりつつあった。学生納付金以外の収入を充実させることが、研究大学として大きな課題であった。

2 研究大学の収入構造

　学生納付金収入以外の収入を構造的に確保することが、とりわけ研究大学では重要である。アメリカの州立大学と、私立大学はこの面でも収入構造が異なる。州立大学の場合は1870年ごろに州立大学全般の傾向として、学生納付金収入とランドグラントの恩恵だけでは自立してやっていくのは難しいことが次第に明らかになってきた。州の予算から年次予算の一部として州立大学に拠出する仕組みが不可欠であると考えられるようになった。州立大学を支える州側の予算の面では、恒久的な不動産税を新設することで直接、間接に州立大学のための資金とした。1910年ごろまでには、州立大学は施設・設備の面でも州の他の機関の場合と同様の地位を占めるようになった。

　これに対して、私立の研究大学の場合には、学生納付金以外の収入は自発的な私的な寄付によることが大きくならざるをえなかった[45]。

3　1900年代初頭の慈善寄付のトレンドと財団

　1900年代に入ると、アメリカの研究大学は3つの新しいグループから寄付を仰ぐことができるようになった。ロックフェラー (John D. Rockefeller) やカーネギー (Andrew Carnegie) を始めとする財団、この時代に巨大な富を蓄えた個人の篤志家、研究大学を母校とする卒業生の3つのグループである。

　この時代の慈善寄付のトレンドとして、Geiger (1986) は、5つのトレンドを指摘している。5つのトレンドの第一は、寄付金額の増加である。1880年ごろから世界大恐慌のころまでに、慈善活動の寄付は急増した。これはアメリカの力強い経済発展の副産物であるが、同時に新しく財をなした個人が、旧世代よりも寄付活動に深い理解を持つ傾向にあったことと関係している。新しいトレンドの第二は、寄付の対象を社会全般の分野別に俯瞰した場合に、高等教育分野のシェアが拡大したことを挙げることができる。第三に、

遺言等による遺贈よりも生前の寄付が増加したしたことも特色として挙げられる。新しいトレンドの第四は、19世紀後半に見られたような種々の社会的な立場の弱い学生を助ける寄付に重点を置くことが変化し、既に存在している大学を更に強化することを強調するようになった点である。新しいトレンドの第五は、慈善活動を行う財団の側も、寄付を受けて活動を行う大学の側も、恒久的な組織を持つようになったことである。以上の5点がこの時代の慈善の寄付に関する新しいトレンドである[46]。

これらの5つのトレンドは、この時代の最も注目すべき慈善活動であるカーネギーとロックフェラーの活動において特に顕著である。1900年以降になると、カーネギーもロックフェラーも高等教育分野、知の発展にますます寄付の焦点を当てるようになった。カーネギーは、個人的に彼自身の戦略に基づいて活動を行う傾向にあったが、ロックフェラーはかなりの権限を信頼できる専門家等の代理組織や個人に委ねる傾向が見られたが、この両者の活動には、類似した点も多かった。

両者とも大きな大学の発展に責任を負った。カーネギー工科大学（Carnegie Institute of Technology）とロックフェラーが設立したシカゴ大学（the University of Chicago）である。また二人は純粋に研究に没頭する専門機関の設立を通じて知を前進させることを目指した。1901年にロックフェラーはロックフェラー医学研究センター（the Rockefeller Institute of medical Research 現在のロックフェラー大学）、1902年にカーネギーがカーネギー研究所（the Carnegie Institution of Washington）、同じく1902年にロックフェラーが一般教育委員会（Rockefeller's General Education Board）、更に1905年にカーネギーがカーネギー教育振興財団（the Carnegie Foundation for the advancement of Teaching）を設立した。カーネギーとロックフェラーの高等教育全般とりわけ研究大学への影響は、1920年以前のこうした活動だけでも顕著であった[47]。

4　研究大学と基本財産

1865年以前においては、アメリカの経済はまだ十分に余剰価値を生産してはいなかったために、アメリカ経済が生み出す富によってなされる慈善寄

付も大きなインパクトを持つほどの規模には至っていなかった。従ってほとんどの寄付は、そのときどきの使用すなわち長期にわたらない使用が多くならざるを得なかった。1870年と1920年の50年間にアメリカの国民総生産は6倍以上に成長した。交通運輸、通信、製造業の革新が大きな経済の全体的拡大を引き起こした結果であった[48]。

20世紀の幕開けと共に、さまざまな種類の慈善寄付の数と規模が驚くべき次元で拡大した。「19世紀には、5名の篤志家が慈善目的の財団を設立したに過ぎなかったが、20世紀の最初の10年には6つの新しい財団が設立され、次に10年間には22、更に次の10年間41の新しい財団が設立された[49]」。この現象は、高等教育分野で最もはっきりしていた[50]。

財団による慈善寄付活動の拡大と並んで、20世紀前半の研究大学の基本財産に大きなインパクトを与えた特色は、ハーバード大学などの基本財産の蓄積であった。慈善寄付の規模が大規模で活発になるに従って、受け入れる側の大学の視点からは、これを長期的に蓄積していくメリットが次第に認識されるようになった。基本財産の蓄積が、学術的な達成、影響力、ステータスの面における他の大学との関係で優位に導くという見解を最初にとった大学がハーバード大学であった。アメリカでトップクラスの私立の研究大学は、潤沢な基本財産が重要であることが、次第に認識され始めた[51]。

表1-8　19世紀前半の8大学の基本財産　1875～1939　（単位：千ドル）

	1875	1885	1895	1905	1915	1926	1936	1939
ハーバード	1,600	4,804	8,382	18,036	28,471	76,022	134,600	141,250
イェール	318	1,352	3,822	7,317	16,153	45,604	95,120	100,449
シカゴ	—	—	2,896	7,752	19,446	35,304	65,390	70,944
コロンビア	4,582	4,644	10,721	14,405	30,900	50,389	46,210	70,714
プリンストン	862	1,389	N.A.	2,880	5,563	15,000	28,659	31,532
コーネル	1,283	3,587	6,188	7,678	14,344	24,709	26,470	30,872
スタンフォード	—	—	—	30,000	23,975	28,394	31,400	30,503
ジョンズホプキンス	3,000	3,000	3,000	4,845	7,287	23,106	28,330	30,387

出典：Kimball, B.A. and Johnson, B.A., 2012, "The Inception of the Meaning and Significance of Endowment in American Higher Education, 1890-1930" *Teachers College Record*,.114（10）, p.6.

1875年から1939年までの期間にアメリカで最も豊かな基本財産を持っていた8大学について、基本財産額の推移をまとめたものが**表1-8**である。

　最も長い伝統を持つハーバード大学とイェール大学が1939年時点で1億ドルを超えており、最も基本財産が豊かな2大学である。次いでロックフェラーが設立したシカゴ大学とニューヨーク市のコロンビア大学が3位と4位である。5位から8位までは基本財産額でほぼ同じでプリンストン大学、コーネル大学、スタンフォード大学、ジョンズホプキンス大学が続いている。この表で見る限りでは、1895年ではコロンビア大学が最も大きな基本財産を有していた。1905年には前世紀末にカリフォルニアに設立されたスタンフォード大学が最大の規模となった。1915年には再びコロンビア大学がトップとなったが、1926年以降はハーバード大学が最大の基本財産を有するようになり、1936年以降では1位のハーバード大学と2位のイェール大学が3位以下を引き離すようになった。

　研究大学としてさまざまな専攻で実績のある教授をそろえ、研究施設を新設、拡充し、研究費の補助を出し、教育に割く時間を減らす等の配慮を行うことは、世界のトップクラスの研究大学として総合的な実力を高めていく上で、欠くことのできないことがらである。20世紀前半のアメリカのトップクラスの研究大学は、基本財産を大学に長期的に蓄積していくことの重要性に気付き始めた。このことは、アメリカの大学の基本財産に新しい側面を付け加えることとなった。

5　20世紀前半における基本財産の社会的意義

　20世紀前半におけるアメリカは、既に述べたように鉄鋼、石油を始めとする多くのアメリカの産業が隆盛を見せ始め、アメリカの大学も様々な専攻分野で、研究大学としての実力を高めていった。一方で、第一次世界大戦後に世界の中での経済的地位を高めたアメリカは、高等教育の分野でも次第に優秀な教員、優秀な学生を海外から集めるようになり、招聘教授のための資金や留学生奨学金が基本財産の新しい使途として加わった。また1930年代には、リベラル教育の重要性があらためて認識されるようになり、ハーバー

ド大学やイェール大学でも、キャンパスの中の学生寮の充実が競われるようになった。これらの新しいカリキュラムや新しいキャンパス内の寮の建設資金が、基本財産の新しい使途として重要性を増すようになった。

20世紀前半における基本財産の意義は、トップクラスの研究大学にとっては、基本財産を長期的に蓄積していくことによって大学の威信を高め、優秀な教授、優秀な学生を獲得することを通じて研究・教育の両面で質の向上を達成することであった。またリベラル教育を実現するためのキャンパス内の寮を始めとする教育環境を向上・充実させることであった。20世紀前半の基本財産は、具体的な使途の面でも、奨学金、教員給与、教育環境の充実に加えて学生活動の様々な分野に新しく裾野を広げていった。イェール大学を例にとれば、1900年には学生の課外活動の一つとしてディベートを支援する基本財産[52]が設立された。また1907年から1927年にかけて学生によるドラマ[53]やオーケストラ等の課外活動を支援する基本財産[54]が設立された。

アメリカ社会全体で見れば、優秀な教員と優秀な学生を全世界から集める威信の源の一つであり、学士課程におけるアメリカ型のリベラル教育を支える財政面での基盤であった。

第5節　20世紀後半の新しい展開と21世紀における基本財産

20世紀の後半にはアメリカの高等教育が本格的な大衆化の時代を迎える。学生数も大幅に増加し、学生運動が多くのキャンパスを揺るがした[55]。1960年代はまた変動するマクロ経済情勢に対応して、アメリカの大学の基本財産の価値をいかに維持・拡大しつつ、教育・研究に活かしていくかが大学の基本財産をめぐる新たな課題として浮かび上がった時期でもあった。しかしMassy (1996) が述べているように、1960年代の多くの大学の基本財産は、あまりに保守的に運営されていた。すなわち元本の値上がり部分は使用せずに、利息や配当部分だけを使用するルールを固守していた。また企業の株式への投資から得られる配当の平均は数パーセントに過ぎなかった。

この状況を改革する新しいルールとして、元本の値上がり益も使用可能とする総合収入（トータル・リターン）の考え方が1972年の統一州法UMIFAによって導入された[56]。

1 基本財産の新しい展開——1972年のUMIFA——

1960年代に投資の多様化と値上がり益の使用の両方が法的に自由化され、アメリカの大学の基本財産において新しい展開が始まった。Massy (1996)によれば、新しい投資の考え方が1972年までにかなりの大学で採用され、それを規制する枠組みが1972年に導入された。新しい枠組みとしてのUniform Management of Institutional Fund Act（以下UMIFA）である。

1972年のUMIFAは、基本財産のうち毎年使用を許される額を決定するに際しての基本的なルールとして総合収入（トータル・リターン）の概念を導入した。それまでの古いルールでは信託法の概念に沿って、金利収入や配当収入だけが使用を許されるとされていた。UMIFAではこれを改め、元本の値上がり益と収入の両方の穏当な使用 (prudent use) が許されることを明確に示した。かくして資産の成長と収入が基本財産の目的のために使用に当てられてよいことになった。

統一州法委員会全国会議の第81回年次総会 (1972) においてUMIFAが決定承認され、各州が立法化するよう推奨された。UMIFAの序文に、過去数年の経緯が説明されている。

「過去数年にわたって慈善団体特に大学の理事会は、基本財産とその他の投資ファンドのより効果的な使用を模索してきた。慈善団体や大学の理事会や評議員会は、許される投資の範囲の問題、投資の権限を委任することをめぐっての問題、基本財産の投資ファンドの総合収入（トータル・リターン）の概念についての問題について取り組んできた。団体のファンド運営の法的権限と責任についての研究は、ほとんどの裁判管轄において不明瞭な法的状況にあると指摘している。慈善団体や大学の理事会や意思決定機関に関する制定法は、実質的に存在せず判例もまばらである。1960年代末にフォード財団がウイリアム・カリー (William Cary) 教授とクレーグ・ブライト (Greig

Bright) 氏に、大学の理事会・ファンド運営者が成長を目指し、購買力の維持を図り、値上がり分の適正な部分を使用する権限についての法的制限について調査を委託した。結論は Cary and Bright (1969) に詳しい。法的発展はほとんど見られないものの、ファンド運営者の自由を制限する法的制約と考えられてきたものは、現実のものというよりむしろ伝説的なものであるという結論に達した」(UMIFA, 1972, 序文, p.1)。

　こういった状況にもかかわらず、「いくつかの大学の評議会は個人信託法の推論を根拠として反対の提言をした。当然すべての大学というわけではないが、私的信託法が慈善団体の意思決定機関を拘束するとしたのである。しかしながら、実際の責任についての判例は実質的にないにもかかわらず、団体ファンドの運営者の責任についての関心は非常に大きい現状である。Uniform Management of Institutional Fund Act の起草のための特別委員会、アドバイザリーコミッティーの審議が進むに従って、問題は教育機関に限ったことではなく、投資する基金を持っているチャリティー団体、宗教団体その他の慈善団体もまた直面している問題であることが明らかになった。理事会やファンド運営者が成長を目指した投資を行い機関の財務的要請に応えるための権限に課されていると想定されている法的制限の呪縛から解放する努力の審議過程において、もう一つの問題がいつも話題になった。寄付の中には使途や投資の選択に関して制限が付されておりファンドの効率的運営を阻害するという問題である。時代遅れの制限を緩和する解放的な手段が必要と判断されるに至った」(UMIFA, 1972, 序文, p.1)。

　統一法はこれらの諸問題に合理的な解決を提供する目的で以下の 5 項目を提示した。(1) 値上がり益の穏当な使用 (prudent use) の標準 (2) 投資権限 (specific investment authority) (3) 投資意思決定の権限移譲 (4) 理事会の責任履行のガイドとなる注意義務と公正な配慮 (business care and prudence) の標準 (5) 寄付に課せられた使途や投資の選択についての制限を寄付者の同意または裁判所の行為により取り除く方法。

　1972 年の UMIFA におけるこれら 5 項目の考え方の導入によって、従来と変化した点を更に詳しく見ると以下の通りである。第一は、値上がり益

（キャピタルゲイン）の使用を「business care and prudence」を条件として容認したことである。制定法により、厳格な基準を固定化することは賢明ではないと考えられた。より重い判断基準を課すことは種々の組織の個々の要請への適合を阻害すると配慮された。「注意義務の標準（The standard of care）」は、非営利法人の責任者の注意義務を指す。私的信託に伝統的に適用される「プルーデントルール（Prudent Man Rule）[57]」を準用する方法よりも、実情に対する適合性が高いと考えられた。

　非課税の慈善団体の場合には利益と損失の実現という概念は意味を持たない。もし利益として実際に実現された（含み益でなく売却により益出しされた）利益のみが使用できるというルール下では、理事や投資管理者は最高の資産、値上がりした財産を使用可能な利益を生み出すために売らなければならないという事態に追い込まれる。含み益と含み損とを比較して含み損の方が多い場合でも実現した利益を使用してしまうということも起こりうる。寄付者はその寄付が値上がりし成長した場合にどういう取り扱いをなすべきかということについて個々の指定はしないことが通常である。しかしもし寄付者の意向として通常の利率相当の部分の利益以外は費消しないように決められている場合には、この法のもとでも寄付者の意思は尊重される。

　第二は、投資権限の問題である。基本財産の投資運営者は理事会に権限付与された投資に限定されることはないとした。投資権限を広く認めることにより、投資対象を選択する権限が明確化された。ミューチュアルファンドやコモントラストファンドといった共同運営のファンドに組み入れることが可能となり自由度が広がった。

　第三は、投資意思決定の権限移譲の問題である。理事会は日々の投資判断を委員会や雇用者に権限移譲することができるとした。投資アドバイザリーやマネジメントサービスを有料で利用することができる。この考え方が明確にされた。

　第四は注意義務と公正な配慮の標準（Standard of business care and prudence）の問題である。私的信託の専門家の場合と異なる非営利団体における基準を定めた。

第五は寄付者が付与した制限の解除の問題である。寄付者はその寄付の意志を示す書類の中で、寄付を受ける機関が守るべき条件を設定することができる。そういった寄付の使用や投資に関して定められた条件は、時の経過とともに、非常にしばしば流行遅れになったり経済的に適合しなくなったり機能しなくなったりする。1972年のUMIFAは、ファンド運営者が寄付の宣言の解除について寄付者の暗黙の承認を得ることについて権限を認めた。また寄付者が死亡等により存在しない場合には、適切な事例において適切な裁判所による救済を求めて訴えることを認めた。

　これらの新しいルールが明確にされたことによって、アメリカの大学の基本財産は、大きな自由度と法的な根拠を獲得し、新たな発展の時代を迎えることとなった。

2　1977年以降の30年間に見る基本財産の成長（消費者物価上昇率と基本財産）

　1972年の統一州法UMIFAによる新しいルールの中でも、基本財産のうち毎年使用を許される額を決定するに際しての基本的なルールとしての総合収入（トータル・リターン）という概念の導入は、大きな改革であった。アメリカの大学の基本財産は、以前にも増して成長のための戦略の自由度を手に入れた。大学によって、基本財産を保守的に運営することもできるし、リスクをとって成長をめざして大胆に運営することもできる。

　序章の図序-1で示した通り、1977年前後を境として、アメリカ全体の大学の基本財産は長期的な拡大トレンドに入っている。基本財産の価値を長期的に維持し成長させていくときに、各大学に共通して目標となる年率があるとすれば、その一つは消費者物価上昇率（インフレ率）である[58]。基本財産の実質購買力を維持するためには、少なくともインフレ率を上回る率で増加させる必要があるからである。基本財産を投資で増加させようとする場合、株式や債券の比率が高まると、マクロ経済環境や市場環境の影響を受けざるを得ない。この結果高い基本財産の成長を達成できる年もあれば、逆に元本が減少してしまう年もありうる。

新しい UMIFA のルールのもとで、アメリカの大学の基本財産は、使用後の残高が消費者物価上昇率を上回るようなペースで成長を続けてきたのであろうか。消費者物価上昇率と基本財産の伸びについて、1977 年以降の 30 年間について、以下のスタディで検討する。
　一般に基本財産の年次成長は、個別の大学ごとに見た場合には、マクロ経済環境等の投資環境に加えて、投資方針や投資の巧拙、寄付の動向、年次使用の動向によって変動する。しかし、多くの大学の合計を大学の類型別等で比較する場合には、個々の大学のパフォーマンスの部分は全体として相殺され、背景となったマクロ経済環境が最も影響を与えると考えられる。消費者物価上昇率が高い時期には、これを上回る基本財産の成長を実現することは困難を伴うが、消費者物価上昇率が安定して穏やかな場合はこれを超える基本財産の成長を達成することは比較的容易である。基本財産の投資から得られる運用収入と値上がり収入の面では、10 年物財務省証券の利率が高い時期ほど、またニューヨーク証券取引所総合指数の年次伸び率が高い時期ほど成長に有利な環境と見ることができる。
　1977 年から 2007 年までの消費者物価上昇率と 10 年物財務省証券利率、ニューヨーク証券取引所総合指数の年間変化率の推移は**図 1-1** の通りである。

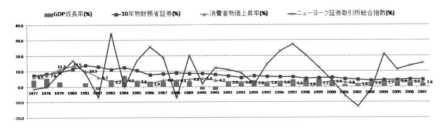

図 1-1　経済・金融指標──30 年間の推移──
出典：Federal Reserve Board（連邦準備制度理事会）、U.S.Bureau of Labor Statistics（米国労働省統計局）、New York Stock Exchange（ニューヨーク証券取引所）統計資料から作成。

　消費者物価上昇率は、1977 年からの最初の 5 年間は 6.5％から 13.5％と二桁を含む高い上昇率を記録している。この最初の 5 年間は、GDP 成長率

やニューヨーク証券取引所総合指数も振るわない時期が長く、消費者物価上昇率を上回る基本財産の成長は難しい環境であったことが想定される。

これとは対照的に、これに続く1983年から2002年までの20年間については、消費者物価上昇率が長期的に安定して低位（1.6％〜5.4％）で推移した。この間、10年物財務省証券の利率は常に消費者物価上昇率を上回って推移した。また株価の動向を代表する指数であるニューヨーク証券取引所総合指数は、ブラックマンデーで株価が急落した1988年とITバブルが崩壊した2001年、2002年を除いて総じて好況の時期を経験した。この20年間については、消費者物価上昇率を上回る基本財産の成長は比較的容易な環境にあったことが想定される。

2002年から2007年までの最後の5年間は、消費者物価上昇率が引き続き低位に安定推移する一方で、ニューヨーク証券取引所総合指数が急回復し10％を上回る年率で値上がりを続けた時期であった。このITバブル崩壊の不況からリーマンショックまでの5年間については、消費者物価の上昇率を上回る基本財産の成長が容易な環境であった。

この仮説を、実際に5年毎の30年間の大学類型別のデータが入手可能な、ニューイングランド地区の具体的事例で実証的に検証を試みる。

1　スタディの目的と方法

2010年2月にアメリカ連邦議会の附属機関であるGAO (United States Government Accountability Office 米国会計検査院。以下GAO[59]) が出した調査報告書 Report to Congressional Committees[60] は、基本財産の成長について以下のように述べている。

「インフレ調整済みのアメリカの大学の基本財産規模を全アメリカで見ると、1989年度の1,000億ドルから2007年度末に4,320億ドルに成長。2008年には4,180億ドルに減少した。Case studyの対象10校のうち8校が1989年度から2009年度の実績を持っており、2007年度から2009年度では27％減少したものの、1989年度から2009年度では、インフレ調整済み

で年平均6.2%の率で成長している[61]。」

　このGAOの報告書は、2010年2月に提出されたもので、調査の実施時期は、2009年6月から2010年2月である。10大学のインタビューを含むケース・スタディを実施し、その各大学の年次財務報告書、NACUBOのEndowment Study[62]等のデータを用いて分析している。上記報告では、調査対象校8校の実績とはいえ、1989年から2009年の20年間で年平均6.2%の率(インフレ調整済み)で成長したとされている。しかし、この報告書では20年間に基本財産が成長したことと、成長の最大の要因が投資からの収入であったと指摘している以外は、成長について大学の類型別の分析や1989年以前との成長要因の変化等について言及していない。

　この基本財産の成長率を30年間の長期のタイムスパンで捉え、大学の類型別に消費者物価上昇率と5年毎に比較すれば、より実証的に捉えうるのではないか。また30年間について1年ごとにマクロ経済・金融指標と比較することによって、基本財産の成長をもたらした経済的背景を探ることができるのではないか。これらの問題意識がこのスタディの背景である。本来毎年のデータで検証すべきであるが、扱うデータには5年毎のデータしか記載されていない。やむをえず5年区切りで分析するが、大学類型別に基本財産の成長を捉えることができるので、5年ごとのデータという制約を上回る意義がある。また図1-1で見たように、この30年間は大きく3期に分かれているので、5年区切りで当てはめても、それほど問題はないと想定される。

　本スタディの目的は、アメリカの大学の基本財産の成長について

　(1) 研究の対象期間を1977年から2007年の30年間とし、

　(2) 基本財産の成長率と消費者物価上昇率とを大学の類型別に比較し、

　(3) イェール大学の事例をもとに基本財産の成長をもたらした経済的背景は何かを探る

　ことである。

　対象校は、長期の期間別比較可能データ入手可能性の制約から、ニューイングランド地区の90校とする。また大学の類型分類は、同様にデータの制約からニューイングランド地区高等教育局(New England Board of Higher

Education) が 1994 年 1 月の研究報告で用いている類型に従う。

　なお、基本財産の各年度の成長は、以下のフローに示される。1 年間の基本財産の時価の成長の中には、新しい寄付という増加要素や大学内の各部署の年次予算への配分という減少要素を含む他、基金等の形で投資している金融資産ポートフォリオの値上がり値下がりの評価損益をも含むため、大学の活動と投資活動の複合的結果と見るべきものである。

　　基本財産の残高の増加減少変化のフロー[63]
　　　年度初時価
　　　　　＋新しい寄付
　　　　　＋元本の投資から得られる金利と配当収入
　　　　　＋／－資産の時価変動による元本を含めた値上がり、値下がり
　　　　　－投資運営手数料
　　　　　－配分（Distributions）
　　＝年度末時価

　スタディの結果を用いて、1977 年から 2007 年までの 30 年間のアメリカの大学の基本財産の成長を、マクロ経済の 5 年毎の状況と合わせて大学類型別に以下に示す。

2　基本財産の成長と消費者物価上昇率の (1977 年～ 2007 年) 30 年間の推移

　ニューイングランド地区高等教育局 (New England Board of Higher Education) が 1994 年 1 月の研究報告で用いている類型のうち、大規模私立大学、全国的リベラルアーツ、地域カトリック、ランドグラント大学について 30 年間の基本財産の成長と消費者物価上昇を比較した。基本財産の購買力を長期間で維持できているかどうかをマクロ経済状況の中で分析するためには、消費者物価上昇率と比較することが妥当であろう[64]。

　消費者物価は 1982 年までの最初の 5 年間は 1.59 倍 (年平均 9.7%) に上昇したが、その後は 5 年毎に 1.18 倍 (同 3.4%)、1.24 倍 (同 4.4%)、1.14 倍 (同

2.7％)、1.12 倍 (同 2.3％)、1.15 倍 (同 2.8％) と比較的穏やかな上昇であった。これに対して基本財産の成長は、同じく 5 年毎の倍率で見た場合、最初の 5 年間を除くと、すべての期間で消費者物価の上昇を上回って成長している。

以下では 5 年毎に更に詳しく、かつ大学類型別に分析する。

3　1977 年～ 1982 年の 5 年間

以下では基本財産の成長の観点から、まず 1977 年から 1982 年の 5 年間について分析する。

実質国内総生産成長率[65]は 1977 年に 4.6％、1978 年に 5.6％と高い成長を実現したものの、1979 年には 3.2％成長に減速し、1980 年にはマイナス 0.2％とマイナス成長に落ち込んだ。翌年の 1981 年には 2.5％成長を遂げたものの 1982 年には再びマイナス 1.9％と大きく落ち込んでいる。アメリカの全都市の消費者物価指数[66]の対前年比の％変化も厳しい 5 年間であった。1977 年は 6.5％であったが、1978 年には 7.6％に上昇し、1979 年には

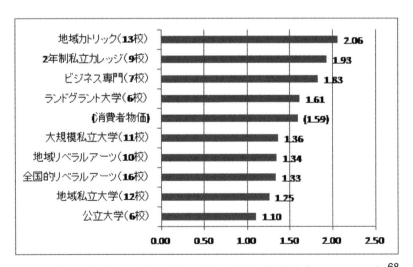

図 1-2　消費者物価上昇と基本財産の成長の比較　類型別 (1977 ～ 1982)[68]

(単位：倍)

出典：New England Board of Higher Education, 1994, *New England Endowments, 1977-1992*, 並びに U.S.Bureau of Labor Statistics (米国労働省統計局) Consumer Price Index 統計をベースに著者作成。

11.3％、1980年にも13.5％と二桁の消費者物価上昇に見舞われる。その後1981年には10.3％、1982年には6.2％に低下する。1982年から1984年を100として指数化した「主要支出項目別消費者物価指数（1960年〜2008年）全都市消費者」では、1977年の60.6に対して1982年は96.5であり、1.59倍[67]となっている。この1977年から1982年までの5年間の消費者物価の上昇を、アメリカのニューイングランド地区の大学の基本財産の伸びと類型別に比較した（図1-2）。

図1-2に示す通り、ニューイングランド地区の大規模私立大学（11校）は、5年間で1.36倍の成長で消費者物価の上昇1.59倍をカバーしきれていない。また全国的リベラルアーツ（16校）も5年間で1.33倍の成長にとどまり、消費者物価の上昇1.59倍を上回れていない。

全体として1977年〜1982年は低成長下の高インフレ（スタグフレーション）の傾向が強く、経済成長は1982年が底であった。この時期には1980年と1981年の2年間を除いて、基本財産の成長率は消費者物価上昇率を下回っている。

4　1982年〜1987年の5年間

次の5年間は、基本財産の成長の観点から恵まれた5年間であった。1982年から1987年の5年間について分析する。1982年がマイナス1.9％であった実質国内総生産成長率は、1983年には4.5％とプラス成長となり、1984年に7.2％、1985年に4.1％と急速に回復し、その後も1986年3.5％、1987年3.4％とやや減速しながらも景気拡大を持続した。

アメリカの全都市の消費者物価指数[69]の対前年比の％変化は安定的であった。1982年は6.2％であったが、1983年には3.2％に低下し、1984年には4.3％、1985年にも3.6％に抑え込まれる。1986年には1.9％と1965年以来の低水準を達成する。1987年には3.6％に上昇する。1982年から1984年を100として指数化した「主要支出項目別消費者物価指数（1960年〜2008年）全都市消費者」では、1982年の96.5に対して1987年は113.6であり、1.18倍[70]となっている。

図1-3で明らかな通り、消費者物価の5年間の上昇1.18倍をすべての累計で大幅に上回って成長を達成している。ニューイングランド地区の基本財産の時価のシェアで約73％（1982年時点）を占める大規模私立大学（11校）は2.59倍に成長。次に基本財産の時価のシェアで19.6％（1982年）と2番目に大きい全国的リベラルアーツ（16校）は2.44倍に成長した。他方、これらの成長の度合いを大幅に上回る急成長を実現したのがビジネス専門（7校）[71]の4.39倍であった。その他にも地域カトリック（13校）3.35倍、2年制私立カレッジ（9校）3.03倍、地域私立大学（12校）2.64倍、地域リベラルアーツ（10校）2.59倍を含む5類型が、基本財産の規模は小さいものの成長率では大規模私立大学の2.59倍を上回る成長を達成した。

1991年の2月4日に提出されたアメリカの経済白書（経済諮問委員会年次報告）の第1章「経済成長の基礎」で1982年に始まった景気拡大は以下のようにまとめられている[72]。「わが国の歴史における平時で最も長期の景気拡大は、1982年に始まった。景気拡大を通してインフレーションは、1970年代に比べて相対的に低く安定的なままにとどまった。1980年代の終わりま

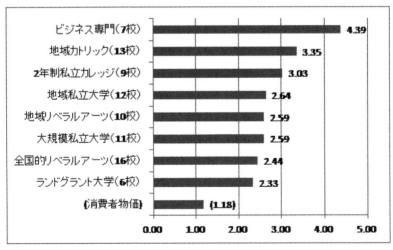

図1-3 消費者物価上昇と基本財産の成長の比較　類型別（1982～1987）[73]

(単位：倍)
出典：図1-2に同じ。

でに、失業率は1970年代に経験したことのなかった水準に低下していた。堅実な経済発展の時期の通則として、経済成長は拡大期を通して年々変動した。1982年末から85年に至る急速な回復の後、成長は86年に一時的に減速し、87年と88年にかなりの力を獲得し、89年と90年に不振に転化した」。

また1994年に出版された『リベラルアーツ・カレッジ――繁栄か、生き残りか、危機か――』(デイウィッド・W・ブレネマン著／宮田敏近訳[74])の第2章「財政小史」の「1980年代――驚きの10年」の47頁で、Bremanは1980年代のアメリカの高等教育機関を取り巻く経営環境の変化について次のように述べている。「現実は予測とは非常に異なったものとなったということは、第一に経済が上向いたこと(高所得家庭に恩恵をもたらした所得再分配も含めて)、第二にカレッジと総合大学の対応と調整策に帰さねばならない。レーガン大統領の経済政策が賢明なものであったかどうかの判断はまだ歴史の最終判決がおりていないが、1980年代初期の金融引き締め政策によって引き起こされた急激な景気後退はインフレーションの背骨を折り、さらに拡大財政政策とサプライサイド刺激策が現代で最も長い持続成長を生み出すのを助けた。連邦政府予算は着実に赤字の中にのめりこんでいったけれど、ほとんどの州政府で収入が急増し、それは高等教育にとって肯定的要素であった。富める者に対して所得が再分配された結果、私立、公立大学ともに資金調達力を高めた。最終的に分析すれば、高等教育の好調は経済の好調と非常に密接に関係しており、計画にあたる者たちは事実上他の条件は無視してもよいほどである。ただ一つ問題なのは、誰にも正確な経済予測はできないことである」(Breneman, 1994, 宮田訳1996, p.47)。

Breneman (1994)は、経済の好調と高等教育との関係を述べたこの部分に続いて、高校卒業者の就職市場における価値の底が抜け急落して、大学教育のもたらす経済収益が見直され学生総数が1980年代の10年間に増加したこと、1981年から89年のあいだに私立大学の授業料は前例のない名目106％の値上がりを経験し、所得の伸びをはるかに凌いだこと、カレッジの経営管理者たちが市場活動と戦略計画に焦点を合わせる傾向が強くなったことを述べている[75]。更にもう一つ驚くべきこととして株式市場の活況の

影響を述べている。「10年間の大半をとおして株式市場が爆発的な伸びをみせ、前例のない年17.4%の利益率を達成したということであった。その結果たいていの大学で大学基金の市場価値が急上昇したが、それは運営予算のための収入増加を意味する。好況を呈した株式市場はまた募金活動および毎年の寄付金と資金運動の両方を助けた。1980年代以前には小規模カレッジの多くは手のこんだ募金活動など経験したことがなかったが、その運動を始め、その10年間に大半が学習曲線にそって相当な進歩をとげ、運動の成功に必要なボランティアの支援組織づくりを進めた。このような努力はたいていの大学にとって収入の道をさらにふやすこととなった[76]」。これらのBreneman の記述は、1982年以降にアメリカの大学が直面した急激な経済環境の変化と基本財産の増加の背景をよく示している。

5　1987年〜1992年の5年間

1987年10月19日のニューヨーク証券取引所の株価暴落をきっかけとした世界的株価暴落はブラックマンデーと呼ばれた。1985年のプラザ合意で世界的なドル安誘導の為替政策がとられていたが、アメリカの貿易赤字と財政赤字（双子の赤字）は1980年代のアメリカの好調な経済が少しずつ積み重ねていった経済的不均衡であった。1987年9月に当時の西ドイツがアメリカの反対にもかかわらず独自に金利を引き上げるとアメリカも金利を引き上げるのではないかいう憶測が市場に生じた。508ドル、22.8%という下げ幅は当時アメリカの機関投資家に普及し始めていた「ポートフォリオ・インシュアランス」というポートフォリオリスク管理の新しい手法にリンクして、「コンピュータによる自動売り注文」が下落を加速したという側面も指摘された。

この世界的同時連鎖株安のあった1987年に3.4%であったアメリカの実質国内総生産成長率は、1988年には4.1%、1989年に3.5%と成長を持続する。1990年には石油価格ショック、湾岸危機（イラクによるクウェート侵攻と多国籍軍との戦闘）の発生で1.9%に減速し、1991年にはマイナス2.0%とマイナス成長に陥るが、1992年には3.3%のプラス成長に復帰する。アメリカの全都市の消費者物価指数[77]の対前年比の%変化は安定的であった。

1987年は3.6％であったが、1988年も4.1％、1989年には4.8％、1990年にはなだらかに5.4％と上昇する。その後1991年には4.2％、1992年には3.0％と再び安定する。1982年から1984年を100として指数化した「主要支出項目別消費者物価指数（1960年〜2008年）全都市消費者」では、1987年の113.6に対して1992年は140.3であり、1.24倍[78]となっている。

それでは、ニューイングランド地区でのその他の大学やカレッジは、消費者物価上昇率を上回る基本財産の成長を確保できたのであろうか。**図1-4**は、ニューイングランド地区のすべての累計で消費者物価の5年間の上昇1.24倍を上回る基本財産の上昇があったことを示している。大規模私立大学（11校）の1.33倍や全国的リベラルアーツ・カレッジ（16校）の1.32倍は消費者物価を約0.1倍上回る水準であるが、地域カトリック（13校）、地域リベラルアーツ（10校）ランドグラント大学（6校）の類型の方がより大きく成長し、消費者物価の上昇を上回っている点が注目される。

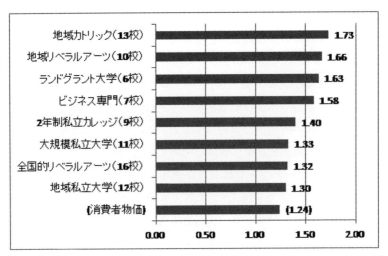

図1-4　消費者物価上昇と基本財産の成長の比較　類型別（1987〜1992）[79]

（単位：倍）
出典：図1-2に同じ。

6　1992年〜1997年の5年間

　米ソ冷戦の終結で新しいパラダイムに移行し始めたグローバル政治・経済の中で、1992年が3.3％であったアメリカの実質国内総生産成長率は、1993年には2.7％、1994年に4.0％と安定成長を持続する。1995年には2.5％に減速するが、1996年には3.7％と1997年には4.5％と再び成長を加速する。低い失業率にもかかわらず、消費者物価の急激な上昇を伴わない安定的経済成長が実現された理由の一つには、ITを中心とする技術革新の大きな波があった。

　アメリカの全都市の消費者物価指数[80]の対前年比の％変化は安定的であった。1992年は3.0％であったが、1993年も3.0％、1994年には2.6％、1995年には2.8％と2％台が2年持続する。1996年には3.0％になるが、1997年には2.3％に低下する。1982年から1984年を100として指数化した「主要支出項目別消費者物価指数（1960年〜2008年）全都市消費者」では、1992年の140.3に対して1997年は160.5であり、1.14倍[81]となっている。

　図1-5は、ニューイングランド地区の大規模私立大学、ランドグラント大

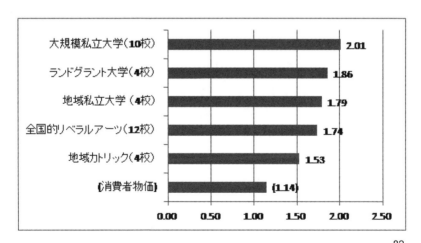

図1-5　消費者物価上昇と基本財産の成長の比較　類型別（1992〜1997）[82]

(単位：倍)

出典：New England Board of Higher Education, 1994, *New England Endowments, 1977-1992*, 並びにU.S.Bureau of Labor Statistics（米国労働省統計局）Consumer Price Index 統計、*1997 NACUBO Endowment Stusy* をベースに著者作成。

学、地域私立大学、全国的リベラルアーツ、地域カトリックの5つの機関類型のすべてで消費者物価の上昇率を上回る成長があったことを示している。

その中でも大規模私立大学は 2.01 倍で、消費者物価の上昇を大きく上回っている。この5年間はITの技術革新が進んだ時代であると同時に、金融工学のテクノロジーが発達した時代でもあった。

7 1997年〜2002年の5年間

1992年から1997年は前項で数字を見たように、マクロ経済の長期的趨勢の背景としてのITの技術革新が、安定して力強い経済成長と所得の増加、低い失業率、制御された消費者物価上昇率をもたらした5年間であった。これに続く1997年からの5年間には、コンピュータ、携帯電話、光ファイバー、レーザー、インターネット等の90年代中期以前までに発明されたIT技術が、コンピュータとソフトウエア及びコンピュータ通信の世界ネットワーク (the World Wide Web) で更に様々なビジネスモデルの革新と新しい生産性の向上の機会を生み出し、IT情報通信革命とも呼ぶべき新しいビジネス[83]と経済の世界が生み出されていった。

このIT情報通信革命は、旺盛なハイテク設備投資を過熱させ、1990年代末には「資本設備過剰」を引き起こした。やがてITバブルは崩壊し、2001年3月ごろには景気後退が始まる。1997年にアメリカの実質国内総生産成長率は 4.5％であったが、1998年に 4.4％、1999年に 4.8％と高い成長を持続する。2000年にも 4.1％と4％台の成長を持続するが、2001年には 1.1％と急速に減速する。2002年も 1.8％とリセッションの時期が継続する。アメリカの全都市の消費者物価指数[84]の対前年比の％変化は安定的であった。1997年は 2.3％であったが、1998年には更に低下し 1.6％、1999年には 2.2％で推移する。2000年には 3.4％に上昇するものの、2001年 2.8％、2002年 1.6％と再び低下する。1982年から1984年を 100 として指数化した「主要支出項目別消費者物価指数 (1960年〜2008年) 全都市消費者」では、1997年の 160.5 に対して 2002年は 179.9 であり、1.12倍[85]となっている。

図 1-6 は、ニューイングランド地区の大規模私立大学、ランドグラント大

学、地域私立大学、全国的リベラルアーツ、地域カトリックの5つの機関類型のすべてで消費者物価の上昇率を上回る成長があったことを示している。

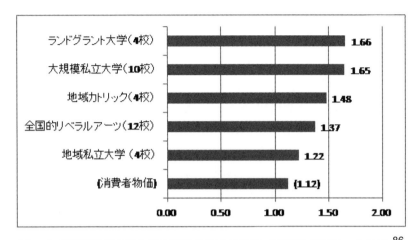

図1-6 消費者物価上昇と基本財産の成長の比較　類型別（1997～2002）[86]

(単位：倍)

出典：New England Board of Higher Education, 1994, *New England Endowments, 1977-1992*, 並びに U.S.Bureau of Labor Statistics（米国労働省統計局）Consumer Price Index 統計、*1997,2002 NACUBO　Endowmen Study* をベースに著者作成。

8　2002年～2007年の5年間

2010年の2月11日に提出されたアメリカの経済白書（経済諮問委員会年次報告）の第1章「救済・均衡回復・再建のために」で2008年9月の金融危機（リーマンショック）により拡大する経済危機の始まりについて次のように述べている。「2007年12月、米国経済は、最初は緩やかなように見えたリセッションに入った。(中略) 実質住宅価格（インフレ調整済み住宅価格）は、かつてないレベルに上昇し、1997年から2006年にかけて2倍となった。急速な価格上昇は、住宅建設ブームと複雑なモーゲージ（住宅ローン）やモーゲージ関連の金融資産の急増を伴っていた。国内での住宅価格の下落は、2007年初めに始まったが、モーゲージ担保証券や他の関連資産の価値下落を伴って、消費支出成長の鈍化、モーゲージ債務不履行と住宅差し押えの増加、金融機関の重大な逼迫などをもたらしたが、さらに、信用貸付を減少させた[87]」。

2002年にアメリカの実質国内総生産成長率は1.8%であったが、2003年に2.5%、2004年に3.6%とリセッションから回復する。しかし2005年は3.1%、2006年には2.7%、2007年2.1%と減速する。

アメリカの全都市の消費者物価指数[88]の対前年比の変化は安定的であった。2002年は1.6%であったが、2003年には2.3%、2004年には2.7%と2%台で推移する。2005年には3.4%に上昇するものの、2006年3.2%、2007年2.8%と再び低下する。1982年から1984年を100として指数化した「主要支出項目別消費者物価指数（1960年～2008年）全都市消費者」では、2002年の179.9に対して2007年は207.3であり、1.15倍[89]となっている。

図1-7は、ニューイングランド地区の大規模私立大学、ランドグラント大学、全国的リベラルアーツ、地域カトリックの4つの機関類型[90]のすべてで消費者物価の上昇率を上回る成長があったことを示している。その中でも地域カトリックの2.09倍とランドグラント大学の1.95倍が大規模私立大学の2.00倍に拮抗する倍率で成長している。全国的リベラルアーツは、これらの類型より低い1.71倍の成長であったが、消費者物価の上昇の1.15倍は大きく上回っている。

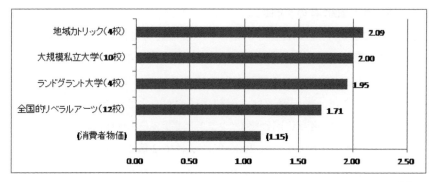

図1-7　消費者物価上昇と基本財産の成長の比較　類型別（2002～2007）[91]

（単位：倍）

出典：New England Board of Higher Education, 1994, *New England Endowments, 1977-1992*、並びにU.S.Bureau of Labor Statistics（米国労働省統計局）Consumer Price Index統計、*2002,2007 NACUBO Endowment Study*をベースに著者作成。

9 30年間の時期ごとの特徴のまとめ

1977年から2007年までの30年間のまとめを行う(**図1-8**)。

(1) 30年間を通して見ると、スタグフレーションの影響が残った1982年までは消費者物価上昇率を基本財産の伸びが上回れない類型もあったが、1982年から2007年までの25年間については、すべての類型で基本財産の伸びが消費者物価の上昇を上回っていた。

次に5年ごとのまとめを行う。1977年から1982年の5年間は、低成長下の高インフレ(スタグフレーション)の傾向が強く、特に1979年から1981年の3年間は10%を超える消費者物価上昇に見舞われる。アメリカの経済成長は1982年が底であった。この結果、この5年間では大規模私立大学、全国的リベラルアーツを始めとする5類型で基本財産の成長が消費者物価の上昇を上回れなかった。

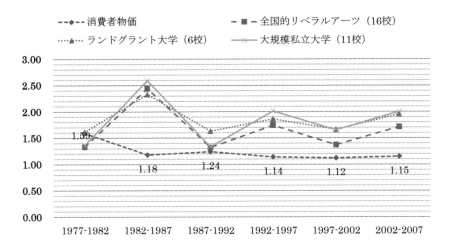

図1-8 基本財産の成長と消費者物価上昇率の類型別比較(1977～2007)

(単位:倍)

出典:New England Board of Higher Education, 1994, *New England Endowments, 1977-1992*, 並びに U.S.Bureau of Labor Statistics(米国労働省統計局) Consumer Price Index 統計、*1997,2002,2007 NACUBO Endowment Study* をベースに著者作成。

1982年から1987年の5年間は、1980年代初期の金融引き締め政策によってインフレが抑え込まれる一方、拡大財政政策とサプライサイド刺激策で持続的経済成長が生み出された。この結果、低インフレを実現する一方で、大学にとって種々の財政環境の好転が見られた。すなわち、授業料値上げの浸透と株式市場の活況、寄付募集活動の組織化等による基本財産の時価の成長の実現である。また類型別では会計やファイナンスを専門とするビジネス専門が最大の基本財産の成長率を記録した。

　1987年から1992年の5年間は、1987年10月のブラックマンデーに始まる世界的株価暴落、1990年の石油ショック、湾岸危機（イラクによるクゥエート侵攻と多国籍軍の戦闘）等の政治経済の不安定要因があったものの、消費者物価は比較的5年間で1.24倍（年平均4.4％）の上昇に収まった。一方で基本財産の成長は、大規模私立大学が1.33倍、全国的リベラルアーツが1.32倍とかろうじて消費者物価の上昇をわずかながら上回った。ビジネス専門、ランドグラント大学、地域リベラルアーツ、地域カトリックなどの基本財産の規模の小さい類型の方が、1.40倍から1.73倍の成長を見せた。

　1992年から1997年の5年間は、米ソ冷戦の終結で消費者物価の上昇を伴わない安定的経済成長が実現された。またマクロ経済の長期的趨勢の背景として、ITの情報技術革新が、安定して力強い経済成長と所得の増加、低い失業率、制御された消費者物価上昇率をもたらした。大規模私立大学、ランドグラント大学、地域私立大学、全国的リベラルアーツ、地域カトリックの類型別比較が可能な5類型のすべてで消費者物価の上昇を上回る基本財産の時価の成長があった。消費者物価の1.14倍に対してトップの成長率であった大規模私立大学は2.01倍であった。

　1997年から2002年の5年間には、コンピュータ、携帯電話、光ファイバー、レーザー、インターネット等の90年代中期以前までに発明されたIT技術が、インターネットを中心とするIT情報通信革命とも呼ぶべき新しいビジネスの世界を生み出すに至った。このIT情報通信革命は、旺盛なハイテク設備投資を過熱させ、1990年代末には「資本設備過剰」を引き起こした。やがてITバブルは崩壊し、2001年3月ごろには景気後退が始まる。消費者物価上

昇が抑制されていたため、5つの機関類型のすべてで消費者物価の上昇（1.12倍）を上回る基本財産の成長（1.22倍から1.66倍）があった。ランドグラント大学（1.66倍）と大規模私立大学（1.65倍）が最高の成長率を記録した。

2002年から2007年の5年間には、住宅建設ブームと複雑なモーゲージ（住宅ローン）やモーゲージ関連の金融資産の急増を伴った経済成長が2006年と2007年に減速しリセッションに突入する。この間消費者物価の上昇は1.15倍に抑制され、地域カトリック（2.09倍）、大規模私立大学（2.00倍）、ランドグラント大学（1.95倍）、全国的リベラルアーツ（1.71倍）の比較可能なすべての類型で基本財産が大きく増加する。

(2) 類型別の特徴は以下の通りである。

類型別の特色を実証する個別の類型ごとのデータがないために、類型別に詳細な分析は不可能であるが、全体的に今回のスタディの結果として言えることは、大規模私立大学や全国的リベラルアーツ・カレッジなどの学生1人当り基本財産の規模の大きい大学類型が、基本財産の成長率で常にその他の類型を上回っているわけではないことである。

全体的にはプラスの環境下では、大規模私立大学、ランドグラント大学、全国的リベラルアーツ・カレッジの順で高い成長率を達成する傾向にある。これは、大学の基本財産の規模の大きい大学の方が、プラスの経済環境の影響を受ける投資運用を行いやすいためであると推測される。

逆に、低成長下のスタグフレーションの傾向があり、経済環境が芳しくなかった1977年からの最初の5年間では、大規模私立大学を中心とする規模の大きな大学は、消費者物価の上昇率を下回り、他の類型との比較でも中程度の成長率となっている。これは投資運用の結果が経済環境の良好な時期ほどには芳しくなかったためと推測される（図1-8）。

10　イェール大学に見る特徴──30年間の推移──

基本財産の成長を5年毎よりも更に細かく、年次推移のレベルでマクロ経済環境と比較する目的で、ニューイングランド地区の大規模私立大学の中の

1校で、最も基本財産の成長についてディスクロージャーが進んでいる大学の一つであるイェール大学の基本財産の成長率の年次推移を取り上げる（図1-9）。

30年間のスパンで、消費者物価上昇率、株価（ニューヨーク証券取引所総合指数の年変化率）、10年物国債の金利（10年物財務省証券）とイェール大学の基本財産の年次推移を比較したグラフが**図1-9**である。

30年間の推移を比較すると、

1. 1977年から1988年までは、基本財産の時価の対前年成長率とニューヨーク証券取引所総合指数の年変化率がほぼ同じ形の折れ線グラフである。

2. 1989年から1999年までは、株価が好調な時には基本財産の成長率がやや株価の値上がり率を下回り、株価が不調な時には基本財産の成長率が株価の低迷ほどには低迷していない傾向が見て取れる。例えば1996年、97年、98年は基本財産が22％、19％、15％の対前年度比の成長を達成しているが、同時期のニューヨーク証券取引所総合指数の年率の伸びを下回っている。これは、ポートフォリオとして株価以外の国債や安全商品を組み入れていることが原因と考えられる。

3. 2000年から2007年までは2004年を唯一の例外としてほぼ一貫して株価の伸びを基本財産の成長率が上回っている。

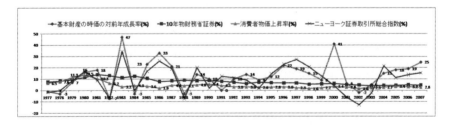

図1-9　基本財産の成長と経済・金融指標——30年間の推移——

出典：*A Yale Book of Numbers, 1976-2000*（Update of George Pierson's original book *A Yale Book of Numbers, Historical Statistics of the College and University 1701-1976*)、Federal Reserve Board, U.S.Bureau of Labor Statistics、New York Stock Exchange 統計資料から作成。

2000年6月決算のイェール大学の年次報告書によれば、イェール大学の過去10年（1990年6月期から2000年6月期）の期間で、基本財産の伝統的なアメリカ国内証券投資[92]の割合を大幅に引き下げたと記述されている。1990年には、イェールの基本財産の投資ポートフォリオの中で、伝統的なアメリカ国内証券投資とキャッシュが約70％を占めていたが、2000年には約30％まで低下しているとしている。新しい投資対象すなわち、アメリカ以外の外国有価証券[93]、ベンチャーキャピタルを始めとする非上場株式[94]、デリバティブズを含む究極リターン戦略[95]、不動産等の実物資産投資[96]の非伝統的投資対象が合計で約70％を占めるまでに増加した。これらのうち上場市場が存在しない新しい投資対象である代替投資（Alternative assets）では、客観的に市場価値を見定めることが専門的知識なくしては難しいために、プライシングの非効率による裁定機会を追求すること等によって、高い投資果実を得ることが一般的に可能である。こうした投資は、高い投資収入も可能であるが、反対にマイナスになってしまうリスクも大きい。

　イェール大学の2000年から2007年までについて、株価の伸びを上回る基本財産の成長を実現した背景にはこうした投資対象への変更があり、この期間については良好な結果に結びついたと見ることができる。イェール以外の大学の基本財産にとっても、こうした代替投資と呼ばれる新しい投資対象は、一般に高いリスクを抱えている一方で、新しい成長の原動力の一つである。

3　21世紀における基本財産

1　21世紀の基本財産の分布の特色

　ニューイングランド地区のケース・スタディで見たように、アメリカの大学の基本財産は、マクロ経済環境に恵まれたこともあって、大きな成長の時期を経験した。この結果、アメリカの大学の全体的な基本財産は、序章 p.8 で既述の通り、2007年には総額で4,097億ドルに達した。一部の私立大学、特に博士号授与大学の伝統校の一部と学士号授与大学（リベラルアーツ型）の一部では、学生1人当りで巨額の基本財産を蓄積するに至った。

　しかし、基本財産は、均等に分布しているわけではない。学生1人当り

で見た基本財産の分布の特色を3点挙げる。

第一に公立大学よりも私立大学に厚く分布する点である。この点は先行研究の *NACUBO Endowment Study 2006* でも明らかにされており、私立大学では517大学の平均で126,357ドル（1,478万円）であるが、公立大学では19,264ドル（225万円）にとどまる（**表 1-9**）。

表 1-9　学生1人当り基本財産の大学別平均額　公立と私立（2006年）

	公立	私立	合計
学生1人当たり基本財産額（ドル）	19,264	126,357	49,453
回答大学数	248	517	765

出典：*2006 NACUBO Endowment Study*

第二に、この点も先行研究で指摘されていることであるが、カーネギー分類（2000年分類基準）では、神学、医学等の専門大学に最も厚く分布し、学生1人当り115,419ドルであるが、この数が少なくやや特別なカテゴリーを除くと学士号授与大学に最も厚く分布し、次いで博士号授与大学に豊かに分布することである。修士号授与大学とコミュニティカレッジは相対的に少額である（**表 1-10**）。

表 1-10　学生1人当り基本財産の大学別平均額　カーネギー分類（2006年）

	博士号授与大学	修士号授与大学	学士号授与大学	コミュニティカレッジ	神学、医学等の専門大学	合計
学生1人当り基本財産額（ドル）	58,151	13,210	92,804	1,620	115,419	49,453
回答大学数	232	242	244	17	30	765

出典：*2006 NACUBO Endowment Study*

第三に一部の私立研究大学と学士号授与大学（リベラルアーツ型）の中に学生1人当りの基本財産が40万ドル以上に達するほどの特に豊かな大学が存在し始めている点である。21世紀に入ったころから更にトップ層の一部の

大学で、学生1人当りの基本財産額を豊かに持つ大学が増加しつつある。本書でこの点に焦点を当て、個別の事例を通じてガバナンスや教育へのインパクトを明らかにする。

2　基本財産の規模のインパクト

21世紀に入ってアメリカの私立大学の基本財産は、一部の豊かな私立大学で、教育・研究の質向上の面において大きなインパクトを持つようになった。リーマンショック前にこの傾向がピークを迎えた2007年時点での学生1人当り基本財産額を実際に見ることで、このアメリカ的特質のインパクトを検証する。

学生1人当りの基本財産額で見た場合、**表1-11**の7大学が、2007年時点でのアメリカの最も豊かな大学である。学生1人当りで100万ドル以上の水準に達している。この基本財産とその投資収入から、毎年の各大学の年次予算にいくら振り向けて使用するかは、それぞれの大学の理事会がルールを持っている。理事会は、基本財産の使用のルールや具体的な各年の使用率（スペンディングレート）の決定に当って、現在の大学の適切な運営に責任を負うと同時に、過去から蓄積された基本財産の守護者の立場を兼ねる。このバランスを取るに際して、理事会は、そのときの経済・社会情勢並びに大学

表1-11　学生1人当たり基本財産額が100万ドル以上の7大学

No.	大学名	学生一人当たり基本財産額 ($)	FTE学生数 (人)	カーネギー分類	設立
1	プリンストン（Princeton University）	2,228,257	7,085	DRExt	1746
2	イェール（Yale University）	1,983,641	11,358	DRExt	1701
3	ハーバード（Harvard University）	1,774,875	19,514	DRExt	1650
4	スタンフォード（Stanford University）	1,152,776	14,890	DRExt	1885
5	ポモナ（Pomona College）	1,150,165	1,531	BALA	1887
6	グリネル（Grinnell College）	1,094,467	1,570	BALA	1846
7	アマースト（Amherst College）	1,003,851	1,656	BALA	1821

出典：*2007 NACUBO Endowment Study* から筆者作成。FTE学生数が千人未満の大学を除く。
DRExt: 博士号授与大学総合型、BALA: 学士号授与大学リベラルアーツ型　いずれも2000年分類による。

全体の現在の状況と予見可能な将来を総合的に判断することが求められる。

本研究の第2章のガバナンスの事例で取り上げる8大学の例では、年次予算に振り向ける使用率は、基本財産の時価の4.0％から5.5％の間に位置した。例えば過去3年の平均残高が学生1人当り100万ドルで毎年5％を

表1-12 学生1人当り基本財産額が40万ドル以上100万ドル未満の23大学

No.	大学名	学生1人当り基本財産額（$）	FTE学生数（人）	カーネギー分類	設立
8	スワースモア（Swarthmore College）	974,464	1,479	BALA	1864
9	MIT（Massachusetts Institute of Technology）	973,699	10,250	DRExt	1865
10	ライス（Rice University）	946,785	4,932	DRExt	1891
11	ウイリアムズ（Williams College）	933,426	2,027	BALA	1793
12	ベイラー（Baylor College of Medicine）	914,171	1,398	Med.	1900
13	カルテック（California Institute of Technology）	891,684	2,086	DRExt	1891
14	プリンキピア（The Principia Corporation）	756,440	1,027	BALA	1912
15	ウェルズリー（Wellesley College）	740,530	2,237	BALA	1870
16	バリア（Berea College）	712,983	1,546	BAGen	1853
17	ダートマス（Dartmouth College）	664,705	5,657	DRInt	1769
18	ノートルダム（University of Notre Dame）	519,963	11,495	DRExt	1842
19	ボードアン（Bowdoin College）	478,724	1,729	BALA	1794
20	デューク（Duke University）	475,868	12,420	DRExt	1838
21	ハバフォード（Haverford College）	474,156	1,138	BALA	1833
22	ワシントン（Washington University）	473,738	11,753	DRExt	1861
23	シカゴ（University of Chicago）	469,765	13,207	DRExt	1890
24	エモリー（Emory University）	458,511	12,130	DRExt	1836
25	スミス（Smith College）	439,305	3,098	BALA	1871
26	ラッシュ（Rush University）	425,621	1,042	Med	1872
27	ウィスコンシン医（Medical College of Wisconsin）	423,967	1,196	Med	1893
28	ブリンマー（Bryn Mawr College）	423,231	1,568	BALA	1885
29	リッチモンド（University of Richmond）	415,631	3,983	MA1	1830
30	クレアモント（Claremont McKenna College）	411,477	1,152	BALA	1946

出典：表1-10に同じ。表左端のNo.は表1-10から続く番号を付与。
DRExt：博士号授与大学総合型、DRInt：博士号授与大学集中型、BALA：学士号授与大学リベラルアーツ型
MA1：修士号授与大学I型、Med：医科大学型。いずれも2000年分類による。

使用するケースを仮に例にとると、100万ドル×0.05＝5万ドルで学生1人当り約5万ドル (585万円) の基本財産からの収入を年次予算に組み入れることが可能になる。

これらの財源は、寄付に条件が付されている場合はその使途条件に従って (条件が付されていない場合は、理事会の裁量で) 学生への大学独自奨学金、教員給与, 各学部やスクールの予算、図書館予算等に使用される。この基本財産からの財源が、学生1人当りで授業料収入を上回るインパクトを持つような金額レベル[97]に達している。

これらの大学においては、大学独自の奨学金として使用する他、教育や研究の質を高い水準に維持する大きなリソースの一つとなっている。こうした大学はごく一部の限られたトップレベルではあるが、これに準ずる層の存在も大きくなりつつある。同じく2007年時点では、学生1人当り40万ドル以上100万ドル未満であった私立大学が更に23校存在する (**表1-12**)。

学生1人当り40万ドルの事例を考えると、同様に40万ドル×0.05＝2万ドルで学生1人当り約2万ドル (234万円) の基本財産からの収入を年次予算に組み入れることが可能になる。この水準の学生1人当りの基本財産の豊かさを超える州立大学は、同じ2007年時点で存在しない。10万ドル以上が6校存在するのみである。表1-11と表1-12の合計30校はすべて私立大学である。

第6節　小括

　アメリカの大学の歴史は1636年のハーバード大学の設立に始まる。アメリカ独立戦争以前に設立された植民地カレッジは、英国法の下で、各植民地内における独占的な特許状に基づいて設立され公共的性格を有していた。植民地の政府が、大学の管理運営やアカデミックな質の維持に直接の利害を有していた。また政府が最も主要でほとんど全面的なサポートを行う立場にあった。一方で、植民地カレッジは、設立の早い時期から教会の他に個人や私的なファミリーを寄付者として持ち、基本財産を有しており、この面では

私的な立場に基礎を置く団体としての性格を基本的に有していた。判例法の法体系であるアメリカで、私立大学の基本財産の法的側面の守護を確立したのは、1819 年の連邦最高裁によるダートマス判決であった。このダートマス判決によって、アメリカの大学の基本財産が独自の発展を遂げる基盤が形成された。

　アメリカの大学の基本財産は、19 世紀から 20 世紀に独自の発展を遂げ続けた。これはアメリカという国全体のレベルでの経済発展が長期間にわたって持続したことを背景としている。鉄鋼、石油、自動車等の産業がアメリカで新しい成長を始めた 20 世紀の前半には、慈善活動の寄付が急増し、財団が次々に誕生し、寄付金額も大規模化した。また慈善活動を行う財団の側も、寄付を受けて活動を行う大学の側も恒久的な組織を持つようになった。財団による慈善寄付活動の拡大と並んで、20 世紀前半の研究大学の基本財産の特色は、ハーバード大学などにおける基本財産の蓄積であった。基本財産を大学内に長期的に蓄積していくことが、学術的な達成、影響力、ステータスの面における他の大学との関係で優位に導くという見解を最初にとった大学がハーバード大学であった。アメリカでトップクラスの私立の研究大学は、潤沢な基本財産が重要であることが、次第に認識され始めた[98]。

　20 世紀の後半には、基本財産への寄付収入だけではなく、蓄積された基本財産の投資収入も次第に巨額化する傾向が新たに生じた。21 世紀の現代では、一部の私立大学を中心にこれまでにない基本財産の蓄積を持つようになっている。

　一方で現代のアメリカの私立大学の理事会は、その責務として基本財産を守護し発展させる立場と現在の大学の運営資源を最大化する立場を兼ね備えている点に特色がある。基本財産を守護し発展させる立場からは、年度ごとの使用をできるだけ厳しく管理できるルールを持ち、投資は安全かつ高いリターンをもたらす投資方針を探る必要がある。現在の大学の運営資源を最大化する立場からは、年度ごとの使用を安定的にかつ最大化する使用ルールが必要である。また基本財産からの収入が大きくなるに従って、学生の奨学金に使用するのか、教員の給与アップに使用するのか、その他の教育・研究資金

に使用するのかといった大学運営上の意思決定も重要度を増しつつある[99]。更に大学が基本財産を内部に過度に蓄積することは、高い授業料や学生の教育ローン負担との関係で社会的な批判を受ける傾向も一部に見られ始めている[100]。21世紀のアメリカにおいて、基本財産が潤沢な私立大学の理事会は、基本財産を守護し発展させる寄付者への責務、大学内部の運営上の責務、大学の威信を長期的に高める責務、社会へのアカウンタビリティ[101]を同時に果たすことが求められている。

注

1　引用した2005 NACUBO Endowment studyでは他に、「大学が所有・管理するが、外部の財団等に預けている基本財産」を、外部に信託された基本財産として独立のカテゴリーとしているが、分類の観点が異なるので本稿では分類として含めていない。

2　貸借対照表（Balance Sheet）の純資産（Net Assets）の中に含まれるが、純資産と基本財産（Endowment）は完全に一致する額ではない。例えば2007年度のハーバード大学では、純資産は420億ドルであるが、そのうち349億ドルが基本財産である。イェール大学では241億ドルの純資産のうち225億ドルが基本財産である。この差は、一般勘定（General Operating Account）他の基本財産でない純資産が存在するためである。同様にリベラルアーツ・カレッジを例にとると、ウイリアムズ・カレッジでは21億ドルの純資産のうち19億ドルが基本財産である。アマースト・カレッジでは22億ドルの純資産のうち17億ドルが基本資産である。基本財産の時価は、貸借対照表の脚注等として様々な形式で表示される。これらの基本財産は、基金（Fund）の形態をとることが多いが多様な形態でプールされ、貸借対照表上の資産サイド（Assets）にも一般勘定と合わせて投資勘定（Investment）等として計上される。

　　アメリカの私立大学の貸借対照表には、純資産の内訳項目として様々な形式で表示されるが、基本財産そのものの時価として統一的には表示されない。このような事情もあり、基本財産に特化したNACUBOのEndowment Studyに700を超す大学が基本財産の時価等について報告し、互いに利用している。

3　Henry Hansmannは、イェール大学の法学の教授。イェールの法学博士、経済学Ph.D.。1975年からペンシルバニア大学。

4　James Tobinはアメリカの経済学者。1981年にノーベル賞を受賞。

5　William Massyは、スタンフォード大学名誉教授。マサチューセッツ工科大学の経済学博士。

6　Hansmann（1990）のp.19を要約したものである。

7　同上 pp. 21-26を要約したものである。

8　同上 pp. 26-29を要約したものである。

9　Mike Cowanは、ボイシ州立大学の助教授。2008年2月にアメリカ税務協会（The American Taxation Association）の年次大会（法務研究部門）で、大学の基本財産をめぐ

る税務について発表し、論文にまとめた。
10　円換算額は筆者。換算レートは序章の脚注3に示した1ドル＝117円を用いている。以下同じ。
11　Cowan (2008) の p.512 の記述によっている。
12　営利企業であれば、配当をしないでまた格別のビジネス上の合理的必然性もなく内部留保として利益を蓄積した部分には、通常15％の内部留保税が課される。内国歳入法の501条がその年度の収入に対する課税であるのに対して、532条の内部留保税は、年度を越えて蓄積している内部留保額に対する課税である。
13　前掲 Cowan (2008) の p.513 の記述によっている。
14　同上 pp.514-515 の記述によっている。
15　同上 pp.515-518 の記述を要約したものである。
16　教育ミッションと無関係として課税される事業とは、大学の施設を利用した駐車場事業、結婚式事業、不動産事業等が挙げられる。
17　同上 pp.518-519 の記述を要約したものである。
18　同上 pp.534-535 の記述を要約したものである。
19　Morison (1936) の p.5 に 1636 年設立と明記されている。
20　同上 p.17。
21　ニュージャージーは例外的に地域独占ではなかった。
22　アイビーリーグ8校の残りの1校は、1865年設立のコーネル大学である。
23　Geiger (2011b) によれば、一般にこれらの教会の宗派は大学との関わりにおいてはプロテスタントの他の宗派等に対して宗教的に寛容な伝統を持つことが多かった。植民地カレッジは、教会 (church) と植民地地域 (province) の両方に配慮した (pp. 40-41)。
24　ドイツなどの地方行政区画を邦と呼ぶこともあり、アメリカ憲法史の翻訳書でこの期間について邦と訳す場合がある。
25　この段落はベネディクト (常本照樹訳) (1994) の pp.37-38 を参照して記載している。
26　契約が社会の中で占める位置づけや裁判における争い方が、アメリカと日本では異なる。これらについては、道田 (1983)、道田 (1987) に詳しい。
27　アメリカ合衆国憲法制定当時、政党は当初考慮されていなかった。憲法案が各州で批准を受けるときこれに賛成するフェデラリストと、反対するアンティ・フェデラリストの対立が生じた。「ワシントンが大統領に就任したとき、彼は国務長官にジェファソンを、財務長官にはハミルトンを任命した。この両者は、初めから主として経済問題で政治的意見を異にしていた。ニューヨーク州が憲法案批准を躊躇していたとき、ハミルトンは、いわゆる"フェデラリスト・ペーパー"を新聞に発表し、州の憲法案承認を促進した。フェデラリストというのはこのことによってハミルトンの派閥が与えられた名称である。しかし、ワシントンの第二期に入ると、ジェファソンは国務長官を辞し、リパブリカンズと称する政党をつくり、自作農を中心とし、憲法の厳格な解釈、州権の尊重を主張した。リパブリカンズという名称はこのころ発行された新聞の編集者でフランス人のフノレーが命名したものといわれている。これに対し、ハミルトンの派閥も、フェデラリストの名の下に政党を形成し、商工業者・金融業者・大

地主などを基盤とし、憲法の拡張解釈、中央政府の権力強化を主張し、ここに初めて政党の発生と対立をみる状態となった」(中屋, 1985, pp.44-46)。本稿では、連邦党 (Federalists)、共和党 (Republicans) と表記している。その後のアメリカの政党の歴史については、Beard (1929)、Hamilton (1991)、合衆国憲法の経済的側面からの分析については、Brown (1956) が参考となる。

28　この段落は、合衆国判例集 *Trustees of Dartmouth College v. Woodward*, 1 N.H.111 (1817)、並びに Monroe, 2007, p.4、田中, 1968, pp.264-265 を参照して記載。

29　この項は, 同上合衆国判例集 *Trustees of Dartmouth College v. Woodward*, 1 N.H.111 (1817)、並びに Monroe,2007, pp.4-6、田中, 1968,p.265 を参照して記載。

30　Corporation という英語は、英米法では法人を意味する。一般には株式会社、地方公共団体、組合、ギルド等の公的な存在と私的な存在の両方を包摂する。この裁判での権利関係の議論について適切に表現するために、機関や法人という訳を敢えて避け、組織体と訳した。日本語のニュアンスとして機関はやや公的な、法人はやや私的なニュアンスを持つ場合もあると懸念されるためである。

31　この項は合衆国判例集 *Trustees of Dartmouth College v. Woodward*, 4 Wheat.518 (U.S.1819)、並びに阿川,2013, pp.69-74、Monroe,2007,pp.6-8、Rudolph and Thelin,1990,pp.209-210 を参照して記載。

32　Rudolph and Thelin ,1990, p.219。

33　同上 pp.48-49。

34　Brubacher & Rudy, 1968, pp.59-.61。

35　当時のアメリカでは、連邦の権限を強める方向の考え方の連邦党とこれに反対の立場をとる共和党が二つの大きな政党であった。

36　中屋, 1985, p.66。

37　King, 1950, pp.6-8。

38　チャリティーファンドの規則のタイトルであるので原文のまま記載。「ハンプシャー郡のアマースト町における、敬虔で才能のある貧しい青年やキリスト教の聖職者に伝統的教育を行うための組織のベースとして恒久的な慈善基金を設立し運営するための規則」である。

39　アマースト・カレッジの場合は、基本財産 (Endowment) を守護、管理する法人を大学組織から独立させ、その法人をファンド (Charitable Fund) と呼んだ。

40　King,1950, p.10。

41　同上 p.12。

42　当時の工学とはどのような内容を指していたのであろうか。マサチューセッツ州で当時計画されたマサチューセッツ工科大学の計画書に具体的な内容を見ることができる。1861 年に明文化された新しい大学 (Institute of Technology) の計画書の pp.8-12 に学術的実際的知識を探求、蓄積するべき分野が具体的に提案されている。12 の工業分野に渡って設立された常任委員会の名称から当時の工学の内容を窺うことができる。①鉱物資源、②有機材料、③道具と器具、④機械と動力、⑤繊維産業、⑥木・なめし皮・紙・ゴム、⑦陶磁器・ガラス・ゴム、⑧化学製品とプロセス、⑨暖房・照明・水道・換気・食物、⑩土木建築、⑪交易・海運・陸運、⑫美術が 12 の常任委員会の

名称で、それぞれの常任委員会が扱う材料や機械器具等が明記されている。当時の新しい科学と工業技術の発展の息吹を具体的に感知することができる。
43 コーネル大学が、農学と工学を中心とした総合研究大学として発展した背景には、コーネルと共に同大学を設立した Andrew Dickson White の貢献がある。White (1906) は自伝であるが、19世紀後半のアメリカの高等教育の第一線に身を置いた者の様々な葛藤が描かれている。
44 例えばこのモリル法の恩恵を受け、工学教育に軸足を置く大学の一つであるペンシルバニア州立大学におけるランドグラントの伝統と基本財産について、Bezilla (1981) が参考になる。
45 この段落は、Geiger, 1986, p.42 の記述をもとにしている。
46 同上 pp.43-45。
47 同上 p.45。財団の歴史については、Rusk (1909), Fosdic (1952), Dowie (2001) 等の多くの研究がある。また財団の高等教育への関与、貢献等については、McMillen (1991), Mercer (1996), Basinger (1999), 等の多くの現状分析がある。
48 Kimball , and Johnson, 2012, pp.4-5。
49 Lindeman, 1936, p.18。
50 前掲 Kimball ,and Johnson , 2012, pp.5-6。
51 同上　p.10。
52 1900年設立の John W. Hendrie ディベートファンド。
53 「Dramat Endowment」と呼ばれるイェールのドラマ団体のための基本財産が1907年に創設された。
54 イェール・フィルハーモニア・オーケストラを支援する Lucy S.and Henry C. White Fund が1927年に創設された。
55 高等教育のマス化、ユニバーサル化についてはトロウ他多くの研究がある。アメリカ高等教育論の1960年代以降1990年代までの展開については、喜多村 (1994) 等の研究がある。日本の戦後の大学改革を俯瞰した研究には大崎 (1999) 等の研究がある。
56 Massy, 1996, pp.91-92。
57 各々の職務に応じて専門家としての能力を生かし、それにふさわしい思慮深い行動をとらなければならないというルール。このルール下では投機的な投資やリスクの高い投資は回避されがちである。
58 一般に基本財産の成長率を消費者物価の上昇率と比較することが多いのは、大学が人件費や教育・研究費として毎年の支出予算を決定する場合に、インフレ率を勘案して決定することが多いためである。ある期間の基本財産の成長率を分析するときには、インフレ率を勘案しない名目での成長率を見ると同時に、当該期間のインフレ率と比較して見ることにとって、実質的な購買力を維持するに必要な成長率を維持できているかどうかをチェックすることができる。
59 アメリカ連邦議会の監査、調査等の機能を持つ。
60 GAO 米国会計検査院, 2010, *Postsecondary Education College and University Endowments Have Shown Long-Term Growth, While Size, Restrictions, and Distributions Vary*。

61　前掲 GAO, 2010, p.10。
62　NACUBO が独自に会員各大学からの報告により実施している基本財産についての年次調査報告書。
63　前掲 GAO, 2010, p.4。
64　基本財産の成長率の目標として大学が使用する例が多いのは、消費者物価上昇率（インフレ率）である理由は先に述べた。実際にニューイングランド地区の高等教育局でも消費者物価指数との比較を行っている。
65　出典：米国商務省（経済分析局）。
66　出典：米国労働省（労働統計局）消費者物価指数　全都市消費者　全項目。
67　この数字は各年の変化を $1.076 \times 1.113 \times 1.135 \times 1.103 \times 1.062 = 1.592$ として計算した数字と一致している。
68　ニューイングランド地区における大学数が5校以下であるセミナリー（5校）、芸術・音楽・デザイン（4校）、教育（3校）とその他（3校）はこの表には含めていない。
69　前掲、注66の消費者物価指数に同じ。
70　この数字は各年の変化を $1.032 \times 1.043 \times 1.036 \times 1.019 \times 1.036 = 1.178$ として計算した数字と一致している。
71　例えばこの類型に属する Bentley College は、1917年に会計とファイナンスの専門学校として開設され、1971年に学位授与権を認められ名前をスクールからカレッジに変更したという歴史を持つ。1985年にはモバイルコンピューティングのプログラムを全米に先駆けて新設し、新入生にはソフトウエアを装備したネットワークラップトップコンピューターを提供した。
72　経済諮問委員会は、1978年「完全雇用および均衡成長法」によって修正された1946年「雇用法」の諸条項に基づき、毎年の年次報告を提出する。これは日本の経済白書に当たる。翻訳はエコノミスト1991年4月8日臨時増刊号によった。
73　ニューイングランド地区における大学数が5校以下であるセミナリー（5校）、芸術・音楽・デザイン（4校）、教育（3校）とその他（3校）はこの表には含めていない。
74　翻訳は1996年。
75　前掲デイビッド・W・ブレネマン著、宮田敏近訳『リベラルアーツ・カレッジ――繁栄か、生き残りか、危機か――』1996年、pp.47-48。
76　同上 p.49。
77　前掲、注66の消費者物価指数に同じ。
78　この数字は、各年の変化を $1.041 \times 1.048 \times 1.054 \times 1.042 \times 1.030 = 1.234$ として計算した数字とほぼ一致。
79　公立大学（6校）については1校の1987年データが入手できておらず欠損値（Not Available）であるためこの比較の類型には含めていない。
80　前掲、注66の消費者物価指数に同じ。
81　この数字は各年の変化を $1.030 \times 1.026 \times 1.028 \times 1.030 \times 1.023 = 1.144$ として計算した数字と一致。
82　1992〜1997年以降の類型別比較表は、*NACUBO Endowment Study* にデータが4校以上公表されている機関類型についてのみ対象としている。

83 このIT情報通信革命は、様々な新しいビジネスの機会とベンチャー企業を生み出した。大学の基本財産の面では、ベンチャーキャピタルへの投資が高いリターンをもたらし、全体のパフォーマンスの好調の要因となった。他方2000年10月13日付のThe Chronicle of Higher EducationがThe rich get richerという記事で報じたように、大学は基本財産の使用にかかわるルールを見直し、奨学金や教育の質向上にもっと使用すべきであるという議論が高まった。

84 前掲、注66の消費者物価指数に同じ。

85 この数字は各年の変化を1.016×1.022×1.034×1.028×1.016 = 1.121として計算した数字と一致。

86 1992～1997年以降の類型別比較表は、NACUBO Endowment Studyにデータが4校以上公表されている機関類型についてのみ対象としている。

87 経済諮問委員会は、1978年「完全雇用および均衡成長法」によって修正された1946年「雇用法」の諸項にもとづき年次報告を提出する。翻訳はエコノミスト2010年5月24日臨時増刊号。

88 前掲、注66の消費者物価指数に同じ。

89 この数字は各年の変化を1.023×1.027×1.034×1.032×1.028 = 1.152として計算した数字と一致。

90 地域私立大学は、2007NACUBOEndowmentSyudyで公表されている機関数が少ないため成長倍率比較の対象に含めていない。

91 1992～1997年以降の類型別比較表は、NACUBO Endowment Studyにデータが4校以上公表されている機関類型についてのみ対象としている。

92 Marketable domestic securitiesで市場性のあるアメリカ国内上場株式、国内債券等。

93 Foreign equity アメリカ以外の株式等。

94 Private equity 非上場株式（生命科学、情報科学等の技術革新を企業化するVenture capitalが中心）。

95 Absolute return strategies アブソリュートリターン（Derivativesがビルインされている仕組金融商品等）。

96 Real assets 不動産投資等。

97 これらの基本財産からの収入が豊かな大学では、基本財産からの収入が学生1人当り5万ドル以上に達しているのに対して、授業料は2007年時点で3万ドル台から4万ドル台である。

98 前掲 Bruce A. Kimball & Benjamin Ashby Johnson, 2012, p.10.

99 2006年4月7日付のThe Chronicle of Higher Educationは、The Rich-Poor Gap Widens for Colleges and Studentsと題した記事で、ほとんどすべての統計で学生間並びに大学間の経済面の格差が拡大していると指摘した。

100 大学が高い授業料を収受する一方で、基本財産を大学内部に過度に蓄積することに対する社会的批判が目立ち始めていた。これに対する大学側からの主張としては、2007年11月9日付でDon't Require Colleges to Spend More of Their Endowmentsと題する記事が掲載されている。大学に対して強制的に基本財産を使用させることは短期的には社会の助けになるかもしれないが、長期的には国全体の資産を脆弱化させる

とのMIT会長他の寄稿である。
101 アカウンタビリティは説明責任と訳されることが多い。ここでは政治的なアカウンタビリティあるいは社会的なアカウンタビリティのことである。アカウンタビリティと説明責任については、山本(2013)に詳しい。

第Ⅱ部

基本財産と研究大学
――8大学のケーススタディ――

第 2 章　基本財産のガバナンス

　第 1 章で詳しく見たように、アメリカの大学の基本財産は、1819 年のダートマス判決に法的な保護を与えられて以降、私立大学で大きな発展を見た。21 世紀に入ってアメリカの大学の基本財産は、一部の豊かな私立大学で、教育・研究の質の向上の面で大きなインパクトを持つようになった。こうしたアメリカの大学の基本財産は、どのように管理され、使用され、更に成長して将来の世代に引き継がれるのであろうか。

　第 2 章では、私立の研究大学を取り上げて、基本財産をめぐるガバナンスを明らかにする。

第 1 節　ケースの概要と重要なガバナンスの項目

1　基本財産額で見た研究大学の分類

　アメリカの最も伝統のある研究大学の集まりであるアメリカ大学協会 AAU (Association of American Universities) には、2014 年 10 月現在で 59 の加盟校[1]がある。このうち 25 校が私立大学で 34 校が公立大学である。このうちの私立大学 25 校に焦点を当てて分析する。

　AAU 加盟の私立の研究大学である 25 校を学生 1 人当り基本財産がピークを迎えた 2007 年の数値を用いてグループ分けを実施する。

　AAU 加盟の私立の研究大学 25 大学の学生 1 人当りの基本財産は、40 万ドルを超えるあたりから急激に右上がりに増加する分布をしており、40 万ドルを超える 11 大学の中でも、プリンストン大学、イェール大学、ハーバード大学の 3 大学が 160 万ドルを超えて格段に大きな額となっている。こう

した学生1人当りの基本財産の規模のインパクトは、額に付随した様々なもの（ここではガバナンス、奨学金、給与）に影響が出ることが想定される。

よって、この25大学を、以下のA,B,Cの3グループに分類した（**表2-1**）。

分類に用いた基準（学生1人当りの基本財産額：2007年）
Aグループ：学生1人当り基本財産額が160万ドル以上。
Bグループ：学生1人当り基本財産額が40万ドル以上、160万ドル未満。
Cグループ：学生1人当り基本財産額が40万ドル未満

このうち合計8大学を事例として取り上げる。8校は、各グループ内での、学生1人当り基本財産が大きい大学で、かつガバナンス等の資料入手度合いが高い大学である。これらの8大学を選定することにより、ガバナンスだけでなくその他の領域（奨学金、給与等）も同じ8大学で揃えて分析することができる。なお、Aグループの3大学とCグループの2大学がアイビーリーグの大学のうちの5校となった（表2-1）。

3グループに分けることにより、基本財産のミッションやガバナンス項目について分析するに際して、A,B,Cグループに共通して言えることは何か、各グループの特色として言えることは何か、個別大学の特色は何かという3つの視点で論じることができる。

2　重要なガバナンス項目

大学の基本財産のガバナンスとは、基本財産の統制を指す。統制には寄付者、財団等との外部関係も含まれるが、ここでは組織内部の統制に焦点があり、それは更に細分化できる。

基本財産は過去の寄付者の志を受け継ぎつつ、現在の学生と教育・研究・地域貢献にインパクトを与え、更にそれを未来に受け継ぐ役割を担う仕組みである。ここでは、基本財産の内部統制を4つの観点から分析する。

第一は、個別の大学において、基本財産のミッションは何かという観点である。基本財産のミッションは、大学を超えて共通する部分と、その大学全

表 2-1　学生 1 人当り基本財産額による私立研究大学の分類

グループ	学生 1 人当り基本財産額（ドル）	大学名	FTE学生数	設立	記号
A	2,287,257	プリンストン大学	7,085	1746	A1
	1,983,641	イェール大学	11,358	1701	A2
	1,774,875	ハーバード大学	19,514	1636	A3
B	1,152,776	スタンフォード大学	14,890	1891	B1
	973,699	マサチューセッツ工科大学	10,250	1865	B2
	946,785	ライス大学	4,932	1912	
	891,684	カリフォルニア工科大学	2,086	1891	
	475,868	デューク大学	12,420	1838	
	473,738	ワシントン大学	11,753	1853	
	469,765	シカゴ大学	13,207	1890	B3
	458,511	エモリー大学	12,130	1836	
C	397,390	ノースウエスタン大学	16,365	1851	
	350,226	ブラウン大学	7,940	1764	
	337,398	コロンビア大学	21,191	1754	
	317,336	ペンシルバニア大学	20,909	1740	C1
	330,647	バンダービルト大学	11,600	1873	
	276,222	コーネル大学	19,639	1865	C2
	219,522	ロチェスター大学	7,864	1850	
	215,551	ケース・ウエスタン・リザーブ大学	8,542	1826	
	195,434	ジョンズホプキンス大学	14,329	1876	
	144,578	ブランディーズ大学	4,782	1948	
	119,933	カーネギーメロン大学	9,303	1900	
	117,915	サザンカリフォルニア大学	31,508	1880	
	107,320	テュレーン大学	9,403	1834	
	62,053	ニューヨーク大学	34,838	1831	

出典：Association of American Universities メンバーリスト、*NACUBO Endowment Study 2007*
注：フルタイム換算学生数、学生 1 人当り基本財産の数値はいずれも 2007 年現在。

体の固有の特質の影響を受けて特徴的な部分とがあると考えられる。大学ごとに基本財産のガバナンスを分析するに際しては、まず抑えておく必要がある（第 2 節）。

　第二は、寄付者の指定する使途制限やミッションを受けて、実際に基本財

産がどのように使用されているかについての機関レベルでの現状分析である。この項目は、大学としての守秘義務がある場合や集計が煩雑であることなどから、一般的には情報開示が少ない項目である（第3節）。

　第三は、基本財産の使用をめぐるルール（スペンディング・ポリシー）の分析である。これは現在の学生と大学に最大限貢献しつつ、未来の学生と大学にも十分な基本財産の実質的価値を引き継ぐという基本財産の仕組みが持つ相反する要請間のバランスをとるための、各大学固有の使用をめぐるルールである。これは次に述べる基本財産の投資配分と並んで、基本財産のガバナンスの鍵となる項目である（第4節）。

　第四は、各大学ではどのような投資方針のもとでどのような投資配分が行われたのかについての分析である。21世紀に入って2007年までの時期は、基本財産が急激に拡大した時期であった。各大学が、どのような方針で何に投資したのかという観点に焦点を当てる（第5節）。以上が本章で注目するガバナンスの項目である。

3　分析に用いる資料

　分析に入る前に、本章で用いた資料についてまとめておきたい。本章のケーススタディで各大学の個別分析において中心として用いた資料は、2008年1月25日付でアメリカ上院財務委員会（U.S. Senate Committee on Finance）が、基本財産の使用と奨学金の現状を明らかにする目的で、主要大学に回答を求めた質問状に対する各大学の回答書（Response letter to U.S. Senate Committee）である。質問状は、財務委員会議長のMax Baucusと委員のChuck Grassleyの連名で出状された。この質問状は2002年から2007年までのアメリカ経済の好況を背景として、公共性を持つ大学が基本財産を給付奨学金等に十分に活用せずに内部に蓄積しているのではないかという社会的な批判に対しての現状調査として実施された。これに対して基本財産の豊かな各大学は、ほぼ同時期の2008年2月から3月にかけて回答した[2]。

　通常、アメリカの大学のディスクロージャーにおいては、個別に基本財産の規模や基金の投資実績について強調されることはあっても、基本財産の

ミッションや使途、使用をめぐるルール、投資方針等について詳しく開示される機会は多くない。また同じ時期の同じ質問に対して各大学がそれぞれ独自に回答したという面で非常に貴重な資料である。

　質問項目は 11 項目に及び、各大学はそれぞれに自由記述で回答した。自由記述であるので各大学の回答は、必ずしも統一的ではない。質問状の内容を、本書の分析対象としていない質問項目も含めた全容で**表 2-2** に示す。

表 2-2　上院財務委員会の質問状の内容

項目	質問内容
1	・学士課程学生数、大学院学生数の過去 10 年間の推移
2	・学士課程教育の学生納付金（授業料、諸手数料を含む）の過去 10 年間の推移
	・学士課程学生向けに大学自身が供与した奨学金（ローン、ワークスタディを除く）の過去 10 年間の推移
	・直近年における大学独自奨学金の学生納付金に対するカバー率
	・平均奨学金金額
3	・大学の奨学金政策　・学生と保護者への伝達方法
	・低所得者層の学生を入学させる方策　・低所得者層の定義　・費やした費用
4	・授業料値上げが必要との判断は誰が行うのか
	・授業料値上げ決定のプロセスは
	・授業料値上げは理事会の全メンバーが投票するのか
	・授業料値上げの最終決定前に学生、保護者、公共が意見を述べる機会はあるか
	・学生向け奨学金に大学の基本財産が果たす役割は
5	・大学の基本財産の運営　理事会の役割は
	・大学の基本財産の使用をめぐるルールは
	・大学の基本財産の投資方針は
	・大学の基本財産のミッションは
	・大学の基本財産の方針が直近に見直された時期　・次回の見直しの予定
6	・基本財産の成長の過去 10 年間の推移（年率とドル金額）
	・基本財産への寄付として受領した寄付金額の過去 10 年間の推移
	・基本財産の投資対象の構成比（株式、債券、ヘッジファンド、未公開株式、ベンチャーキャピタル、その他）と海外に投資された金額
7	・大学の基本財産であると判断する基準
	・NACUBO に対して報告している基本財産に含まれない長期投資の有無（あればその内容と金額）
8	・基本財産を運営する費用の過去 10 年間の推移

9	・基本財産からの使用の（ドル及び%）の過去 10 年間の推移
	・基本財産からの目標使用率（%）の過去 10 年間の推移
	・実際の使用率や目標使用率が 5% 未満になる場合、現在在籍する学生のニードにどう対応するのか
	・実際の使用率と目標使用率とにかなりの開きが生じた場合の対応
	・基本財産からの支出分野の昨年のトップ 10
10	・寄付者によって基本財産の使途に関して恒久的条件が付されている比率
	・恒久的使途条件が付されている部分の中で、ニードベース奨学金に限定されている割合
	・学士課程奨学金に使途が限定されている割合
	・基本財産に付された制限のトップ 5 使途分野
	・寄付者ではなく理事会や大学幹部の決定によって基本財産の使途に重大な制限が付されている割合（例えば特定のプログラムのための保留）
	・基本財産の投資のリターンの過去 10 年間の推移
11	・投資アドバイザーへの手数料の内容　・投資アドバイザー手数料の決定方法
	・投資アドバイザーへの手数料や報酬の妥当性を見直すプロセス・類似比較対象
	・投資アドバイザーへの手数料を見直し承認する権限者
	・投資アドバイザーへの手数料の支払者（基本財産からか一般財源からか）
	・基本財産の規模・成長と学長と基本財産管理者に支払われる報酬との関係（もしあれば）
	・学長と基本財産管理者が基本財産に関連して受け取ったボーナスの過去 10 年の推移（もしあれば）

出典：U.S. Senate Finance Committee, 2008, *A Letter dated January 25,2008*（上院財務委員会　2008 年 1 月 25 日付質問状）

各大学の回答は学長名[3]、または機関名でなされた。各大学から上院財務委員会に提出された回答書の回答日付を次表に示す（**表 2-3**）。第 2 節から第 5 節までの、各項目の記述は、各大学の回答を中心に分析する。ただし、これに加えて、別途個別大学の資料（年次財務報告書等）の分析を合わせて行っている。

表 2-3　ケーススタディで用いた資料

記号	大学名	回答者名（敬称略）	回答日付
A1	プリンストン大学	Shirley M. Tilghman	2008 年 2 月 22 日
A2	イェール大学	Richard C. Levin	2008 年 3 月 5 日
A3	ハーバード大学	Drew Gilpin Faust	2008 年 2 月 25 日

B1	スタンフォード大学	John L.Hennessy	2008 年 2 月 22 日
B2	マサチューセッツ工科大学	N.A.（機関名）	2008 年 3 月 3 日
B3	シカゴ大学	N.A.（機関名）	2008 年 2 月 25 日
C1	ペンシルバニア大学	Craig R. Carnaroli	2008 年 2 月 25 日
C2	コーネル大学	David J. Skorton	2008 年 2 月 20 日

出典：各大学の回答書（Response letter to U.S. Senate Committee）より作成。

第 2 節　基本財産のミッション

　アメリカの大学の基本財産は、第 1 章の基本財産の歴史と意義で見た如く、アメリカの大学を支える財務基盤の一つとして独自の発展を遂げてきた。21 世紀に非常に潤沢な基本財産を有するようになったアメリカの一部の研究大学において、基本財産のミッションは、どのように捉えられているのであろうか。21 世紀における基本財産のミッションは、奨学金による教育の機会均等の確保、教育・研究の質向上、幅広い教育プログラムの確保などのさまざまな目的のどれに重点が置かれているのであろうか。ミッションは、学生 1 人当りで見た基本財産の潤沢度によって異なる傾向を持つようになっているのであろうか。これらの視点から事例 8 大学の基本財産のミッションを検討することが、本節でミッションを検討する視点である。

　一般に基本財産のミッションは、大学全体のミッションのように公式に決定されたり、大学のホームページに公開されたりすることは多くない。もともと大学の基本財産には使途制限の付された寄付も多く、個別の基本財産ごとに目的やミッションが決められている場合もある。こうした多くの個別の寄付のいわば集合体である大学全体の基本財産については、大学全体としてミッションを決定し、公表することは必ずしも容易ではない。メリットよりも手間やコストの方がむしろ大きいためと推測される。

　今回資料として取り上げる 2008 年 1 月に上院財務委員会から主要大学に出された質問状には、その質問 5 の中に要回答項目の一つとして「各大学の基本財産のミッションは何か」という質問がある。本節ではこの質問に対する 8 大学の回答を分析する。

1　プリンストン大学（A1）

　プリンストン大学は、学長名で回答している。回答の前半では、学内の3つの立場すなわち基本財産の運営と予算編成に責任を有する理事会、主として教育に責任を持つ Provost（学務担当副学長）、寄付者の3者の立場から説明している。

　基本財産を運営する責任者で、かつ年次予算作成の統括責任者でもある理事会の理事が、基本財産のミッションに関する理事会の責務を要約したものが次の通りである。「理事会の最も重要な責務の一つは、現在の世代のために可能な最高レベルの教育・研究水準を達成することと、将来の世代のためにもその水準を達成し続けるための財政的能力を維持することとの正しいバランスを見出すことである」（2008年2月22日付けプリンストン大学回答書 p.12）。プリンストンの基本財産の使用をめぐるルール（スペンディング・ポリシー）は予算の安定性をもたらす。プリンストンのように経常予算に占める基本財産からの使用の比率が大きい場合（プリンストンの場合は2007年度で44%）には、基本財産の使用をめぐるルールが決定的に重要である。一方、学務担当副学長であるクリストファー・アイスグルバー（Christopher Eisgruber）の立場からは以下の点が表明されている。「我々の基本財産の使用をめぐるルールが世代間の公平を確保するようにデザインされていることが更に重要である。今日あまりに多くの財産を使いすぎることで後世の世代の学生や研究者に現代と比較しうる機会を提供できなくなるようなことはプリンストンとして適切でない。また反対に後に続く世代にばかり焦点を当てるがために、今日のプリンストンの人々の新しい機会を否定することもまた適切ではない」（同上回答書 p.12）。寄付者がプリンストンの基本財産に寄付をするときには、寄付者はプリンストンの両方のゴール、すなわち現在に貢献することと将来に貢献することを達成するよう期待している」（同上回答書 p.12）。

　回答の後半では、大学全体の観点からプリンストンの基本財産のミッションについて述べている。「プリンストンの基本財産のミッションは、知識を保存し、知識を伝え、知識を創造するためのプリンストンの能力を、現在と遠い将来の両方について更に高めることである。費用（コスト）は将来には現

在よりも増加するかもしれないこと、知は将来に向けて拡大し続けるであろうこと、新しい分野やテクノロジーが発明されるであろうこと、国際的競争がますます激しくなる可能性があることを勘案した上で、現在と遠い将来の両方においてプリンストンの能力を高めることでが基本財産のミッションである。プリンストンは過去の世代の寛大さと責任ある職務遂行のおかげで、教育・研究の優れたプログラムをサポートし、広範囲にわたる奨学金を提供し、課外活動、スポーツ活動、コミュニティーサービス・プログラムを通じて学生が能力とリーダーシップスキルを獲得・開発する機会を提供することができる。プリンストンが現在の寄付者に約束することの一つは、過去においてもそうであったように基本財産とその使用をめぐるルール（スペンディング・ポリシー）を適切に管理し、寄付の価値が近い将来だけでなく恒久的に維持されるようにすることである」（同上回答書 p.12）。

　プリンストン大学の回答は、基本財産のミッションについて学内の3つの立場から説明していること、現在と将来の両方についてプリンストン大学の能力を更に高めることが基本財産のミッションであるとしている点に特色がある。

2　イェール大学（A2）

　イェール大学は、学長名で以下のように回答している。

「イェールの基本財産のミッションは、イェールのプログラムと諸活動をサポートし、そのための資産の購買力を現在と未来の時系列の観点を踏まえて維持するための十分でしっかりした財源を提供することである。インフレ調整後で見て基本財産の価値を維持することは、イェールの将来世代の奨学金受給者が基本財産によってサポートされるプログラムから得る利益の水準を、現在の世代の水準と等しく保つことを可能にする。この二つの側面（将来世代の受益者と現役世代の受益者）の間にトレードオフ、すなわち一方が良ければ他方が悪くなるという関係が存在する。

　イェールが強硬なまでに厳格に基本財産の購買力を維持しようとすれば、経常予算に振り向けられる財源の流れに大きな不安定性が生じる。イェール

が十分に大きく安定した財源の流れを経常予算に注ぎ込むことだけに集中すると、基本財産の購買力維持が危機に瀕する。基本財産の目的の緊張関係は、①強い首尾一貫性を持つこと、②高いリターン（投資の総合収入）をもたらす確かな投資の枠組みを構築すること、③現在と将来のニードをバランスさせる長期の使用をめぐるルール（スペンディング・ポリシー）に従うことによってうまく対応し運営することができる」(2008年3月5日付イェール大学回答書 p.9)。

基本財産のミッションは、イェールのプログラムと諸活動をサポートし、そのための資産の購買力を現在と将来の両方に提供することであるとしている。また将来世代の受益者と現役世代の受益者の間には、一方が良ければ他方が悪くなるという関係があると指摘した上で、この基本財産の目的の緊張関係を適切に運営していくためには、強い首尾一貫性、高い総合収入（トータルリターン）をもたらす確かな投資の枠組み、現在と将来のニードをバランスさせる使用をめぐるルールが重要であると指摘している。

3　ハーバード大学（A3）

ハーバード大学は、学長名で以下のように回答している。

「ハーバードの基本財産の主要なミッションは、ハーバードの教育と研究のミッションをサポートすることである。ハーバードは設立以来、幸いなことに、基本財産への寄付でハーバードの活動を支援する寄付者、卒業生、財団という強い基盤を持ち続けてきた。

条件の付されていない寄付もあるが、ほとんどは大学の特定の学術的な活動を支援するものである。約2万人の学生、約1万6千人の教職員、約600のビルディング、世界最大の一つである研究図書館[4]を擁し、ハーバードは膨大さとインパクトの大きさと果たすべき義務において巨大である。アカデミックな専門分野の面では、ハーバードは古典文学からナノテクノロジーまでの多様な分野で最良のランクに位置づけられている。

他の大規模な研究大学と同様に、ハーバードの学生を教育し、ハーバードの研究機関にファンディング（財源面の予算手当）をするための費用をカバーするには、学生納付金と研究費補助金だけでは十分ではない。ハーバードの

基本財産は、これらの財源面のギャップを橋渡しし、充足するためにますます重要な役割を占めるようになっている。連邦からの研究資金をハーバードの基本財産からの収入で補うことによって、ハーバードはアメリカの強い研究機関を維持する上で、連邦と大学の真のパートナーシップの一翼を担う。過去の10年間以上にわたって、ハーバードの基本財産は大学のミッションをサポートする上でますます重要になった。基本財産からの収入が増加し、大学全体の経常収入（total operating revenue）に占める基本財産からの収入（distributed endowment income）の割合は、1997年の21％から2007年の33％へと増加した」(2008年2月25日付ハーバード大学回答書 pp.11-12)。

　ハーバード大学の回答では、基本財産を支える寄付者、卒業生、財団が強力であることが述べられると同時に、ハーバードの諸活動の膨大さ、インパクトの大きさ、果たすべき義務の巨大さを述べている。更にハーバードの学生を教育し、ハーバードの研究機関に財源手当てをするために、学生納付金と研究費補助だけでは十分ではなく、基本財産からの収入で補うことの重要性がますます高まる傾向にあると指摘している。

　また回答書全体を総括するカバーレターにあたる総括部分においては、巨大な規模の大学において学生の機会均等と経済的な負担軽減に対して大学として十分に財源を投入することや大学の教育・研究プログラムの最高の品質を長期にわたって維持し続けることのために、ハーバード大学の基本財産が大きな役割を果たしていると述べている。

4　スタンフォード大学 (B1)

　Bグループは、学生1人当り基本財産の規模がAグループに次いで大きな大学である。Bグループからは、スタンフォード大学、マサチューセッツ工科大学、シカゴ大学を事例としており、この順で学生1人当り基本財産額が大きい。

　スタンフォード大学は、基本財産のミッションについて学長名で以下のように回答している。

　「スタンフォードの基本財産は、多くがスタンフォードの卒業生からの寄

付で成り立っているが、その基本財産のミッションは、スタンフォードの教育と研究の諸活動に対する現在および遠い将来を通じての財源的サポートを提供することである。スタンフォード大学の創設者であるスタンフォード夫妻 (Jane and Leland Stanford) は、スタンフォード大学を『人類と文明に代わって影響力を行使し』、そして『教養ある有為な市民』を育むように方向づけた。スタンフォードの基本財産はこれらの方向性に奉仕するために存在する。そしてまた基本財産は次の二つの優先順位で資金を供給する。その二つとは、人類の最も重要な諸問題に解決策を発見すること、そしてスタンフォードの卒業生が生涯にわたって 21 世紀への貢献者でありリーダーであり続けるよう教育するための新しい方法を明らかにすることである」(2008 年 2 月 22 日付スタンフォード大学回答書 p.11)。

スタンフォード大学の回答は、創設者のスタンフォード夫妻の示した二つの言葉を引用し、基本財産が資金を供給する二つの優先順位を示している。人類の最も重要な諸問題に解決策を発見することと、スタンフォードの卒業生が生涯にわたって 21 世紀の貢献者であり、リーダーであり続けるよう教育するための新しい方法を明らかにすることであるとしている。

5　MIT（マサチューセッツ工科大学）(B2)

MIT は大学名で以下のように回答している。

「MIT の基本財産のミッションは、MIT の教育と研究のミッションを促進するための財政的なサポートを提供することである。MIT の学生に対して MIT の教育を提供することに必要とされる真のコストは、全体の 85％の学生がサイエンスとエンジニアリング（科学と工学技術）を専攻することもあり、学生納付金として MIT が受け取る額をはるかに超えている。MIT の基本財産は、この教育を提供するコストを補助し、学生やその家族によって支払われる学生納付金の負担を減額するためのニードベースの奨学金[5]を支給するために用いられる。1998 年から 2007 年までの過去 10 年間において学士課程学生に提供される奨学金を倍増以上に増やしたために、奨学金控除後の純学生納付金はほぼ 15％（インフレ調整後）減額された。質の高い科学教育

を提供するためのコストが次第に上昇する時期において、この費用負担の水準は、MITの基本財産の成長によって可能となったものである」(2008年3月3日付マサチューセッツ工科大学回答書p.17)。

　MITの場合は、基本財産のミッションは、MITの教育と研究のミッションを促進するための財政的なサポートを提供することだとしている。また全体の85％の学生がサイエンスとエンジニアリングを先攻するMITでは、学生教育コストが特に高くなると指摘している。学生納付金の学生から見た負担を軽減するべく過去10年において増強したニードベース奨学金が、MITの基本財産の成長によって可能となったとして学生の負担軽減を強調している点に特色がある。更に回答書のカバーレターにおいて、MITはアメリカ全体の科学とテクノロジーの中心であり、達成される研究成果のレベルにおいても、世に送り出す人材の面においてもアメリカ全体に対する貢献は大きいとしている。

6　シカゴ大学 (B3)

　シカゴ大学は、ロックフェラーが設立した私立の有力な研究大学として20世紀初頭から基本財産を蓄積しつつ発展してきた大学である。大学名で以下のように回答している。

　「シカゴ大学の基本財産のミッションは、世界をリードする研究大学の一つとしてのシカゴ大学全体としてのアカデミックミッションと切り離して考えることはできない。シカゴ大学は、そのアカデミックプログラムと研究プログラムやイニシアティブ[6]において大胆な前進を計画している。来るべき数年間に少しずつの予算増加、というよりむしろ急激な予算増加となりそうである。我々の基本財産は、大学の経常予算上の要請と学生の経済面での必要性に応える一方で、こうした課題設定的 (agenda setting) な教育・研究目的に対しても応えなければならない。理事会はこれらの多様な目的を達成するために、長期のフィロソフィーを持つ必要がある。高い質の投資部門とリスクをより巧みに管理する能力へのアクセスを可能にする必要がある。そうは言っても、大学の基本財産は市場の力の影響をまったく受けないというわけ

にはいかず、壊滅的ショックやインフレーションや景気後退の影響を受けるおそれがある。例えば2001年度と2002年度においては、シカゴ大学の基本財産の投資収益率は、それぞれマイナス8.6％とマイナス5.4％であった」(2008年2月25日付シカゴ大学回答書p.10)。

　シカゴ大学の基本財産のミッションは、大学全体のアカデミックミッションと密接不可分であり、大学の経常予算上の要請と学生の経済面での必要性に応える一方で、課題設定的な教育・研究ミッションにも応えなければならないと指摘している点に特色がある。また理事会が長期の哲学を持つ必要性、更に高い質の投資部門とリスクを巧みにコントロールする能力の必要性を指摘している点に特色がある。

7　ペンシルバニア大学 (C1)

　Cグループは、学生1人当り基本財産額が、私立研究大学の中では相対的に小さい大学である。ペンシルバニア大学は1740年設立でアイビーリーグの伝統校である。以下のように回答している[7]。

　「ペンシルバニア大学の基本財産の大部分は、ペンシルバニア大学 (大学付属病院を含む) に寄贈された資金から成り立っている。その基本財産は、大学がそのミッションを遂行し、具体的なプログラムを提供し、恒久的に活動することを支援するために投資される。特にペンシルバニア大学の基本財産は、大学の付属病院や医学部関連施設を含むすべてのスクールやセンターの基本財産を含んでいる。

　ペンシルバニア大学の基本財産は主として非常に寛大な寄付者の慈善活動を通じて創設された。1876年にペンシルバニア大学は、ジョン・ウェルシュ (John Welsh) から「ジョン・ウエルシュ歴史と英文学のための教授職」として5万ドルを受領した。これを嚆矢としてペンシルバニア大学の基本財産は、広範囲に渡るスクールやセンターの各領域を受益者とする数多くの基本財産から成り立っており、大学全体の学術的ミッションを支援する様々な目的に貢献する。

　基本財産は、指定された大学のアカデミックなプログラムや活動に関する

寄付者の意図を持続的に保持するために、恒久的に保持されるべくデザインされている。この目的に沿うために、基本財産をサポートする寄付は、大学のアソシエート投資基金（Associated Investment Fund : AIF）に投資される。各部署の基本財産を集めて一か所にプールする機能を持つ大学全体のためのファンドである。この基金は、高く堅実な投資成果を達成する目的のもとに投資される。また元本は永久に毀損することがないよう守護することを目指して投資される。AIFの投資は最短で5年の中長期投資を念頭に置いている」（2008年2月25日付ペンシルバニア大学回答書 pp.8-9）。

　ペンシルバニア大学は、基本財産が広範囲に渡るスクールやセンターの各領域を受益者とする数多くの基本財産から成り立っており、大学全体の学術的ミッションを支援する様々な目的に貢献するとしている。

8　コーネル大学（C2）

　コーネル大学は、1865年設立のアイビーリーグの1校である。学長名で以下のように回答している。

　「コーネル大学の創設者であるエズラ・コーネル（Ezra Cornell）は、『誰でも何でも学べる大学』を創るという大志を抱きこの大学を設立した。このビジョンに沿って、コーネル大学の基本財産の一般原則は、二つの基本的なテーマを支援することである。二つのテーマとは、大学へのアクセス機会の確保と広範囲なアカデミックな科目や活動を提供することである。

　コーネル大学の基本財産は、教育と研究を始めとするコーネルの核をなす活動に資金を供給する経常収入の確かな流れを提供し、さまざまな経済的背景を持つ学生のコーネルへの入学と教育を可能にする。また文学の分野のフランク・ローズ教授職（Frank H.T. Rhodes Professorship of Human Letters）のような基本財産による教授職制度の設置によって、コーネル大学は、世界的に優秀な教授を採用し確保することが可能になる。適例としてノーベル賞受賞者であるホフマン（Hoffmann）は、その教授職を保有する。ホフマン教授はコーネル大学で主として学士課程の学生を教えていたが、1966以来ほぼ毎年第一学年の一般化学の講義を担当した。学士課程学生向けの奨学金の中には、

ニードベース奨学金の枠組みの範囲内で、学業成績優秀者という特別な学生選定条件を付すことを認めたものがある。例えば、ジョン・マックミューレン奨学金[8]は、工学の分野において、コーネル大学で例外的に成功への潜在能力を秘めた学生に与えられる。この奨学金は1925年に創設された。選抜されてこの奨学金を受給する栄誉は、コーネル大学の学士課程在籍期間を通じてこの奨学金を受けることができる特権を持つ優れた学生のグループの一員としての地位を受給学生にもたらす。

コーネル大学の基本財産は、約6,800（2007年12月31日現在）の個別のファンドから成り立っている。多くの個別の基本財産ファンドは、それぞれに固有の（寄付者が付した条件の場合も、大学が決めた場合もある）使途が定められており、何にでも使えるということを制限しているか禁じている。最もよくある使途制限の例は、コーネル大学内の特定のカレッジやデパートメントのためにしか使用できないという条件である。また寄付者との契約で、適任者の空席などの理由で基本財産による教授職給与が支払えない場合には、他の目的外に使用することはせずに新しい元本として加えるという条件が付されていることもある。このように6,800に及ぶコーネル大学の基本財産ファンドは、それぞれ固有のミッションを有している。従って一般化した文言でしか集合的に描写することはできない」（2008年2月20日付コーネル大学回答書pp.13-14）。

コーネル大学は、創設者のコーネルの考え方を引用しつつ、大学へのアクセス機会の確保と広範囲なアカデミックな科目や活動を提供することが、基本財産の基本的なテーマであるとしている。

9 研究大学の基本財産のミッション（1から8のまとめ）

以上の1から8までの8大学のケースから、基本財産のミッションについてまとめを行う。

8校に共通している点として3点を指摘することができる。第一点は、基本財産のミッションは大学全体の教育・研究のミッションを財政的にサポートすることであり、大学全体のミッションと密接な関係にあることである。

第二点は、学生の経済的負担を和らげる奨学金供与と教育・研究の秀逸な水準をサポートすることへの拠出が核となる優先度の高いミッションであることである。第三点は、第一点と第二点を現在だけではなく遠い将来にも提供し続けることを展望して運営されることである。

基本財産のミッションの本質では共通していることが多いが、強調されているポイントには8大学にそれぞれ特色がある。

(Aグループの3大学)

プリンストン大学は、8大学の中でも学生1人当り基本財産が最も潤沢な大学であり、長期的な世代間の公平を特に強調している点に特色がある。イェール大学は、現在と将来の両方に貢献することのトレードオフ[9]の緊張関係は、①強い首尾一貫性②高いリターンをもたらす確かな投資枠組み③現在と将来の必要性をバランスさせる長期の使用をめぐるルール(スペンディング・ポリシー)に従うことによって円滑に運営することができるとしている。ハーバード大学は、連邦からの研究資金をハーバード大学の基本財産からの収入で補うことによって、アメリカの強い研究機関・企業体を維持する上での連邦政府と大学の真のパートナーシップの一翼を担いうると述べている。更に巨大規模の研究大学の教育・研究の質を長期間にわたって維持するために基本財産が重要であると指摘している。

(Bグループの3大学)

スタンフォード大学は、①人類の最も重要な諸問題を解決すること②スタンフォード卒業生が生涯にわたって21世紀への貢献者でありリーダーであり続けるよう教育する新しい方法を明らかにすることの二つにスタンフォードの基本財産のミッションの優先順位があるとしている。MITは、科学教育やエンジニア教育はとりわけ高コストであり、学生納付金とこの教育コストの大きなギャップをMITの基本財産が埋める役割を果たし、正味の学生負担を軽減している点を強調している。シカゴ大学は、学生への奨学金や通常の経常予算への貢献に加えて、課題設定的な教育・研究目的にも応えるの

がシカゴ大学の基本財産の役割であると指摘している。

（Cグループの2大学）
　Cグループは、これらの8大学の中では、相対的に学生1人当り基本財産額が少ない大学グループである。ペンシルバニア大学は、大学の付属病院や医学部関連施設を含むすべてのスクールやセンターの基本財産を含んでいる点を強調している。コーネル大学は、創設者であるエズラ・コーネルの「誰でも何でも学べる大学」という精神に従い、コーネル大学へのアクセス機会の確保と広範囲なアカデミックな科目や活動の提供が基本財産のミッションであるとしている。

第3節　寄付者による使途制限と実際の支出領域

　各大学の基本財産のミッションや寄付者の指定する使途制限を受けて、実際に基本財産がどのように使用されているのであろうか。
　一般に寄付者が大学に寄付や遺贈を行う場合に、その動機や状況は様々である。従って使途制限の内容も、奨学金や特定の分野の教育・研究支援や図書館の支援など多岐にわたる。
　この使途制限に従って基本財産を使用することは、基本的な責務である。一方、実務的な観点からは、使途制限の内容を機関ごとに集計することは一般に非常に煩雑な細かい作業を伴う。このためかNACUBOの年次調査報告書でも、基本財産の使途の内容を定期的に調査するには至っていない。AGB (Association of Governing Boards of Universities and Colleges) が2004年に刊行した基本財産管理の実務ガイドの中でYoder (2004) は、最もよく見られる基本財産の使途制限として、教授職、奨学金、図書館関連、科学研究施設、特定プログラムの支援の5分野を挙げている。
　本書で取り上げる寄付者による使途制限の付与と実際の支出領域は、本章の冒頭で詳述のアメリカ上院財務委員会から主要大学に出された2008年質問状に対する各大学の回答を要約比較検討するものである。

1　プリンストン大学（A1）

　プリンストン大学の基本財産のうち約70％に寄付者が指定した制限が付されている。プリンストン大学の基本財産のコアな部分は、2007年6月30日時点の時価で158億ドルあり、プライマリー・プールと呼んでいる。この他にプリンストン大学のウッドロー・ウイルソン公共政策国際スクール（Woodrow Wilson School and International Affairs）を支援するための組織の基本財産が8.9億ドルあり、この部分はこの組織のドキュメントで定められた恒久的条件に従った使途で使用される。プリンストン大学の基本財産のプライマリー・プールのうち約30％には、寄付者の使途制限が付されていないが、ほとんどすべてのファンドが特定の目的に割り当てられている。大学が使途を決定できる場合に、実際には2通りのケースが存在する。いくつかのケースでは、寄付者が使途指定をしているわけではないが、大学が寄付者の利益を考慮して使途を定めるケースである。こういった使途指定がまったく付かない自由な資金は大学が使途を定める。

　2007年6月30日に終了した年度における基本財産からの支出領域のうち、主要なトップ10の領域は以下の通りである。トップ10であるので、合計は100％にはならない。

- 教員関連その他の教育コスト（Faculty and other teaching costs）　　33.0％
- 学科の支援（Support for academic departments）　　15.8％
- 大学院生の研究奨励金（Graduate fellowships）　　14.6％
- 学士課程学生向け奨学金（Undergraduate scholarships）　　12.8％
- 図書館の蔵書費　（Library acquisitions）　　3.9％
- グランド、建物の運営維持費（Grounds and buildings maintenance）　3.7％
- 学生サービス　（Student services and academic/general administration）　2.1％
- 図書館運営（Library operations）　　1.8％
- スポーツ活動　（Athletics）　　1.3％
- 他の学生顕彰　（Other student aid mostly prizes）　　0.6％

2　イェール大学 (A2)

　イェール大学の基本財産225億ドルのうち、2007年6月30日現在で74％が寄付者の指定した恒久的使途制限が付されている。この恒久的使途制限が付された基本財産のうちで、22％がニードベース奨学金に指定されている。また同じく37％が学士課程奨学金という使途制限が付与されている。基本財産のうち使途制限が付されているカテゴリーのトップ5は、アカデミックプログラムサポート (academic program support)、学生奨学金 (student financial aid)、教授職 (endowed faculty chairs)、図書館サポートと新規図書購入 (library support and acquisitions)、博物館サポート (museum support) である。比率は明らかにされていない。

　2007年6月30日で終了した年度におけるイェール大学の基本財産からの支出のトップ10カテゴリーは次の通りである。

・教授（ファカルティ）の給与	23.3％
・学生奨学金とポストドクター等への研究奨励金	22.5％
・従業員福祉	16.2％
・職員（スタッフ）の給与	11.1％
・その他の種々の費用	7.8％
・図書館のコレクション	5.7％
・金利支払いと割賦返済	4.1％
・建物の修繕と更新	3.5％
・種々のサービス支出	3.2％
・本部の事務経費	2.6％
合計	100.0％ [10]

3　ハーバード大学 (A3)

　2007年6月30日現在のハーバード大学の基本財産の金額は346億ドルであり、その83％に相当するほぼ300億ドルに寄付者の使途条件が付されている。基本財産の上に寄付者が設定した使途条件に対して、ハーバードは

準拠する法的な義務を負っている。寄付者が付している使途条件には様々な分野が含まれている。研究のある特定の分野、研究費 (fellowships)、特定の学生による活動、海外留学、図書の新規購入、特定の領域の教育などが例として挙げられる。

ハーバード大学の基本財産から支出される分野の 2007 年度の実績での主要なカテゴリーは以下の通りである。

- 教育・研究のサポート　　　37%
- 学生に対する奨学金　　　　22%
- インフラに関連する投資　　11%
- 施設、家賃等　　　　　　　5%
- 備品、用品　　　　　　　　5%
- 事務スタッフのサポート　　20%
- 　　　　　　合計　　　　100%

4　スタンフォード大学 (B1)

2007 年 8 月 31 日のスタンフォードの決算期末における基本財産 172 億ドルの 75% 以上に寄付者によって設定された使途制限が付されている。基本財産全体の 4 分の 1 以下の部分が条件のない基本財産である。全体の 9.9% が学士課程奨学金に使途指定されている。17 億ドルの学士課程奨学金のうち 13 億ドルがニードベースの奨学金であり、残りがメリットベースの奨学金である。

スタンフォード大学の基本財産から支出される分野の 2007 年度の実績の主要なカテゴリーは次の通りである。

- 教員人件費　　　　　　　　　　　　　　　　19.1%
- 大学院生奨学金とポストドクター給付金　　　15.7%
- 材料費、消耗品、サービス　　　　　　　　　15.0%
- 職員人件費　　　　　　　　　　　　　　　　14.5%

・学士課程学生向け奨学金　　　　　　　12.5%
・その他のアカデミック人件費　　　　　11.2%
・図書館蔵書費　　　　　　　　　　　　 4.0%
・大学院教育サポート　　　　　　　　　 3.1%
・施設関係費　　　　　　　　　　　　　 2.5%
・科学その他の設備費　　　　　　　　　 2.4%
　　　　　　　　　　　　合計　　　　 100.0%

5　MIT（マサチューセッツ工科大学）（B2）

　MITの基本財産の2007年6月末の時価は99.8億ドルで、このうち62.3億ドルが寄付者によって使途の制限が付されている。比率は62.4%である。基本財産に寄付者によって付されている制限のトップ5の使途は、教育のための寄付講座、学士課程奨学金、学科の特定ファンド、研究目的を特定した学科向け援助、大学院生への奨学金、研究奨励金である。比率は明らかにされていない。
　MITの基本財産からの支出領域の2007年度のトップ10は以下の通りである。

・教育のための寄付講座、　　　　　　　32.7%
・学士課程向け奨学金　　　　　　　　　19.3%
・スタッフの給与　　　　　　　　　　　16.2%
・建物、電気・ガス、家賃、税金　　　　 8.3%
・学科のファンド　　　　　　　　　　　 7.3%
・研究目的を特定した学科向け援助　　　 6.3%
・大学院生への目的を特定した研究奨励金　4.3%
・大学生への研究資金（プロヴォストによる決定）　1.9%
・機関への一般サポート　　　　　　　　 1.9%
・学科の大学院生向け援助資金　　　　　 1.8%
　　　　　　　　　　　　合計　　　　 100.0%

6　シカゴ大学（B3）

　シカゴ大学の 2007 年度末の基本財産 62 億ドルのうち、54.6％に寄付者による使途制限が付されている。使途制限のある基本財産のうち、9.9％が学士課程学生向け奨学金であり、12.2％が大学院生向け奨学金である。

　シカゴ大学の基本財産からの支出のトップ 10 は以下の通りである。

- 教育と研究　　　　　　　　　　　　　　　29.0％
- 機関サポート　　　　　　　　　　　　　　28.8％
- 教授職　　　　　　　　　　　　　　　　　18.9％
- 学生奨学金　　　　　　　　　　　　　　　14.4％
- シカゴ大学医療センター関連の支出　　　　 3.6％
- 図書館　　　　　　　　　　　　　　　　　 2.4％
- 施設　　　　　　　　　　　　　　　　　　 1.6％
- 寄付講座　　　　　　　　　　　　　　　　 0.5％
- 客員教授　　　　　　　　　　　　　　　　 0.5％
- 学生表彰　　　　　　　　　　　　　　　　 0.3％
- 　　　　　　　　　　合計　　　　　　　　100.0％

7　ペンシルバニア大学（C1）

　ペンシルバニア大学の基本財産は、大学（academic component）の 55 億ドルと病院関連施設（Health System）の 11 億ドルとから成り立っている。大学の基本財産の約 90％に寄付者による恒久的使途制限が付されている。使途制限のついた基本財産の約 10％が学士課程向けのニードベース奨学金である。ペンシルバニア州の慈善信託法によって、使途制限の付された基本財産の値上がり元本にも元の使途制限と同じ使途制限が付される。

　基本財産の使途のカテゴリーのトップ 5 は、以下のとおりである。トップ 5 であるので比率の合計は 100％にならない

- 教授職（endowed professorship）　　　　　　　　　　　　　　25.1％

- 学生奨学金 (student financial aid)　　　　　　　　　　19.2%
- 健康関連 (health Care)　　　　　　　　　　　　　　　16.5%
- 教員・教育サポート (other faculty and instruction support)　14.1%
- 研究 (research)　　　　　　　　　　　　　　　　　　3.8%

8　コーネル大学（C2）

　2007年6月30日現在のコーネル大学の基本財産の金額は54億ドルであり、その63.8%に相当するほぼ35億ドルに寄付者の使途条件が付されている。
　基本財産からの支出領域のうち、主要なトップ10の領域は以下の通りである。

- 学科プログラムの資金　　　　　　　　　　　　　　　31.6%
- 学生奨学金　　　　　　　　　　　　　　　　　　　　23.4%
- 教授職　　　　　　　　　　　　　　　　　　　　　　16.7%
- 一般目的 (General support)　　　　　　　　　　　　10.9%
- 施設設備　　　　　　　　　　　　　　　　　　　　　2.3%
- 学生サービス　　　　　　　　　　　　　　　　　　　2.1%
- 図書館　　　　　　　　　　　　　　　　　　　　　　1.2%
- 公共サービス　　　　　　　　　　　　　　　　　　　0.7%
- 機関サポート　　　　　　　　　　　　　　　　　　　0.7%
- その他　(Miscellaneous categories)　　　　　　　　　10.4%
　　　　　　　　　　　　　　　　合計　　　　　　　100.0%

9　寄付者による使途制限と実際の支出領域（1から8のまとめ）

　寄付者からの使途指定が付されている比率は、55%から90%に分布している。ペンシルバニア（90%）、ハーバード（83%）、イェール（74%）の歴史の古い3大学が制限の付されている割合が高い。ペンシルバニア大学は1740年、イェール大学は1701年、ハーバード大学は1636年の設立である。またスタンフォード（75%）も寄付者の使途制限の付されている割合が高い。

最も使途制限の付されている割合が低いシカゴ大学でも54.6%である。
全体として設立の旧い大学ほど使途制限付与比率の高い傾向が見られる（**図2-1**）。

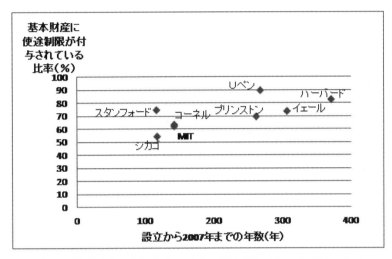

図2-1　設立からの経過年数と基本財産のうちの使途制限付与比率

出典：表2-1と各大学の回答に基づき筆者作成。Uペンはペンシルバニア大学。

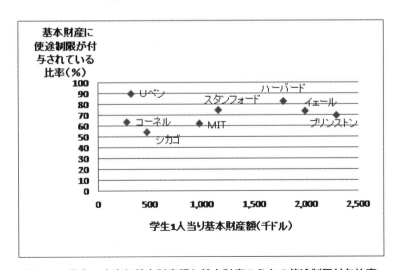

図2-2　学生1人当り基本財産額と基本財産のうちの使途制限付与比率

出典：図2-1に同じ。

プリンストン大学とペンシルバニア大学がほぼ同時期の設立であるが、プリンストン大学の方が、使途制限が付与されている比率が低く（図2-1）、学生1人当り基本財産額でも事例研究の8大学の中で最も豊かであるため、大学の基本財産についての自由度が相対的に高い。これに対して、ペンシルバニア大学は、プリンストン大学とは逆に学生1人当り基本財産額が相対的に少ない上に、使途制限付与比率が高いために、基本財産からの収入の使途についての自由度が低く、自由に使える基本財産からの収入の絶対額が小さい（**図2-2**）。

基本財産からの支出領域は、各大学でまちまちである。学生奨学金のための支出と並んで、教育・研究サポート、教授職（Faculty chair）、ファカルティの報酬等が、使途として多く指定されている。図書館、博物館などの関連や施設・設備のメンテナンスも含めて多岐に渡っている。

第4節　基本財産の使用をめぐるルール（スペンディング・ポリシー）によるガバナンス

第2節で見た基本財産のミッションで、各大学に広く共通して言及されている点の一つが、現在だけではなく、遠い将来に対しても同じサポートを提供すること、すなわち世代間の公平の観点であった。基本財産の豊かな大学では、この世代間の公平を目指すことなどを目的として基本財産の使用をめぐるルールを持っている。

基本財産の使用をめぐるルールは、大学内部の各部署にとって教育・研究活動のための予算獲得の面から重要であると同時に、大学全体としても透明性を保って長期的な基本財産の成長を図るためにも重要である。2002年から2007年までの時期は、市場の好況を反映して各大学の基本財産が継続して拡大した時期であった。各大学の使用をめぐるルールの設定にかなりの対応の差が出やすい時期でもあった。第4節では、基本財産の使用をめぐるルールとして一般的に想定されるものを提示した上で、各大学がどのルール要素を重視し、具体的にどういうルールを作り、どう変化しているかを分析する。

第 2 章　基本財産のガバナンス　147

　基本財産の使用をめぐるルールは、1971 年の UMIFA で元本の値上がり益の使用が認められて以降、基本財産の時価総額の数％（通常 4％～5％）を毎年使用するルールが多く見られるようになった。本節では、最初に想定されるルールの概念的な整理を行う（第 1 項）。次いで新しい傾向のスタートから約四半世紀を経過し、使用をめぐるルールが一層精緻化し始めた 1995 年時点での使用をめぐるルールを、今回の事例研究の起点としてまず分析する。1995 年の NACUBO Endowment Study を用いて整理し、事例 8 大学がこの時点でどこに類型化されていたかを明らかにする（第 2 項）。その上で 2007 年はどうなっていたかを示し（第 3 項）、グループ別に変化が見られたのか、その変化をもたらしたものは何かを、まとめとして考察する（第 4 項）。

1　想定されるルール

　基本財産の使用をめぐるルールは、各大学が自由に独自に定めることができる。しかし、ルールとして一般的に想定されるものは、千差万別ということはなく、ある程度の類型にまとめることが可能である。ここでは、アメリカの大学の財務の部長や実務担当者の同業者団体である NACUBO が行っている基本財産の調査である NACUBO Endowment Study で用いられているルール分けをベースとして、ルールの型の整理を試みる。

(1) 利息や配当のみ使用型

　大学全体としての基本財産の使用のルールの類型として、基本財産の収入（利息、配当等）のみを使用し、元本部分は使用しないというルールが概念的にはありうる。しかし、第 1 章の基本財産の歴史で述べた通り、1970 年前後を境にして元本の値上がり益部分も使用することが認められており、基本財産の豊かな大学では、現実には利息や配当収入のみを使用するというルールは極めて少数であると考えられえる。

(2) 基本財産の時価総額の固定割合使用型

　基本財産の元本の時価総額を基準にして、この固定割合（例えば 5％）を毎

年使用するという決め方が考えられる。このルールであれば、時価総額が減少した年度においては、使用額もそれに連動して減額となるので、使い過ぎを防ぐことができる。

しかし時価総額は、市場環境によって急激に増加することもあれば逆に減少することもあり、変動が激しいことも多い。これは実際に使用する現場の部局から見れば非常に安定性に欠ける。この点を配慮して安定性を増すため、ルールに用いる時価総額を直近の一時点の時価総額ではなく、過去3年間や過去12四半期の時価総額の移動平均を用いて平準化を図る工夫が考えられる。

(3) 前年使用実績額の固定割合増使用型

大学の各部署においてプログラムや諸活動を運営し、あるいは学生向け奨学金を増強するといった企画運営の現場サイドに視点を移すと、基本財産から得られる年度ごとの財源が予見可能であることは、非常に重要であると考えられる。

基本財産の使用をめぐるルールとして、概念的に考えられるルールが、前年使用実績額の固定割合増加額(例えば前年実績額を2%増加させた額)を使用額とする決め方である。このルールであれば現場部局の立場から見た予見可能性は高まる。しかしこのルールでは、基本財産の時価総額の要素を取り込んでいないために、基本財産の時価総額の推移との連動が断たれてしまい、中長期的に使い過ぎ等によって基本財産を毀損するおそれなしとしない。

(4) 毎年都度決定型

毎年、その年度に最も適切と考えられる使用額を決定するルール。これは自由裁量が働きやすく柔軟性、機動性に優れる。反面、各部署から見て予定が立たない上に、長期的安定性に欠けるきらいがある。また決定に客観性あるいは納得性が不足するおそれがある。

(5) その他のルール

その他のルールとしては、基本財産の時価総額の要素と前年使用実績額の要素を組み合わせたルールが考えられる。すなわち将来に向けて基本財産の時価を維持していこうという要請と現在の大学の諸活動に十分で予見可能な財源的貢献を果たそうという要請とのバランスをとるルールである。この方法は、二つの相反する要請のバランスをとるというメリットがある反面、計算公式（フォーミュラ）がやや複雑になるきらいがある。

2　基本財産の使用をめぐるルール（1995年時点）

基本財産の使用をめぐるルールは、第1章の基本財産の歴史で述べた通り、1971年のUMIFAで元本の値上がり益の使用が認められて以降、基本財産の時価総額の一定割合（通常4%〜5%程度）を使用するルールが多く見られるようになった。この基本財産の使用をめぐる新しい傾向のスタートから約四半世紀が経過した1995年を、今回の使用をめぐるルールの事例研究の起点としてまず分析する。

1995年時点におけるNACUBOのEndowment Studyでは、463大学[11]が、調査対象となっている。確立された方針がないと回答した5大学と、明確

表 2-4　基本財産の使用をめぐるルール（1995年時点）

	使用ルールの類型	1995年NACUBO Endowment Studyにおける構成比（%）	1995年時点の事例8大学類型
(1)	利息や配当のみ使用型	8.8	事例8大学では該当なし
(2)	基本財産の時価総額の固定割合使用型	65.9	スタンフォード大学（B1）、シカゴ大学（B3）ペンシルバニア大学（C1）
(3)	前年使用実績額の固定割合増使用型	6.2	プリンストン大学（A1）コーネル大学（C2）
(4)	毎年都度決定型	8.1	ハーバード大学（A3）MIT（B2）
(5)	その他のルール	11.0	イェール大学（A2）
	合計（463大学）	100.0	

出典：*1995 NACUBO Endowment Study* をもとに筆者。

に回答しなかった4大学を「(5) その他のルール」に含め、各使用ルールの類型の1995年時点における構成比を見たものが、**表2-4**である。

利息や配当のみを使用する「(1) 利息や配当のみ使用型」をルールとしているところは8.8%と1割未満であった。事例8大学ではこの型は見られない。

最も多く見られる使用ルールは、「(2) 基本財産の時価総額の固定割合使用型」で、65.9%とほぼ全体の3分の2に達している。このうち前年の基本財産の時価総額を用いる大学が5.5%、過去の一定期間の時価総額の移動平均を用いる大学が60.4%であった。基本財産の時価は経済情勢や金融市場の環境等によって大きく変動することがあるため、移動平均をとることによって変動を滑らかにするスムージングと呼ばれる考え方を取り入れているものと考えられる。8事例大学の中では、スタンフォード大学、シカゴ大学、ペンシルバニア大学の3大学が属する。スタンフォード大学は、移動平均の考え方を取り入れていないが、シカゴ大学は12四半期の時価の移動平均、ペンシルバニア大学は3年間の時価の移動平均を用いてスムージングの考え方を取り入れている。

他方、基本財産の時価の変動に影響されないルール設定で、大学各部署の企画運営等の現場部署から見て安定性が高い「(3) 前年使用実績額の固定割合増使用型」をとっている大学は、全体の6.2%と少数派であるが存在する。8事例大学の中では、プリンストン大学とコーネル大学である。

「(4) 毎年都度決定する」というルールを採用している大学は、8.1%存在した。8事例大学においては、ハーバード大学とMITが1995年時点では、この類型に分類されている。この毎年都度最も適切な使用を決定するというルールは、柔軟性、機動性に優れる。反面、長期的安定性に欠ける可能性があり、また決定に客観性あるいは納得性が不足するおそれがある。

「(5) その他のルール」には、さまざまなルールを含むと考えられるが、11.0%を占める。8事例大学の中では、イェール大学がこの類型に分類されている。イェール大学の場合は、基本財産の時価の要素を30%、前年使用実績額をインフレ率で補正した額の要素を70%として足し合わせる複合型である。

1995年時点の使用をめぐるルールは、全体として「(2) 基本財産の時価総額の固定割合使用型」が65.9％で約3分の2を占め、最も標準的なルールである。しかしAグループの3大学はこのルールをとっていない。ハーバード大学は、全体では少数派である「(4) 毎年都度決定型」である。プリンストン大学は、現場から見て安定性が高い「(3) 前年使用実績額の固定割合増使用型」である。イェール大学は、「(5) その他のルール」に分類されており、現場から見た安定性の要素を70％のウエイトで重視した複合型である。Bグループは、MITを除いて最も標準的なルールである「(2) 基本財産の時価総額の固定割合使用型」である。MITはハーバード大学と同じ「(4) 毎年都度決定型」である。Cグループのペンシルバニア大学も標準型であるが、コーネル大学は、現場の安定性を重視するためか、プリンストン大学と同じ「(3) 前年使用実績額の固定割合増使用型」である。

3　2007年時点における基本財産の使用をめぐるルール

　1995年から2007年までの12年間には、金融工学の発達によって、金融派生商品(デリバティブズ)等を組み合わせた高度な金融商品等が生み出され、またリスク管理の手法やポートフォリオ運用の仕組みもますます複雑になってきた。2002年以降には、アメリカ経済の好調もあいまってアメリカの大学の基本財産は更に大きく成長し、2007年にリーマンショック前の一つのピークを迎えた。次に2007年時点における事例8大学の使用をめぐるルールについて分析する。

　第2節の基本財産のミッションの分析と同じく、今回資料として取り上げる2008年1月に上院財務委員会から主要大学に出された質問状には、その質問5の中に要回答項目の一つとして「各大学の基本財産の使用をめぐるルールは何か」という質問がある。本節ではこの質問に対する8大学の回答を中心に分析する。

1　プリンストン大学　（A1）

プリンストン大学は、2008年2月22日付の学長名の回答書で、基本財産の使用をめぐるルールについて次のように回答している。

「プリンストン大学は、現在の基本財産の使用をめぐるルール（スペンディング・ポリシー）を1979年に採用した。基本財産の使用をめぐるルールは基本的に2つのパートから構成されている。第一の部分は、基本財産から分配される金額は、毎年一定のパーセントずつ増加する[12]ということを述べている。その一定率は現在5%である。この5%というレベルは、プリンストン大学の内部インフレ率の平均と思われる率、すなわち学内期待インフレ率を反映している。そしてまた5%は、もしプリンストン大学の長期投資のパフォーマンスが予測通りであるとすれば、説明可能であると計算される水準である。このルールが意味することは、ある年の市場環境の強弱によって投資の実績が弱い場合であっても強い場合であっても、そしてそのある年の配当や利息や元本の値上がり益の形で得られる基本財産の収入が、大きくても小さくても、それらにかかわらず、基本財産から各ユニットに分配される金額が、前年実績から5%増加するというものである。プリンストン大学のインフレーションの率と投資収入の前提が正しければ、このルールに基づく金額は、大学の毎年の費用の増加をカバーすると同時に、将来の基本財産の購買力を維持することができるだけの十分な基本財産の蓄積の繰り越しも実現することができるはずである」（2008年2月22日付プリンストン大学回答書pp.10-11）。

学生1人当り基本財産が最も豊かなプリンストン大学では、基本財産から分配される金額は、毎年一定の割合ずつ増加する。このルールの下では、基本財産の毎年の時価の変動による影響を受けない。このルールは、類型として先に見た(3)であり、1995年時点と変わっていない。

プリンストン大学のように「前年度の使用実績額の固定割合増使用型」の大学では、基本財産の時価に対する使用率は、結果として決まる。この変動する使用率は、プリンストン大学の場合には、4%と5.75%の間のゾーンを逸脱しないようにチェックされる。学長名での回答書で、プリンストン大学は、

この点の説明として次のように述べている。「プリンストン大学の使用をめぐるルール（スペンディング・ポリシー）の第二の部分は、使用率に関する部分である。使用率は、年度初めの基本財産の時価の何％が、年次使用のために現場の各ユニットに分配されるかという率として定義される。プリンストン大学の使用をめぐるルールは、この使用率を明記しない。使用をめぐるルールを適用した結果として決まるこの使用率は、アップしたりダウンしたり年によって当然に変動する。通常、投資の収入（リターン）が高ければ、使用率は低くなり[13]、収入（リターン）が低ければ、使用率は高くなる。この変動する使用率について、プリンストン大学は目標とするゾーン（ターゲットレンジ）を持っており、4％と5.75％の間である。もしある年に、使用率がターゲットレンジを逸脱する状況になった場合には、プリンストン大学は、その年の使用額（スペンディング）を見直し、調整が必要かどうか決定する。1979年に現在の使用をめぐるルール（スペンディング・ポリシー）を採用して以来、プリンストン大学は9回使用額（スペンディング）を上方に修正した。基本財産の投資収入（リターンの結果）が予想より良かったために、使用率（スペンディング・レート）がターゲットレンジを下に逸脱してしまったため」使用率の計算の分子に当たる使用額を上方に修正したのである（同上 p.11）。

2　イェール大学（A2）

　学生1人当り基本財産額がプリンストン大学に次いで豊かであるイェール大学でも、プリンストン大学と同様に前年使用実績額を重視したルールを用いている。イェール大学は、2008年3月5日付学長名での回答書で、基本財産の使用をめぐるルールについて次のように回答している。
　「イェール大学の基本財産の使用をめぐるルールは、基本財産の購買力を将来に向けて保持することと、現在の大学の必要性に十分なサポートを提供することのバランスをとることを目的としている。5.25％という長期の目標使用率を用い、基本財産の市場価値に対して、使用をゆるやかに調整するスムージングルールを組み込んでいる。イェール大学の使用をめぐるルールでは、『前年の使用実績額の80％相当額と、前年の基本財産の時価に長期の目

標使用率を適用したものの 20%相当額とを加えた額』をインフレーションで調整して実際の使用額を算出する」(2008 年 3 月 5 日付イェール大学回答書 p.9)。

プリンストン大学では前年使用実績額の要素が 100%のウエイト付けであるのに対して、イェール大学では 80%のウエイト付けとし、基本財産の市場時価の要素を 20%取り入れている。先に見た 1995 年では、前年使用実績額の要素のウエイトが 70%であったのと比較すると、よりプリンストン大学に近づいたと見ることができる。

3　ハーバード大学 (A3)

Aグループの中で、学生 1 人当り基本財産が 3 番目に多いハーバード大学では、プリンストン大学、イェール大学とまったく異なるルールを持っている。毎年、都度、最も適切な使用額を決定するという使用をめぐるルールである。2008 年 2 月 25 日付の学長名での回答書では、次の通り回答している。

「ハーバード大学の基本財産の目標使用率は約 5%である。この目標使用率は、ハーバード大学が長期で投資収益をどの程度期待できるかという投資収益率をインフレーションで調整した利率に関連して決定される。またこの目標使用率は、現在の学生の教育に必要な費用を支援することと時間の流れに耐えて基本財産の購買力を維持することとの間のバランスを達成することを目的としている。

他方で、この目標使用率は、ハーバード大学の計画や予算においても鍵となるシステムである。基本財産からの使用額を決定する際に配慮される要素は、大学の予算の安定性と大学の戦略上の優先順位である。ハーバード大学では、通常秋に翌年度の額が決定される標準的な基本財産からの年次配分に加えて、その年度中の追加配分も行う。各年度に大学の執行部と学長、学務担当副学長 (プロヴォスト) が優先的な予算付けを合意した場合には、追加的配分としての使用 (ペイアウト) について基本財産を管理している法人 (コーポレーション) の承認を求める」(2008 年 2 月 25 日付ハーバード大学回答書 p.11)。

このハーバード大学の使用をめぐるルールは、毎年、都度、最も適切な使用額を決定するが、長期的なターゲットとする使用率を常に念頭に置く

もので、最も手間もかかるが、最も柔軟性と機動性に富んだルールである。1995年時点と基本的には変わっていない。

4　スタンフォード大学（B1）

Bグループで最も学生1人当り基本財産額が豊かであるスタンフォード大学では、基本財産の時価を推定計算した額に、スムージング後の使用率をかけて使用額を求めている。

2008年2月22日付のスタンフォード大学の回答書で、以下の解説がなされている。

「スタンフォード大学は、市場の変動によって毎年投資収益（リターン）が影響を受けることの変化の激しさから基本財産を守るために、変動の滑らかさに配慮したスムージングフォーミュラと呼ばれる計算方式を用いている。スタンフォード大学の使用率の計算方式は、最新実績年の使用率と目標使用率（ターゲットペイアウトレート）の加重平均である」（2008年2月22日付スタンフォード大学回答書 p.12）。例えば、2009年用の使用額を決定するステップとして以下のステップが示されている。

ステップ1：2007年11月の最新実績年の使用率を計算する。
　2008年の基本財産の1単位当りの使用額（＄13.38）を2007年11月30日の基本財産の1単位当り時価（＄254.37）で割って、最新実績年の使用率を計算する。
　2007年11月30日の最新実績の使用率 =$13.38/$254.37=5.26％

ステップ2：2009年用のスムージング後の使用率を求める。
　Step1で求めた5.26％という使用率は70％のウエイトにし、残りの30％のウエイトで目標使用率（ターゲットペイアウトレート）である5.5％を加える。すなわち5.26％と5.5％の70：30の加重平均をとる。
　2009年用のスムージング後の使用率 =（5.26％）×70％＋（5.50％）×30％
　　= 5.33％

ステップ3：2008年11月30日現在の基本財産の1単位当り時価を推定計算する。

　　1単位当り推定時価　＝　$254.37×1.10- $2.60 ＝ $277.20

　1.10は基本財産の長期期待収入獲得率10％で毎年の時価を成長させる数値。

　注：$2.60は、基本財産に関する本部経費相当分と推定される。

ステップ4：2009年用の1単位当りの使用額（ペイアウト）を決定する。

　　1単位当りの使用額（ペイアウト）＝ 5.33％ × $277.20 ＝ $14.78

　スタンンフォード大学の使用をめぐるルールは、基本財産の時価をベースとしてこれに使用率を掛けるという考え方を採用しており、1995年時点と比較してこの基本は変わっていない。しかし上記ステップ1、ステップ2に示されている様に、使用率の計算過程に最新実績年の使用率の要素を加味して、変動を滑らかにする配慮をしている。

5　MIT（マサチューセッツ工科大学）(B2)

　MITは、1995年時点ではハーバード大学と同じ、毎年都度決定型であったが、2008年3月3日付の回答書では、トービンルール(Tobin Rule)というルールを用いているとして次の通り回答している。

　「使用をめぐるルールをMITの経常予算をサポートするために基本財産から払い出される資金の流れを統制するポリシーであると定義する。MITの使用をめぐるルール（スペンディング・ポリシー）は、確立した経済概念である世代間中立(intergenerational neutrality)に基礎を置いている。MITの教育・研究・サービスのミッションは、今日と同じように遠い将来に渡っても重要で適合性があるとの認識のもとで、MITは今日の学生と同じように明日の学生にも同様のサポートを提供できるような基本財産の使用をめぐるルールを追求している。

　世代間中立を維持することは、MITの成長を阻害することではない。

MITのミッションに導かれた教育・研究の諸活動が、基本財産によって今日サポートされるのと同じように将来もサポートされることを目指している。

世代間中立の観点から、MITは使用をめぐるルールにおいて、主要な2つの目的を設定している。現在の経常予算に対して十分で堅固な資金フローを提供することと、基本財産の将来の購買力を維持することである。このバランスを達成するために、MITは、広く受け入れられているトービンルールを採用している。この方式は、ノーベル賞受賞者でこの開発者である経済学者の名前をとって名付けられた」（2008年3月3日付MIT回答書p.15）。

トービンルールとは「基本財産からの使用の前年実績をインフレーションの率で調整した数値」と「基本財産の時価に目標とする使用率をかけた数値」との加重平均で使用額を決定するルールの名称である。前者がその直近の実績を加味した安定要素（stability term）、後者が基本財産の時価を加味した市場要素（market term）である。

この基本財産の使用をめぐるルールの一つのモデルであるトービンルールは、様々にアレンジされ、変形されることもあるが、その基本的な考え方はMIT以外にも多くの大学で使用されている。

    トービンルールの使用額
    ＝（基本財産からの使用の前年実績をインフレ調整した数値）×R％
      ＋　（基本財産時価×目標使用率）×（100-R）％
        Rは各大学が決定するウエイト付けのための数値。
        基本財産時価は、過去数年の平均を用いることもある[14]。

6　シカゴ大学（B3）

Bグループの3大学の中では、最も学生1人当り基本財産が少なくCグループに近いシカゴ大学は、基本財産の時価に使用率をかける計算方式を用いている。2008年2月25日付のシカゴ大学の回答書では以下の通り回答し、使用率を4.5％と5.5％の間に設定する方式（レンジフォーミュラ）について詳しく解説している。

「基本財産の使用をめぐるルールは、総合収入（トータル・リターン）コンセプトに基づいている。シカゴ大学の総合収入（トータル・リターン）の目標と整合性を保って、4.5％と5.5％の間（レンジ）の比率を、基本財産の投資資産の時価の4半期実績の過去12回分（3年分）の移動平均を1年だけずらせた数値にかけて、基本財産から支出すべき金額が求められる。使用額の計算に用いられる毎年の数値は、理事会によって毎年決定される。例えば2007年については、使用率は5.2％であった。2007年のシカゴ大学の経常予算は16億ドルであった。5.2％の基本財産からの使用額は、大学全体の経常予算の12％を賄っている。

目標使用率は、過去10年の最初の7年は5.0％であったが、直近の3年間で5.10％、5.15％、5.20％と上昇した。4.5％から5.5％の範囲内というレンジを定めているメリットは、大学の意思決定権者が、市場の変動の激しさの影響を直接受け、経常予算の変動を余儀なくされる影響を軽減することである。レンジフォーミュラを用いる長期的な利点は、市場が拡大する時に基本財産の増加を図り、また市場が下降した場合であっても使用額を増加させることで柔軟性を確保できることである」（2008年2月25日付シカゴ大学回答書p.9）。

シカゴ大学は、1995年も2007年も基本財産の時価総額に使用率を掛ける基本的な考え方は不変である。レンジフォーミュラによって、市場の変動の激しさの影響を直接的に受け、経常予算の大きな変動を余儀なくされるインパクトを軽減している。

7　ペンシルバニア大学（C1）

ペンシルバニア大学は、アイビーリーグの伝統校であり、プリンストン大学、イェール大学、ハーバード大学等の他のアイビーリーグ所属大学とさまざまな領域で互いに競い合う関係にある。しかし、学生1人当り基本財産ではA1のプリンストン大学の20％にも満たず、この事例研究ではCグループに属する。2008年2月25日付のペンシルバニア大学回答書では、基本財産の使用をめぐるルールについて次のように回答している。

「ペンシルバニア大学の基本財産からの配分収入は、使用をめぐるルール（スペンディングポリシー）によって統制される。そのルールは、短期の市場変動が基本財産の時価に影響する衝撃を緩和するようデザインされている。このルールは、基本財産からの配分収入を大学の経常予算作成という目的の面でより予見可能にすることを目指していると同時に基本財産の実質的な価値を保護するすなわち世代間の公平を図ることも目指している。

1980年にペンシルバニア大学の理事会が最初に使用ルールを採用し、1981年に改訂した。

1981年度から2006年度までは、基本財産の時価の計算において、時価の3年移動平均を用い、1年ずらした額に使用率を乗じていた。近年、使用率は4.7％を用いていた。

2006年度に理事会が新しい使用ルールを採用し、2007年度から適用した。収入の変動を減らし、毎年の使用可能額をどちらかといえば増加させることを主たる目的とした変更である。新しい使用ルールは、前年の使用実績額をインフレ率で調整したものを70％の加重にし、年度末の基本財産の時価を1年ずらした額に4.7％を乗じた額を30％の加重にして計算する混合方式である。

2009年度からペンシルバニア大学は、学生の経済的必要に対して、返済の必要なローンで対応する部分を減額する新しい奨学金イニシアティブの財源手当てをするために、奨学金に使途制限の付いている基本財産の部分の使用率を6.5％に増額することを計画している」（2008年2月25日付ペンシルバニア大学回答書 p.9）。

ペンシルバニア大学は、1995年時点では、基本財産の時価総額の固定割合使用型であったが、2007年から前年使用実績額をインフレ率で調整する要素を70％取り入れることとした。プリンストン大学やイェール大学の決定方式に近づける方向での変更である。回答書でも、「収入の変動を減らし、毎年の使用可能額をどちらかといえば増加させることを目的とした変更である」（同上 p.9）と変更の目的を明記している。この変更の背景には、学生の経済的必要に対して返済の必要なローンの部分を減額する新しい大学独自の奨

学金計画の財源手当ての問題があった。

8　コーネル大学（C2）

　コーネル大学もペンシルバニア大学と同様にアイビーリーグの伝統校である。しかし学生1人当り基本財産では、プリンストン大学の20％にも満たない。2008年2月20日付コーネル大学回答書では、基本財産の使用ルールについて次のように回答している。

　「コーネル大学の基本財産は、多くの投資のためのプールから成り立っているが、その中で最大の長期投資プールの使用ルールは以下の通りである。1988年度に採用され、1999年までに数度改訂された。プログラム化された使用部分は、前年の使用実績額の5％増加額である。ただしこの額は、基本財産の時価の12四半期移動平均の4.4％と比較される。上下0.75％の範囲内に収まっている必要がある。追加の使用部分は、移動平均の0.46％相当である。前年使用実績額の5％増加額という前述の数字に代えて、理事会は投資の好調不調の実績と市場の状況を勘案して上下に調整することがある」（2008年2月20日付コーネル大学回答書 pp.11-12）。

　コーネル大学は、1995年時点から既にプリンストン大学と同じ前年使用実績額の固定割合増加型であったが、基本財産の時価の12四半期移動平均によるチェックの要素も取り入れている。また前年使用実績額の5％増加というルールに基づく数字に代えて、理事会が投資のその都度の好不調を勘案して調整することがあるという運営となっている。

4　研究大学の基本財産の使用をめぐるルールのまとめ

　基本財産の使用をめぐるルールについて、1から8のまとめを行う。

1　基本財産の使用をめぐるルール（1995年時点と2007年の比較）

　NACUBOの *Endowment Study* の1995年時点においては、65.9％が「(2)基本財産の時価総額の固定割合使用型」であった。2006年の同調査では75.2％にさらに拡大し、最も普及した使用ルールの類型となっている。これ

は近年の基本財産の成長は、長期的に見れば著しい一方で、短期的には高い成長を実現できる年度と IT バブルの崩壊を経験した時期の様に不振な年度との落差が激しくなる傾向があり、基本財産の時価総額の要素を中心に据えたルールが増加せざるを得ないことが背景にあるためと考えられる。

　この 1995 年から 2006 年の間の 8 事例大学の動きはどの方向に向いていたのであろうか。A グループと B,C グループで傾向がやや異なる（**表 2-5**）。A1 のプリンストン大学は、基本財産の時価総額の変動を使用ルールに反映させない「(3) 前年使用実績額の固定割合増使用型」で不変である。次いで豊かな A2 のイェール大学は、「(5) その他のルール」で不変であるが、前年使用実績額の要素を取り入れる比率を 70％ から 80％ に拡大する方向で変更しており、その点でプリンストン大学の使用ルールに近づいたということができる。A3 のハーバード大学は、「毎年都度決定型」で不変である。A グループは、使用をめぐるルールの型を変えておらず、全体として独自の使用をめぐるルールを貫いている。イェール大学は、前年度使用実績の比重をより高める方向でルールの比率を変更したが、この方向は「(2) 基本財産の時価総額の固定割合使用型」が 75.2％ に達した全体の動きと異なる。

　これに対して B グループでは、ハーバード大学と並んで「(4) 毎年都度決定型」であった MIT が、トービンルールを用いた (2) と (3) の複合型に変化

表 2-5　基本財産の使用をめぐるルールの類型（1995 年時点と 2007 年時点との比較）

	使用ルールの類型	1995 年時点の事例 8 大学のルール	2007 年時点の事例 8 大学のルール
(1)	利息や配当のみ使用型	該当なし	該当なし
(2)	基本財産の時価総額の固定割合使用型	スタンフォード大学（B1） シカゴ大学（B3） ペンシルバニア大学（C1）	スタンフォード大学（B1） MIT（B2）シカゴ大学（B3）
(3)	前年使用実績額の固定割合増使用型	プリンストン大学、(A1) コーネル大学（C2）	プリンストン大学、(A1) ペンシルバニア大学（C1）
(4)	毎年都度決定型	ハーバード大学（A3） MIT（B2）	ハーバード大学（A3）
(5)	その他のルール	イェール大学（A2）	イェール大学（A2） コーネル大学（C2）

出典：4-2 および 4-3 から筆者作成。

した。その背景についてMITは、次のように説明している。「世代間中立の観点から、MITは使用をめぐるルールにおいて、主要な2つの目的を設定している。現在の経常予算に対して十分で堅固な資金フローを提供することと、基本財産の将来の購買力を維持することである。このバランスを達成するために、MITは、広く受け入れられているトービンルールを採用している」(前出MIT回答書p.15)。すなわちMITは基本財産の将来の購買力を維持するために、広く受け入れられている複合的なルールを採用した。

　Cグループの2大学は、いずれも使用をめぐるルールを変更した。C1のペンシルバニア大学は、1995年時点では最も一般的な「(2)基本財産の時価総額の固定割合使用型」に属していたが、A1のプリンストン大学と同じ「(3)前年使用実績額の固定割合増使用型」に2007年から変更した。理由は、独自奨学金のローン部分の縮小戦略のために、「収入の変動を減らし、毎年の使用可能額をどちらかといえば増加させることを目的とした変更である」(前出p.9)。ペンシルバニア大学は東部の伝統校からなるアイビーリーグの一員で、さまざまな分野でプリンストン大学等と競い合っているが、学生獲得戦略の一環としての大学独自奨学金の新企画を遂行するためにこの変更を行った。C2のコーネル大学は、1995年時点ではプリンストン大学と同じ「(3)前年使用実績額の固定割合増使用型」であったが、基本財産の時価の12四半期移動平均によるチェックの要素も取り入れ、更に理事会が投資の好不調を勘案して調整できるという「(5)その他のルール」に変更となった。

　これらの変更を全体として見ると、市場変動の影響を使用ルールに反映する「(2)基本財産の時価総額の固定割合使用型」がますます標準的な使用ルールの類型となる全体の流れに抗して、2007年時点では、Aグループの3大学は独自のルールを貫いている。ストックとして蓄積された学生1人当り基本財産の厚みが、長期的には市場変動の影響を吸収しうる水準に達しているためと考えられる。Cグループの2大学は、アイビーリーグでこれらのAグループの大学と同じピアグループ、同じ地域に所在するために、Aグループに準じたルールとなっているものと考えられる。

2　「安定要素」と「市場要素」のバランスの観点から見た 8 大学のルールの分析

市場変動の影響を使用ルールに反映する「(2) 基本財産の時価総額の固定割合使用型」がますます標準的な使用ルールの類型となる全体の流れにの中で、事例 8 大学の使用をめぐるルールは、それぞれに基本財産からの使用の前年実績を加味した「安定要素」と基本財産の時価を加味した「市場要素」のバランスをとるルールという観点から見ることができる。マサチューセッツ工科大学の説明の中で既に述べたトービンルールの公式を用いて、今回の事例の 8 大学の使用をめぐるルールを分析する。

トービンルールの使用額
　＝（基本財産からの使用の前年実績をインフレ調整した数値）×R％
　　＋（基本財産時価×目標使用率）×（100-R）％
　　　R は各大学が決定するウエイト付けのための数値。
　　　基本財産時価は過去数年の平均を使用することが多い。

A1 のプリンストン大学は、R が 100^{15} で、安定要素が 100％、市場要素 0％である。A2 のイェール大学は、R が 80 で、安定要素が 80％、市場要素が 20％である。A3 のハーバード大学は、毎年都度決定型で最も自由度が高い。

B1 のスタンフォード大学は、トービンルールに該当しない独自の複合型であるが、安定要素と市場要素と目標使用率を用いた複合型である。B2 の MIT はトービンルールを用いて安定要素と市場要素のバランスに配慮している。B3 のシカゴ大学は、R がゼロで、安定要素が 0％、市場要素が 100％である。

C1 のペンシルバニア大学は、2007 年度から制度を変更し、R が 70 すなわち安定要素が 70％、市場要素が 30％である。C2 のコーネル大学は安定要素と、市場要素の両方を取り入れている。

グループ別に見ると、A グループでは毎年都度決定するハーバード大学を除いて R が高い。すなわち安定要素（基本財産からの使用の前年実績額）を市場要素より重視している。学生 1 人当りの基本財産の蓄積が厚くなれば、R を

100 に近づけても余裕を確保できるためと考えられる。ただしイェール大学が基本財産のミッションで「強硬なまでに厳格に基本財産の購買力を維持しようとすれば、経常予算に振り向けられる財源の流れに大きな不安定性が生じる。イェールが十分に大きく安定した財源の流れを経常予算に注ぎ込むことだけに集中すると、基本財産の購買力維持が危機に瀕する。基本財産の目的の緊張関係は、①強い首尾一貫性を持つこと、②高い投資の運用収入（リターン）をもたらす確かな投資の枠組みを構築すること、③現在と将来のニーズをバランスさせる長期の使用をめぐるルール（スペンディング・ポリシー）に従うことによってうまく対応し運営することができる」(2008 年 3 月 5 日付イェール大学回答書 p.9) と強調しているように市場要素を無視してよいということではない。

　B グループは、バランスを重視する 2 大学と R がゼロのシカゴ大学に分かれる。シカゴ大学は、B グループではあるが、学生 1 人当り基本財産の額でかなり C グループに近い。

　C グループは、ペンシルバニア大学がシカゴ大学と同じ R がゼロであったが、奨学金政策の財源確保の要請もあり、安定要素を取り入れ R を 70 に変更した。コーネル大学は、もともとプリンストン大学と同じ安定要素重視型であったが、基本財産の時価の 12 四半期移動平均の要素も取り入れており、また理事会が投資の好不調による調整を行うというバランス重視である。

第 5 節　基本財産の投資方針

　第 2 章で見たアメリカの大学の基本財産のミッションで、世代間の公平と並んで各大学に広く共通して言及されていることが、大学全体の教育・研究のミッションを財政的にサポートすることであった。すなわち学生の経済的負担を和らげる奨学金供与と教育・研究の優れた水準をサポートすることへの拠出が中核となる優先度の高いミッションであった。これらの基本財産のミッションを永続的に実現していくためには、第 4 節で見た基本財産の使用をめぐるルール（スペンディング・ポリシーによるガバナンス）と並んで、高

いリターンをもたらす確かな投資の枠組みとそのガバナンスが重要である。

Massy (1996) は、アメリカの大学の基本財産の価値を永続的に維持するためのガバナンスを振り返って、1960年代に基本財産の投資の多様化と値上がり益の使用が法的に自由化され始めたあと、1969年のフォード財団報告書や1972年のUMIFAを経て新しい投資のガバナンスの考え方が多くの大学に定着し始めたと述べている。この基本財産の新しい投資のガバナンスでは、基本財産を一つ一つ管理するのではなく、できるだけ1か所に集めて大きな投資の集合体（ポートフォリオ）を構築し、投資の多様化を図り、投資の果実としての総合収入（トータルリターン）を求める投資配分が重要であると述べている (Massy, 1996, pp.90-92)。投資の総合的な果実を追求するこの新しい投資方針は、その後の基本財産の30年以上にわたる成長によって21世紀に入って更に重要度を増す傾向にある。また投資対象は一般に多様化し、伝統的な投資対象である債券、株式、不動産以外に、代替投資（Alternative）と呼ばれる新しい投資対象が注目されるようになった。代替投資とは、ヘッジファンド、未公開株式、ベンチャーキャピタル、天然資源への投資他を含む新しい投資対象の総称である。

第5節では、基本財産の投資方針の中核となる投資配分についてNACUBOの調査で1998年から2007年までの全体の概要を提示し、アメリカ全体の傾向を整理する（第1項）。更に全体傾向を踏まえて、事例8大学の実態を2002年から2007年に焦点を当てて各大学の年次報告書等その他の資料をもとに分析する。分析の視点は、8大学の基本財産の投資配分の変化の傾向は何か、投資収入（リターン）や資産の増加状況は投資配分の変更に伴ってどのように変わったのか、使用をめぐるルール（スペンディング・ポリシー）が変わった大学は、投資配分に大きく変化があるのかという点である（第2項）。その上でグループ別に変化は見られたのか、その変化をもたらしたものは何かを、まとめて考察する（第3項）。

1　基本財産の投資配分の近年の傾向

基本財産の投資方針の中核となる投資配分についてNACUBOの調査で

1998年から2007年までの全体の概要を提示し、アメリカ全体の傾向を整理する。投資配分の全体の傾向について1998年を起点とする理由は、ヘッジファンド、未公開株式、ベンチャーキャピタル等の新しい投資対象が本格的に広がり始めたのがこの時期であるためである。アメリカ全体の投資配分の傾向と各大学の基本財産の時価等の動向については、1998年から2007年を分析の対象としている。8事例大学の投資配分の分析にあたっては、年次報告書のデータがそろって入手可能な2002年から2007年の期間を核となる分析の期間とし、1998年からの傾向を遡ることが可能な大学については、本文の中で触れることとした。

1　1998年から2007年までの投資配分の傾向

　アメリカの大学の中で基本財産を豊かに有している大学は、NACUBO Endowment Study にほぼすべて回答しており、NACUBO の調査では、基本財産の投資対象を4つのカテゴリーに分類している。

　4つのカテゴリーは、債券、株式、代替投資、その他である。この4つのカテゴリーを投資としての安全度・危険度（リスク）と果実である総合収入（リターン）の関係から見ると、一般的に債券が最も安全度が高く堅実で、株式は債券より比較的リスクが高いとされる。代替投資は株式よりも更に危険度（リスク）が高い。伝統的な投資対象である債券や株式に代替する新しいカテゴリーである代替投資は、一般にハイリスク・ハイリターンである。

　基本財産の投資対象の4つのカテゴリーの中で、最も伝統的で安全な投資対象である債券は、1998年の25.6％から2001年は24.9％にやや減少し、更に2004年には22.1％、2007年には18.6％と更に減少を続けている。同様に伝統的な投資対象で債券よりはリスクの高い株式は、1998年の63.5％から2001年には59.5％に減少し、2004年には59.9％までわずかに回復傾向を見せたものの2007年には57.6％まで減少している。これに対し、非伝統的な投資対象である代替投資は、1998年には4.1％に過ぎなかったが、2001年には7.0％に増加し、更に2004年には9.4％、2007年には15.4％に一気に増加している（**表2-6**）。

この 10 年間に急激に増加した代替投資とは、どのようなものであろうか。代替投資はオルタナティブ投資と呼ばれることもある。アメリカにおける年金等も含めたオルタナティブ投資について山内（2006）は、次のように述べている。「1986 年には米国・カナダの統計で、オルタナティブ運用の残高はわずか 120 億ドルだったが、2005 年には、全世界でのオルタナティブ運用の残高は 2 兆ドルを突破しているものと推測される。（中略）代表的手法であるヘッジファンドに関しては、1998 年に発生した LTCM 破綻等により大きな激動があったものの、その後米国最大の公的年金であるカルパースがヘッジファンド投資を決定する等、世界の投資家の目がオルタナティブ投資に向けられた結果、Institutionalization（機関化）と呼ばれる現象が加速、機関投資家が大挙して参入したのである」（山内、2006、p.30）。

表 2-6　アメリカの大学の基本財産の投資配分（1998 年～ 2007 年）推移（単位：%）

	1998	1999	2000	2001	2002	2003	2004	2005	2006	2007
債券	25.6	23.6	23.3	24.9	26.9	25.9	22.1	21.5	20.2	18.6
株式	63.5	64.3	62.1	59.5	57.4	57.1	59.9	58.5	57.7	57.6
代替投資	4.1	5.5	6.8	7.0	7.5	8.2	9.4	11.1	12.4	15.4
その他	6.8	6.6	7.8	8.6	8.2	8.8	8.6	8.9	9.7	8.4
合計	100	100	100	100	100	100	100	100	100	100
回答大学数	509	503	568	611	654	723	747	753	765	778

出典：*NACUBO Endowment Study 1998 ～ 2007*

債券（Bonds）：米国債券、米国外の先進国、発展途上国の債券、ハイイールド債の合計
株式（Equity）：米国株式、グローバル株式、米国外の先進国、発展途上国の株式の合計
代替投資（Alternative）：ヘッジファンド、未公開株式、ベンチャーキャピタル、天然資源（商品市況、木材、原油、天然ガス他）の合計
その他：不動産、その他

公的年金と並んでアメリカで重要な機関投資家である大学においても、基本財産の投資配分で代替投資が大きな役割を担うようになってきた。アメリカの大学の中でも、規模別、設置形態別に見てどのセクターの大学で、基本財産の投資の代替投資が盛んになったのであろうか。

2 アメリカの大学の基本財産規模別、設置形態別資産配分

まず代替投資の大学全体の比率が7％に達した2001年の時点で、資産規模別、設置形態別資産配分を確認する。2001年 NACUBO Endowment Study では、611の大学[16]が回答している。

表2-7 に示されている通り、2001年時点では回答した大学全体で、伝統的な投資対象である債券と株式で約84％を占めており、リスクの高い代替投資は7％に留まる。しかし、資産規模が10億ドル（1,170億円）超の第Ｉグループでは、債券と株式の合計で約65％である一方、新しく登場した代替投資が約26％に達している。資産規模が大きい大学ほど、すなわち第Ｉ（最大）、第Ⅱ（大）、第Ⅲ（小）、第Ⅳ（最小）の規模グループ順で代替投資の比率が大きくなっている。なお私立大学と公立大学を比較した場合には、私立大学の方が代替投資の比率がやや高いが、規模別ほどの差は見られない。

表2-7 アメリカの大学の基本財産の資産規模別・設置形態別投資配分（2001年）

(単位：％)

	資産規模Ｉ（最大）	資産規模Ⅱ（大）	資産規模Ⅲ（小）	資産規模Ⅳ（最小）	私立	公立	全体
債券	19.1	19.4	23.9	27.1	24.0	27.0	24.9
株式	45.5	58.6	61.1	60.1	59.0	59.8	59.5
代替投資	26.3	15.6	7.4	3.0	8.3	4.9	7.0
その他	9.1	6.4	7.6	9.8	8.7	8.3	8.6
合計	100	100	100	100	100	100	100

出典：*NACUBO Endowment Study 2001*

《注》
資産規模：
Ｉ（最大）：10億ドル超　Ⅱ（大）：5億ドル〜10億ドル　Ⅲ（小）：1億ドル〜5億ドル　Ⅳ（最小）：1億ドル未満

資産規模の大きい大学ほど新しく登場した代替資産への投資の比率が高いというこの傾向について、もう少し時間軸を拡大して、2002年から2007年まで見たものが、**表2-8** である。2002年から2007年では、全体での代替資産の比率が7.5％から15.4％に拡大したが、資産規模が10億ドル以上

の第Ⅰグループで最も代替資産の比率が大きく、27.7％から30.9％に拡大している。同様の傾向は資産規模が大きいグループに広く見られる。第Ⅱグループが18.1％から25.4％へ、第Ⅲグループも11.5％から17.7％へ、第Ⅳグループでも4.6％から10.3％へと急激に増加させている。

基本財産の投資戦略上で、代替投資への配分に差が出る要因について、Lapovsky(2007)は、次の3点を指摘している。第一に資産規模が小さい大学では、代替投資に参画するに足るだけの資産の規模がなく、代替資産のマーケットに対する参入が限られることがしばしば起こることを挙げている。第二に資産規模の小さい大学の投資委員会や投資部門のスタッフは、新しく登場した代替資産戦略になじみがうすいケースが多いことを挙げている。第三は、大学ごとにそもそも方針が異なる点を挙げている。寄付者によって付された条件が大学によって異なるが、寄付者が付している使途制限の優先順位は、必ずしも大学の予算の優先順位と同じでない点を挙げている。大学の方針の面で保守的にならざるを得ないケースもあるということであろう。

表2-8 アメリカの大学の基本財産の資産規模別代替投資比率（2002年から2007年）

(単位：％)

資産規模	2002	2003	2004	2005	2006	2007
Ⅰ（最大）：10億ドル超	27.7	28.1	28.6	31.0	31.8	30.9
Ⅱ（大）：5億ドル～10億ドル	18.1	20.3	20.7	22.5	24.7	25.4
Ⅲ（中）：1億ドル～5億ドル	11.5	11.9	13.2	14.7	15.9	17.7
Ⅳ（小の大）：5千万ドル～1億ドル	4.6	5.2	6.5	8.1	9.2	10.3
Ⅴ（小の中）：2千5百万ドル～5千万ドル	3.9	4.6	5.1	6.4	6.6	7.5
Ⅵ（最小）：2千5百万ドル以下	3.6	1.9	2.0	2.6	3.3	3.5
全体	7.5	8.2	9.4	11.1	12.4	15.4

出典：*NACUBO Endowment Study2002～2007*

以上の理由を背景に、予算方針と最新の投資理論により合理的な結果を志向する[17]挑戦的で新しい試みを強化するガバナンスが、資産規模の大きな大学を中心にこの時期に顕著になった。この代替投資への投資配分の推移に

ついては、次項の8大学の事例研究で具体的に分析を試みる。

2 基本財産の投資配分と投資のガバナンス――8大学の事例（2002年から2007年）

この項では、8大学の事例を分析する。まず基本財産の投資配分をどのように変化させたかを分析する。次に各大学の投資収入（リターン）と基本財産の増加額、増加率、基本財産へ寄付額の推移を確認した上で、各大学の基本財産の投資配分やそのガバナンスの特色について、各大学の年次報告書他の公表資料において、どのように説明しているかを個別に分析する。分析の視点は、投資配分の変化、とりわけ代替投資への傾斜がどの程度実施されたのか、対外的にいかに説明されているのか、また基本財産の使用をめぐるルール（スペンディング・ポリシー）の変更のあった大学では、投資配分の変化の有無と合わせてどのように公表しているのかといった観点である。なお、2002年から2007年を分析のコアの期間とする。

1 プリンストン大学（A1）

プリンストン大学は、年次報告書 *Report of the Treasurer Princeton University* で基本財産の投資配分の目標比率を公表している。以下の通りである（**表2-9**）。

表2-9 プリンストン大学の基本財産の投資配分 (単位：%)

	2002	2003	2004	2005	2006	2007
債券	15.0	15.0	12.0	10.0	7.0	6.0
株式	35.0	33.0	34.0	32.0	29.0	27.0
代替投資	40.0	40.0	40.0	40.0	44.0	47.0
その他	10.0	12.0	14.0	18.0	20.0	20.0
合計	100	100	100	100	100	100

出典：*Report of the Treasurer Princeton University* 2002〜2007

プリンストン大学の場合、2002年時点で伝統的投資対象である債券に

15％、株式に35％を振り向ける一方、新しい投資対象である代替投資に既に40％を振り向けている。更に遡ると10年前の1992年には代替投資は10.0％であった。1994年に15.0％とし、1996年に40.0％まで一気に増加させている。この代替投資への40.0％という配分比率は2005年まで10年間継続されたが2006年に44.0％、2007年に47％に更に増加させた。2002年から2007年までについては、代替投資に加えてその他が倍増しているが、これらは不動産等である。

2007年のプリンストン大学の年次報告書中の投資についての報告によれば、これらの配分の結果、過去10年の投資の年平均収益率(リターン利率)は、年平均16.2％であった。伝統的な投資対象である債券(年率5.4％)、株式(国内株式14.5％、海外先進国株式14.1％、海外新興国株式11.8％)のいずれも基準となる各資産のベンチマーク(比較のための標準指標)を上回って高い年平均利率の実績を記録した。更に40％超を振り向けた代替資産では、独立リターン(ヘッジファンド)[18]が年平均16.2％、未公開株式が19.8％で、債券、株式の伝統資産を上回る年率の実績となっている。すなわち分散投資の各資産別に見てもそれぞれの標準的結果を上回っているケースがほとんどであることに加えて、代替資産への高い投資配分とその高いリターンが全体の年16.2％という高いリターンを生み出している。

2007年までの過去10年間のプリンストン大学の基本財産の時価総額、増加額、増加率は、**表2-10**に示す通りである。ITバブルがはじけた2001年と2002年がわずかにマイナスで、2003年が4.9％であるが、これらの3年以外は、すべて10％を超える年率での増加を記録した。

プリンストン大学は、2008年の資料で、投資の意思決定と投資方針について以下の通り回答している。「基本財産の運営管理は、大学の理事会が直接に方針の立案決定と執行に関わる。プリンストン大学投資会社(The Princeton University Investment Company)が大学の基金の投資を管轄する。基本財産の投資方針は、受容可能なリスクに見合った最も高い長期のリターンを達成することによって、大学のチャリタブルな目的(奨学、教育、研究他への奉仕)を支援することである」(プリンストン大学2008年資料p.10)。

表 2-10　プリンストン大学の基本財産の時価総額、増加率、増加額、基本財産への寄付額推移

年度	基本財産の時価総額 (百万ドル)	増加額 (百万ドル)	増加率[19] (%)	基本財産への寄付 (百万ドル)
1998	5,582	642	13.0	53.9
1999	6,468	886	15.9	57.1
2000	8,397	1,929	29.8	75.5
2001	8,358	△ 39	△ 0.5	59.0
2002	8,319	△ 39	△ 0.5	57.4
2003	8,730	411	4.9	54.5
2004	9,928	1,198	13.7	41.8
2005	11,207	1,279	12.9	57.6
2006	13,045	1,838	16.4	89.8
2007	15,787	2,742	21.0	136.3

出典：Princeton University *Response Letter to U.S. Senate Committee on Finance dated February 22, 2008*. 並びに *NACUBO Endowment Study 1998 〜 2007*

2　イェール大学 (A2)

　イェール大学は、年次報告書並びに 2008 年資料で各年の投資配分実績を公表している (**表 2-11**)。

　イェール大学では、2002 年時点においては伝統的投資対象である債券と株式に 38.2％を振り向けている。一方、新しい投資対象である代替投資に 40.9％を配分している。この代替投資への配分率はプリンストン大学とほぼ同じ水準である。更に遡ると 1996 年には 39.1％、1998 年 38.1％、1999 年 44.8％、2000 年 44.5％、2001 年 41.1％である。プリンストン大学と同様に 1996 年には既に代替投資に 40％前後を振り向けている。2006 年までほぼこの水準が継続させ、2007 年には 42.0％まで増加させている。この間の動きもプリンストン大学と非常に似ている。

　20 年前の 1987 年には、基本財産の投資配分の 80％以上が債券と株式等の伝統的投資対象に振り向けられていたと 2007 年の年次報告書に述べられているので、1987 年以降に代替投資への配分が増加していったものと推

測される。代替投資は、1998年に既に絶対リターンと呼ばれる投資[20]が27.1％、未公開株式が21.0％で合計48.1％に達していた[21]。

表2-11 イェール大学の基本財産の投資配分　　　　　　　　　　　（単位：％）

	2002	2003	2004	2005	2006	2007
債券	10.0	7.4	7.4	4.9	3.8	4.0
株式	28.2	29.5	29.6	27.8	26.2	25.1
代替投資	40.9	40.0	40.6	40.5	39.7	42.0
その他	20.9	23.1	22.4	26.8	30.3	28.9
合計	100	100	100	100	100	100

出典：*Yale University Financial Report* 2002～2007, Yale University *Response Letter to U.S. Senate Committee on Finance dated March 5,2008.*

　これらの配分の結果として、2007年のイェール大学の年次報告書中に過去10年における投資のリターンの年平均利率が記載されている。ポートフォリオ全体では、年率17.8％の実績となっており、プリンストン大学の年平均16.2％を上回る。伝統的な投資対象である債券が約6％、株式のうち国内株式が約14％、海外株式が約17％とのいずれも基準となる各資産のベンチマークを上回って高い年平均利率の実績を享受している。更に40％前後を振り向けた代替資産では、絶対リターン（ヘッジファンド）では約13％に留まったものの、未公開株式が約33％とベンチマークを大幅に上回る実績を上げた。

　2007年までのイェール大学の基本財産の時価総額、増加率、増加額の推移は**表2-12**の通りである。基本財産の時価総額が減少したのは、2002年のみである。一ケタのプラスの増加率に留まった1999年、2001年、2003年を除くとすべて10％を超える年率で増加した。特に2000年の40.1％が顕著である。イェール大学は2008年の資料で基本財産の意思決定と投資方針について以下の通り回答している。「イェール大学の法人であるイェールコーポレーションのもとに設置されているイェール大学投資委員会（The Yale Corporation Committee on Investments）がイェール大学の基本財産の運営を監督している。学長、財務担当副学長（VPFA: Vice President for Finance and

Administration)、少なくとも3名の理事に加えて、イェールコーポレーションが任命した投資の専門家が委員会のメンバーである。この委員会が投資の目的、資産の投資配分方針 (asset allocation policy)、各投資カテゴリー別の投資戦略、外部投資マネージャーの選定を行う。

この委員会はまたイェール大学の使用をめぐるルールを定期的に見直し、イェールコーポレーションに対する推奨ポリシーを承認する。この委員会を実務的に支援する組織がイェール大学のチーフ・インベストメント・オフィサー (CIO) と投資オフィスである。CIO の指揮下で投資オフィスが投資方針を分析し、運営戦略を決定し、日々の実務を執行している」(イェール大学2008年資料 p.9)。

イェール大学は、2009年度に基本財産の使用を大幅に増加させ、奨学金や研究に使用すると発表した[22]。

表 2-12　イェール大学の基本財産の時価総額、増加率、増加額、基本財産への寄付額推移

年度	基本財産の時価総額 (百万ドル)	増加額 (百万ドル)	増加率 (%)	基本財産への寄付 (百万ドル)
1998	6,630	840	14.5	59.3
1999	7,210	580	8.7	60.2
2000	10,110	2,900	40.1	149.3
2001	10,750	640	6.4	92.7
2002	10,530	△220	△2.1	72.9
2003	11,060	530	5.0	73.4
2004	12,750	1,690	15.3	107.3
2005	15,100	2,350	18.4	114.6
2006	18,000	2,900	19.2	100.8
2007	22,370	4,370	24.3	82.0

出典：Yale University *Response Letter to U.S. Senate Committee on Finance dated March 5, 2008*.

3　ハーバード大学 (A3)

ハーバード大学は、年次報告書で基本財産の投資配分の目標比率を公表している。以下の通りである (**表 2-13**)。

表 2-13 ハーバード大学の基本財産の投資配分　　　　　　　　　（単位：％）

	2002	2003	2004	2005	2006	2007
債券	21	22	22	22	21	13
株式	30	30	30	30	30	31
代替投資	38	38	38	38	39	46
その他	11	10	10	10	10	10
合計	100	100	100	100	100	100

出典：*Financial Report to the Board of Overseers of Harvard College Fiscal Year 2002〜2006, Harvard University Financial Report Fiscal Year 2007.*

　ハーバード大学は、2002年時点で伝統的投資配分である債券と株式に合計51％を配分している。これはプリンストン大学(50％)とほぼ同水準であり、イェール大学(38.2％)よりも伝統的配分となっている。一方、代替投資に38％を振り向けている。これはプリンストン大学とイェール大学が約40％であったことと比較するとわずかに低い割合である。2006年までほぼこの水準を継続し、2007年時点で46％まで増加させている。
　より長期的な変遷としてハーバード大学は、2006年、2007年の年次報告書で1980年から2007年までの28年間の投資配分目標を公表している（**表2-14**）。

表 2-14 ハーバード大学の基本財産の投資配分の長期的変遷　　　　（単位：％）

	1980	1991	1995	1998	2002	2007
債券	35	22	22	18	21	13
株式	65	58	58	56	30	31
代替投資	0	18	18	22	38	46
その他	0	2	2	4	11	10
合計	100	100	100	100	100	100

出典：*Financial Report to the Board of Overseers of Harvard College Fiscal Year 2006, Harvard University Financial Report Fiscal Year 2007.*

プリンストン大学が1996年に代替投資を一気に40％に拡大したことや、イェール大学も1998年に既に48％を代替投資に振り向けていたことと比較すると、ハーバード大学の1998年の22％は、これら3大学の中では相対的に保守的であるといえる。

これらの投資配分の結果として、2007年の年次報告書の中に過去10年の投資のリターンの年平均利率が記載されている。全体で年平均15.0％のリターンである。ハーバード大学の特色は、債券がベンチマークを超え10％を超える利回りであることである。この点は債券が6％前後であったプリンストン大学、イェール大学と異なる。代替投資は、未公開株式が約30％、絶対リターン他が15％を超える水準であった。株式は先進国株式も新興国株式も10％と15％の間の実績である。

2007年までの過去10年間のハーバード大学の基本財産の時価総額、増加額、増加率、基本財産への寄付額の推移は以下の通りである（**表2-15**）。基本財産の時価総額が、2001年と2002年に減少しているが、それ以外の8年は年率10％を超える増加となっている。

ハーバード大学の基本財産は、ハーバード大学の100％子会社である

表2-15　ハーバード大学の基本財産の時価総額、増加額、増加率、基本財産への寄付額推移

年度	基本財産の時価総額 （百万ドル）	増加額 （百万ドル）	増加率 （％）	基本財産への寄付 （百万ドル）
1998	13,279	2,117	19.0	187
1999	14,756	1,477	11.1	246
2000	19,148	4,393	29.8	241
2001	18,259	△889	△4.6	290
2002	17,518	△741	△4.1	290
2003	19,295	1,777	10.1	262
2004	22,587	3,193	17.1	258
2005	25,853	3,266	14.5	286
2006	29,219	3,366	13.0	273
2007	34,912	5,693	19.5	278

出典：Harvard University *Response Letter to U.S. Senate Committee on Finance dated February 25 2008.*

Harvard Management Company (HMC) によって運営されている。ハーバード大学は2008年の資料で、投資方針について以下の通り回答している。「HMCの投資戦略は、長期の投資配分の考え方に基づいており、ポリシーポートフォリオとして知られる『ニュートラルミックス方針』によって運営される。ハーバード大学の長期の投資の視野とリスク許容度に調和したものである」(ハーバード大学2008年資料 p. 11)。

4　スタンフォード大学 (B1)

スタンフォード大学は、年次報告書で基本財産の投資配分の目標比率を公表している。以下の通りである (**表 2-16**)。

表 2-16　スタンフォード大学の基本財産の投資配分　　　　　　(単位：%)

	2002	2003	2004	2005	2006	2007
債券	12	12	12	12	12	10
株式	40	40	40	40	40	37
代替投資	32	32	32	32	32	37
その他	16	16	16	16	16	16
合計	100	100	100	100	100	100

出典：*Stanford University Annual Report 2002～2007*

スタンフォード大学では、2002年時点において伝統的投資配分である債券と株式を合わせると52％を配分している。ハーバード大学 (51％)、プリンストン大学 (50％) とほぼ同水準である。イェール大学 (38.2％) よりもやや伝統的配分となっている。一方、2002年時点において代替投資に32％を配分している。これはAグループでこれまでに見たプリンストン大学、イェール大学の40％、ハーバード大学の38％より低い水準である。2006年までほぼこの水準が継続しているが、2007年には37％まで増加させている。この2007年に代替投資を増加させる動きという点では、Aグループ3大学と非常に似ている。

これらの投資配分の結果として、2007年の年次報告書の中に過去10年

の投資収入の平均リターン率が記載されている。全体では年平均15.1％のリターンである。資産別に見ると、債券7.2％、株式10.0％、代替投資の未公開株式27.0％、絶対リターン12.2％である。スタンフォード大学の特色は、未公開株式が27.0％で、イェール大学、ハーバード大学に次ぐ30％近いリターンを達成している点である。

　スタンフォード大学の基本財産の過去10年の時価総額と増加率、基本財産への寄付額の推移は次の通りである（**表2-17**）。基本財産の時価総額が、ITバブルのあった1999年と2000年にそれぞれ年率31％、43％と急激な増加している。しかし、ITバブルがはじけた2001年と2002年には、基本財産の時価が7％と8％それぞれ減少し、減少率でAグループの3大学より激しい落ち込みとなっている。2003年以降は二ケタの増加率に回復している。

表2-17　スタンフォード大学の基本財産の時価総額、増加額、増加率、基本財産への寄付額推移

年度	基本財産の時価総額 （百万ドル）	増加額 （百万ドル）	増加率 （％）	基本財産への寄付 （百万ドル）
1998	4,745	82	2	88
1999	6,227	1,482	31	92
2000	8,886	2,659	43	242
2001	8,250	△636	△7	158
2002	7,613	△637	△8	131
2003	8,614	1,001	13	190
2004	9,922	1,308	15	209
2005	12,205	2,283	23	236
2006	14,085	1,880	15	253
2007	17,165	3,080	22	361

出典：Stanford University *Response Letter to U.S. Senate Committee on Finance dated February 22, 2008.*

　基本財産のほとんどは、大学の一部局であるthe Stanford Management Company（SMC）によって運営されている。スタンフォード大学は2008年の資料で、投資方針等のガバナンスについて以下の通り回答している。「SMCの役員会は少なくとも3名の大学の理事、大学の学長と財務担当役員（Chief

Financial Officer）と他の投資専門家等で構成される。大学の理事会が、SMC のチャーターと定款、SMC の役員メンバーを承認する。また大学の理事会が投資配分の範囲（asset allocation ranges）と使用率を承認する」（スタンフォード大学 2008 年資料 p.11）。

5 MIT（マサチューセッツ工科大学）(B2)

MIT は、年次報告書で基本財産の投資配分の目標比率は公表していないが、投資配分の実績を公表している（**表 2-18**）。

MIT は、2002 年時点においては伝統的投資対象である債券と株式に 48％を振り向けている。一方、新しい投資対象である代替投資に 32％を配分している。この代替投資への配分率は A グループの 3 大学の約 40％よりは低く、スタンフォード大学の 32％と同じ水準であった。この代替投資への配分比率は、徐々に上昇し、2003 年に 36 %、2005 年に 41％、2007 年に 49％まで上昇した。MIT は、過去 10 年の投資の資産カテゴリー別のリターンを公表していない。

表 2-18　MIT の基本財産の投資配分　　　　　　　　　　　（単位：%）

	2002	2003	2004	2005	2006	2007
債券	12	11	9	10	10	8
株式	36	30	39	34	29	27
代替投資	32	36	35	41	46	49
その他	20	23	17	15	15	16
合計	100	100	100	100	100	100

出典：Massachusetts Institute of Technology *Basic Financial Statements of the Institute 2002 〜 2007*

MIT の過去 10 年間の MIT の基本財産の時価総額、増加額、増加率、基本財産への寄付額は**表 2-19** の通りである。IT バブルの 2000 年には 51.0％の急激な伸びを達成したものの、IT バブルがはじけた 2001 年から 2003 年にかけて基本財産の時価の減少が 3 年間続いた。

この 3 年間も継続した基本財産の急減について、当時の MIT の Provost

であった Brown は 2004 年の MIT Faculty Newsletter[23] への寄稿文の中で、2 つの内部要因を指摘している。「第一の要因は、1998 年から 2000 年の間に Executive Committee によって立案された 2001 年から 2010 年に向けた 10 年計画の中で、MIT の中心的諸課題に対応するための追加的財源を捻出する財務戦略として、基本財産から毎年の予算への配分額を、各年 5 億ドルのペースで追加配布することが決定されたことである。第二の要因は、学部長（ディーン）と Executive Committee の討議を経ての決定に従い、各ユニットへ配分される基本財産から本部サービスコストとして 25％を徴収したことである」（Brown, 2004, p.11）と説明している。

MIT は、第 4 節で分析した「基本財産の使用をめぐるルール」でハーバード大学と同じ「毎年都度決定」であったが、21 世紀の最初の 10 年間の戦略計画の裏付けとなる財務計画の中で、基本財産の使用ピッチを加速する決定をした。しかし IT バブルの崩壊という外部要因等もあって、基本財産の時価の成長と比較して過度に使用することとなってしまい、ストックとしての基本財産の時価を大幅に減らす結果となったのである。

表 2-19　MIT の基本財産の時価総額、増加額、増加率、基本財産への寄付額推移

年度	基本財産の時価総額（百万ドル）	増加額（百万ドル）	増加率（％）	基本財産への寄付額（百万ドル）
1998	3,678.2	654.6	21.6	52.4
1999	4,287.7	609.5	16.6	81.6
2000	6,475.5	2,187.8	51.0	98.1
2001	6,134.7	△340.8	△5.3	36.9
2002	5,359.4	△775.3	△12.6	38.9
2003	5,133.6	△225.8	△4.2	21.8
2004	5,869.8	736.2	14.3	131.7
2005	6,712.4	842.6	14.4	37.0
2006	8,368.1	1,655.7	24.7	56.5
2007	9,980.4	1,612.3	19.3	98.8

出典：Massachusetts Institute of Technology *Response Letter to U.S. Senate Committee on Finance dated March3, 2008.*

MITは、2008年の資料で、投資方針等について以下の通り回答している。「MITの投資方針はMITのミッションと矛盾がないように設定される。MITの基本財産の投資方針の最も重要な目的は、高い率のリターンを生み出すことである。高いリターンが実現されることは、世界のアカデミックな教育機関のグループの中でMITが高い地位を維持することを可能にする財源を提供することを助ける。高い率のリターンを生み出すために、MITの投資方針は債券投資よりも株式投資に重点を置いている」(MIT 2008年資料 p.16)。

6　シカゴ大学(B3)

シカゴ大学は、年次報告書で基本財産の投資配分の目標比率を公表している。シカゴ大学は、2002年時点において伝統的投資対象である債券と株式に53％を割り当てている。一方、新しい投資対象である代替投資に44％を振り向けている。2005年までは43％にとどめていたが、2006年45％、2007年47％と更に増加させている(**表2-20**)。

シカゴ大学は、2008年の資料で、1999年から2007年の9年間の推移を公表している(**表2-21**)。この9年間の推移を見ると、代替投資の中でも絶対リターンが0.2％から30.4％へ大きく増加している。代替投資の内訳である未公開株は2000年に25.6％のピークを付けている。これは当時、ITやバイオのベンチャーキャピタルが一つのピークを迎えた時期であったためと考えられる。

表2-20　シカゴ大学の基本財産の投資配分　　　　　　　　　　　　(単位:％)

	2002	2003	2004	2005	2006	2007
債券	19	12	12	12	10	9
株式	34	40	43	41	40	38
代替投資	44	43	42	43	45	47
その他	3	5	3	4	5	6
合計	100	100	100	100	100	100

出典:University of Chicago *Consolidated Financial Statements and Supplemental University Information, 2002〜2007*

表 2-21　シカゴ大学の基本財産の過去 10 年の投資配分　　　　　　　　（単位％）

年度	債券	株式		代替投資			その他
		国内株式	海外株式	絶対リターン	未公開株	天然資源	その他
1999	15.9	45.3	11.7	0.2	14.0	3.5	9.4
2000	15.9	34.8	13.4	4.2	25.6	2.9	3.2
2001	15.8	25.2	14.5	16.9	20.4	3.1	4.1
2002	18.7	16.9	16.6	23.0	17.7	3.2	3.9
2003	12.4	22.7	17.3	22.9	16.0	3.6	5.1
2004	11.6	23.9	18.6	21.6	16.8	3.4	4.1
2005	12.2	22.6	18.4	22.9	16.3	4.1	3.5
2006	9.6	13.3	26.4	27.4	12.4	5.1	5.8
2007	9.0	10.8	26.9	30.4	12.1	4.9	5.9

出典：University of Chicago *Response Letter to U.S.Senate Committee on Finance dated February* 25,2008.

　これらの配分の結果として、2008 年のシカゴ大学の資料に 2007 年までの過去 10 年の投資の年平均リターン率が 12.2％であったと記載されている。代替資産等の投資対象別には記載されていない。

　2007 年までのシカゴ大学の基本財産の時価総額、増加額、増加率、基本財産への寄付額は**表 2-22** の通りである。

　1998 年から 3 年間二ケタのプラス成長を実現し、2000 年は 39％に達している。しかし、一転して 2001 年から 2003 年の 3 年間にマイナス成長に落ち込みを経験している。ただし、MIT がマイナス 12.6％と二ケタの大きな減少率を経験した例と比較すると、最大で 8％の落ち込みに留めることができた。2004 年からは二ケタのプラス成長に復帰し、2007 年にはプラス 27％の年間の増加を達成した。

　シカゴ大学は 2008 年の資料で基本財産の意思決定と投資方針について以下の通り回答している。「シカゴ大学の理事会は、大学の短期と長期のニーズのバランスをとる責務を負っており、理事は大学とその基本財産のガバナンスに活発に参画している。理事会は 12 の常設委員会を持っており、最低

年4回は会合を持っている。執行委員会は毎月開催される。基本財産の投資の監督は、投資委員会の主たる責務である。この委員会は、洗練された機関投資の管理運営に関して深い専門的経験を有する大学の理事と同窓生によって構成される。大学の目的との合致や投資のリターンが監督される。

シカゴ大学の投資方針は、基本財産の基本的な目的に基づいている。基本財産の基本的な目的は、シカゴ大学の経常予算を増強するために堅実で恒久的な収入源を提供することによって、シカゴ大学の主要な教育と研究のミッションをサポートすることである。基本財産の大部分は、Total Return Investment Pool (TRIP)を通じて投資される。市場の変動に対応するため多様化された資産ポートフォリオを維持し、長期の視点で投資を行っている。この観点によって継続的な良好なリターンが生み出される」(シカゴ大学2008年資料 pp.14-15)。

表2-22　シカゴ大学の基本財産の時価総額、増加額、増加率、基本財産への寄付額推移

年度	基本財産の時価総額 (百万ドル)	増加額 (百万ドル)	増加率 (％)	基本財産への寄付 (百万ドル)
1998	2,368	325	16	37
1999	2,763	395	17	34
2000	3,835	1,072	39	50
2001	3,519	△316	△8	45
2002	3,257	△262	△7	41
2003	3,222	△35	△1	34
2004	3,621	399	12	48
2005	4,137	516	14	51
2006	4,867	730	18	64
2007	6,204	1,337	27	141

出典：表2-21に同じ。

7　ペンシルバニア大学 (C1)

ペンシルバニア大学は、年次報告書で基本財産の投資配分の年度末の実績比率を公表している。以下の通りである (**表2-23**)。

表 2-23　ペンシルバニア大学の基本財産の投資配分　　　　　　　　　（単位：%）

	2002	2003	2004	2005	2006	2007
債券	20.4	20.0	20.5	20.3	18.0	16.9
株式	55.7	53.5	53.4	51.7	54.8	56.2
代替投資	14.4	17.2	20.7	22.4	22.3	23.4
その他	9.5	9.3	5.4	5.6	4.9	3.5
合計	100	100	100	100	100	100

出典：University of Pennsylvania *Financial Report 2002～2007*

　ペンシルバニア大学では、2002年時点においては伝統的投資対象である債券と株式に76.1％を振り向けている。一方、新しい投資対象である代替投資に14.4％を配分している。この代替投資への配分率はAグループの3大学の40％近辺、Bグループのスタンフォード大学とMITの32％、シカゴ大学の44％のいずれよりも非常に低い水準であった。この代替投資への配分率は、更に遡ると2000年6.8％、2001年11.1％であった。2002年の14.4％からその後徐々に上昇し、2003年に17％、2005年に22％、2007年に23％まで上昇したが、Aグループの3大学とBグループのMIT、シカゴ大学が40％台であるのと比較すると約半分の水準である。

　ペンシルバニア大学のこうした投資配分の結果、2007年の同大学の年次報告書によれば2007年までの過去10年の年平均リターンは8.9％となっている。この水準は、同時期のAグループの3大学の実績、プリンストン大学（16.2％）、イェール大学（17.8％）、ハーバード大学（15.0％）の約半分の水準である。

　過去10年間のペンシルバニア大学の基本財産の時価総額、増加額、増加率、基本財産への寄付額は以下の通りである（**表 2-24**）。マイナス成長に陥ったのは、2000年のみであり、全体として事例8大学の中では保守的な運営となっている。2006年、2007年は20％を超えるプラス成長を達成している。

　ペンシルバニア大学は2008年の資料で基本財産の意思決定と投資方針について以下の通り回答している。「ペンシルバニア大学の基本財産は、投資

委員会によって監督されている。理事会によって7名が任命され、戦略的な資産運用方針に責任を負う。投資委員会は3か月に1度、ポートフォリオとパフォーマンスを見直す。7人の選任されたメンバーに加えて、大学の学長、副学長が投資委員会のメンバーである。資産の投資配分がパフォーマンスの鍵となる要因である。投資委員会が基本財産の投資戦略の長期的枠組みを提供する戦略的投資配分の構築に責任を負う。近年、基本財産投資配分が絶対リターンと呼ばれるヘッジファンドや仕組み債券などのハイリスク商品、未公開株式、不動産、天然資源に重点を置くようになって進化した」（ペンシルバニア大学 2008 年資料 p.7）。

表 2-24　ペンシルバニア大学の基本財産の時価総額、増加額、増加率、基本財産への寄付額推移

	基本財産の時価総額（百万ドル）	増加額（百万ドル）	増加率（％）	基本財産への寄付（百万ドル）
1998	3,059	524	21	76
1999	3,281	223	7	77
2000	3,200	△81	△2	70
2001	3,382	182	6	141
2002	3,393	12	0	152
2003	3,548	155	5	71
2004	4,019	471	13	86
2005	4,370	351	9	175
2006	5,313	943	22	186
2007	6,635	1,322	25	N.A.

出典：University of Pennsylvania *Response Letter to U.S. Senate Committee on Finance dated February 25, 2008*

8　コーネル大学 (C2)

　コーネル大学は、年次報告書で投資配分の年度末の実績額を公表している。これを百分比にしたものが以下の通りである（**表 2-25**）。

表 2-25　コーネル大学の基本財産の投資配分　　　　　　　　　　　　　　（単位：％）

	2002	2003	2004	2005	2006	2007
債券	29	29	16	15	13	11
株式	43	44	42	35	35	32
代替投資	24	26	35	44	38	40
その他	4	1	7	6	14	17
合計	100	100	100	100	100	100

出典：Cornell University *Financial Statements2002〜2007*

　コーネル大学では、2002年時点においては伝統的投資対象である債券と株式に72％を振り向けている。一方、新しい投資対象である代替投資に24％を配分している。この代替投資への配分率はAグループの3大学の40％近辺、Bグループのスタンフォード大学とMITの32％、シカゴ大学の44％のいずれよりも低い水準であった。2004年以降に代替投資への投資配分が30％を超え、2005年には44％まで増加している。コーネル大学の2008年の資料によれば、コーネル大学の基本財産の2007年6月末現在における投資配分のうち、代替投資の内訳は、ヘッジファンド20.4％、未公開株式11.6％、絶対リターン8.2％で合計40.2％となっている。コーネル大学は、こうした投資配分の結果としての過去10年の年平均リターンを公表していない。

　過去10年間のコーネル大学の基本財産の時価総額、増加額、増加率、基本財産への寄付額は以下の通りである（**表 2-26**）。1998年から2000年まではニケタの増加を見たが、2001年から2003年はマイナス成長となった。更に2004年から2007年は再びニケタの成長となった。2007年については24％の増加となっている。

　コーネル大学は2008年の資料で基本財産の意思決定と投資方針について以下の通り回答している。「コーネル大学の基本財産は、理事会のもとに置かれた投資委員会が、投資方針、投資ガイドライン等を決定し、投資オフィスを指導、監督することによって運営されている。投資が達成すべき目的は、消費者物価指数の移動平均を費用等の差し引き後で少なくとも5％以上超え

るリターン率で運用することである」(コーネル大学2008年資料p.9, p.12)。

表2-26 コーネル大学の基本財産の時価総額、増加額、増加率、基本財産への寄付額推移

年度	基本財産の時価総額 (百万ドル)	増加額 (百万ドル)	増加率 (%)	基本財産への寄付 (百万ドル)
1998	2,564	409	19	82
1999	2,906	342	13	95
2000	3,437	531	18	114
2001	3,210	△227	△7	80
2002	2,920	△290	△9	104
2003	2,915	△5	△0	55
2004	3,314	400	14	154
2005	3,860	546	17	121
2006	4,385	525	14	82
2007	5,425	1,040	24	191

出典:Cornell University *Response Letter to U.S. Senate Committee on Finance dated February 20, 2008.*

3 研究大学の基本財産の投資方針 (1から8のまとめ)

事例8大学の基本財産の投資方針の、まとめを行う。

1 伝統的投資対象 (債券、株式) の変化

投資の対象は、伝統的な投資対象で最も投資リスクの低い安全資産である債券が10%前後まで低下したことと、国内株式の構成比が低下したことが第一の特色である。債券が投資全体に占める構成比[24]は、2007年現在で、表2-6で見た778大学全体では18.6%であったが、プリンストン大学3.4%、イェール大学4.0%、ハーバード大学11.5%、スタンフォード大学10%、MIT7.5%、シカゴ大学9.0%、ペンシルバニア大学16.9%、コーネル大学11.4%であった。1998年からの推移を開示しているイェール大学の例では、1998年には10.1%を債券に投資していたが、2007年には4.0%まで低下した。また1999年からの推移を開示しているシカゴ大学の場合は、1999年には15.9%が債券投資であったが、2007年には9.0%まで低下した。

債券と並んで伝統的な投資対象である国内株式は、2007年現在で、プリンストン大学が9.0％、イェール大学が11.0％、ハーバード大学が17.8％、MITが13％、シカゴ大学が10.8％であった。イェール大学が1998年の19.2％から11.0％に低下し、シカゴ大学が1998年の45.3％から10.8％に低下した。なお、スタンフォード大学は、国内株式だけでは開示しておらず、外国株式と合わせて37％である。ペンシルバニア大学は24.1％、コーネル大学は14.5％であった。

逆に伝統的な投資対象の中で、海外株式のウエイトが増加していることが第二の特徴である。海外株式は、安全資産と言われる債券と比べると投資のリスクが高いが、投資国と投資対象を専門的に選別すれば高いリターンを得ることができる。2007年現在でプリンストン大学が15.8％、イェール大学が14.1％、ハーバード大学が25.9％、MITが12.0％、シカゴ大学が26.9％、ペンシルバニア大学が32.1％、コーネル大学が17.2％の構成比である。イェール大学は1998年の12.1％から14.1％への増加、シカゴ大学では11.7％から26.9％への増加であった。

2　代替投資の増加とその特色

投資対象の変化に関する第二の特色は、代替投資が増加したことである。代替投資が、投資全体に占める構成比は、表2-6で見た778大学全体では15.4％であったが、プリンストン大学47％、イェール大学42％、ハーバード大学46％、スタンフォード大学37％、MIT49％、シカゴ大学47％、ペンシルバニア大学23％、コーネル大学40％であった。スタンフォード大学とペンシルバニア大学を除く6大学が40％を超える水準で代替投資に配分している。

Aグループの3大学とBグループのシカゴ大学は2002年の時点で既に40％を超える水準で代替投資に配分していたが、Cグループの2大学とBグループのMITが、2002年から2007年の5年間に代替投資を1.5倍以上に急激に増加させた（**表2-27**）。これは、先行するAグループの3大学やBグループのシカゴ大学を、それまで相対的には代替投資に慎重であった3大

学が投資配分戦略で後追いした結果ということができる。第3節で見た使用をめぐるルール（スペンディング・ポリシー）が変わった3大学であるコーネル大学、ペンシルバニア大学、MITの3大学は、投資配分の面でも大きな変化があった。逆に1990年代に先行して増加させて2002年時点で既に40%近くに達していたAグループの3大学とBグループのシカゴ大学は、40%台に留めている。

表2-27　事例8大学の代替投資への投資構成比の推移（2002～2007）　　（単位：%）

		2002	2003	2004	2005	2006	2007	2002年を100とした2007年
NACUBO大学全体平均	654～778大学	7.5	8.2	9.4	11.1	12.4	15.4	205
コーネル	C2	24	26	35	44	38	40	167
ペンシルバニア	C1	14	17	21	22	22	23	164
MIT	B2	32	36	35	41	46	49	153
ハーバード	A3	38	38	38	38	39	46	121
プリンストン	A1	40	40	40	40	44	47	118
スタンフォード	B1	32	32	32	32	32	37	116
シカゴ	B3	44	43	42	43	45	47	107
イェール	A2	41	40	41	41	40	42	102

出典：各大学　年次報告書、NACUBO Endowment Study 2002～07から作成

　代替投資の中でもヘッジファンドあるいは絶対リターンとして開示されている投資対象は、さまざまな市場変化のリスクをヘッジしつつ高いリターンを得ようとするものである。信用度の低い投資対象への投資を含むこともあり、また高いリターンを志向する金融商品として仕立てられていることが多く、一般にリスクも高いということができる。2007年現在でプリンストン大学が26.4%、イェール大学が23.3%、ハーバード大学が12.4%、スタンフォード大学が18%、MITが23.0%、シカゴ大学が30.4%、ペンシルバニア大学が17.9%、コーネル大学が28.6%に達する。

　これらの代替投資は、金融市場等の外部環境による影響も大きく短期的には管理すべきリスクが大きいことは否めないが、研究大学の教育・研究を更

に充実させ、基本財産そのものの額も増加させていきたいという大学側の投資方針として重要である。基本財産を長期的に成長させていく大きなエンジンの一つとなっているといってよいであろう。なお、寄付による基本財産の増加はこれらの主要大学においても引き続き重要なターゲットであるが、基本財産の投資政策全体の中での時価総額の増加に占める位置は、各大学の増加額推移の表で見られるごとく相対的に小さくなる傾向にある。

第6節　小括　ケーススタディから見た基本財産のガバナンスとその果実

　第5節までにおいて、8大学のケーススタディを通じて、アメリカの大学における基本財産のミッション、寄付者による使途制限と実際の支出領域、基本財産の使用をめぐるルール、基本財産の投資方針を具体的に最新のデータで明らかにしてきた。第6節では、章のまとめを行った上で、これらの基本財産のガバナンスの結果としての基本財産からの使用実績額の推移について分析を行う。

1　第2章のまとめ

　基本財産のミッションは、大学全体のミッションを財政的にサポートすることであり、各大学が重点を置く分野も必ずしも一様ではない。しかし、基本財産のミッションについて8大学に共通している点を3点挙げることができる。第一点は、基本財産のミッションは、大学全体の教育と研究を中心としたミッションを財政的にサポートすることであり、大学全体の質を高く維持する基盤を提供することである。第二点は、学生の経済的負担を和らげる奨学金供与が各大学に共通した基本財産のミッションであることである。第三点は、現在だけではなく遠い将来にも同じサポートをすることを展望して運営されることをミッションとする点である。3点のうちの第一点と第二点は、現在の大学全体の質を高く維持することと現在の学生の経済的負担を和らげるという異なった観点でのミッションであるが、いずれも現在の大学、

現在の世代の学生についての基本財産のミッションである。これに対して第三点は、これらのサポートを現在だけでなく遠い将来にわたって同じサポートをすることを展望して運営されるべきであり、現在と将来のバランスを保つことがミッションであると述べている。ケーススタディの 8 大学のすべてで、「現在と将来のニーズをバランスさせる長期の使用をめぐるルール（スペンディングポリシー）を持つこと」と「高いリターンをもたらす確かな投資の枠組みを構築すること」の二つがとりわけ重要であった。

基本財産の使用をめぐるルールをアメリカ全体の流れの中で捉えると、「(2) 基本財産の時価総額の固定割合使用型」が、ますます主流となる傾向にある。これは 21 世紀に入って基本財産の時価ベースの成長が加速すると同時に時価総額の変動も激しくなり、使用ルールに基本財産の時価総額の要素も組み込まざるを得なくなりつつあるためと考えられる。しかし 8 事例大学の中で見ると A グループの 3 大学は、こうした環境変化の中にあっても独自のルールを貫いている。A グループの 3 大学は基本財産の蓄積が厚く、市場の急激な下落等に伴う時価総額の変動を吸収するバッファーとして蓄積が機能しているためと考えられる。8 大学の中で基本財産の使用をめぐるルールを変更したのは、B グループの MIT、C グループのペンシルバニア大学、コーネル大学の 3 大学であった。MIT とコーネル大学は基本財産の時価総額の要素を新たに取り入れる方向での変更であり、ペンシルバニア大学は逆に前年度使用実績額の要素を大幅に増やす方向での変更であった。

基本財産の投資方針の面では、新しい投資対象である「代替投資」が大幅に増加したことが 8 大学に共通した特色であった。代替投資が、投資全体に占める構成比は、表 2-6 で見た 778 大学全体では 15.4％であったが、プリンストン大学 47％、イェール大学 42％、ハーバード大学 46％、スタンフォード大学 37％、MIT 49％、シカゴ大学 47％、ペンシルバニア大学 23％、コーネル大学 40％で、いずれの大学も極めて高い割合であった。A グループの 3 大学と B グループのシカゴ大学が代替投資の割合増加で先行し、2002 年

時点で既に 40% 前後の割合で代替投資に配分していた。B グループの MIT、C グループのペンシルバニア大学とコーネル大学が 2002 年から 2007 年の 5 年間に代替投資を 1.5 倍以上に急激に増加させた。2002 年以前の段階では、相対的に代替投資に慎重であったこれら 3 大学は、使用をめぐるルールを変更した 3 大学と一致する。これら 3 大学は、投資配分の面では A グループの 3 大学と同じ方向に配分を変更した。

　第 2 章の基本財産のガバナンスでは、4 つの視点を設定した。基本財産のミッション、使途、使用をめぐるルール、投資方針である。4 つの視点は相互に総合的にからみあっており、これらの視点を総合することによってを全体として見えたものについて述べる。
　基本財産のミッションの視点で明らかとなったことは、現在の教育・研究の質向上を図ると同時に、機会均等を実現し、これらの仕組みによる安定と発展を現在から未来に向けて確実に受け継いでいくという時代の枠を超えた困難な要請を 8 大学が共通して基本財産のミッションとしていることであった。この基本財産のミッションを遂行するために、ケーススタディの 8 大学のすべてで、「現在と将来のニーズをバランスさせる長期の使用をめぐるルール（スペンディングポリシー）を持つこと」と「高いリターンをもたらす確かな投資の枠組みを構築すること」の二つがとりわけ重要であった。A グループの 3 大学は、現在と将来のニーズをバランスさせる使用をめぐるルールをそれぞれに一貫して保持しながら、高いリターンをもたらす確かな投資枠組みを構築してきたということができる。これに対して C グループの 2 大学は、使用をめぐるルールでそれぞれの事情に合わせた変更を行い、高いリターンをもたらす投資枠組みも A グループに遅れて構築した。こうしたグループの特色が出る背景には、A グループの基本財産の蓄積の厚さががあると考えられる。こうしたアメリカの大学の基本財産の蓄積の厚さとガバナンスの確かな枠組みは、アメリカの私立大学の基本財産をめぐる数百年にわたる大学自身の持続的努力とこれをサポートする歴代の寄付者によってもたらされたものであり、現在から未来へ向かって受け継がれるアメリカ独特の仕組みで

ある。

2　基本財産からの使用実績額の推移

2006年のNACUBO Endowment Studyでは毎年基本財産時価の何％を使用する計算になるかという使用率（Spending rate）を集計している。NACUBOが用いている定義によれば、使用率について2種類述べられており、各大学が使用ルールで述べる想定使用率（Stated spending rate）と実際に使用ルールで計算して導き出される結果としての算出使用率（Calculated spending rate）である。毎年集計しているのは後者の算出使用率である。

NACUBOがガイドラインとして各大学に示している算出使用率（r）の算出方法は、その年度に使用のために分配されるべき基本財産からの金額（d）を基本財産の投資のための時価総額（V）で割った百分比である。

基本財産の算出使用率の計算式　　$r = d/V$

この定義に基づいて、NACUBOが、各大学から報告を受けた使用率の1997年から2006年までの推移が**表2-28**である。参加大学の平均で見ると、4.5％から5.1％の幅の中で推移している。

表2-28　基本財産の算出使用率（Calculated spending rate）の推移（1997〜2006年）

	1997	1998	1999	2000	2001	2002	2003	2004	2005	2006
使用率(％)	4.5	4.5	4.5	4.6	4.8	5.0	5.1	4.9	4.7	4.6

出典：*NACUBO Endowment Study 2006*

事例8大学それぞれの算出使用率（r）は、*NACUBO Endowment Study 2006*から特定することができないが、本書では、事例8大学の年次決算資料から、各年度に基本財産から分配された金額（d）を計算した（**表2-29**）。

A1のプリンストン大学とA2のイェール大学、B1のスタンフォード大学

が、この時期では高い伸びを示している　使用率だけでなく、基本財産の時価の伸びも d に影響しており、過去3年の時価の移動平均等を用いる大学もあるので、使用ルールの影響を特定することは難しい。しかし、これら3大学に毎年度決定するルールであるハーバード大学を含めた4大学は、基本財産からの分配額のインパクトがこの時期に急激に大きくなったということができる。

　MIT、シカゴ、ペンシルバニア、コーネルの各大学は、基本財産のガバナンスにおいて、使用ルールの変更や代替投資への投資配分の増加等の施策を実施したものの、2007年時点においては、Aグループの3大学とBグループのスタンフォード大学との格差を、過去5年間に更に拡大される結果となった。

表 2-29　8大学の基本財産からの分配額の推移（2002年～2007年）(単位：百万ドル)

	大学	2002	2003	2004	2005	2006	2007	年平均増加率(%)
A1	プリンストン	281	304	329	356	406	464	10.5
A2	イェール	415	470	502	567	616	684	10.5
A3	ハーバード	754	771	808	855	933	1,044	6.7
B1	スタンフォード	378	391	400	452	635	609	10.0
B2	MIT	295	290	288	293	300	321	1.7
B2	シカゴ	147	168	179	177	177	194	5.7
C1	ペンシルバニア	150	167	165	165	175	207	6.6
C2	コーネル	177	185	174	170	187	205	2.9

出典：各大学　年次決算資料から算出

3　学生1人当りで見た基本財産からの配分額

　前項で示した表 2-29 には学生数の要素は加味されていないが、学生数の要素を勘案し学生1人当りで比較した「フルタイム換算（FTE）学生1人当りに換算した基本財産からの配分額の推移」が**表 2-30**である。

表 2-30　8 大学の基本財産からの配分額（学生 1 人当り）（2002 年～ 2007 年）

（単位：ドル）

	大学	2002	2003	2004	2005	2006	2007
A1	プリンストン	42,791	45,515	48,927	52,862	59,438	65,516
A2	イェール	37,681	42,131	44,541	50,418	54,270	60,264
A3	ハーバード	39,856	40,740	42,374	44,665	48,566	53,487
B1	スタンフォード	28,658	27,297	27,671	30,443	40,649	40,898
B2	MIT	29,746	28,872	27,954	28,448	29,406	31,364
B3	シカゴ	12,305	13,706	16,220	14,049	13,941	14,669
C1	ペンシルバニア	7,450	8,331	8,045	7,994	8,291	9,886
C2	コーネル	9,139	9,463	8,851	8,692	9,605	10,439

出典：各大学　年次決算資料から算出　フルタイム換算学生数は、各年度の数値を使用

　A グループの 3 大学では、学生 1 人当り 5 万ドル（585 万円）を超え、大学独自奨学金や教育プログラムの質向上等に、従来にも増して大きなインパクトを持つ規模に成長した。

　第 3 章以降では、基本財産が新たに持つようになった教育へのインパクトについて 8 大学の事例を分析する。

注

1　AAU には、他にカナダの公立大学 2 校が加盟しており、合計 61 大学である。
2　当時の基本財産が 5 億ドル以上の 136 大学に質問し、少なくとも 102 大学が回答した。
3　ペンシルバニア大学は、学長名ではなく副学長（Executive Vice President）名で回答されているが、理事長、学長他に写しが送られている。
4　1,890 万冊の蔵書を擁する（同大学ホームページ Harvard at a glance, 2014 年 1 月アクセス）。
5　アメリカの大学の奨学金には、ニードベースとメリットベースがある。ニードベース奨学金は、学生の学業成績やその他のメリットにかかわりなく、経済的必要性に基づいて支給される考え方の奨学金である。
6　プログラムやイニシアティブとは、大学のさまざまな分野の教育や研究において、ある期間継続して実施される課題設定的な教育プログラムや研究のシリーズ等のことである。
7　ペンシルバニア大学は、基本財産のミッションとして直接的な記述はせず、基本財産の定義という項目でミッション的な内容を回答している。

8 この奨学金は、Atlantic Gulf & Pacific Dredging Company の社長であった John McMullen の名を冠している。彼自身はコーネル大学の卒業生ではなかったが、コーネル大学の卒業生であった友人のアドバイスに従って、その財産をコーネル大学の工学の学生のための奨学金として遺贈した。
9 両立することが難しく常に諸条件のバランスを考慮しながら折り合いをつける必要があるような関係のことを、トレードオフ（Trade-off）の関係ということがある。
10 トップ10の中での構成比のため合計が100％になる。
11 回答した463大学には、私立大学のほかに州立大学も含む。
12 基本財産からの毎年の使用額を決定するルールは、大学によって異なる。最も一般的には、過去3年の基本財産の時価の平均額に、一定の比率（通常4％から6％の範囲内）を乗ずる方式である。比較的に少数ではあるが、前年の「基本財産からの使用額実績」に一定の比率（5％前後）を乗じて算出する方式もある。プリンストン大学はこの少数派の1校である。詳しくはまとめで分析する。
13 使用率を計算する分子に当たる「前年度使用実績の固定割合増加額」がその年のために計算されたある一定額とすると、投資収入が大きいと使用率の分母に当たる基本財産の時価総額が大きくなるので、使用率は逆に小さくて済む。逆に分母が小さくなると使用率は大きくなる。
14 トービンルールの内容の概説部分については、MIT Faculty Newsletter の2008年5-6月号の Endowment Spending Policy at MIT の解説によっている。
15 プリンストン大学の場合は、前年使用実績をインフレ調整するのではなく、5％増としているので、トービンルールと同じではないが、Rに着目すれば100である。
16 スタディ全体の回答率は81％であるが、基本財産を豊かに持つ有力大学は、ほぼすべて回答している。
17 例えば代替投資の代表的なものの一つであるヘッジファンド運用では、市場変動と関係なく、一定のポジティブなリターンを志向するものも多く含まれる。異なったリスクを持つ多様な資産を巧みに組み込んだ分散投資を行うことにより、ポートフォリオ全体としてのリスクとリターンを合理的に改善する。
18 プリンストン大学の2007年年次報告書では、ヘッジファンドをインディペンデント・リターンとして表記している。市場の動向から独立して安定的に高いリターンを狙う投資手法に焦点を当てた表現である。
19 各年の基本財産の時価総額の増加率は、前年度末の時価総額と比較した増加率である。過去1年間の増減には、新しい寄付、元本の投資から得られる金利・配当収入、資産の時価変動による元本を含めた値上がり、値下がり、投資運営手数料、配分（distribution）を含む。
20 イェール大学の2007年年次報告書では、ヘッジファンドを絶対リターン（absolute return）と表記している。市場の動向に左右される度合いを軽減して絶対的に高いリターンを狙う投資手法という面に焦点を当てた表現である。
21 イェール大学は、基本財産の投資配分の公表に前向きな大学の一つで、1998年から2007年まで10年間の推移を見ることができる（**表2-31**）。
22 2008年1月18日付の The Chronicle of Higher Education は、前年より37％増加

の使用計画であると報じた。
23 MIT Faculty Newsletter は、MIT 学内の定期刊行物の一つ。教員向けに年4回程度発行される。
24 国内債券に対する投資と海外債券に対する投資の両方を含む。

表 2-31 イェール大学の基本財産の投資配分 (単位%)

	債券	株式		代替投資		その他	
		国内株式	海外株式	絶対リターン	未公開株	不動産	キャッシュ
1998	10.1	19.2	12.1	27.1	21.0	13.0	-2.5
1999	9.6	15.1	11.1	21.8	23.0	17.9	1.5
2000	9.4	14.2	9.0	19.5	25.0	14.9	8.1
2001	9.8	15.5	10.6	22.9	18.2	16.8	6.2
2002	10.0	15.4	12.8	26.5	14.4	20.5	0.3
2003	7.4	14.9	14.6	25.1	14.9	20.9	2.1
2004	7.4	14.8	14.8	26.1	14.5	18.8	3.5
2005	4.9	14.1	13.7	25.7	14.8	25.0	1.9
2006	3.8	11.6	14.6	23.3	16.4	27.8	2.5
2007	4.0	11.0	14.1	23.3	18.7	27.1	1.9

出典: Yale University *Response Letter to U.S. Senate Committee on Finance dated March 5, 2008.*

第3章　基本財産と奨学金

　本書の第2章までにおいて、アメリカの基本財産の定義、社会的意義、歴史、ガバナンスを論じた。第3章以降では、アメリカの大学の基本財産が教育に対して持つインパクトについて論ずる。

　大学が基本財産からの収入を教育・研究等の諸活動に使用する場合に、どの分野に使用するかについての第一の決定権者は寄付者である。寄付者の使途指定がある基本財産の場合には、使途を決定する者はもともとの寄付者であり、大学はその使途指定に従う義務がある。使途指定が付されていない基本財産の場合には理事会が毎年決定する。第2章の第3節で示した通り、基本財産に寄付者の使途指定が付されている割合は、2007年時点で研究大学の8大学の事例で54.6％から90％に分布していた。これらの寄付者の使途指定のある基本財産については、理事会はその年に基本財産の時価に対して何％を使用するかという各年における使用水準を、各大学の使用をめぐるルール（スペンディング・ポリシー）に基づいて決定する権限を有するのみである。この率はすべての基本財産に対して一律の一つの使用率が毎年決定される。一方、寄付者の使途指定の付されていない基本財産については、大学の諸活動のどの部分に使用するかについて理事会が決定することができる。

　基本財産からの実際の支出領域は、寄付者の使途指定部分と理事会による決定部分の両方を含んでいる。理事会は、基本財産の使用のルールや具体的な各年の基本財産の使用内容の決定に当って、現在の大学の適切な運営に責任を負うと同時に、過去から蓄積された基本財産の守護者の立場を兼ねる。このバランスをとるに際して、理事会は、そのときの経済・社会情勢並びに大学全体の現在の状況と予見可能な将来を総合的に判断することが求められ

る。

　それぞれの大学は、社会全体の教育に対する要請に応えると同時に、それぞれの大学の自律性に基づいた適切な財源配分を毎年行っている。第2章の第3節で見た各大学の公表内容からは、教育・研究のさまざまな領域に渡って基本財産が用いられている姿が明らかとなったが、8大学の事例に共通して見られ、最も多く言及されているのは、学生奨学金であった。学生の経済的な必要性に応えること、より優秀な学生を確保すること、教育に関わる社会からの公正の要請に応えることは、学生奨学金が果たす重要な役割である。

　アメリカの大学において、学生奨学金はいつごろからどのような発展を遂げて来たのであろうか。「返還の必要のない給付」と「連邦保証ローン」と「キャンパスでの学生の活動を前提とした学生支援プログラム」の3つから成る奨学金の基本構造が、1965年に連邦政府によって決定された。これが、その後のアメリカの大学における奨学金政策の実質的なスタートとなる。

　これより以前、戦後の連邦政府による学生援助政策は復員軍人再生調整法 (World War Serviceman's Readjustment Act 通称 GI Bill of Rights) という復員兵士に対する政策で始まった。これが「当時、学生援助全体の約半分を占めており、本法によって高等教育機関の在籍者数はほぼ倍増し、大学の大衆化に大きな役割を果たした」と吉田 (2002) は述べている。吉田 (2002) はまた「アメリカにおいて一般の学生向けに援助が開始されたのは1965年の高等教育法 (the Higher Education Act of 1965) の制定以降である。同法では援助の方法として給費 (grant)[1]、連邦保証ローン (guaranteed student loan)、キャンパスベースプログラム (campus-based program) の3つを規定し、さらに1972年の教育修正法 (the Education Amendment of 1972) ではペル給費奨学金 (Pell Grant。当時は Basic Education Opportunity Grant: BEOG) が創設され、連邦高等教育政策は低所得層学生への給費を中心とした奨学金政策へと転換した。連邦奨学金は1970年代半ばには、給費とローンはほぼ1：1であり、州や大学奨学金が給費中心であったこともあり、学生への援助は依然として給費が中心であった。しかしながら、カーター政権時の1978年に中間所得層学生援助法 (Middle-Income Student Assistance Act) が制定され、ペル給費奨学金の選定基準

が緩和されるとともに、連邦ローンからの所得制限が撤廃され、中間所得学生もプログラムが利用可能となった」(吉田, 2002, p.78) としている。

中間所得学生もプログラムが利用可能となったことは、社会的な高等教育機会均等や費用負担可能性を高める面で大きな前進であった。一方、1980年代の半ば以降は、私立大学の教育・研究コストが高騰を始め、学生納付金の値上げが毎年のように行われるようになる。Bennett[2] (1987) は、連邦政府による奨学金政策が大学を助け、授業料値上げを行う環境を整えているとした。またその結果、毎年インフレ率を上回る授業料値上げが行われれば、長期間では低所得者層が高等教育を受ける困難度がむしろ高まるという皮肉な結果を招くと指摘した。1990年代から2000年代にかけては、高授業料・高奨学金が多くの私立大学の行動となり、大学独自の奨学金においても給付型と貸与型が併存することとなった。

そもそもなぜ大学の費用は、絶えず高騰するのか。さまざまな要因が考えられるが、その中でも特に重要な説として小林 (2010) は、「費用病 (cost disease)」という説 (Baumol and Bowen, 1965) と、「費用の収入理論 (revenue theory of cost)」という説 (Bowen 1980) を挙げている。「これらの説に共通するのは、大学の質の向上には上限がなく、教育費用には上限がない。とくに、教育費の大部分は人件費であり、大学は労働集約的産業で効率化が難しいという点にある。大学の教員も職員も高学歴であり、給与は高くなりがちである。また、施設設備費なども常に増加する傾向にある。こうした大学の費用の高騰が、授業料高騰につながっていると考えられる。しかし、さらに、それ以外の重要な授業料高騰の要因がある。それは、後に述べる高授業料・高奨学金政策の重要な理由でもある。それは、大学は、定価授業料 (ディスカウント前の授業料、公式の授業料) を下げるのは難しく、定価授業料は常にあがる傾向にあるということである。教育はサービスの質がわかりにくい経験財であり、入学して実際に教育を受けてみなければその質はわからない。すなわち高価格は高い費用をかけていることをあらわし、よい教育を示すと見られがちである。このため、定価をあげることに大学はインセンティブを持つ。逆に、低価格は低品質とみなされる恐れがあるため、定価は維持して実

質的なディスカウントをする戦略がとられる」(小林, 2010, p.121)。

　高授業料・高奨学金政策をとり始めたアメリカの私立大学にとっては、定価授業料を毎年いくら値上げするのかという授業料戦略が最も財務的資源の充実の面で重要であった。他方、高等教育が大衆化し、大学での教育を受けようとする層が拡大すると、大学を志願する学生とその家族の経済的背景も以前にも増して多様になる。どのような能力的・社会的・経済的背景を持つ学生層の獲得を目指し、各志願者の経済的必要性をどのように個々に評価し、どのような奨学金パッケージを提示するのかという学生募集戦略と奨学金戦略が、私立大学の毎年の決定事項として重要性を増すようになった。

　大学の奨学金は、学生の経済的必要性を満たすことが最も基本的な目的である。一方、才能や可能性に焦点を当て、高い能力を期待できる学生に選別的に奨学金を付与することもできる。前者はニードベース奨学金、後者はメリットベース奨学金と呼ばれる。

　アメリカの選抜性の高い私立大学は、事実上すべての大学が「ニードブラインド入試」と呼ばれる方式の入試を採用した。これは、学生の経済的状況を考慮の基準に入れないで、学生を選抜し入学させる方針の入試である。学生の経済的状況を決定する部門に集積される学生と家族の経済的背景を評価するための情報に対して、入学者選抜を担当する部署がアクセスできないような制度的ファイアーウォール[3]を設けることによって、経済的な機会均等の面での社会的公正を確保しようとする入試制度である。「更にアイビーリーグを始めとするトップクラスの私立大学では、合格学生のすべての経済的必要をフルにカバーする奨学金を提供することによって優秀な学生を獲得しようとする動きも出てきた」(Ehrenberg, 2002, pp.75-76)。

　こうしてアメリカの大学の奨学金では、全体として見ると連邦政府が大きな役割を果たしていることに変わりはないものの、基本財産の豊かな私立大学に焦点を当てて見れば、大学独自奨学金が、優秀な学生を獲得する上で大きな役割を占めるようになってきた。

　本章では、まずアメリカの大学における学費援助の概要を俯瞰的に明らか

にする(第1節)。次に基本財産と大学独自奨学金が最もダイナミックに変化した2002年から2007年における8つの研究大学の事例を取り上げ、各大学の年次財務報告書から入手できるデータの分析を通じて、成長する基本財産からの収入が大学独自奨学金の充実の大きな原資となり、高授業料・高奨学金政策にいかに影響を与えたかを検証する。8大学の事例研究の方法を述べる。まず各大学の大学独自奨学金の方針を明らかにする。次いで当該大学の各年度の年次財務報告書の数字を用い、授業料と大学独自奨学金の推移を明らかにする。更に同時期のその大学の基本財産からもたらされる配分収入の推移を同じく各年の年次財務報告書から明らかにする。基本財産からの配分収入は、大学独自奨学金の大きな原資であり、寄付者の使途指定や理事会の方針によりばらつきはあるものの、一般には概ね20％相当が大学独自奨学金の原資として用いられる。大学独自奨学金の側から見れば、その非常に多くの部分が基本財産の配分収入からもたらされている。この比率は各大学の基本財産の厚みや大学独自奨学金戦略によって微妙に変化する。この年次財務報告書の分析により、各大学が大学独自奨学金をいかに増強し基本財産からの配分収入がそれをどの程度カバーしうる財務状況であったかを検証する。これらを踏まえて、各大学の実際の学生1人当り基本財産と学生1人当り大学独自奨学金の推移を分析する(第2節)。最後に、第2節での年次財務報告書に基づく個別事例の分析を踏まえて基本財産と大学独自奨学金のまとめを行うと同時に、基本財産の潤沢さによって支えられた大学独自奨学金充実と高授業料・高奨学金政策が、アメリカ高等教育全体にもたらしたプラス面とマイナス面について論ずる(第3節)。

第1節 アメリカの学士課程学生向けの学費援助の概要

1 家計収入の伸びを上回る学生納付金の継続的上昇傾向

アメリカの大学の授業料は1980年代になって上昇し始めインフレを上回る高騰を続けてきた。アメリカの教育省教育統計センターの統計資料 *Digest of Education Statistics 2011*, p.499, Table349 のデータによれば、アメリカの

私立 4 年制大学の学士課程学生の学生納付金の過去の 5 年毎の推移は**表 3-1**の通りである。

表 3-1　アメリカの私立 4 年制大学の学士課程学生の学生納付金推移（1976 ～ 2011）

（単位：ドル：インフレ調整なし）

年度	学生納付金 (Total tuition, fee, room, and board) A+B+C	1976 年 を 100 と した水準	過去 5 年間の 学生納付金 年平均値上が り率（%）	授業料・手数料 (Tuition and required fees) A	寮費 Dormitory B	食費 Board C
1976	4,467	100	—	2,881	753	833
1981	6,569	147	年平均 8.0%	4,275	1,086	1,208
1986	11,034	247	年平均 10.9%	7,374	1,940	1,720
1991	16,503	369	年平均 8.4%	11,379	2,654	2,470
1996	22,502	504	年平均 6.4%	15,605	3,680	3,217
2001	27,676	620	年平均 4.2%	20,106	4,270	3,300
2006	36,510	817	年平均 5.7%	26,954	5,517	4,039
2011	46,519	1,041	年平均 5.0%	34,805	6,802	4,912

出典：U. S. Department of Education, National Center for Education Statistics, *Digest of Education Statistics 2011*, p.499, Table349 より作成。

　授業料・手数料に寮費（dormitory）と食費（board）を加えた年間学生納付金の合計（A+B+C）は 1976 年に 4,467 ドルであったが、5 年後の 1981 年には 6,569 ドルと年平均 8.0％の値上げ率で上昇した。1981 年以降は更に高い値上げ率でこの傾向が継続し、1986 年までの 5 年間には年平均 10.9％で上昇し、11,034 ドルとなった。更に 1991 年までの 5 年間も年平均 8.4％で上昇した。その後も上昇が続き、1996 年までが年平均 6.4％、2001 年までが年平均 4.2％、2006 年までが年平均 5.7％、2011 年までが年平均 5.0％と学生納付金の上昇傾向が続いている。

　アメリカの国勢調査局による家計費調査によれば、1976 年の家計収入の中央値[5]は 11,172 ドルであった。表 3-1 と同様に 5 年毎の数値を**表 3-2** に示す。1981 年までの 5 年間については家計収入の年平均増加率 9.7％が学生納付金の上昇率の年平均上昇率 8.0％をかろうじて上回っているが、1986

年までの5年間は、家計費収入が年平均5.4％しか伸びていない中で学生納付金は10.9％の値上げがなされている。同様に1991年までの5年間では年平均4.3％の家計収入の伸びに対して学生納付金が年平均8.4％値上げされている。以下同じく5年毎に1996年までの5年間では年平均3.8％の家計収入の伸びに対して年平均6.4％の学生納付金の値上げ、2001年までの5年間が年平均3.6％の家計収入の伸びに対して年平均4.2％の学生納付金の値上げ、2006年までの5年間が年平均2.7％の家計費の伸びに対して5.7％の学生納付金の値上げ、2011年までの5年間が年平均0.8％の家計収入の伸びに対して年平均5.6％の学生納付金の値上げが行われた。

表3-2　アメリカの家計収入中央値（1976～2011）

	1976	1981	1986	1991	1996	2001	2006	2011
家計収入中央値（ドル）	11,172	17,743	23,041	28,479	34,290	40,965	46,713	48,545
1976年を100とした値	100	159	206	255	307	367	418	435
過去5年間の平均年間上昇率（％）	―	9.7	5.4	4.3	3.8	3.6	2.7	0.8

出典：U.S. Census Bureauの各年資料

　1981年以降では、家計費収入の上昇率を上回る私立大学の学生納付金の値上げが行われた。このため総じて、いずれの大学においても、在籍学生に対して給付奨学金とローンを含む奨学金の総額を毎年増額せざるを得ない状況が継続した。

2　学士課程在籍費用（Cost of Attendance）上昇と学費援助必要額

　年間の学生納付金が上昇することは、学士課程の学位を取得するための期間に要する総費用が上昇することを意味する。アメリカでは、入学願書の提出から入学者選抜の手続きと並行して、入学予定者の家族の経済状況の提示を求めて、大学として個別に学費援助パッケージを検討するプロセスが存在する。

多くの大学で次のような概念を用いて計算される。学士課程在籍費用は、COA (Cost of Attendance) という名称で呼ばれる。COAは、学生が学士課程で過ごすための必要費用で、授業料・手数料に加えて、寮費、寮での食費、教科書代等を含む。一方、家族による貢献期待額は EFC (Expected Family Contribution) と呼ばれる。両親の収入、両親の資産、家計の人数、現在のその家計からのカレッジ在籍学生数、学生の収入と資産等の要素がきめ細かく大学によって査定される。

学士課程の入学者一人一人に対して、その学生の学費援助の需要を大学が評価、把握し、その大学がその学生に供与できる給付奨学金、ローン、ワークスタディの組み合わせによる学費援助パッケージを提示して対応する仕組みである。これを算式の形で示すと下記の通りである。

学士課程在籍費用 COA − 家族貢献期待額 EFC ＝ 学費援助必要額 Financial Need

授業料値上げがあると学士課程在籍費用 COA がその分上昇する。定価授業料値上げのペースが、恒常的に家計収入の伸びを上回ると、学費援助必要額も全体として恒常的に増加することとなる。

家族による貢献は、願書の提出と並行して志願者が、家族による貢献を一定の様式に従って立証する。これを大学がそれぞれに評価する。従って、この家族による貢献期待額も大学によって異なる評価となる。

提供される学費援助パッケージについては、学費援助の財源の提供者によって連邦政府、州政府、大学独自、その他の私的給付に分けることができる。また支援の形態で、上述した給付奨学金、ローン、ワークスタディ等に分類することができる。大学は、これらの奨学金の種類を組み合わせて、各志願者に奨学金パッケージを提示する。学生と家族は、複数の大学を併願している場合には、合格した各大学からの奨学金パッケージを比較して、実際に入学する大学を決定する。次項では学士課程学生向け奨学金のタイプ別構成比について述べる。

3 学士課程学生向け奨学金のタイプ別構成比

アメリカの大学の学士課程学生が受ける学生経済支援[6]（奨学金、ローン、ワークスタディ等を含む）について財源別構成比を分析すると、College Board の 2013-14 年度データでは連邦政府が 68％で最大である。次いで基本財産等による大学独自資金が 21％で第 2 位の位置を占める。これらの 2 大財源で全体の 89％[7]を占める。残りは雇用主等の私的奨学金が 6％、州政府が 5％である。2013-14 年度の金額は、連邦政府が 1,265 億ドル、基本財産等による大学独自資金が 379 億ドル、雇用主等が 108 億ドル、州政府が 93 億ドル、合計 1,845 億ドルとなっている（**表 3-3**）。

1993-94 年度からのこの 20 年間に、連邦政府による支援は 365 億ドルから 1,265 億ドルへと 3.5 倍に拡大した。この間に第 2 位の財源である大学独自資金による奨学金も 113 億ドルから 379 億ドルへと 3.4 倍に拡大した（いずれもインフレ調整後　**表 3-4**）。

表 3-3　学士課程学生向け奨学金のタイプ別金額と内訳　2013-14

支援者	種類	金額（億ドル）	構成比（％）
連邦	連邦給付奨学金（ペルグラント）	(337)	(18)
	連邦給付奨学金（ペル以外）	(134)	(7)
	連邦ワークスタディ	(9)	(1)
	連邦ローン	(629)	(34)
	連邦タックス・クレジット	(156)	(8)
連邦奨学金　合計		1,265	68
州給付奨学金		93	5
大学独自奨学金		379	21
その他私的奨学金		108	6
合計		1,845	100

出典：College Board, 2014, *Trends in Student Aid 2014*, p.13, FIGURE 2B[8] より作成。

表 3-4　学士課程学生向け奨学金の財源別内訳推移　1993-94 〜 2013-14（2013年価格）（単位：億ドル、インフレ調整後）

	1993-94	1998-99	2003-04	2008-09	2013-14
連邦政府による奨学金	365	498	714	976	1,265
同上（％）	(66)	(67)	(68)	(70)	(68)
州給付奨学金	45	51	76	89	93
同上（％）	(8)	(7)	(7)	(6)	(5)
大学独自奨学金	113	148	193	255	379
同上（％）	(20)	(20)	(18)	(18)	(21)
その他私的奨学金	33	44	70	82	108
同上（％）	(6)	(6)	(7)	(6)	(6)
合計	556	741	1,053	1,402	1,845
同上（％）	(100)	(100)	(100)	(100)	(100)

出典：College Board, 2014, *Trends in Student Aid 2014*, p.13, TABLE 1A より作成。

　連邦政府による学生経済支援のベースとなる支援形態は、ペルグラントのように低所得層を対象とした給付型の伝統的連邦奨学金であった[9]。しかし長期的観点で連邦政府の学生経済支援の流れを要約すれば、中間所得層にも対象を拡大する過程で、給付型と並んで返済が必要である貸与型（ローン）の比重が大きくなってきたことが挙げられる。2013-14年度で1,265億ドルの連邦学士課程学生経済支援プログラムのうち50％の629億ドルが連邦ローンのプログラム[10]である。Geiger (2011a) によれば1980年前後を境に、連邦政府が保証する学資ローンが拡大し、ローンに裏付けられた授業料収入は、アメリカの高等教育部門の最大の収入源となり、その後の長期的な授業料上昇の一因となったことが指摘されている。

　これに対して大学独自資金による学生経済援助については、大学ごとの学生経済支援政策等が一律ではなく、また財源となる寄付者の層や基本財産の蓄積も大学ごとにさまざまであるため、アメリカ全体としての大きな流れを論じることは連邦による支援と比較して一般に困難である。しかし基本財産の蓄積が高い大学、すなわち財務資源の潤沢な少数の大学に焦点を絞って、今世紀に入ってどのような大学独自の奨学金政策がとられ、経済負担の軽減

や学生獲得などにどのようなインパクトを持ったかを、基本財産の推移との関係で分析することは可能であろう。

第2節　基本財産と大学独自の奨学金政策──2002年から2007年の8大学ケーススタディ──

1　大学独自奨学金政策の特質

　連邦政府による奨学金については、連邦政府がその高等教育政策の中の重要な柱の一つとして長年に渡って決定してきた。一方、大学独自の奨学金政策は、高授業料・高奨学金政策がとられるようになってその重要度を増してきたものである。大学独自の奨学金政策は、その大学のミッション、学生のプロファイル[11]、大学の独自資金の潤沢さによってさまざまでありうる。公立大学よりも私立大学の方が、学生1人当り基本財産が大きく、奨学金政策についても、私立大学の方が一般にその自由度が大きい。

　私立大学の教育・研究費を誰が負担しているかについては、私立大学の中でもタイプによって大きく異なる。序章の「表序-1　学生1人当り収入の財源別内訳　私立大学類型別」でも述べたが、全米教育統計局の2012年版の統計で、学生1人当りで見た私立大学の財源別内訳は、以下の通りである。私立大学全体では、学生1人当りで63,550ドルの財務収入があり、授業料・納付金収入が18,276ドル（29.0%）で最大であるが、基本財産収入が16,306ドル（25.9%）でこれに次ぐ収入源の位置を占めている。

　非常にレベルの高い研究大学[12]では、同じくフルタイム換算学生1人当り213,162ドルの収入があり、基本財産収入は70,279ドル（33.0%）が最大の財源となっている。連邦政府からの収入38,101ドル（17.8%）、授業料・納付金収入26,065ドル（12.2%）を上回る。

　こうした私立大学においては、大学の高騰する教育・研究費を支える財源として、授業料の値上げと基本財産からの配分収入が、大きなウエイトを占めるようになってきている。

　こうした大学において、大学独自の奨学金政策の目的は何であろうか。奨

学金の受益者である学生と家族の立場から見ると、次の2点を挙げることができる。第一に、経済的事情によってその大学に入学することができないという状況において、大学独自奨学金によって入学の検討が可能になることである。社会的公平の観点では、高等教育への機会均等に資することである。第二に、学生の卒業時に学生が背負う返済が必要な奨学ローンの残高を可能な限り小さくすることである。これらは大学独自奨学金、とりわけ給付奨学金が持つ本来的機能ということができ、社会的にも重要な目的である。

　次に、大学独自奨学金を提供する大学の立場からすると大学独自奨学金の目的は何であろうか。第一に、魅力的な奨学金パッケージを提供することによって、優秀な学生を獲得し、大学のアカデミックプロフィルを改善・強化することである。すなわちアカデミックな学習能力、研究能力が高い学生、チャレンジ精神に富んだ潜在能力が高い学生、芸術・スポーツの面で秀でた学生等を奨学金パッケージによって確保することである。第二に、奨学金を通じて学生の多様性を確保することである。例えばグローバルな学生の出身国分布において、ある特定の国に偏るような場合には、学生の多様性を増す方向で奨学金パッケージを使用することができる。第三に、財務的な観点では次の点が重要である。大学として強固な奨学金政策を確保することは、定価授業料の更なる値上げの余地を確保することにつながる。定価授業料の値上げは、大学の財務体質の更なる強化につながる。

　こうした様々な目的を持つ大学独自の奨学金戦略は、その大学のミッションと財務的強さに適合したものであることが必要である。以上に述べた特質から、大学ごとの奨学金政策を大学内で立案し、毎年実施するためには、学生選抜の方針、学生の育成方針、定価授業料の値上げ方針、基本財産のガバナンス方針等を理解して総合的に判断することが重要である。立案するに際して、潤沢な基本財産が政策選択の幅を広げることは、容易に想像することができる。

　これらの特質を踏まえ、次項では、非常にレベルの高い研究大学における基本財産と大学独自奨学金について個別の事例を検討する。

2　基本財産と大学独自奨学金——主要研究大学の動向

　各大学の大学独自奨学金について、基本財産との関係を踏まえて分析を行う。本節では、年次財務報告書を分析し、可能な限り具体的な個別大学の事例を積み上げることによって具体的な事例分析を試みる。

　大学独自奨学金に焦点を当て本節で分析するに際して、大学の基本財産との関係で分析するというアプローチをとる点についての筆者の問題関心を次に述べる。一般にアメリカの大学において過去からの大学ごとの独自の蓄積である基本財産は、金融資産の形をとる。基金として専門的に投資され、通常はその元本時価の4%から5%が毎年使用される。基本財産の蓄積のレベルをフルタイム換算学生数で除して学生1人当りで表した場合に、30万ドル近辺を超えるとかなりその大学の予算に対するインパクトが大きくなる。元本の5%が使用されるケースを例にとると学生1人当りで300,000ドル×5%＝15,000ドルの大学独自資金を毎年持つことになるからである。このすべてが奨学金に使用可能なわけではなく、寄付者による指定と理事会等の決定に従って、学生の奨学金の他、招聘教授職の給与、教育プログラム、図書館、施設建設等に使用される。大学によってさまざまなケースがあるが通常20%前後が奨学金に使用される。仮に学生1人当り15,000ドル×20%＝3,000ドルが奨学金であれば、論じるほどのインパクトを持たない。

　しかし2002年には、アイビーリーグの中で最も基本財産が豊かなプリンストン大学の学生1人当り基本財産が1,200,000ドルを超えており、上記と同様の試算では学生1人当り1,200,000×5%＝60,000ドルを毎年大学独自資金として使用することができ、20%が奨学金に使われるとすると、60,000ドル×20%＝12,000ドルの学生1人当りの大学独自奨学金財源を持つことになる。プリンストン大学が2001年に採用した「No-loan policy」は、大学の経済支援方針として返済が必要となるローンの形態を一切使わず、全額を給付型奨学金に転換する政策であった[13]。

　プリンストン大学のNo-loan policyがスタートした翌年の2002年から2007年までは、大学の基本財産が急激に増加した時代であった。イェール大学とハーバード大学が2004年に学生1人当りで100万ドルを超える水準

に到達する。その後も増加を続けたプリンストン大学は2007年に学生1人当りで200万ドルを超える水準に達する。この後2008年以降はサブプライムローン問題に続くリーマンショックによって急激な基本財産の減少を見た時期であり、各大学の奨学金政策も全体の予算圧縮の流れの中で調整を余儀なくされた。基本財産と奨学金の関係を分析するに際しては、2007年までの増加時期と2008年以降の減少・調整期を分けて分析することが重要であろうと考えられる。

こうした分析の難しさはあるものの、連邦政府による経済支援に次ぐ位置を占める大学独自資金による奨学金の動向を主たる財源である基本財産の動向との関係でとらえ、学生の経済負担の軽減や学生獲得などにどのようなインパクトを持っているかを分析することが本節の主題である。

事例として取り上げる大学と分析対象期間

事例として取り上げる大学は、第2章の基本財産のガバナンスで事例を扱った研究大学と同じ8大学である。すなわちプリンストン大学、イェール大学、ハーバード大学、スタンフォード大学、MIT（マサチューセッツ工科大学）、シカゴ大学、ペンシルバニア大学、コーネル大学である。

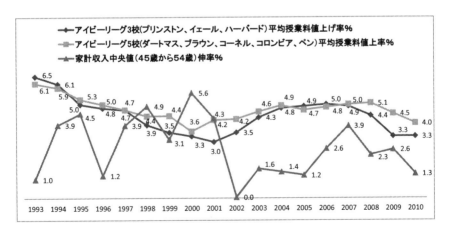

図3-1　アイビーリーグの学士課程授業料値上げ率と家計収入増加率推移
出典：*Harvard University Fact Book 1993-2010*、U.S. Census Bureau の各年資料より算出。

アメリカの大学の学生1人当り基本財産は、ITバブルの崩壊からリーマンショックまでの間、すなわち2002年から2007年の間に急激な増加を見た。また同時にこの時期には、アイビーリーグの各校でも、家計収入の増加を大幅に上回る学士課程の定価授業料の値上げが行われた時期でもあった(**図3-1**)。

以下では、基本財産と大学独自奨学金が最もダイナミックに変化した2002年から2007年に焦点を当て、個別大学の動向を分析する。

学生1人当り基本財産の額は、その大学が長年にわたって蓄積してきた財務的なリソースの豊かさを表す指標の一つである。基本財産額を学生1人当りに換算するときには、通常フルタイム換算学生数を用いる[14]。フルタイム換算とは、フルタイムでない学生を0.8人というようにフルタイムに換算した学生数である。Full Time Equivalentの頭文字をとってFTE学生数ということも多い。8大学のフルタイム換算学生数の推移を、**表3-5**に示す。

表3-5 フルタイム換算学生数推移(単位:人)

大学名	2002	2003	2004	2005	2006	2007	年平均増加率(%)
プリンストン	6,570	6,681	6,728	6,739	6,828	7,085	1.5
イェール	11,014	11,158	11,271	11,246	11,346	11,358	0.6
ハーバード	18,924	18,917	19,060	19,137	19,218	19,514	0.6
スタンフォード	13,182	14,339	14,454	14,846	13,155	14,890	2.5
マサチューセッツ工科大学	9,925	10,038	10,300	10,300	10,200	10,250	0.6
シカゴ	11,924	12,280	11,059	12,587	12,671	13,207	2.1
ペンシルバニア	20,188	19,998	20,448	20,612	21,082	20,909	0.7
コーネル	19,420	19,575	19,620	19,518	19,447	19,639	0.2

出典:*NACUBO Endowment Study 2002〜2007.*

フルタイム換算学生数で大学の規模を見ると、ハーバード大学、ペンシルバニア大学、コーネル大学が約2万人でこの8大学の中では大規模である。次いでスタンフォード大学、シカゴ大学、イェール大学、MIT、プリンストン大学の順である。2002年から2007年の5年間については、フルタイ

ム換算学生数の年平均増加率は全体として大きくはない。8 大学中で 5 大学が年平均 0.7％未満である。規模をやや拡大させた 3 大学は、スタンフォード大学、シカゴ大学、プリンストン大学である（**表 3-6**）。

基本財産額については、会計年度末の市場時価の合計額を通常用いる。2007 年の基本財産額は、2007 年 6 月末の市場時価である。各大学の財務報告でも簿価ではなく、時価が用いられている。なお、スタンフォード大学は、伝統的に 8 月末が決算であり、基本財産額も各年の 8 月末の数字が用いられている。

基本財産の時価総額の毎年の増加減少は、年度初めの時価に新しい寄付と元本の投資から得られる金利と配当収入、相場変動による元本を含めた値上がり（値下がり）がプラスされ、投資運営手数料と大学経常予算への配分がマイナスされた結果である。このうち相場変動による値下がりがあった場合には、時価総額が年間で減少するということも起こりうる。

2007 年の学生 1 人当り基本財産額の規模では、プリンストン大学がアメリカ全体で第 1 位、イェール大学が第 2 位、ハーバード大学が第 3 位、スタンフォード大学が第 4 位、MIT が第 9 位である。5 位から 8 位はリベラルアーツ・カレッジが占めるため、研究大学ではこの 5 大学がトップ 5 である。シカゴ大学は 23 位である。アイビーリーグであるが、相対的に学生 1 人当り基本財産額が小さいペンシルバニア大学は 44 位、コーネル大学は 52 位である[15]。

表 3-6 フルタイム換算学生 1 人当り基本財産額推移（単位：ドル）

記号	大学	2002	2003	2004	2005	2006	2007
A1	プリンストン	1,266,301	1,306,706	1,475,654	1,662,932	1,910,501	2,228,257
A2	イェール	955,475	988,941	1,130,969	1,353,806	1,589,159	1,983,641
A3	ハーバード	907,301	996,431	1,161,786	1,331,124	1,504,899	1,774,875
B1	スタンフォード	577,529	600,379	686,454	822,107	1,070,671	1,152,776
B2	MIT	539,992	511,418	569,438	651,693	820,399	973,699
B3	シカゴ	273,010	262,364	327,401	328,712	384,106	469,765
C1	ペンシルバニア	168,085	177,391	196,531	212,002	252,029	317,336
C2	コーネル	146,949	145,838	165,064	193,518	222,204	276,204

出典：*NACUBO Endowment Study* 2002～2007.

1　プリンストン大学 (A1)

(1) プリンストン大学の大学独自奨学金の方針

プリンストン大学の学士課程学生奨学金の 2008 年 2 月現在の方針は次の通りである[16]。「プリンストン大学の学士課程学生奨学金はすべてニードベースの奨学金[17]である。入学試験に合格したそれぞれの学生の経済的必要をフルに満たす奨学金が個別に決定される。

プリンストン大学は、一人一人の合格者について、その経済状況と家族の経済的状況を注意深く評価する。家族の収入や資産を評価するだけではなく、個別の事情も考慮する。金銭的な債務を負っていないか、例えば通常とは異なる医療費支出がないかどうか、高齢者や療養中の縁者がいないか、他の子どもの授業料支払負担はどうかなども考慮に入れて評価する。この経済状況評価[18]に基づいて、その入学者の家族が無理なく負担できる金額を決定する。家族の状況によっては、この家族の貢献すべき金額がゼロと評価されることもある。更に当該入学学生が夏季の学生アルバイト[19]と週に 7 から 8 時間のキャンパス内の仕事で貢献できる金額を算定する。ここでも個別の特別な事情は斟酌される。家族と学生自身が貢献できると考えられる金額を控除した後の金額を、プリンストン大学は、その学生が学士課程で支払うコストの残りの金額を給付奨学金として提供する。この算出の対象は、授業料、寮費、食費をカバーするだけではなく、学習図書費や通学費その他の支出を含む。それぞれの家族の貢献能力は毎年見直される。また家族の状況変化の申し出はいつでも受けつけられる。

プリンストン大学が個々の学生の奨学金のニードをこのように計算することによって、学生と家族は負担できる金額までを負担することになる。この仕組みによって、大学独自奨学金を受給している学生については、学生納付金の値上げの影響を受けない。すなわち学生納付金がどのように変わっても、学生と家族は能力的に負担できる金額だけを支払う。プリンストン大学は、そのニードブラインド入学選抜プロセス[20]で選抜し、その後に各合格者の個別の経済支援必要額に上限を設けないで奨学金を付与する人数に上限を設定していない。プリンストン大学の学士課程奨学金予算は定められた権利と

して機能する。この入試方針と奨学金方針を遂行するために必要とされる予算額は毎年認められ、毎年変動する」(プリンストン大学 2008 年 2 月資料 pp.5-6)。

2001 年にプリンストン大学は、学生が返済義務を負うローンの形態を含まない給付型奨学金ですべての奨学金を提供する方針を採用した[21]。これがプリンストン大学の奨学金政策の最も大きな特色である。プリンストン大学の当時のティルマン学長によれば、2001 年秋実施の No-Loan policy の特色は以下の通りである。

「2001 年秋にプリンストン大学は、すべての学生の経済支援から返済義務のあるローンを全廃した。この画期的な政策は連邦政府やプライベートなローンへの依存の増大傾向に逆らう試みであった。例えばアメリカ全体では 1993 年度と 2004 年度との間に 4 年制私立大学の学士課程学位取得者の卒業時借入額の中央値はインフレ調整後で 13,100 ドルから 19,500 ドルに上昇 (Baum&Peyea,2006) している。プリンストン大学の経済支援政策の大きな特色は、低所得層のみならず、返済債務を背負い込まなければならないすべての学生のローンを大学独自奨学金で置き換えることでなければならないと考えられた点である。

No-loan policy の効果として、2001 年に学士課程を卒業するクラスと

表 3-7　プリンストン大学の経済支援向上の効果

比較項目	Class of 2001 (1997 年入学)	Class of 2010 (2006 年入学)
経済支援を受ける学生数	432 名 (38%)	682 名 (55%)
低所得層学生数	88 名 (8%)	182 名 (15%)
マイノリティー学生数	290 名 (26%)	456 名 (37%)
平均奨学金	15,064 ドル	29,786 ドル
平均奨学金によってカバーされる授業料の割合	65%	90%
ローンの平均金額	3,455 ドル	ゼロ
想定される卒業時の要返済ローン債務額	13,820 ドル	2,500 ドル (教育関連購入品)

出典：Tilghman, S.M., 2007, " Expanding equal opportunity : the Princeton experience with financial aid," *Harvard Educational Review* 77 (4), p.441 による数値。

2010年に卒業するクラス（2006年秋にプリンストンに入学した学士課程クラス）の比較表が**表3-7**である。ローンがゼロとなった他、各比較項目で効果が確認できる[22]。財務的に潤沢で安定した状態であるプリンストン大学は、入学の経済的障壁を取り除き、また学生を卒業後の授業料返済義務から解放することとなった」(Tilghman, 2007, p.437)。

このNo-loan policyを採用するに至った背景として、Tilghman (2007) が述べている点は次の3点である。第一に2000年に終了した250周年記念キャンペーンが成功裏に終わったこと、第二に1990年代の後半にプリンストン大学の基本財産が成長し規模が大きくなったこと、第三に卒業生による使途制限の付かない年次寄付の増加によってプリンストン大学の財務力が大幅に強化されたことである。この潤沢な財務資源に導かれて、理事と大学幹部は、その資源を資金不足で入学希望をあきらめる学生をなくすことに使用する責任があると考えるようになった。

(2) プリンストン大学の年次財務報告書における授業料と大学独自奨学金

2002年から2007年の各年のプリンストン大学の年次財務報告書から、定価授業料収入、大学独自奨学金額、純授業料収入を個別に調査し集計したものが表3-8である。授業料はtuition and feesと記載されており、狭義の授業料に加えて、寮費、食費、手数料を含む学生納付金である。

定価授業料は、全員が大学独自奨学金をまったく受けずに、全額の定価授

表3-8　プリンストン大学の定価授業料、大学独自奨学金、純授業料収入

	2002	2003	2004	2005	2006	2007	年率[23]（%）
定価授業料 （千ドル）	168,402	178,960	189,607	199,707	213,176	227,480	6.2
大学独自奨学金 （千ドル）	85,134	92,894	102,834	111,232	120,425	132,124	9.2
純授業料 （千ドル）	83,268	86,066	86,773	88,475	92,751	95,356	2.7

出典：*Report of the Treasurer Princeton University 2002～2007*より算出。

業料を支払った場合に、大学が学生納付金収入として受け取るべき金額である。実際には大学独自奨学金によって、学生ごとに授業料割引（値引き）が行われ、全額を支払う学生は一部であるため、定価授業料は、いわば大学独自奨学金がまったくなかった場合の理論値である。財務報告書に定価授業料と純授業の両方が明記されている大学と純授業料のみを記載している大学とがある。プリンストン大学の場合は両方を記載している。

　年次財務報告書上の大学独自給付奨学金は、定価授業料から控除する金額として記載されている。授業料収入の欄に記載されている場合と、脚注（Notes to Consolidated Statement of Activities）に記載されている場合とがある。これは、授業料収入から会計処理上控除した大学独自奨学金の金額である。大部分の大学独自奨学金は、学生や家族の口座に入金することなしに直接、授業料収入から控除する金額として会計処理される。この合計額が年次財務報告書上の、奨学金（scholarships and fellowships）として授業料の控除項目として記載されている[24]。純授業料は、大学独自奨学金を控除したあとの純粋な授業料であり、実際の授業料収入となる金額である。

　この時期、プリンストン大学は、大学独自奨学金を平均年率9.2%のピッチで増強した。この大学独自奨学金が、実質的に授業料を値引きする効果をもたらした。すなわち、定価授業料を平均年率6.2%のペースで値上げし続けたにもかかわらず、学生と家族の負担は、平均年率2.7%の増加にとどめることができた（**表3-8**）。

(3) プリンストン大学の収入構成推移——基本財産からの収入に着目して——

　この大学独自奨学金の大幅な増強があった時期に、大学の収入面の構成はどのように推移したであろうか。プリンストン大学の収入構成を、純授業料収入、基本財産からの配分収入、その他の3つのカテゴリーに分けて2002年から2007年目までの推移を分析する。その他の収入は、連邦政府からの研究資金、スポンサー拠出の研究資金等が主たる内容である（**表3-9**）。

　表3-9にある「基本財産からの配分収入の20％相当額」は、仮に基本財産からの配分収入の20％が大学独自奨学金に使用されると仮定した場合

の、大学独自奨学金に使用されうる財源としての収入の額である。例えば第2章の第3節に掲げたプリンストン大学の基本財産の2007年度における支出領域では、学士課程向け奨学金が12.8％、大学院生の奨励金が14.6％で合計27.4％に達しているが、これは年々変動するので、仮に20％で固定した場合のいわば仮置き値である。実際の表3-8の大学独自奨学金の額と比較すると、20％相当額をかなり上回る実績額で推移しており、基本財産からの配分収入の20％相当額（仮置き）は、実際の大学独自奨学金（実績値）の64％から70％を財源としてカバーしている。足りない部分は純授業料収入またはその他の収入を財源としているか、あるいは基本財産の配分収入から20％を超えて支出されているかであるが、収入と支出がすべて紐つけされて公表されているわけではないのでこれ以上の分析は困難である。

表3-9　プリンストン大学　収入構成推移

	2002	2003	2004	2005	2006	2007	年率（％）
純授業料収入（千ドル）	83,268	86,066	86,773	88,475	92,751	95,356	2.7
基本財産からの配分収入[25]（千ドル）	281,137	304,083	329,183	356,235	405,845	464,182	10.5
同20％相当額（千ドル）	56,227	60,817	65,837	71,247	81,168	92,836	
その他の収入（千ドル）	385,716	356,443	363,539	382,132	423,037	437,449	2.5
合計（千ドル）	750,121	746,592	779,495	826,842	921,633	996,987	5.9
純授業料収入（％）	11.1	11.5	11.1	10.7	10.1	9.6	―
基本財産収入（％）	37.5	40.7	42.2	43.1	44.0	46.6	―
その他の収入（％）	51.4	47.8	46.7	46.2	45.9	44.0	―
合計（％）	100	100	100	100	100	100	―

出典：表3-8に同じ。

A2のイェール大学以下の分析に当っても、同様に基本財産からの配分収入の20％相当額（仮置き値）と実際の大学独自奨学金（実績値）とを比較する

第3章　基本財産と奨学金　219

ことによって、基本財産からの配分収入と大学独自奨学金の関連の大学ごとの特質の分析を行う。

　収入全体では、この5年間に年率5.9％のペースで増加したが、純授業料収入は年率2.7％の増加ペースに留まった。またその他の収入は、年率2.5％の伸びであった。この間、基本財産からの配分収入が年率10.5％の高いペースで増加し、全体の収入の伸びに貢献した。この結果、収入の構成比で見ると、純授業料は、2002年の11.1％から2007年には9.6％に低下した一方で、基本財産からの配分収入は37.5％から46.6％に増加した。

(4) プリンストン大学の学生1人当り基本財産と大学独自給付奨学金

　プリンストン大学の大学独自給付奨学金の大部分は、学生に支払われずに定価授業料の割引として会計上処理される。しかし、この他にも直接学生に支払われる大学独自給付奨学金も存在する。費用項目のその他の奨学金（Other student aid）として、2002年から順に、16,531ドル、19,285ドル、20,577ドル、22,584ドル、23,317ドル、26,148ドルが、各年度に計上されている。これらを授業料割引として先に見た大学独自給付奨学金に加えると、各年度の年次財務報告書に見る大学独自奨学金は、2002年から順に101,665ドル、112,179ドル、123,411ドル、133,816ドル、143,742ドル、158,272ドルである。

　この各年の数値を、プリンストン大学の各年のフルタイム換算学生数である、6,570人、6,681人、6,718人、6,739人、6,828人、7,085人で割ることによって、フルタイム換算学生1人当り大学独自給付奨学金の各年の金額を求めると、15,474ドル、16,791ドル、18,343ドル、19,857ドル、21,052ドル、22,339ドルとなる。これを縦軸にとり、学生1人当り基本財産額を横軸にとると、右上がりの一定の伸びに従っている（**図3-2**）。

　2001年秋にプリンストン大学は、すべての学生の経済支援から返済義務のあるローンを全廃した。プリンストン大学のケースでは、この大学独自給付奨学金の増強に基本財産はどのような役割を果たしたと認識されているのであろうか。2008年2月のプリンストン大学の資料では、大学独自

奨学金供与に基本財産が果たしている役割として次のように述べられている。「2007年では、奨学金予算の92％以上が大学の予算から来ており、その85％以上が基本財産からの収入で賄われている。プリンストン大学の卒業生は、長年にわたって奨学金の強い支援者で、学士課程奨学金に使途指定の付与された個別の基本財産のアカウントを1,000以上有している。基本財産は、学士課程奨学金提供に重要な役割を果たしている」（プリンストン大学2008年資料 pp.8-10）。

2001年以降、プリンストン大学の学生はローンを組むよう大学から要請されることはなくなった。大学の豊かな基本財産からの収入を財政的裏付けとしたローンなし政策は、「プリンストン大学をより一層経済的に費用負担可能（affordable）にする。またそれは卒業後のキャリア選択で大きな柔軟性を学生にもたらす」（プリンストン大学2008年資料 p.1）こととなった。

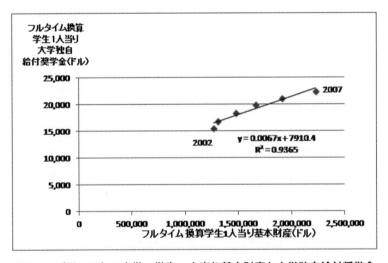

図3-2　プリンストン大学：学生1人当り基本財産と大学独自給付奨学金
出典：*Report of the Treasurer Princeton University 2002～2007, NACUBO Endowment Study 2002～2007* より作成。

2 イェール大学 (A2)

(1) イェール大学の大学独自奨学金の方針

イェール大学の 2008 年 3 月現在の奨学金供与方針は以下の通りである[26]。「イェール大学は、入学者選抜において、ニードブラインドの方針を採用している。すなわち受験学生の経済面の援助必要性を考慮に入れない選抜方法をとっている。加えてイェール大学は国際的な留学生も含めて、入学許可者の提示した奨学金上のニーズの全額に対応することを約束している。イェール大学のすべての学士課程学生奨学金は、ニードベースで提供される。イェール大学は、メリットベース奨学金やスポーツ奨学金を提供しない。イェール大学は、ここで学びたいと考える学士課程学生であれば誰でも経済的コストが障害となることはないということに確信を持てるようにすることを約束している。

イェール大学は、1998 年以降において、数度の機会を捉えて奨学金政策を改善してきた。その目的は、年収で中位あるいは低位の家計の学生にとってより負担しやすい、すなわちイェールの学士課程の教育を経済的に受けやすいようにすることであった。

1998 年に、イェール大学は、家族による貢献 (EFC：Expected Family Contribution) を計算する際の家族の資産について、それまで算定に含まれていたカテゴリーを、算定対象から除外した。これによって多くの学生の家族により貢献されるべき金額は大幅に減額となった。また海外からの留学生向けの奨学金の数を倍増した。2000 年にイェール大学は、ニードブラインド入試の方針と提示された経済的援助必要額にフルに対応するという奨学金方針を留学生にも拡大した。2005 年に、イェール大学は、家計収入が 45,000 ドル未満の両親の場合の家族による貢献を免除した。また年収が 60,000 ドル未満である両親からの貢献を大幅に減額した。イェール大学はまた、海外での夏期研修やインターンシップを経済的に支援する学士課程学生向け奨学金の提供を開始した。イェール大学は、多くの大学で見られる早期選抜方針 (early decision admissions policies) が、学生を拘束し、複数の大学から提案されるその学生向けの奨学金パッケージを比較検討することを結果として困難に

していることに懸念を抱いていた。この観点から2002年に、同じように選抜性の高いグループの大学と話し合い、早期選抜をやめる方向で主導した」（イェール大学2008年資料pp.4-5)。

　また2006年のイェール大学の年次財務報告では、イェール大学の学士課程の奨学金について次のように述べている。「大学独自の奨学金を拡大することは、イェール大学の重要でコストのかかる課題であり、年次寄付と基本財産を必要とする。学士課程レベルでは、連邦政府による奨学金援助が長期的に縮小してきた。1978年には、イェールの学生が受ける奨学金の25％が連邦政府からのものであったが、2006年現在では5％未満に減少し、イェール大学の独自奨学金によって不足分がカバーされている。最も将来性の豊かな志願学生層では、各大学が提示する奨学金パッケージによって大学を選ぶことがしばしばあるので、大学独自奨学金のコストは毎年増大する。2006年現在では、イェール大学の学士課程に関しては、両親の貢献が27％、イェール大学独自奨学金が52％、連邦と州の奨学金が4％、その他の外部の奨学金が4％、学生自助努力が13％となっている」(イェール大学年次財務報告書, 2006年, p.6)。

(2) イェール大学の年次財務報告書における授業料と大学独自奨学金

　2002年から2007年の各年のイェール大学における年次財務報告書から、定価授業料収入、大学独自奨学金額、純授業料収入を個別に調査し集計したものが表3-10である。プリンストン大学の場合と同様に、狭義の授業料に加えて、寮費、食費、手数料を含む学生納付金である。イェール大学の場合には、純授業料 (Student income, net) が記載されており、定価授業料から減額される大学独自奨学金の金額は、脚注 (Notes to Financial Statement) の授業料の項目に明記されている。

　この時期、イェール大学は、大学独自奨学金を平均年率10.8％のピッチで増強した。この大学独自奨学金が、実質的に授業料を値引きする効果をもたらした。すなわち、定価授業料を平均年率5.3％のペースで値上げし続けたにもかかわらず、学生と家族の負担は、平均年率2.5％の増加にとどめ

ることができた(**表 3-10**)。授業料から控除する大学独自奨学金の増加ペース 10.8%は、プリンストン大学の年率 9.2%を更に上回る高い伸び率である。この結果、純授業料の伸び率 2.5%は、プリンストン大学の純授業料の伸び率 2.7%を下回る水準に抑える結果となった。

表 3-10　イェール大学の定価授業料、大学独自奨学金、純授業料収入

	2002	2003	2004	2005	2006	2007	伸率(%)
定価授業料(千ドル)	300,640	317,797	330,969	350,417	371,531	390,074	5.3
大学独自奨学金(千ドル)	91,600	107,400	114,900	126,700	135,600	153,300	10.8
純授業料(千ドル)	209,040	210,397	216,069	223,717	235,931	236,774	2.5

出典：*Yale University Financial Report 2002～2007.* より算出

(3) イェール大学の収入構成推移──基本財産からの収入に着目して──

　この大学独自奨学金の大幅な増強があった時期に、大学の収入面の構成はどのように推移したであろうか。その他の収入は、連邦政府からの研究資金、スポンサー拠出の研究資金、医療サービス収入等が主たる内容である(表3-11)。

　第 2 章の第 3 節に掲げたイェール大学の基本財産の 2007 年度の支出領域では、学生奨学金とポストドクター研究生への研究奨励金が 22.5%と公表されている。実際の表 3-10 に示された大学独自奨学金の額は、基本財産からの配分収入の 20%相当額をわずかに上回る実績額で推移している。基本財産からの配分収入の 20%相当額(仮置き値)は、実際の大学独自奨学金(実績値)の 87%から 91%を財源としてカバーしている。

　収入全体では、この 5 年間に年率 7.7%のペースで増加したが、純授業料収入は年率 2.5%の増加ペースに留まった。またその他の収入は、全体の伸びとほぼ同じ年率 7.3%の伸びであった。この間、基本財産からの配分収入が年率 10.5%の高いペースで増加し、全体の収入の伸びに貢献した。この結果、収入の構成比で見ると、純授業料は、2002 年の 14.3%から 2007 年

には11.2％に低下した一方で、基本財産からの配分収入は28.3％から32.3％に増加した（**表3-11**）。

表3-11　イェール大学　収入構成推移

	2002	2003	2004	2005	2006	2007	年率(％)
純授業料収入（千ドル）	209,040	210,397	216,069	223,717	235,931	236,774	2.5
基本財産からの配分収入（千ドル）	415,020	470,097	502,023	567,005	615,745	684,482	10.5
同20％相当額（千ドル）	83,004	94,019	100,405	113,401	123,149	136,896	
その他の収入（千ドル）	842,509	873,253	959,823	1,044,875	1,119,343	1,199,953	7.3
合計（千ドル）	1,466,569	1,553,747	1,677,915	1,835,597	1,971,019	2,121,209	7.7
純授業料収入（％）	14.3	13.5	12.9	12.2	12.0	11.2	―
基本財産収入（％）	28.3	30.3	29.9	30.9	31.2	32.3	―
その他の収入（％）	57.4	56.2	57.2	56.9	56.8	56.5	―
合計（％）	100	100	100	100	100	100	―

出典：表3-10に同じ。

(4) イェール大学の学生1人当り基本財産と大学独自給付奨学金

イェール大学の大学独自給付奨学金も、プリンストン大学の場合と同様に、その大部分は、学生に支払われずに定価授業料の割引として会計上処理される。しかし、この他にも直接学生に支払われる大学独自給付奨学金も存在する。予算支出実績の費用項目の学生奨学金（Students stipends）として、2002年から順に、43,880ドル、48,812ドル、52,020ドル、54,079ドル、59,740ドル、62,952ドルが、各年度に計上されている。これらを授業料割引として先に見た大学独自給付奨学金に加えると、各年度の年次財務報告書に見る大学独自奨学金は、2002年から順に135,480ドル、156,212ドル、166,920ドル、180,779ドル、195,340ドル、216,252ドルである。

この各年の数値を、イェール大学の各年のフルタイム換算学生数である、11,014人、11,158人、11,271人、11,246人、11,346人、11,358人で割ることによって、フルタイム換算学生1人当り大学独自給付奨学金の各年の金額を求めると、12,301ドル、14,000ドル、14,810ドル、16,075ドル、17,217ドル、19,040ドルとなる。これを縦軸にとり、学生1人当り基本財産額を横軸にとると、右上がりの一定の伸びに従っている(図3-3)。

2008年2月のイェール大学の資料では、奨学金供与に基本財産が果たしている役割として次のように述べられている。「奨学金供与に基本財産が果たしている役割は以下の通りである。2007年6月末時点で、イェール大学の基本財産は学士課程奨学金を充実させていく上で欠かせない役割を果たしている。上述した奨学金政策の学生にとって有利な方向での改善は、基本財産からの収入なくしては、非常に困難であった」(イェール大学2008年資料 p.8)。

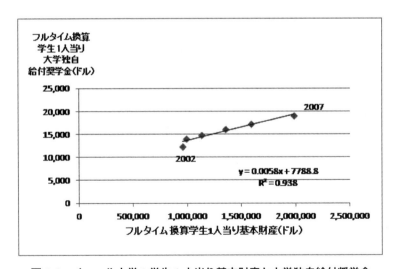

図3-3　イェール大学：学生1人当り基本財産と大学独自給付奨学金
出典：*Yale University Financial Report 2002〜2007, NACUBO Endowment Study 2002〜2007* より作成。

3 ハーバード大学（A3）

(1) ハーバード大学の大学独自奨学金の方針

ハーバード大学の学士課程学生奨学金の 2008 年 2 月現在の方針は次の通りである[27]。

「ハーバード大学の学士課程の学生選抜方針は、志願者の経済的資力にかかわらず選抜し、合格した学生家族が提示した経済的ニードにフルに応えるというものである。大学独自奨学金と連邦奨学金と州による奨学金とその他の外部機関の奨学金の組み合わせで、個々の学生に対して奨学金パッケージが決定される。

学士課程学生向けの大学独自奨学金は、すべてニードベース奨学金で、奨学金プログラムの 63％は、何十年にもわたる卒業生と学友による寄付に基づく 1,500 以上にものぼる基本財産によって賄われている。更に 2004 年から 2007 年までに、ハーバード大学は、学士課程奨学金に関していくつかのイニシアティブを新たに開始した。これらの政策は、家族の年収にかかわらず、すべての才能ある学生がハーバード大学の学士課程教育を享受しやすくすることを目指した。2004 年に、年収 40,000 ドル未満の家族に対して、両親による貢献として算定する金額を減額し、家族の負担を軽減した。2006 年には、同様に年収 60,000 ドル未満の家計に対して、家族による貢献として算定する金額を減額した。

例えば 2008 年度では、ハーバード大学の学士課程在籍費用（COA）は、45,620 ドルである。これは定価授業料と寮費[28]と食費とその他の手数料を含む。しかしながら、ハーバード大学の学士課程学生の 51％は大学独自奨学金を受けており、その結果、在籍費用のわずかな部分だけを実際に支払っている。学士課程向け奨学金の奨学金受給学生 1 人当りの平均は 32,989 ドルである。この 32,989 ドルの内訳は、大学独自奨学金が 29,635 ドル、連邦から財源のものが 1,635 ドル、州からのものが 214 ドル、私的な外部財源のものが 1,505 ドルである。この結果、残りの部分、奨学金を受給している学生と家族によって負担される正味の費用の平均は 12,631 ドル[29]となっている。これは学士課程在籍費用 45,620 ドルの 28％に相当する金額で、大

学独自奨学金の部分が、45,620ドルの65%をカバーしている。

　1999年度から2008年度までの10年間で、学士課程在籍費用は31,132ドルから45,620ドルに増加した。これは年平均4%の増加に相当する。一方、学士課程学生向け奨学金は、年率7%相当のペースで増加し、18,197ドルから32,989ドルに拡充された。この平均奨学金供与額の急激な増加は、学士課程向け大学独自奨学金予算が、1999年の約5千万ドルから、2008年の約1億ドルに倍増されたことによって達成された」（ハーバード大学2008年資料 pp.2-4）。

(2) ハーバード大学の年次財務報告書における授業料と大学独自奨学金

　2002年から2007年の各年のハーバード大学の年次財務報告書から、定価授業料収入、大学独自奨学金額、純授業料収入を個別に調査し集計したものが表3-12である。授業料はStudent incomeと記載されており、狭義の授業料に加えて、寮費、食費、手数料を含む学生納付金である。

　この時期、ハーバード大学は、大学独自奨学金を平均年率11.2%のピッチで増強した。この大学独自奨学金が、実質的に授業料を値引きする効果をもたらした。すなわち、定価授業料を平均年率6.7%のペースで値上げし続けたにもかかわらず、学生と家族の負担は、平均年率5.2%の増加にとどめることができた（**表3-12**）。

表3-12　ハーバード大学の定価授業料、大学独自奨学金、純授業料収入

	2002	2003	2004	2005	2006	2007	伸率（%）
定価授業料 （千ドル）	661,560	683,236	729,738	775,464	822,078	888,189	6.7
大学独自奨学金 （千ドル）	152,060	158,350	173,437	189,000	209,957	230,562	11.2
純授業料 （千ドル）	509,500	524,886	556,301	586,464	616,121	657,627	5.2

出典：*Financial Report to the Board of Overseers of Harvard College Fiscal Year 2002〜2007* より算出。

(3) ハーバード大学の収入構成推移——基本財産からの収入に着目して——

　この大学独自奨学金の大幅な増強があった時期に、大学の収入面の構成はどのように推移したであろうか。ハーバード大学の収入構成を、純授業料収入、基本財産からの配分収入、その他の3つのカテゴリーに分けて2002年から2007年目までの推移を分析する。その他の収入は、連邦政府からの研究資金、スポンサー拠出の研究資金等が主たる内容である（**表3-13**）。

　第2章の第3節に掲げたハーバードの大学の基本財産の2007年度の支出領域では、学生に対する奨学金が22％と公表されている。実際の表3-12の大学独自奨学金の額は、基本財産からの配分収入の20％相当額をわずかに上回る実績額で推移している。基本財産からの配分収入の20％相当額（仮置き値）は、実際の大学独自奨学金（実績値）の89％から99％を財源としてカバーしている。

　収入全体では、この5年間に年率6.4％のペースで増加した。純授業料収

表3-13　ハーバード大学　収入構成推移

	2002	2003	2004	2005	2006	2007	年率(％)
純授業料収入(千ドル)	509,500	524,886	556,301	586,464	616,121	657,627	5.2
基本財産からの配分収入(千ドル)	754,240	770,670	807,645	854,757	933,337	1,043,755	6.7
同20％相当額(千ドル)	150,848	154,134	161,529	170,951	186,667	208,751	—
その他の収入(千ドル)	1,093,260	1,177,136	1,233,760	1,359,715	1,450,125	1,509,124	6.7
合計（千ドル）	2,357,000	2,472,692	2,597,706	2,800,936	2,999,583	3,210,506	6.4
純授業料収入(％)	21.6	21.2	21.4	20.9	20.5	20.5	—
基本財産収入(％)	32.0	31.2	31.1	30.5	31.1	32.5	—
その他の収入(％)	46.4	47.6	47.5	48.5	48.3	47.0	—
合計（％）	100	100	100	100	100	100	—

出典：表3-12に同じ。

入は年率5.2％の増加ペースに留まった。この間、基本財産からの配分収入も年率6.7％の高いペースで増加し、全体の収入の伸びに貢献した。この結果、収入の構成比で見ると、基本財産からの配分収入は32.0％から32.5％にわずかに増加した。各年とも30％台前半で推移している。

(4) ハーバード大学の学生1人当り基本財産と大学独自給付奨学金

　ハーバード大学の大学独自給付奨学金の大部分は、学生に支払われずに定価授業料の割引として会計上処理される。しかし、この他にも直接学生に支払われる大学独自給付奨学金も存在する。費用項目のその他の奨学金（Scholarships and other student awards）として、2002年から順に、62,940ドル、79,510ドル、89,414ドル、94,116ドル、99,574ドル、108,588ドルが、各年度に計上されている。これらを授業料割引として先に見た大学独自給付奨学金に加えると、各年度の年次財務報告書に見る大学独自奨学金は、2002年から順に215,000ドル、237,960ドル、262,851ドル、283,116ドル、305,531ドル、339,150ドルである。この各年の数値を、ハーバード

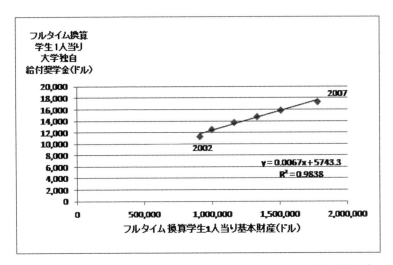

図3-4　ハーバード大学：学生1人当り基本財産と大学独自給付奨学金
出典：*Financial Report to the Board of Overseers of Harvard College Fiscal Year 2002〜2007, NACUBO Endowment Study 2002〜2007* より作成。

大学の各年のフルタイム換算学生数である、18,924 人、18,917 人、19,060 人、19,137 人、19,218 人、19,514 人で割ることによって、フルタイム換算学生 1 人当り大学独自給付奨学金の各年の金額を求めると、11,361 ドル、12,574 ドル、13,791 ドル、14,794 ドル、15,898 ドル、17,380 ドルとなる。これを縦軸にとり、学生 1 人当り基本財産額を横軸にとると、右上がりの一定の伸びに従っている(**図3-4**)。

大学独自奨学金に基本財産が果たしている役割について、ハーバード大学は「基本財産の投資のリターンがこの時期に力強い結果であったことから、学士課程大学独自奨学金予算の増強に使用した」(ハーバード大学 2008 年資料 p.9) としている[30]。

4 スタンフォード大学(B1)

(1) スタンフォード大学の大学独自奨学金の方針

スタンフォード大学の学士課程学生奨学金の 2008 年 2 月現在の方針は次の通りである[31]。

「スタンフォード大学は、学士課程の入学者選抜においては学費支払能力をまったく考慮しない。そしてかつ選抜され入学するすべての学生が開示した経済的必要性に対して個々の支援をフルに行う。スタンフォード大学の学費援助オフィスは収入、資産、家族構成等の要素を検討してスタンフォード大学の教育に対する家族の支払能力を個々に設定する。インスティテューショナル・メソドロジー (Institutional Methodology : IM) と呼ばれる標準算定方式がこの算定の基礎となる。大学独自奨学金は、計算された家族による貢献額とスタンフォードで学ぶ学士課程在籍費用の差額として決定される。留学生はこのニードブラインド選抜の例外である。学費援助を必要とする留学生は毎年限られた人数が入学を許可される。

家族による貢献額は、毎年見直されるが、家族の経済的状況に変化がなければ、決められた金額は変化しない。定価授業料の値上げがあっても、この家族の支払能力との差額を大学が大学独自奨学金の増額として対応するので、家族の負担が増えることはない。値上げを負担できるだけの支払能力を持つ

家族だけが授業料値上げ分を負担する。これはスタンフォード大学の経済援助プログラムの鍵となる原則である。この原則はニードベース奨学金の受給者に対する定価授業料値上げの影響を軽減する。

スタンフォードのインスティテューショナル・メソドロジーは、連邦政府による連邦メソドロジー (Federal Methodology: FM) とは計算方法が異なる。スタンフォード大学の算定方法の方が、家族の実際の支払い能力をよりよく示している。連邦政府の計算方法は、家族の支払うべき金額として、スタンフォード大学の方法よりも大きい金額を見積もっている。スタンフォード大学が、インスティテューショナル・メソドロジーに基づく計算で大学独自奨学金を決定すると、連邦政府や州政府の給付奨学金やローンが必要でなくなることもしばしば発生する。言い換えると、スタンフォード大学の拡張的な奨学金プログラムが、当該学生が受けるかもしれなかった政府による援助プログラムを肩代わりする結果になることもしばしば発生する。この効果は年収 60,000 ドル未満の家族の場合に最もよく現われる。年収 60,000 ドル未満の家族に対しては、連邦政府方式では 5,000 ドルほどの家族による貢献を求めているのに対して、スタンフォード方式では年収が 60,000 ドル未満の家族に対しては、授業料、寮費、食費、その他の支出まで含めて大学独自奨学金で援助するため家族の負担はゼロである」(スタンフォード大学 2008 年資料 p.7)。

(2) スタンフォード大学の年次財務報告書における授業料と大学独自奨学金

2002 年から 2007 年の各年のスタンフォード大学の年次財務報告書から、定価授業料収入、大学独自奨学金額、純授業料収入を個別に調査し集計したものが表 3-14 である。授業料は tuition and fees と記載されており、狭義の授業料に加えて、寮費、食費、手数料を含む学生納付金である。

この時期、スタンフォード大学は、大学独自奨学金を平均年率 7.9% のピッチで増強した。この大学独自奨学金が、実質的に授業料を値引きする効果をもたらした。すなわち、定価授業料を平均年率 6.0% のペースで値上げし続けたにもかかわらず、学生と家族の負担は、平均年率 5.3% の増加にとどめ

ることができた（**表3-14**）。

表3-14　スタンフォード大学の定価授業料、大学独自奨学金、純授業料収入

	2002	2003	2004	2005	2006	2007	伸率（%）
定価授業料 （千ドル）	411,533	433,919	460,445	493,090	519,059	550,124	6.0
大学独自奨学金 （千ドル）	106,693	116,102	128,055	137,171	142,898	156,062	7.9
純授業料 （千ドル）	304,840	317,817	332,390	355,919	376,161	394,062	5.3

出典：*Stanford University Annual Report 2002 〜 2007* より算出。

(3) スタンフォード大学の収入構成推移——基本財産からの収入に着目して——

この大学独自奨学金の大幅な増強があった時期に、大学の収入面の構成はどのように推移したであろうか。スタンフォード大学の収入構成を、純授業料収入、基本財産からの配分収入、その他の収入の3つのカテゴリーに分けて2002年から2007年目までの推移を分析する。

スタンフォード大学の年次財務報告は、大学部門（University）と病院部門（Hospitals）の両方を含めて作成されているが、収入面については、この二つの部門は区分して記載されている。大学部門が病院と契約を締結し、健康管理サービス（Health Care Services）を提供する活動に関わる大学側の収入は、大学部門の収入に計上されている。一方、患者に対する病院部門のサービス提供にかかわる収入は、病院部門の収入（Patient Care, net）に計上される。ここでは、大学部門について集計して分析している。その他の収入は、連邦政府からの研究資金、スポンサー拠出の研究資金、大学が提供した健康管理サービス収入等が主たる内容である（**表3-15**）。

第2章の第3節に掲げたスタンフォード大学における基本財産の2007年度の支出領域では、学士課程学生向け奨学金が12.5%、大学院生奨学金とポストドクター奨学金が15.7%と公表されている。合計で28.2%となる。実際の表3-14の大学独自奨学金の額は、基本財産からの配分収入の20%相当額を3割ほど上回る実績額で推移している。基本財産からの配分収入の

20％相当額（仮置き値）は、実際の大学独自奨学金（実績値）の62％から78％を財源としてカバーしている。

表 3-15　スタンフォード大学　収入構成推移

	2002	2003	2004	2005	2006	2007	年率（％）
純授業料収入（千ドル）	304,840	317,817	332,390	355,919	376,161	394,062	5.3
基本財産からの配分収入（千ドル）	377,765	391,416	399,950	451,959	534,734	608,969	10.0
同20％相当額（千ドル）	75,553	78,283	79,990	90,392	106,947	121,794	
その他の収入（千ドル）	1,436,831	1,602,122	1,640,961	1,820,888	1,964,828	2,152,049	8.4
合計（千ドル）	2,199,436	2,311,355	2,373,301	2,628,766	2,875,723	3,155,080	8.3
純授業料収入（％）	14.4	13.8	14.0	13.5	13.1	12.5	―
基本財産収入（％）	17.8	16.9	16.9	17.2	18.6	19.3	―
その他の収入（％）	67.8	69.3	69.1	69.3	68.3	68.2	―
合計（％）	100	100	100	100	100	100	―

出典：表3-14に同じ。

収入全体では、この5年間に年率8.3％のペースで増加したが、純授業料収入は年率5.3％の増加ペースに留まった。またその他の収入は、全体の伸びと同じ年率8.4％の伸びであった。この間、基本財産からの配分収入が年率10.0％の高いペースで増加し、全体の収入の伸びに貢献した。

この結果、収入の構成比で見ると、純授業料は、2002年の14.4％から2007年の12.5％に低下した一方で、基本財産からの配分収入は17.8％から19.3％に増加した。なお、スタンフォード大学の2007年の年次財務報告書の18頁では、予算収入の構成比を円グラフで表示し、授業料収入12％、投資収入22％、スポンサー付き研究費34％、健康管理サービス収入12％、その他20％となっている。この投資収入には、基本財産からの配分収入以外

のその他の投資収入が含まれているため、19.3％よりやや大きい数字となっている。19頁の内容説明で基本財産からの配分収入は、609百万ドルであることが内訳として明記されている。

(4) スタンフォード大学の学生1人当り基本財産と大学独自給付奨学金

スタンフォード大学の年次財務報告書の費用項目では、人件費、減価償却費、その他という内訳記載となっており、その他の奨学金（Other student aid）は項目として記載されていない。授業料割引として先に見た大学独自給付奨学金が、2002年から順に106,693ドル、116,102ドル、128,055ドル、137,171ドル、142,898ドル、156,062ドルである。この各年の数値を、スタンフォード大学の各年のフルタイム換算学生数である、13,182人、14,339人、14,454人、14,846人、13,155人[32]、14,890人で割ることによって、フルタイム換算学生1人当り大学独自給付奨学金の各年の金額を求めると、8,094ドル、8,097ドル、8,859ドル、9,240ドル、10,863ドル、10,481ドルとなる。これを縦軸にとり、学生1人当り基本財産額を横軸にとると、右上がりの一定の伸びに従っている（**図3-5**）。

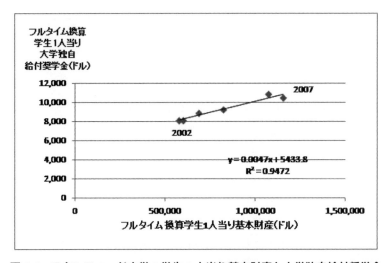

図3-5　スタンフォード大学：学生1人当り基本財産と大学独自給付奨学金
出典：*Stanford University Annual Report 2002～2007, NACUBO Endowment Study2002～2007* より作成

2008年2月のスタンフォード大学の資料では、奨学金供与に基本財産が果たしている役割として次のように述べている。

「スタンフォード大学の基本財産は、奨学金の提供において鍵となる役割を果たしている。学費援助プログラムの金額は大きいので、基本財産からの財源に加えて、大学の他の財源も使用されている。基本財産は、直接に奨学金として使用されるだけではなく、教員給与や教育プログラム費用に使用される。この基本財産の財源のおかげで、学生と家族はその質の向上部分を請求されることなく、質の高い教育を享受することができる。基本財産が広い使途に使用される効果として、スタンフォード大学は、定価授業料すなわち学費援助前の授業料を、1人の学生を学士課程で教育する真のコストのおよそ3分の2の水準[33]に設定することが可能となっている」(スタンフォード大学2008年資料 p.11)。

5　MIT（マサチューセッツ工科大学）(B2)

(1) MIT の大学独自奨学金の方針

MIT の学士課程学生奨学金の2008年3月現在の方針は次の通りである[34]。

「MIT の奨学金政策は、学生の経済的理由を、MIT で学ぶことの障壁にはしないということに中心価値が置かれている。MIT の真のコストの約半分以下の水準に定価授業料を設定している。学生は、実際に MIT での教育にかかる費用の一部分だけを負担する。合格者の約80％が奨学金を申請する。MIT の学生選抜は、志願者の強さ、才能、将来性によって判定される。経済的状況が選考の基準となることはなく、かつニードベースで奨学金を供与する。MIT はアカデミックな育英奨学金やスポーツ育英奨学金などのメリットベースの奨学金は供与しない。

MIT の定価授業料のうち両親がいくら貢献できるかの算定には College Board のインスティテューショナル・メソドロジーを用いる。考慮する要素は、両親の収入、資産、費用や借金、家族の人数、両親の経済力に依存する者の人数とそれらの人の現在および将来の教育費用である。授業料、手数料、寮費、食費、書籍代、学用品、交通費その他の合計と両親による貢献との差

額について計算し、この不足部分を MIT が対応する。この方針により、低所得層、中間所得層、アッパーミドル所得層の家庭の学生が MIT に入学する基盤が確保されている」(マサチューセッツ工科大学 2008 年資料 p.7)。

　両親による貢献の算定に College Board の汎用的な方法を用いるということは、アメリカの主要な私立大学で比較的標準的に採用されている共通的な方法[35]を用いていることを意味する。これまで見てきた A グループの 3 大学や B グループのスタンフォード大学が、各大学の独自の方法で家族による貢献期待額を算定しているのと比較すると、この方針はいわば通常の方針ということができる。大学独自奨学金パッケージを独自に魅力的なものとすることによって、優秀な学生を獲得しようとする選抜性の高い大学同士の競争において、やや消極的とも考えられる。

　この背景には次の 2 点が考えられる。第一点は MIT が自他ともに認めるアメリカの科学と技術の中心であり、優秀な学生の選抜獲得競争において分野別では抜きん出たポジションにあることである。第二点は大学独自奨学金の財務的な資源である基本財産の増強の面で、A グループの 3 大学や B グループのスタンフォード大学に及ばないことが影響している可能性があることである。

(2) MIT の年次財務報告書における授業料と大学独自奨学金

　2002 年から 2007 年の各年の MIT における年次財務報告書から、定価授業料収入、大学独自奨学金額、純授業料収入を個別に調査し集計したものが表 3-16 である。授業料は tuition and other income と記載されており、狭義の授業料に加えて、寮費、食費、手数料を含む学生納付金である。授業料から控除された大学独自奨学金の金額も明記されている。

　この時期、MIT の大学独自奨学金は平均年率 5.2％のピッチで増加した。この大学独自奨学金が、実質的に授業料を値引きする効果をもたらした。しかし、定価授業料の年平均値上げ率 5.8％を下回ったため、学生と家族の負担は、平均年率 6.3％の増加となった。(**表 3-16**)。

表3-16 MITの定価授業料、大学独自奨学金、純授業料収入

	2002	2003	2004	2005	2006	2007	伸率（％）
定価授業料 （千ドル）	297,924	322,525	344,009	362,299	373,308	394,652	5.8
大学独自奨学金 （千ドル）	144,085	154,692	168,194	165,458	174,140	185,399	5.2
純授業料 （千ドル）	153,839	167,833	175,815	196,841	199,168	209,253	6.3

出典：Massachusetts Institute of Technology *Basic Financial Statements of the Institute 2002 〜 2007* より算出。

(3) MITの収入構成推移――基本財産からの収入に着目して――

この定価授業料の値上げを、大学独自奨学金の増強がカバーしきれず、学生と家族の負担が増加した時期に、大学の収入面の構成はどのように推移したであろうか。MITの収入構成を、純授業料収入、基本財産からの配分収入、その他の3つのカテゴリーに分けて2002年から2007年目までの推移を分析する。MITのその他の収入は、連邦政府からの研究資金、スポンサー拠出の研究資金等が主たる内容である（**表3-17**）。

第2章の第3節に掲げたMITの基本財産の2007年度の支出領域では、学士課程学生向け奨学金が19.3％、学科の大学院生向け援助資金1.8％と公表されている。合計で21.1％となる。実際の表3-16の大学独自奨学金の額は、基本財産からの配分収入の20％相当額の3倍弱の実績額で推移している。基本財産からの配分収入の20％相当額（仮置き値）は、実際の大学独自奨学金（実績値）の34％から41％を財源としてカバーしている。

収入全体では、この5年間に年率6.6％のペースで増加し、純授業料収入も年率6.3％の増加であった。またその他の収入は、全体の伸びを上回る年率7.7％の伸びであった。この間、基本財産からの配分収入は、年率1.7％の低いペースでの伸びに留まった。この結果、収入の構成比で見ると、純授業料は、2002年の9.7％から2007年には9.6％と横ばいで推移したが、基本財産からの配分収入は18.6％から14.7％に貢献度が低下した（表3-17）。

表 3-17　MIT　収入構成推移

	2002	2003	2004	2005	2006	2007	年率(%)
純授業料収入（千ドル）	153,839	167,833	175,815	196,841	199,168	209,253	6.3
基本財産からの配分収入（千ドル）	295,231	289,822	287,927	293,012	299,943	321,483	1.7
同20%相当額（千ドル）	59,046	57,964	57,585	58,602	59,989	64,297	
その他の収入（千ドル）	1,137,332	1,096,092	1,368,641	1,539,660	1,641,624	1,649,635	7.7
合計（千ドル）	1,586,402	1,553,747	1,832,383	2,029,513	2,140,735	2,180,371	6.6
純授業料収入（%）	9.7	10.8	9.6	9.7	9.3	9.6	―
基本財産収入（%）	18.6	18.7	15.7	14.4	14.0	14.7	―
その他の収入（%）	71.7	70.5	74.7	75.9	76.7	75.7	―
合計（%）	100	100	100	100	100	100	―

出典：表 3-16 に同じ。

(4) MIT の学生 1 人当り基本財産と大学独自給付奨学金

　MIT の大学独自給付奨学金の大部分は、学生に支払われずに定価授業料の割引として会計上処理される。しかし、この他にも直接学生に支払われる大学独自給付奨学金も存在する。年次財務報告書の脚注の授業料と奨学金の項目に授業料からの控除額とは別に明記されている。2002 年から順に、12,129 ドル、13,472 ドル、13,858 ドル、13,782 ドル、14,522 ドル、12,688 ドルが、各年度に計上されている。これらを授業料割引として先に見た大学独自給付奨学金に加えると、各年度の年次財務報告書に見る大学独自奨学金は、2002 年から順に 156,214 ドル、168,164 ドル、182,052 ドル、179,240 ドル、188,662 ドル、198,087 ドルである。
　この各年の数値を、MIT の各年のフルタイム換算学生数である、9,925 人、10,038 人、10,300 人、10,300 人、10,200 人、10,250 人で割ることによって、フルタイム換算学生 1 人当り大学独自給付奨学金の各年の金額を求め

第3章　基本財産と奨学金　239

ると、15,739 ドル、16,753 ドル、17,675 ドル、17,402 ドル、18,496 ドル、19,326 ドルとなる。これを縦軸にとり、学生1人当り基本財産額を横軸にとると、2002年から2003年のスタート時点で、横軸方向に減少している点が特色である。すなわちフルタイム換算学生1人当り基本財産の減少を経験している（**図 3-6**）。

縦軸方向の大学独自奨学金も 2004 年から 2005 年にかけて前年より減少となった。当時の MIT の Provost であった Brown は 2004 年の MIT Faculty Newsletter への寄稿文の中で、「2005 年予算の中での学士課程奨学金の増強は難しそうである。学生と家族の自己解決部分を軽減することはできそうもないが、学士課程奨学金の現在の水準を何とか維持したい。基本財産からの収入の減少によって、大学独自奨学金の大きな部分が、基本財産以外の収入に頼ることにならざるを得ない」(Brown, 2004, p.12) と説明している。

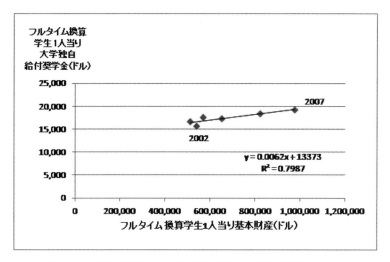

図 3-6　MIT：学生 1 人当り基本財産と大学独自給付奨学金
出典：Massachusetts Institute of Technology *Basic Financial Statements of the Institute 2002～2007*, NACUBO *Endowment Study 2002～2007* より作成。

2008 年 2 月の MIT の資料では、奨学金供与に基本財産が果たしている役割として次のように述べている。

「MITの基本財産は、次の3つのルートで学生に対する経済援助を行っている。第一は、すべてのMITの学生に教育を提供する費用を負担することである。第二は、学士課程学生の経済的必要性に対して奨学金を提供することである。第三は、学生の授業料と関係しない費用にさまざまな給付や援助を与えることである。MITの基本財産は、他の大学と同様に長期間に渡るサポートを提供するように指定されたさまざまな資産から成り立っている。

2007年6月末時点で、MITの基本財産は、寄付者の指定に従うべく個別に設定された2,898の基本財産のユニットの集合として保持され、管理されている。学士課程学生向け奨学金として使途指定された基本財産は、基本財産全体の約13％である。これは学士課程奨学金の財源として重要で、2007年からさかのぼる過去10年間にMITの学費課程奨学金の平均で71％をカバーしてきた。残りの29％は、制限の付かない一般大学予算財源によってカバーされてきた。MITは、40年以上前にニードブラインド入試を始めて以来、学士課程奨学金に一般大学予算財源も使用してきた。MITの基本財産の62.4％に寄付者による使途制限が付されている。使途制限のうち最大のものは教育のための寄付講座で、2番目に大きい使途制限カテゴリーが学士課程奨学金である。

MITの基本財産は、奨学金の財源となるばかりでなく、教育の他の要素を補強する面でも極めて重要な役割を果たしている。海外留学や地域サービスラーニングや研究体験などの学習機会は、MITの教育で重要である。経済的に余裕のある学生だけでなく、すべての学生がこうしたプログラムに参加できることを確保するために、基本財産からの収入がその責任の一部を担っている。そのプログラムに使途指定されている場合も、また使途指定がない場合もある。例えば、基本財産の一部は、MIT Service Fellowshipというプログラムに使途指定されているが、この基本財産のおかげで、収入の低い学生も夏休みのアルバイトをしないでサービスラーニングプログラムに参加することができる。また海外での研究プログラムに学生が参加するために旅費の補助も行っているが、これらの制度を成り立たせる費用を基本財産が負担している」（MIT 2008年資料 p.13）。

6 シカゴ大学 (B3)

(1) シカゴ大学の大学独自奨学金の方針

シカゴ大学の学士課程学生奨学金の 2008 年 3 月現在の方針は次の通りである[36]。

「シカゴ大学は、比較的少数の選抜性の高い大学のグループに属しており、アメリカの学生に対しては、ニードブラインド入試の方針を採用している。入学の合否を判定する際には、志願者の経済的状況を考慮しないという入試方針である。シカゴ大学のニードブラインド入試政策は、確固とした経済援助プログラムを必要とするばかりでなく、大学、政府、学生、学生の家族の緊密な協力を必要とする。学士課程の教育を受けるために必要な学生にとっての経済的コストを賄えるように、家族の財源とニードベース奨学金とを結合する。一人一人の学生の家族側からフォーミュラに従って具体的に説明された 4 年間の在籍期間の必要額の 100％を、シカゴ大学は、奨学金パッケージを通じて対応するように努力している。現状、学士課程学生の 45％が、ニードベース奨学金を受けている。ニードベース奨学金を受けている多くの学生が、教育ローンやワークスタディの義務を軽減するために成績優秀者に授与される奨学金や私的な奨学金に頼っている」(シカゴ大学 2008 年資料 p.2)。

(2) シカゴ大学の年次財務報告書における授業料と大学独自奨学金

2002 年から 2007 年の各年のシカゴ大学における年次財務報告書から、定価授業料収入、大学独自奨学金額、純授業料収入を個別に調査し集計したものが**表 3-18** である。授業料は tuition and fees と記載されており、狭義の授業料に加えて、寮費、食費、手数料を含む学生納付金である。授業料から控除された大学独自奨学金の金額も明記されている。

この時期、シカゴ大学の大学独自奨学金は平均年率 7.6％のピッチで増加した。この大学独自奨学金が、実質的に授業料を値引きする効果をもたらした。すなわち、定価授業料を平均年率 7.1％のペースで値上げし続けたにもかかわらず、学生と家族の負担は、平均年率 6.7％の増加にとどめることができた (表 3-18)。

表 3-18　シカゴ大学の定価授業料、大学独自奨学金、純授業料収入

	2002	2003	2004	2005	2006	2007	伸率（％）
定価授業料 （千ドル）	340,936	364,765	393,186	420,361	445,960	479,612	7.1
大学独自奨学金 （千ドル）	138,386	152,658	166,163	174,646	186,655	199,840	7.6
純授業料 （千ドル）	202,550	212,107	227,023	245,715	259,305	279,772	6.7

出典：University of Chicago *Consolidated Financial Statements and Supplemental University Information, 2002～2007* から算出。

(3) シカゴ大学の収入構成推移――基本財産からの収入に着目して――

　この大学独自奨学金の大幅な増強があった時期に、大学の収入面の構成はどのように推移したであろうか。シカゴ大学の収入構成を、純授業料収入、基本財産からの配分収入、その他の収入の3つのカテゴリーに分けて2002年から2007年目までの推移を分析する。

　シカゴ大学の年次財務報告は、大学部門（University）と病院部門（Medical Center）の両方を含めて作成されているが、収入面については、この二つの部門は区分して記載されている。大学部門が病院と契約を締結し、患者に対する病院部門のサービス提供にかかわる収入は、病院部門の収入（Patient Care）に計上される。ここでは、大学部門について集計して分析している。その他の収入は、連邦政府からの研究資金、スポンサー拠出の研究資金、大学が提供した健康管理サービス収入等が主たる内容である（**表3-19**）。

　第2章の第3節に掲げたシカゴ大学における基本財産の2007年度の支出領域では、学生奨学金14.4％と公表されている。実際の表3-18の大学独自奨学金の額は、基本財産からの配分収入の20％相当額の約5倍の実績額で推移している。基本財産からの配分収入の20％相当額（仮置き値）は、実際の大学独自奨学金（実績値）の19％から22％を財源としてカバーしている。収入全体では、この5年間に年率7.1％のペースで増加したが、純授業料収入は年率6.7％の増加ペースに留まった。またその他の収入は、全体の伸びを上回る年率7.5％の伸びであった。この間、基本財産からの配分収入は年

率5.7％の伸びにとどまった。この結果、収入の構成比で見ると、純授業料は、2002年の18.6％から2007年に18.3％にわずかに低下した一方で、基本財産からの配分収入も13.5％から12.6％に低下した（表3-19）。

表3-19　シカゴ大学　収入構成推移

	2002	2003	2004	2005	2006	2007	年率(％)
純授業料収入（千ドル）	202,550	212,107	227,023	245,715	259,305	279,772	6.7
基本財産からの配分収入（千ドル）	146,726	168,312	179,379	176,840	176,648	193,731	5.7
同20％相当額（千ドル）	29,345	33,662	35,876	35,368	35,330	38,746	
その他の収入（千ドル）	738,891	747,110	800,528	861,234	942,407	1,058,401	7.5
合計（千ドル）	1,088,167	1,127,529	1,260,930	1,283,789	1,378,360	1,531,904	7.1
純授業料収入（％）	18.6	18.8	18.8	19.1	18.8	18.3	―
基本財産収入（％）	13.5	14.9	14.9	13.8	12.8	12.6	―
その他の収入（％）	67.9	66.3	66.3	67.1	68.4	69.1	―
合計（％）	100	100	100	100	100	100	―

出典：表3-18に同じ。

(4) シカゴ大学の学生1人当り基本財産と大学独自給付奨学金

シカゴ大学の年次財務報告書の費用項目では、人件費、施設関係費、減価償却費、その他という内訳記載となっており、その他の奨学金（Other student aid）は項目として記載されていない。授業料割引として先に見た大学独自給付奨学金が、2002年から順に138,386ドル、152,658ドル、166,163ドル、174,646ドル、186,655ドル、199,840ドルである。

この各年の数値を、シカゴ大学の各年のフルタイム換算学生数である、11,924人、12,280人、11,059人、12,587人、12,671人、13,207人で割ることによって、フルタイム換算学生1人当り大学独自給付奨学金の各年

の金額を求めると、11,606ドル、12,431ドル、15,025ドル、13,875ドル、14,731ドル、15,131ドルとなる。これを縦軸にとり、学生1人当り基本財産額を横軸にとると、2002年から2003年にかけて横軸方向の学生1人当たり基本財産の減少を経験していること、2005年から2007年にかけての2年間は、縦軸方向のフルタイム換算学生1人当り大学独自給付奨学金がやや伸び悩んでいることに特色がある(**図3-7**)。

2008年2月のシカゴ大学の資料では、奨学金供与に基本財産が果たしている役割として「基本財産からの配分収入によって、授業料収入に対するプレッシャーを弱めることができる。2007年において大学の経常的収入に対する基本財産の貢献は1億9,370万ドルである。大学予算の12%であった」(シカゴ大学2008年資料p.7)と述べている。

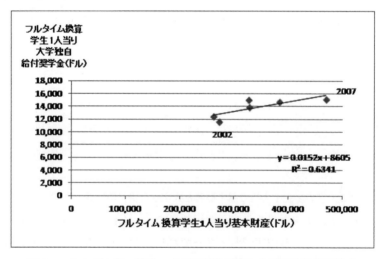

図3-7　シカゴ大学:学生1人当り基本財産と大学独自給付奨学金
出典:University of Chicago *Consolidated Financial Statements and Supplemental University Information, 2002 〜 2007, NACUBO Endowment Study 2002 〜 2007* より作成。

7　ペンシルバニア大学(C1)

(1)ペンシルバニア大学の大学独自奨学金の方針

ペンシルバニア大学の学士課程学生奨学金の2008年2月現在の方針は次

の通りである[37]。「2004年にペンシルバニア大学の第8代学長に就任したアミー・ガットマン（Amy Gutmann）は、ペン・コンパクト（The Penn Compact）という新しいビジョンを発表した。このビジョンの最初で最大のテーマがペンシルバニア大学の提供する教育へのアクセスの拡大に向けた施策の展開であった。この新学長のリーダーシップのもとで、ペンシルバニア大学の教育を受けたい志願者は、その経済的バックグラウンドにかかわらず、ペンシルバニア大学への入学を考える機会を持つことができるよう奨学金を増額し、様々な努力を払うことを明言した。ニードブラインド入試の方針は、以前から採用されており、入学者の選抜段階においては志願者の家族や本人の収入や財産といった経済的支払能力を一切考慮していない。ニードブラインド入試を採用している大学は50に満たないと考えられるが、完全にニードベースの4年間の在学費用を賄う援助パッケージを制度として持っている大学は、さらに少数である。ペンシルバニア大学の学士課程学生の約40％がニードベースの奨学金を受給している。

1996年以降ペンシルバニア大学は新入学生に対する返還不要の給付型奨学金の構成比を拡大しており、69％から85％に拡大している。返還を要するローンの比率は22％から7％に減少した。College Boardの集計によれば、2007年度における全米のローンの構成比は49％であることと比較すると、この7％は、学生にとって非常に心強い比率である。2004年度からは学士課程学生の低収入層に対する援助の対象を生活費にも拡大する等の奨学金拡大を実施した」（ペンシルバニア大学2008年資料 p.1-4）。

(2) ペンシルバニア大学の年次財務報告書における授業料と大学独自奨学金

2002年から2007年の各年のペンシルバニア大学における年次財務報告書から、定価授業料収入、大学独自奨学金額、純授業料収入を個別に調査し集計したものが表3-20である。授業料はtuition and feesと記載されており、狭義の授業料に加えて、寮費、食費、手数料を含む学生納付金である

表 3-20　ペンシルバニア大学の定価授業料、大学独自奨学金、純授業料収入

	2002	2003	2004	2005	2006	2007	伸率 (%)
定価授業料 (千ドル)	566,884	609,534	653,347	696,317	752,489	798,859	7.1
大学独自奨学金 (千ドル)	113,060	123,469	134,355	143,384	153,299	160,716	7.3
純授業料 (千ドル)	453,824	486,065	518,992	552,933	599,190	638,143	7.1

出典：University of Pennsylvania *Financial Report 2002*～*2007* より算出。

　この時期、ペンシルバニア大学は、大学独自奨学金を平均年率7.3％のピッチで増強した。しかし、定価授業料を平均年率7.1％のペースで値上げし続け、大学独自奨学金の増強がこれを大幅には上回れなかった。この結果、学生と家族の負担も、定価授業料の値上げ率と同じ平均年率7.1％の増加となった（**表3-20**）。

(3) ペンシルバニア大学の収入構成推移――基本財産からの収入に着目して――

　この時期に、大学の収入面の構成はどのように推移したであろうか。ペンシルバニア大学の収入構成を、純授業料収入、基本財産からの配分収入、その他の3つのカテゴリーに分けて2002年から2007年目までの推移を分析する。ペンシルバニア大学のその他の収入は、連邦政府からの研究資金、スポンサー拠出の研究資金、病院収入等が主たる内容である（**表3-21**）。

　第2章の第3節に掲げたペンシルバニア大学の基本財産の2007年度の支出領域では、学生奨学金19.2％と公表されている。実際の表3-20の大学独自奨学金の額は、基本財産からの配分収入の20％相当額の約4倍の実績額で推移している。基本財産からの配分収入の20％相当額（仮置き値）は、実際の大学独自奨学金（実績値）の23％から27％を財源としてカバーしている。収入全体では、この5年間に年率7.3％のペースで増加し、純授業料収入は年率7.1％の増加ペースであった。またその他の収入は、全体の伸びと同じ年率7.3％の伸びであった。この間、基本財産からの配分収入が年率6.6％のペースで増加し、全体の収入の伸びをわずかに下回った。この結果、収入

第3章　基本財産と奨学金　247

表3-21　ペンシルバニア大学　収入構成推移

	2002	2003	2004	2005	2006	2007	年率(%)
純授業料収入（千ドル）	453,824	486,065	518,992	552,933	599,190	638,143	7.1
基本財産からの配分収入（千ドル）	150,400	166,600	164,500	164,779	174,800	206,700	6.6
同20%相当額（千ドル）	30,080	33,320	32,900	32,956	34,960	41,340	
その他の収入（千ドル）	2,747,146	2,931,684	3,039,852	3,328,496	3,658,729	3,912,040	7.3
合計（千ドル）	3,351,370	3,584,349	3,723,344	4,046,208	4,432,719	4,756,883	7.3
純授業料収入（％）	13.5	13.6	13.9	13.7	13.5	13.4	—
基本財産収入（％）	4.5	4.6	4.4	4.1	3.9	4.3	—
その他の収入（％）	82.0	81.8	81.7	82.2	82.6	82.3	—
合計（％）	100	100	100	100	100	100	—

出典：表3-20に同じ。

の構成比で見ると、純授業料は、2002年の13.5％から2007年の13.4％とほぼ横ばいで推移した一方で、基本財産からの配分収入は4.5％から4.3％へとわずかに構成比が低下した。

(4) ペンシルバニア大学の学生1人当り基本財産と大学独自給付奨学金

　ペンシルバニア大学の年次財務報告書の費用項目では、プログラムとサポートに大きく区分した上で、教育、研究、機関サポートといった内枠記載になっている。その他の奨学金（Other student aid）は項目として記載されていない。授業料割引として先に見た各年度の大学独自奨学金は、2002年から順に113,060ドル、123,469ドル、134,355ドル、143,384ドル、153,299ドル、160,716ドルである。この各年の数値を、ペンシルバニア大学の各年のフルタイム換算学生数である、20,188人、19,998人、20,448人、20,612人、21,082人、20,909人で割ることによって、フルタイム換算学生1人当

り大学独自給付奨学金の各年の金額を求めると、5,600 ドル、6,174 ドル、6,571 ドル、6,956 ドル 7,272 ドル、7,686 ドルとなる。これを縦軸にとり、学生 1 人当り基本財産額を横軸にとると、右上がりの一定の伸びに従っている (図 3-8)。

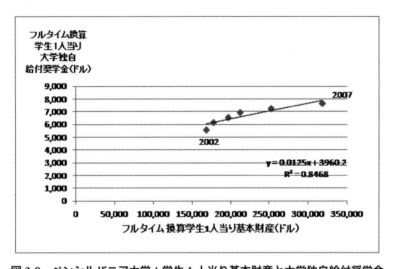

図 3-8　ペンシルバニア大学：学生 1 人当り基本財産と大学独自給付奨学金
出典：University of Pennsylvania *Financial Report 2002〜2007, NACUBO Endowment Study 2002〜2007* より作成。

8　コーネル大学 (C2)

(1) コーネル大学の大学独自奨学金の方針

コーネル大学の学士課程学生奨学金の 2008 年 2 月現在の方針は次の通りである[38]。「コーネル大学の学士課程奨学金政策は、1998 年 3 月に理事会によって採用された。その政策の大きな方向性は、コーネル大学のニューヨーク州におけるランドグラント大学としての設立のミッションに既に含まれていた。大学設立の目的は、人種、性別、宗教上の信条、経済的状況にかかわらず教育を受ける機会を与えることであった。その後コーネル大学は、学生に対する奨学金で長い歴史を紡いできた。1998 年 3 月に採択された奨学金ポリシーの内容は次の通りである。

コーネル大学の入学者選抜は、学生やその家族の教育コスト支払能力に関わりなく実施される。アメリカ国籍を有する学生あるいは永住許可を持つ学生は、その経済的必要額を立証することにとって、コーネル大学の経済的援助を受けることができる。連邦政府給付奨学金、州政府給付奨学金、キャンパス内の学生アルバイトの機会、学費ローン、コーネル大学独自の奨学金等の中から一つあるいは複数の組み合わせによって支援される。自己解決あるいは家族による貢献額の水準は、毎年見直される。コーネル大学は、学生の優秀性と多様性のコミットを持続する。各学生の自己解決部分の水準は、その学生の優秀さ、ユニークな才能、労働とコミュニティーサービスに対する姿勢、クラスの多様性に対する姿勢に対する大学の認識を反映する。

このポリシーに沿って、コーネル大学は、学生の在籍コストをカバーする財源のポートフォリオを、各学生家族に対して組み立てる。このポートフォリオは、標準化されており、家族の年収、連邦に支払う税金、州に支払う税金、その他の地方税、家族の資産、医療費、家族の扶養者の人数、大学教育に費用がかかる人数、その他の特殊事情が考慮に入れられる。家族による貢献額は、568 学長グループコンセンサス・アプローチ・メソドロジーを用いて決定される。コーネル大学は、1994 年の法律であるアメリカのスクール改善法[39] の 568 条にちなんで名づけられた 568 学長グループの創設メンバーである。568 条は、大学独自奨学金についてのみ適用され、すべての学生をニードブラインド入試 (すなわち学生と家族の経済状況を考慮しないで合格者を決める入試) で選抜する大学にのみ適用される。このグループに属する大学は、次の 4 点のことがメンバーとして許される：開示された経済的必要額をベースとしてのみ奨学金を供与することに同意すること。必要額の決定に当っては、共通の分析評価の原則を用いること。奨学金申請書を共通の様式に統一すること。大学独自奨学金を決定する前に独立の第三者機関を通して特定の経済的データを交換すること。

コーネル大学と他の 568 条大学は、合同でコンセンサス・アプローチ・メソドロジーを開発した。このアプローチはカレッジ・ボードのインスティテューショナル・メソドロジーを元にしている。インスティテューショナル・

メソドロジーは、カレッジ・ボードの奨学金担当メンバーによって 50 年間にわたる分析、見直し、改訂、様式化が行われた成果である」(コーネル大学 2008 年資料 pp.5-6)。

(2) コーネル大学の年次財務報告書における授業料と大学独自奨学金

2002 年から 2007 年の各年のコーネル大学における年次財務報告書から、定価授業料収入、大学独自奨学金額、純授業料収入を個別に調査集計したものが**表 3-22** である。授業料は tuition and fees と記載されており、狭義の授業料に加えて、寮費、食費、手数料を含む学生納付金である。この時期、コーネル大学は、大学独自奨学金を平均年率 7.3％のピッチで増強した。この大学独自奨学金が、実質的に授業料を値引きする効果をもたらした。しかし、定価授業料の値上げの平均年率である 6.5％を大きくは上回れなかった。この結果、学生と家族の負担は平均年率 6.1％の増加となり、大きく負担を緩和するまでには至らなかった。

表 3-22 コーネル大学の定価授業料、大学独自奨学金、純授業料収入

	2002	2003	2004	2005	2006	2007	伸率 (％)
定価授業料 (千ドル)	462,830	493,217	532,645	559,426	592,084	633,387	6.5
大学独自奨学金 (千ドル)	133,166	144,017	158,187	167,240	177,999	189,225	7.3
純授業料 (千ドル)	329,664	349,200	374,458	392,186	414,085	444,162	6.1

出典：Cornell University *Financial Statements2002 ～ 2007* より算出。

(3) コーネル大学の収入構成推移──基本財産からの収入に着目して──

この時期に、大学の収入面の構成はどのように推移したであろうか(**表 3-23**)。コーネル大学の収入構成を、純授業料収入、基本財産からの配分収入、その他の 3 つのカテゴリーに分けて 2002 年から 2007 年目までの推移を分析する。コーネル大学のその他の収入は、連邦政府からの研究資金、スポンサー拠出の研究資金、病院収入等が主たる内容である。

第2章の第3節に掲げたペンシルバニア大学における基本財産の2007年度の支出領域では、学生奨学金23.4％と公表されている。実際の表3-22の大学独自奨学金の額は、20％相当額の約4倍の実績額で推移している。基本財産からの配分収入の20％相当額（仮置き値）は、実際の大学独自奨学金（実績値）の20％から27％を財源としてカバーしている。収入全体では、この5年間に年率8.5％のペースで増加した。純授業料収入は年率6.1％の増加ペースであった。これは、コーネル大学全体の収入の伸びを下回るものの、かなり高いペースでの上昇ということができる。またその他の収入は、全体の伸び8.5％を上回る9.9％の伸びであった。この間、基本財産からの配分収入は、年率2.9％のペースで増加にとどまった。この結果、収入の構成比で見ると、純授業料は、2002年の19.8％から2007年には17.7％に低下した一方で、基本財産からの配分収入は10.7％から8.2％にウエイトが低下した。

表3-23　コーネル大学　収入構成推移

	2002	2003	2004	2005	2006	2007	年率（％）
純授業料収入（千ドル）	329,664	349,200	374,458	392,186	414,085	444,162	6.1
基本財産からの配分収入（千ドル）	177,487	185,230	173,663	169,653	186,779	205,012	2.9
同20％相当額（千ドル）	35,497	37,046	34,733	33,931	37,356	41,002	
その他の収入（千ドル）	1,158,955	1,368,925	1,961,823	1,984,453	1,838,928	1,856,572	9.9
合計（ドル）	1,666,106	1,903,355	2,509,944	2,546,292	2,439,792	2,505,746	8.5
純授業料収入（％）	19.8	18.3	14.9	15.4	17.0	17.7	—
基本財産収入（％）	10.7	9.7	6.9	6.7	7.7	8.2	—
その他の収入（％）	69.5	72.0	78.2	77.9	75.3	74.1	—
合計（％）	100	100	100	100	100	100	—

出典：表3-22に同じ。

(4) コーネル大学の学生1人当り基本財産と大学独自給付奨学金

コーネル大学の年次財務報告書の費用項目では、人件費、減価償却費、一般支出等内訳記載となっており、その他の奨学金 (Other student aid) は項目として記載されていない。授業料割引として先に見た大学独自給付奨学金が、2002年から順に133,166ドル、144,017ドル、158,187ドル、167,240ドル、177,999ドル、189,225ドルである。この各年の数値を、コーネル大学の各年のフルタイム換算学生数である、19,420人、19,575人、19,620人、19,518人、19,447人、19,639人で割ることによって、フルタイム換算学生1人当り大学独自給付奨学金の各年の金額を求めると、6,857ドル、7,357ドル、8,063ドル、8,569ドル、9,153ドル、9,635ドルとなる。これを縦軸にとり、学生1人当り基本財産額を横軸にとると、2002年から2003年にかけてフルタイム換算学生1人当り基本財産のマイナスを経験している点に特色がある (**図3-9**)。

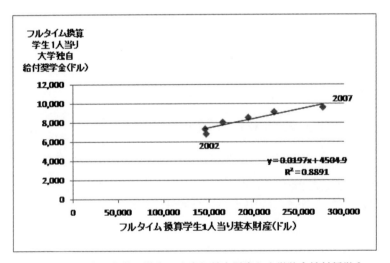

図3-9 コーネル大学：学生1人当り基本財産と大学独自給付奨学金
出典：Cornell University *Financial Statements2002～2007, NACUBO Endowment Study2002～2007* より作成。

2008年2月のコーネル大学の資料では、奨学金供与に基本財産が果たし

ている役割として次のように述べられている。

「2007年度にコーネル大学が、大学独自学士課程奨学金に使用する1億990万ドルのうち、2,810万ドル(25.6%相当)が基本財産を財源としている。The Campaign for Cornell という募金運動によって、奨学金に用いる基本財産の元本を2億2,500万ドル増強する計画で、これにより、毎年1,130万ドル奨学金原資が増大する」(コーネル大学2008年資料p.9)。

コーネル大学は、プリンストン大学と同じアイビーリーグの大学であるが、奨学金パッケージからローンを廃止することは難しいとしている。その理由について2007年4月に当時のコーネル大学 Provost の Martin が、The Chronicle of Higher Education に寄稿している。

その記事では「プリンストン大学が2001年にローンを全廃する制度をスタートし、近年に至ってハーバード大学やペンシルバニア大学他も奨学金パッケージを改革して、学生の経済的背景の多様性を高める努力をしている。彼らは大学独自の財源を用い、ローンに替えて給付型奨学金を提供することによって、ローン部分と家族の貢献期待部分を削減した」としてライバル校の奨学金政策の動向に触れている。しかし続けて「残念なことに、こうした奨学金のパッケージの学生向けオファーに対抗することができる大学は、非常に限られている」と述べている。コーネル大学にとってローン廃止が難しい理由として、学生構成において低所得層が比較的多いこと、授業料値上げで収入も増加するが、必要とする奨学金額も同じく増加すること、ペルグラント等の政府系の奨学金の伸びは低い伸び率に留まっていること、基本財産からの追加配布や寄付が十分でないと大学独自給付奨学金は伸ばせないことを挙げている[40]。

第3節 小括

第3節では、アメリカの私立大学事例8大学の2002年から2007年までの期間における基本財産と大学独自奨学金のまとめを行う。

まず学生1人当り基本財産を横軸に、学生1人当り大学独自奨学金を縦

軸にとってこの5年間の8大学の大学独自奨学金と基本財産の変化について述べる (3-1)。次に定価授業料、大学独自奨学金、純授業料の年平均伸び率の推移の分析を行い、これを踏まえて大学独自奨学金政策のまとめを行う (3-2)。更に基本財産からの配分収入の20％相当額が、大学独自奨学金の何％をカバーしているかを分析することによって大学独自奨学金の財源としての基本財産からの配分収入についてまとめを行う (3-3)。最後に基本財産の潤沢さによって支えられた大学独自奨学金充実と高授業料・高奨学金政策が、アメリカ高等教育全体にもたらしたプラス面とマイナス面について論ずる (3-4)。

1　事例8大学のポジションの変化　2002年〜2007年

　事例で取り上げた8大学について、横軸に学生1人当り基本財産をとり、縦軸に学生1人当り大学独自奨学金をとった散布図が、**図3-10**である。この図の傾きに注目すると二つのグループに集約されることがわかる。Aグループの3大学は、傾きがほぼ45度で、学生1人当り基本財産も伸ばすと同時に学生1人当り大学独自奨学金を比例して増加させている。Bグループのうちのスタンフォード大学も、傾きが45度をやや下回っており、額は小さいもののAグループと同様の傾向にある。

　他方、Bグループのシカゴ大学、Cグループのペンシルバニア大学、コーネル大学は、傾きが45度よりかなり険しく、学生1人当り基本財産の伸びと比較して、かなり頑張って、あるいは無理をして学生1人当り大学独自奨学金を増加させている。

　今回対象とした期間の最初の年である2002年時点では、フルタイム換算学生1人当りで比較して、大学独自奨学金が最大であった大学は、マサチューセッツ工科大学で15,739ドルであった。プリンストン大学がこれに次ぎ、15,474ドルであった。イェール大学12,301ドル、ハーバード大学11,361ドル、シカゴ大学11,606ドルも1万ドルを超えてはいたが、マサチューセッツ工科大学とプリンストン大学が共に15,000ドルを超えていたのと比較すると、更なる増強の余地がある状況であった。これら5大学はいずれも長

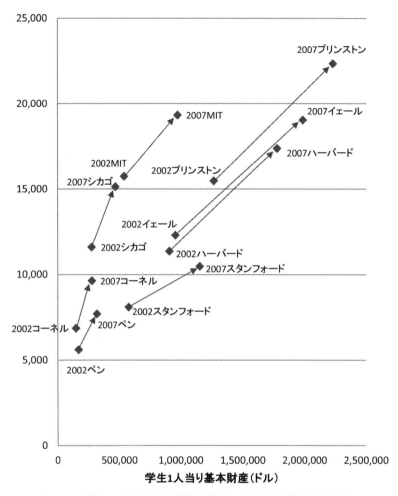

図 3-10　学生1人当り基本財産と学生1人当り大学独自奨学金の8事例大学のポジションの変化（2002年〜2007年）
出典：各大学各年財務報告書と各年 NACUBO Endowment Study より作成

い伝統を誇る選抜性の最も高い大学であるが、マサチューセッツ工科大学は、その専門領域の特質もあり、伝統的に大学独自奨学金を手厚くしてきた。ま

たプリンストン大学は、2002年時点でフルタイム換算学生数が6,940人で、イェール大学の11,014人、ハーバード大学の18,924人と比較すると小規模であった。

スタンフォード大学は、8,094ドルで特に高い水準ではない。ただし、授業料割引として定価授業料から差し引いて年次財務報告書に記載される大学独自奨学金だけの金額であり、費用として計上される大学独自奨学金が含まれていないため、単純に前記5大学と比較することはできない。費用として計上される部分、すなわち定価授業料から控除される部分以外の大学独自奨学金は、マサチューセッツ工科大学で全体の7.8％、プリンストン大学で16.3％、イェール大学で32.4％、ハーバード大学で29.3％と各大学で多様である。仮にスタンフォード大学にも20％程度、授業料割引以外の大学独自奨学金が存在するとして計算すれば、学生1人当りで10,117ドルが、スタンフォード大学の大学独自奨学金となる。

アイビーリーグの中では、学生1人当り基本財産額が小さいグループに属するペンシルバニア大学とコーネル大学は、2002年時点でそれぞれ学生1人当り5,600ドルと6,857ドルであった。これら2大学もスタンフォード大学と同様に授業料割引以外の大学独自給付奨学金が年次財務報告書からは把握できなかったが、仮に20％程度あるとして計算すると、それぞれペンシルバニア大学が7,000ドル、コーネル大学が8,571ドルとなる。これらの2大学は、アイビーリーグの中で、プリンストン大学、イェール大学、ハーバード大学等と様々な分野で競い合う立場にある大学であるが、学生1人当り大学独自奨学金の手厚さでは、トップのプリンストン大学の約半分の水準にあったということができる。

2002年から2007年までの5年間にこれらの8大学は、定価授業料の値上げを高い水準で継続し、大学独自奨学金もそれぞれに独自の政策で増強した点で共通している。しかし、定価授業料から大学独自奨学金を控除した純授業料、すなわち学生と家族が負担する実質授業料の年平均伸び率は8大学間で大きな差が見られた。また大学独自奨学金を基本財産からの配分収入で賄いえた比率では、8大学の中に大きな差が見られた。

2　各大学の大学独自奨学金政策のまとめ　2002年～2007年

2002年から2007年までの各大学の定価授業料、授業料割引に当る大学独自給付奨学金、純授業料の年間平均伸び率は、**表3-24**の通りであった。

表3-24　定価授業料、大学独自給付奨学金、純授業料の伸び率　2002年～2007年

大学名	Pr	Y	H	S	M	Ch	Pe	Co
定価授業料（％）	6.2	5.3	6.7	6.0	5.8	7.1	7.1	6.5
大学独自奨学金[41]（％）	9.2	10.8	11.2	7.9	5.2	7.6	7.3	7.2
純授業料（％）	2.7	2.5	5.2	5.3	6.3	6.7	7.1	6.1

出典：各大学各年財務報告書より作成

Pr：プリンストン大学、Y：イェール大学、H：ハーバード大学、S：スタンフォード大学
M：マサチューセッツ工科大学、Ch：シカゴ大学、Pe：ペンシルバニア大学、Co：コーネル大学

　定価授業料の年間伸び率は、5.3％から7.1％までに分布し、5％台が2大学、6％台が4大学、7％台が2大学と比較的差が小さい。定価授業料を値上げすることによって、定価授業料をフルに負担する学生からの授業料収入は増加し、全体として純授業料収入の伸びも期待できる。しかし、一方で中低所得層の家庭の負担能力と定価授業料の間の差はそれだけ広がることとなる。これらの8大学はすべて、ニードブラインド入試を実施しており、学士課程の入学者選抜においては学費支払能力をまったく考慮しないという方針を表明している。各大学とも選抜されたすべての学生が立証した経済的ニードに対して個々の支援パッケージを決定する。このパッケージの支援内容は、それぞれの大学によってそれぞれの方針に基づいた特色のある個別の内容が提示され、志願者が実際に入学する大学を決定する際に考慮するさまざまな条件のうちの重要なファクターとなる。

　2002年から2007年までの期間において、各大学によって授業料から控除される大学独自給付奨学金の伸び率は、5.2％から11.2％までに分布し、大学によって伸び率にかなりの開きが見られた。特にハーバード大学（11.2％）、イェール大学（10.8％）、プリンストン大学（9.2％）の3大学で高い

伸び率を記録している。この結果、大学独自奨学金を控除した後の値引き後の純授業料収入は、イェール大学(2.5%)とプリンストン大学(2.7%)で特に低い伸び率に抑えられている。これは高い伸び率の大学独自奨学金によって、学生・家族の負担を大学が軽減したことの現れと見ることができる（表3-24）。

　大学独自奨学金の政策は、大きく2つに分けることができる。一つは、学生に返済義務のある貸与奨学金を原則廃止して、返済の不要な給付奨学金にするローンなし政策である。これは、最も学生1人当り基本財産が豊かなプリンストン大学によって2001年に採用された。学生をローン返済義務から解放するという点で画期的かつ魅力的な政策である。しかし、政策として打ち出すには大きな大学独自財源が必要で、イェール大学やハーバード大学もこの政策には踏み切らなかった。
　もう一つの政策は、家族による貢献額を所得の高くない層に限定して免除、あるいは減額する政策である。イェール大学によって2005年に、年収45,000ドル未満の層の家族による貢献を免除し、年収60,000ドル未満の層で大幅に減額した政策がこの実例がある。ハーバード大学でも2004年に年収40,000ドル未満の家族に対して、家族による貢献として算定する金額を減額した。2006年には同様に年収60,000ドル未満の家族に対して、貢献すべき金額を減額した。スタンフォード大学では、家族の支払うべき金額を算定する方式において、連邦政策による連邦算定方式とは異なる独自の算定方式を用いている。このスタンフォード大学の方式では年収60,000ドル未満の層の家族の負担を実質ゼロにしている。コーネル大学では、家族による貢献額を決定する方式に関して、「568学長グループコンセンサス・アプローチ・メソドロジー」を用いている。このグループには、ペンシルバニア大学、MITも属している[42]。これらの大学は、合同でコンセンサス・アプローチ・メソドロジーという家族貢献算定方式を開発した。家族の貢献額を合理的かつ透明に算定することによって、家族の負担を軽減しようとする政策であるが、このグループに属していない選抜性の高い大学の場合と比較すると、競争緩和的傾向の政策である。

以上から、2002年から2007年の期間について事例の8大学で見る大学独自奨学金政策は、学生1人当り基本財産が最も豊かなプリンストン大学だけが、ローンなしの政策を打ち出して定着させることに成功した点に最大の特色がある。イェール大学、ハーバード大学、スタンフォード大学の学生1人当り基本財産でプリンストン大学に次いで豊かな大学では、家族による貢献を特定の所得階層について免除あるいは減額する政策を公表し、競争的に対応した。一方、学生1人当り基本財産が相対的に小さい大学では、1994年の法律に基づく568学長グループの合同アプローチの範囲内での政策であったということができる。

　これらの政策の結果、今回の対象期間の最終年である2007年時点の大学独自奨学金を、2002年の場合と同様に学生1人当りで比較すると、プリンストン大学が22,339ドルで最も多額である。2002年に最も多かったマサチューセッツ工科大学は、19,326ドルでこれに次ぐが、プリンストン大学と逆転し第2位となり、第3位のイェール大学（19,040ドル）との差が縮小した。これら以外の各大学も横軸の右方向に大きく移動し、縦軸の上方向にもそれぞれ移動した。プリンストン大学、イェール大学、ハーバード大学が縦軸方向に伸びが大きい（前掲図3-10）。

3　大学独自奨学金の財源としての基本財産からの配分収入が占める比率

　第2節の各大学の収入構成推移では、基本財産からの配分収入とその20％相当額を明らかにした。基本財産の配分収入の20％相当額が、大学独自奨学金の実績額を賄いえた比率は、**図3-11** の通りである

　イェール大学とハーバード大学では、基本財産からの配分収入の20％相当額で、大学独自奨学金の約90％前後を賄いえている。この2大学は基本財産からの配分収入だけでほぼ大学独自奨学金の財源をカバーすることが可能である。プリンストン大学とスタンフォード大学は60％台から70％台となっている。これら2大学も基本財産からの支出の実際の比率は20％よりかなり高いので基本財産からの配分収入だけでほぼ大学独自奨学金の財源を賄うことができる。

これに対して MIT、シカゴ大学、ペンシルバニア大学、コーネル大学では、20％から30％台にとどまっており、基本財産からの配分収入に加えて、純授業料収入やその他の収入が、大学独自奨学金の財源に用いなければならない厳しい水準となっている。

足りない部分が、どこから賄われているかについては、次の3つの財源が考えられる。

第一に基本財産の配分収入から20％を超えて支出されているケース、第二に純授業料収入によって賄われているケース、第三にその他の収入によって賄われているケースである。先に述べた2007年度の実績では、基本財産

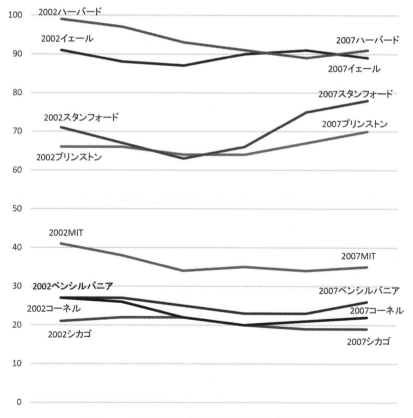

図3-11　仮に固定した基本財産からの配分収入の20％相当額で大学独自奨学金が賄いえた比率（％）

出典：各大学各年財務報告書より算出

の配分収入からの支出は、MIT21％、シカゴ大学14％、ペンシルバニア大学19％、コーネル大学23％であり、各大学とも20％を超えて大きく支出されている状況ではない。

　第二の純授業料収入を財源としている場合について述べる。例えばMITでは、2007年度の実績で、学士課程学生の42％がMITの大学独自奨学金をまったく受けずに、満額の定価授業料を納入している[43]。これは家族の経済力が比較的高い層や海外からの留学生などの全額定価授業料納入者である。次いで大学独自奨学金を定価授業料の半額未満の額で受けている層が13％、定価授業料の半額以上の大学独自奨学金を受けている層が29％、100％の大学独自奨学金を受けている層が16％の構成となっている[44]。すなわち経済面で比較的余力のある層が主として負担する純授業料収入が、大学独奨学金の大きな財源となっているのである。

　ペンシルバニア大学でも同様に学士課程学生の62％は大学独自奨学金をまったく受けておらず、また定価授業料の半額未満しか大学独自奨学金を受けていない学生が26％存在する[45]。すなわち同じ高等教育を受ける学生が納める純授業料収入によって、他の学生の大学独自奨学金の財源が賄われているという状況が生じている。これは基本財産の配分収入からほとんどの大学独自奨学金が賄われているイェールやハーバードのような大学では、ほとんど生じない状況である。

　第三のその他の収入は、連邦政府からの研究資金、スポンサー拠出の研究資金等が多くを占める。これらのそれぞれの資金拠出者が許容する範囲内で大学独自奨学金の原資として使用することが可能である。

　以上の通り、基本財産の配分収入からの財源拠出で足りない部分は、純授業料収入とその他の収入から工面されているものと考えられるが、収入と支出がすべて紐つけされて管理されているわけではないので通常は開示されていない[46]。しかし総じて基本財産の豊かなグループほど、大学独自奨学金の財源の面で安定度が高いということができる。この基本財産からの配分収入の財源としてのカバー率の差が、3-1で見た8事例大学のポジションにおける変化の傾きの差となって現れている（図3-10）。

4 基本財産の潤沢さによって支えられた大学独自奨学金充実と高授業料・高奨学金政策が、アメリカ高等教育全体にもたらしたプラス面とマイナス面

　学生1人当りの基本財産が豊かであることが、奨学金を通じて教育に与えるインパクトを整理すると以下の通りである。学生・家族の立場から見ると、学生1人当り基本財産が豊かな大学ほど、大学ごとの奨学金パッケージが魅力的である可能性が高い。学生・家族に対する魅力的な奨学金パッケージでは、家族による貢献の部分が少額で済み、また学生が将来返済しなければならないローンの部分が小さく済むというメリットがある。

　このことは、大学から見ると学生構成をより優秀にあるいは多様性に富んだ方向に改善することに貢献する。大学の財務の面から見れば、豊かな学生1人当り基本財産は、大学独自奨学金を高い伸び率で拡充することを可能にする。2002年から2007年までの期間については、各大学とも学生1人当りの基本財産を、年平均で二ケタの成長率（11.5％から15.7％に分布）で拡大することが可能であったため、大学独自奨学金の伸びを5.2％から11.2％の範囲の成長率で実現し、純授業料の伸びを2.5％から7.1％の範囲におさえることができた。

　Geiger (2011) によれば、アメリカ高等教育における質の競争が、こうした高授業料・高奨学金政策を通じて教育への支出を増大させた。最も威信のある大学グループほど、この政策を自らに有利に展開させてきた。本書では、これらの威信が高く、学生1人当り基本財産の豊かな大学の中でも、更に格差があり、その差がむしろ拡大する傾向にあることが明らかとなった。

　また基本財産の潤沢さによって支えられた大学独自奨学金と高授業料・高奨学金政策は、高等教育のコストの恒常的増加と奨学金を受けざるを得ない学生の増加をもたらしており、高等教育全体で見た場合には、マイナスの面も看過できなくなりつつある。

注
1　グラントは返済義務のない奨学金であり、本稿では給付奨学金と訳している。本引用では原文のまま給費とした。

第3章　基本財産と奨学金　263

2　William.J.Bennett はレーガン政権で教育長官を務めた。ベネット仮説としてしばしば引用される。
3　ファイアーウォールとは、部門間に設ける情報のやりとりを遮断する規制。防火壁。
4　例えば 1976 から 1981 までの 5 年間累計で 1.4706 倍に値上がりし、この 5 乗根を取って 1.0802 を求め、年平均値上がり率 8.0% を求めている。
5　中央値とは、平均ではなく、その水準より収入が多い家計の数とその水準より収入が少ない家計の数が等しくなるような、ちょうど中央の家計の数値である。
6　アメリカの学生経済支援の財源には、連邦政府、州政府、大学独自資金、財団、金融機関がある。また支援形態は、給付、貸与、ワーク・スタディ、税の優遇がある。
7　例えば 2010 年度では、連邦政府 75%、大学独自奨学金 16%、この 2 財源の合計は同じ 91% であった。連邦政府は構成比が低下する傾向にある一方で、大学独自資金は構成比が上昇する傾向にある。
8　2013-14 の数値は Preliminary (見こみ)。
9　ペルグラントの受給者数は、オバマ政権下では政策により増加し、2008 年には 600 万人、2009 年に 800 万人を超えている。受給者数は増加したものの上限金額が 5,350 ドル (平均では 3,706 ドル。いずれも 2010 年度) であり、連邦政府による支援の金額ベースではローンが依然として大きな比重を占める。
10　学士課程学生向け以外の大学院生向け等も含めた連邦ローンの内訳は、スタフォードローン (利子補助あり) 24%、同 (利子補助なし) 49%、連邦保護者ローン (PLUS) 9%、Grad PLUS ローン 7%、パーキンスローンその他 11% となっているが学士課程向けだけの内訳は明らかでない。
11　家族の年収、出身地、人種、宗教等の社会的属性や選抜性の高さなどの学生ポートフォリオの現状並びに大学として目指すそのプロファイルの構成。
12　2005 年以降のカーネギー分類で用いられている最高レベルの研究大学。ハーバード、イェール、プリンストン、スタンフォード、MIT、シカゴ等の各大学を含む 108 の研究大学がこの名称で分類される。Research University /very high。108 の中には公立大学も多く含まれるが、ここで述べている収入の構成は、私立大学のみを集計している。
13　このプリンストン大学の政策は、p.214 以降で詳しく述べる。
14　基本財産に関する年次調査である NACUBO Endowment Study でも、フルタイム換算学生数が用いられている。
15　いずれもフルタイム換算学生数が千人未満の小規模大学を除く順位。
16　プリンストン大学の奨学金方針については、プリンストン大学から上院財務委員会に提出された資料 (2008 年 2 月 22 日付) によっている。
17　学生とその家族の経済的必要度 (ニード) に応じて与えられる奨学金のタイプ。メリットベース奨学金は成績などに応じて与えられる育英タイプの奨学金。
18　英語では評価は assessment と表現されている。
19　通常サマージョブと呼ばれる。
20　学生と家族の経済的状況をまったく考慮しないで、合否を判定する入試制度。経済的な格差にかかわらず公平な入試制度。

21　このプリンストン大学の政策は、返還を必要とするローンを用いない奨学金政策として画期的であった。2001年2月9日付のChronicle of Higher Educationは、基本財産から1,600万ドルを追加的に使用することで、学資課程学生向け奨学金パッケージからローンが削除され、学生はローン債務なしで卒業できると伝えた。
22　プリンストン大学のティルマン学長も、これらの比較項目の数値がすべて新しい学生援助政策が原因であると主張するわけではないとしている。
23　年率は2007年の数値が2002年の数値の何倍かを求め、その5乗根をとることによって、5年間の年平均伸率を％で示したものである。
24　大学独自奨学金には、授業料、寮費、食費、手数料等に使用すべきもの以外もあるが、全体として大きな金額ではない。授業料から控除しないで、直接学生の口座に入金されるタイプの奨学金は、費用項目に奨学金として表示される場合と、学生サービスに含めて計上される場合とがある。単独で表示されている場合は、この部分も含めて把握することが可能である。
25　プリンストン大学の場合、財務報告書上は基本財産以外の投資収入も含めて表示しており、基本財産からの収入は、2008年2月付の同大学資料の数値によった。
26　イェール大学から上院財務委員会に提出された資料（2008年3月5日付）によっている。
27　ハーバード大学から上院財務委員会に提出された資料（2008年2月25日付）によっている。
28　ハーバード大学の学士課程では、98％以上の学生がキャンパス内に居住している。
29　学士課程在籍費用45,620ドルから奨学金パッケージの32,989ドルを控除して正味12,631ドルである。
30　更に2007年12月21日付のThe Chronicle of Higher Educationによれば、2009年度から奨学金パッケージの改定を行い、ローンを減額した上、年収12万ドル以上18万ドル未満の家計収入の学生にはその10％相当以上の負担は求めない等の計画を発表した。
31　スタンフォード大学から上院財務委員会に提出された資料（2008年2月22日付）によっている。
32　前年度からの減少がやや大きいが、このFTE学生数はNACUBO Endowment Study2006に記載された数字を使用したものである。減少の原因は明らかでない。
33　例えば、仮に基本財産から財源がなければ、定価授業料を60,000ドルに設定する必要があるような学士課程教育を提供するケースを想定すると、基本財産からの財源の効果で、定価授業料は約3分の2の40,000ドルに設定することができているという趣旨である。
34　MITから上院財務委員会に提出された資料（2008年3月3日付）によっている。
35　この方式はアメリカの約400の大学で用いられている。
36　シカゴ大学から上院財務委員会に提出された資料（2008年2月25日付）によっている。
37　ペンシルバニア大学から上院財務委員会に提出された資料（2008年2月25日付）によっている。

38 コーネル大学から上院財務委員会に提出された資料(2008年2月20日付)によっている。
39 Improving America's school Act (IASA) という名称の法律。ニードブラインド入試で学生を選抜する大学にのみ適用される。
40 2007年4月27日付の The Chronicle of Higher Education にコーネル大学 Provost の Carolyn B. Martin が寄稿した Why Cornell Can't Meet All Financial Need With Grants という表題の記事を要約したものである。
41 ここでは、年次財務報告書上で定価授業料から控除される大学独自給付奨学金を用いている。
42 現在では、全米で23大学が568Presidentグループに加盟している。リベラルアーツ・カレッジが13校、博士号授与大学が10校である。コーネル大学、ペンシルバニア大学、MITの3大学以外の博士号授与大学は、コロンビア大学、ダートマス大学、デューク大学、ジョージタウン大学、ノースウエスタン大学、ノートルダム大学、バンダービルト大学である。
43 家族による貢献部分、連邦奨学金を初めとする各種奨学金、ローン、ワークスタディ等からなる大学独自奨学金以外の資金を組み合わせて、それぞれの学生用のパッケージが作られている。
44 MITが上院財務委員会に提出した資料(2008年3月3日付)による。
45 ペンシルバニア大学が上院財務委員会に提出した資料(2008年2月25日付)による。
46 例えばペンシルバニア大学の2005年度予算に関する評議員会向け報告を内容とする刊行物(Almanc, Vol.51, No.25)の中では、2003年度の実績で、同大学の学士課程学生向け独自奨学金のうちの約17％が基本財産からの収入と寄付で賄われ、その他の財源が83％とされているが、詳細は示されていない。

第4章　基本財産と教員給与

　第2章の基本財産のガバナンスでは、アメリカの大学の基本財産が何を使命として運営され、どのようにガバナンスされているのかを、8大学の事例で具体的に検討した。基本財産のミッションとして以下の3点が特に認識されていることが明らかとなった。第一点は、基本財産のミッションは大学全体の教育・研究のミッションを財政的にサポートすることであり、大学全体のミッションと密接な関係にあること。第二点は、学生の経済的負担を和らげる奨学金供与と高い質の教育・研究をサポートすることが優先度の高いミッションであること。第三点は、現在だけではなく遠い将来にも同じサポートをすることを展望して運営されることであった。これを受ける形で第3章では基本財産と奨学金について検討した。

　第4章では、高品質の教育と研究を現在において実現し、将来に向けて確保、向上させていくための基盤となる教員の集団（ファカルティ）に焦点を当てる。教育の質を評価する試みは、ラーニングアセスメントなどの客観的手法が多く行われるようになってきつつあるものの、長期的な教育効果、授業外の教育効果も考えると容易には数値化になじまない。また研究の質についても、引用論文数やノーベル賞学者輩出件数などで数値化できる部分があるものの、大学全体の研究水準を指標として体現することは簡単ではない。大学が、機関全体の戦略として教育・研究の質を改善していこうとするとき、教育プログラムの新設や改善、アクティブラーニング等の教授方法の改善等といった活動が重要であることは当然である。しかし大学として中長期的に教育・研究の質を改善していくためには、教員給与の改善がベースであると考えられる。第4章では、基本財産と教員給与に焦点を当てる。

アメリカの伝統校の私立大学では、教員給与はどのように決定されるのであろうか。序章の先行研究でも触れたが、基本的には、それぞれの親しい競争相手の集団すなわちピア・グループ間での横並びと競争の高度な判断によって個別のレベルを決定していく分野である。教員給与は、アメリカの私立大学の教育・研究を支える重要な要素であるが、長年の伝統の上に確立されてきた大学全体の威信をベースに、専門分野ごとの質の競争も反映して形成されてきたものである。

一方、学生1人当り基本財産の豊かさが各大学の教員給与に影響を与える可能性が意識され始めたのは、比較的新しいことである。最も基本財産の豊かな大学においても、大学の収入に占める基本財産からの収入の比率が30％を超えるに至ったのは、ほとんどが今世紀に入ってからであるためである。AAUP（アメリカ大学教授協会）は、2007年度の教員の経済状況年次報告において、「大学は、教員給与等を賄う財源として、基本財産からの配分収入への依存を次第に強めつつある」と指摘している[1]。

序章でも既に述べたが、教員給与の決まり方に影響を与える要素に関して、3つの要素を指摘することができる。第一の要素は教員給与の専門分野間（医学、法学、MBA、コンピュータ情報科学、経済学、文学、哲学等）の格差の要素である。Hansen (1986) は、教員給与の構造的変化をもたらした要因について、経済の私的セクターの成長が高い専門的スキルを伴う新たな分野の教員需要を創出し、大学はこの高い需要分野の給与増額のためにその他の分野の増加率を犠牲にしたと述べている。Ehrenberg, McGraw and Mrdjenovic (2006) は、専門分野による教授の平均給与の大学ごとの差は、教授レベルでは、教授の質[2]と密接に結びついているとしているが、准教授や助教授レベルでは必ずしもそうではないとしている。Thornton (2007) は、専門分野別の差について近年の傾向を分析している[3]。教員給与の決まり方に影響を与える第二の要素は、消費者物価上昇率と教員給与の増加率の比較の分野である。消費者物価上昇率を上回る給与の上昇は、大学に限らず実質賃金の維持向上の観点から常に考慮される要素である。第三の要素は、個別の大学の豊かさの水準

である。Geiger (2004) が指摘しているように高いレベルの研究大学では、教育研究活動の水準向上に向けて高い教員給与を提示するために、基本財産の投資等の活動でも積極的である。

　上記の3要素のうちの専門分野の要素は、大学ごとの継続的で網羅的な情報開示がなされにくい分野で、機関単位で比較することは難しい領域である。このため今回の事例研究は、後者の2要素すなわち第二の消費者物価上昇率と教員給与の増加率の関係と第三の個別の大学の豊かさと教員給与の関係に焦点を当てて分析する。基本財産の投資等の活動から得られる結果が、消費者物価上昇率をコンスタントに上回った2002年から2007年の期間を捉えて、学生1人当りの基本財産の豊かさでA、B、Cの3グループに分けた事例8大学の教員給与の推移を教授、准教授、助教授のランク別に分析する。

　本章では、まずアメリカの大学の教員給与の近年の水準の推移を、消費者物価の上昇率との比較を中心として俯瞰的に明らかにする（第1節）。次に基本財産が最もダイナミックに変化し、また教員給与への影響を強め始めたと考えられる2002年から2007年における8つの研究大学の事例を取り上げ、学生1人当り基本財産の豊かさが、教員給与にいかに影響を与えたかを検証する。学生1人当りの基本財産の豊かさは、各大学の教員給与のポジション戦略にどのように影響を与えるものなのであろうか。本事例研究では、教授、准教授、助教授の3つのランクに区分して分析を行う（第2節）。最後に、第2節での個別事例の分析を踏まえて、基本財産と教員給与のまとめを行う（第3節）。

　第3章の基本財産と奨学金の場合と異なり、本章の教員給与の分析には、その性質上いくつかの困難を伴う点がある。第一は、ファカルティの給与は、各大学の支出サイドの人件費の内訳に関する情報であり、財務報告書からは具体的な内訳数字が入手できないことである。第二にディスクロージャーの観点からも、継続的に開示する対象や積極的な広報の対象としては比較的なじみにくい分野であり、分析の対象となる継続的な開示情報がそもそも少ない点である。これらの困難があるものの、本章では下記の分析対象と方法で、可能な限り実証的な分析を試みる。

第 4 章　基本財産と教員給与　269

分析対象と方法

　第 2 章の基本財産のガバナンス、第 3 章の基本財産と奨学金のケーススタディと同じ事例大学を対象とする。

　リーマンショック前に学生 1 人当り基本財産額が、比較的順調に拡大した時期である 2002 年から 2007 年までの 5 年間を捉え、各大学が教員給与水準の決定でどのような戦略をとったのか、そしてその教員給与におけるポジショニング戦略は学生 1 人当り基本財産額の豊かさからどのような影響を受けたのかについて下記資料を用いて分析する。

　用いる資料：学生 1 人当り基本財産：NACUBO Endowment Study の各
　　　　　　　年版
　　　　　　：教員給与：AAUP Faculty Survey の各年データ
　　　　　　：各大学　年次財務報告書　2002 年度〜2007 年度　各年版
　　　　　　：各大学　Institutional Research Office 等の資料

　年間平均給与の定義：9 か月ベースに換算した給与。数値はフルタイム教員と主たる役割 (50% 以上) が教育である研究スタッフの平均給与。AAUP の年次調査が医学部を除くベースでの比較であるため、本分析も医学部を除くベースとする。

　分析の視点は、(1) 各大学の教員給与のポジショニングは 2002 年の時点でどのような位置にあり、2002 年から 2007 年にかけて各大学は教員給与においてどのようなポジショニング戦略をとったのか。(2) 各事例大学において教員の平均給与が消費者物価上昇率をどの程度上回って推移したのか。それは教授、准教授、助教授のランク別に見て如何なる特徴を持つのか。(3) 学生 1 人当り基本財産額が比較的順調に拡大した時期において、各大学の収入構造はどのように変化し、そこに見られる学生 1 人当り基本財産額で見た豊かさの度合いの違いが、教員給与の上昇にどのような差異をもたらしたのかという点である。各大学の収入構造の推移については、第 3 章と同

様に各大学の各年度の財務報告書を用いて分析する。

　この時期に想定される行動のストーリーは、どのようなものであろうか。威信の高いアメリカの私立研究大学においては、競争するピア・グループと伝統的にお互いに情報交換するルートを通常有している。またAAUPの調査を通じて、全体の中での自らのポジションを常に確認することができる。2002年時点で既にトップグループの給与水準を誇るポジショニングにある大学は、長期的な固定費の増加となる教員給与の増加をできるだけ抑え、競争するピア・グループを主導しながら、競争上の優位なポジショニングを巧みに守る戦略をとるであろうと考えられる。中位のポジションにあると認識している大学は、上のポジションに加わろうと給与のアップを加速するか、あるいは中位のグループでの現状を維持しつつ人件費を抑制する方向に向かうかのいずれかの戦略をとるものと考えられる。ポジショニングで下位グループにあると認識している大学は、大きなピア・グループの一団から引き離されてしまわないように、無理をしてでもグループになんとか追いつこう追い縋ろうという戦略をとるものと考えられる。
　また教授・准教授・助教授のランク別に見れば、力点を教授のランクに置く戦略をとる大学と各ランクに均等に目配りする戦略をとる大学とに分かれるものと考えられる。教授に力点をおく大学が多いと考えられる中で、各ランクにどのように力点を置くかは、各大学の学内における保守的なガバナンスの考え方の伝統を反映すると同時に、その大学固有の財務面の状況も勘案されるものと考えられる。学生1人当りの基本財産の豊かさの度合いは、財務的なストック面の豊かさとして長期的な教員給与ポジショニング戦略に影響を及ぼすと同時に、フロー面の好不調の認識として、比較的短期的な戦略に影を落とすものと考えられる。

第1節　アメリカの大学における教員給与と近年の水準

1　アメリカの大学における教員団（ファカルティ）と教員給与

　アメリカの高等教育における教員団の発展の歴史の中で、Boyer（1990）は、3つの革命的なフェーズの変遷を経て、ファカルティの意味する内容が次第に洗練され、現代の共通認識に至ったとしている。彼は、その3つのフェーズは時期的に一部重なっているものの、明確に区別することができるとしている。

　第一のフェーズは、1636年のハーバード大学の創設から19世紀の前半までである。教職者や市民の人格形成に焦点が当てられていた。第二のフェーズは、南北戦争の終了と1862年のモリル法によって勢いを増した農業や工業の実業的な技能訓練とリベラルアーツ教育の時代である。第三のフェーズは、現代の研究大学へと発展するドイツ型の教授団の概念が導入された後の時代である。この第三のフェーズは、第二次大戦後に新たな拡大発展を見せ、1960年代半ば以降の本格的な高等教育の大衆化の中で更に洗練された。

　それでは、教員の処遇面においてはアメリカではどのような歴史的経緯を経てきたのであろうか。第二フェーズの初期に設立され、第三フェーズにある現代においても有力な研究大学の一つであるコーネル大学は、2007年の予算計画書の中で第二フェーズ以降の教員給与について次のように述べている[4]。1890年までは、たとえ著名な教授であっても20年前の創設期とほとんど変わらない待遇であった。給与水準は十分なものでなく、また年金の制度も存在しなかった。20世紀初めの第一次世界大戦によってもたらされた生活費の高騰下では、産業労働者の賃金こそ上昇したが、教授の給与はインフレ率を上回って上昇することができなかった。第二次世界大戦と1970年代の高インフレの時代においても、第一次世界大戦の時と同様に、教員給与はネガティブな影響を避けられなかった。またこういったネガティブな影響を取り返すにはかなりの年月を要した。

　以上の記述に見られる通り、アメリカの高等教育における教員給与は、3つのフェーズを経て次第にファカルティの地位が洗練されたにもかかわらず、

その処遇面では必ずしも恵まれた歴史を経てきたわけではない。むしろ高いインフレ率との戦いの歴史という側面を持っていた。

2 教員給与上昇率と消費者物価上昇率の最近の傾向

1970年代の教員給与はまさにインフレとの戦いであった。Geiger (2011) は、1970年代を憂鬱な10年と呼んでいる。2年間ごとの教員給与の伸び率と消費者物価上昇率の比較を**表4-1**に示す。対象とした教員は、AAUPの調査に協力して回答した高等教育機関のファカルティで、2005年度で約1,300の4年制、2年制の大学に所属するファカルティである。表4-1は2年間を一つの期間として教員給与の上昇率と消費者物価上昇率を比較し、実質ベースの教員給与上昇率を求めたものである。1972年から1982年までの10年間については、高い消費者物価上昇率が継続し、教員給与の上昇率がこれを下回る時期が続いた。消費者物価の上昇を加味した実質ベースの教員給与が大きなマイナスとならざるを得ない苦難の時期が10年間継続したのである。この期間については教授も実質ベースでマイナスの水準を余儀なくされているが、特にマイナス幅が大きかった1974年から1976年と1978年から1980年においては、教授よりも准教授、准教授よりも助教授がより大きなマイナスとなっている。1982年から1986年については、実質ベースで

表4-1　教員給与上昇率と消費者物価上昇率比較　（1972年から1986年）（単位：%）

年度	教員給与上昇率 名目 (N)			教員給与上昇率 実質 (R = N-I)			消費者物価 上昇率[5] (I)
	教授	准教授	助教授	教授	准教授	助教授	
1972～1974	9.7	9.6	9.1	▲2.7	▲2.8	▲3.3	12.4
1974～1976	12.4	12.1	11.7	▲7.7	▲8.0	▲8.4	20.1
1976～1978	10.1	10.4	10.3	▲1.8	▲1.5	▲1.6	11.9
1978～1980	13.5	13.2	13.1	▲10.0	▲10.3	▲10.4	23.5
1980～1982	18.6	18.1	18.7	▲3.9	▲4.4	▲3.8	22.5
1982～1984	11.2	11.0	11.9	3.5	3.3	4.2	7.7
1984～1986	13.2	12.7	13.2	5.3	4.8	5.3	7.9

出典：American Association of University Professors, *The Annual Report on the Economic Status on the Profession 2006-2007*

教員給与が上昇する局面に転換するものの、長い低迷の時代の実質のマイナスを、すぐに取り返すレベルには至っていない。

1987年から2007年までの1年ごとの同様の推移を**表4-2**に示す。1970年代と1980年の初頭までと比較すると、実質ベースでプラスの上昇を確保している年度が多いことが特徴である。

表4-2　教員給与上昇率と消費者物価上昇率比較　（1987年から2007年）（単位：％）

年度	教員給与上昇率 名目（N）			教員給与上昇率 実質（R = N-I）			消費者物価上昇率6（I）
	教授	准教授	助教授	教授	准教授	助教授	
1987～1988	5.0	4.8	4.9	0.6	0.4	0.5	4.4
1988～1989	5.8	6.7	6.0	1.4	2.3	1.6	4.4
1989～1990	6.3	6.3	6.3	1.7	1.7	1.7	4.6
1990～1991	5.5	5.3	5.5	▲0.6	▲0.8	▲0.6	6.1
1991～1992	3.4	3.5	3.8	0.3	0.4	0.7	3.1
1992～1993	2.6	2.3	2.6	▲0.3	▲0.6	▲0.3	2.9
1993～1994	3.0	3.1	3.0	0.3	0.4	0.3	2.7
1994～1995	3.4	3.4	3.2	0.7	0.7	0.5	2.7
1995～1996	3.1	2.9	2.7	0.6	0.4	0.2	2.5
1996～1997	2.9	3.0	2.4	▲0.4	▲0.3	▲0.9	3.3
1997～1998	3.6	3.2	2.8	1.9	1.5	1.1	1.7
1998～1999	4.0	3.6	3.5	2.4	2.0	1.9	1.6
1999～2000	4.3	4.0	3.9	1.6	1.3	1.2	2.7
2000～2001	4.4	3.9	4.4	1.0	0.5	1.0	3.4
2001～2002	4.2	3.8	4.8	2.6	2.2	3.2	1.6
2002～2003	3.4	3.1	3.8	1.0	0.7	1.4	2.4
2003～2004	2.4	2.0	2.3	0.5	0.1	0.4	1.9
2004～2005	3.4	3.0	3.2	0.1	▲0.3	▲0.1	3.3
2005～2006	3.7	3.5	3.3	0.3	▲0.1	▲0.1	3.4
2006～2007	4.2	3.9	4.1	1.7	1.4	1.6	2.5

出典：表4-1に同じ。

1982年以降1990年までの時期において、教員給与の上昇が実質ベースのプラスで推移した要因について2点を指摘することができる。第一点は、

1982年に始まった景気拡大局面を通して消費者物価上昇率が次第に低下し、1987年以降の3年間は4％台に低下したことである。第二点は授業料の値上げを中心とする大学の収入環境の好転である。こうしたマクロ経済環境の好転と大学の授業料値上げを中心とする自助努力の結果、教員給与上昇率は年率4％～6％台を確保されるようになり、わずかに実質での教員給与の上昇が実現した。

　1990年代には、実質ベースで教員給与がマイナスとなる年度が3度あったものの、消費者物価上昇率が概ね安定的に低率で推移したために、実質ベースでわずかのプラスを確保できる年度が増加した。プラスを確保できる年度が増加したとはいうものの、その実質ベースでの増加率は1997年までは1％未満のプラスかマイナスで推移している。またマイナスの年度においては、准教授あるいは助教授で最大の実質マイナスとなっている。教授でも十分な実質ベースでの給与上昇があったとは言い難い状況であった。

　2000年代では、教授のランクについては、すべての年度で実質のプラスを確保している。実質ベースでの教員給与の上昇を確保できるようになったとはいえ、プラスの幅はわずかである。また准教授と助教授については、消費者物価の上昇率が3％を超えた2005年度と2006年度の両年についてマイナスとなっている。

　以上を全体として見ると、約1,300の大学の平均で見た場合には、消費者物価上昇率が高い場合には実質でマイナスとなる年度も見られ、また消費者物価上昇率が比較的落ち着いて推移している年度においても実質の教員給与の上昇率は多くの年度で1％前後である。

　本章の事例研究の対象としている8大学は、学生1人当り基本財産で比較的に豊かな大学でありかつ威信の高い大学であるため、教員給与の上昇率はこれらの多くの大学の平均をかなり上回っている。また8大学の中でも学生1人当り基本財産の豊かさには大きな違いがあるが、教員給与の上昇率にどのような影響を与えているのであろうか。第2節ではこれを明らかにする。

3 学生1人当り基本財産と教員給与（2002年におけるポジション）

　2002年から2007年の5年間を分析するスタート時点として、2002年時点における事例8大学の基本財産と教員給与のプロットしたものが、**図4-1**である。2002年においては、教授のランクで、A3のハーバード大学が最も高い水準で他を引き離している。既に相対的に最高の水準を達成しているトップのポジションにあるハーバード大学は、どのような戦略をとるであろうか。このA3のハーバード大学を追う第2番手を争う中位に位置するグルー

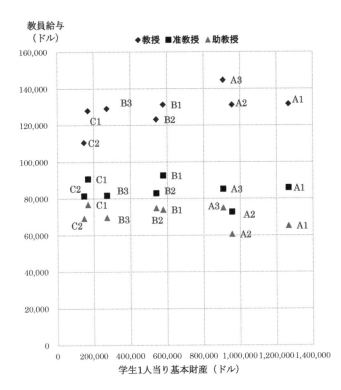

図4-1　学生1人当り基本財産と教員給与（2002年）
出典：*NACUNO Endowment Study 2002*、*AAUP Faculty Survey* から作成

A1：プリンストン大学　A2：イェール大学　A3：ハーバード大学
B1：スタンフォード　B2：マサチューセッツ工科大学（MIT）　B3：シカゴ大学
C1：ペンシルバニア大学　C2　コーネル大学

プが A1, A2 ,B1, B3, C1 の 5 大学である。これら 5 大学は、大きな横並びの集団を形成しつつも、A3 のトップを追う戦略を取るところと中位グループでの現状維持で人件費の抑制に重点を置く戦略をとるところに分かれると想定される。

　B2 の MIT が、これらの 5 大学のすぐ下のポジションに位置する。第 2 位のグループを形成する 5 大学に追いつく戦略をとるものと考えられる。更に C2 のコーネル大学は 8 大学の中では唯一 12 万ドルに届いていない。

　教授のランクにおける C2 のコーネル大学のポジションが、なぜやや際立って下方に離れているのであろうか。1995 年から 1998 年までコーネル大学の学務担当副学長であった Ehrenberg はその著書の中で、「コーネル大学の行政執行部は、コーネル大学の教員給与を、インフレ率を上回りかつ競合している他大学に負けないような水準に保つよう試みてきた」(Ehrenberg, 2002, p.117) とした上で、競合する他大学より低いポジションに甘んじている要因を 2 点指摘している。

　第一は、教員の専門分野のうち、法律と MBA を担当する教員の比率の差が影響するとしている[7]。1998 年では、コーネル大学に在籍する 951 名のフルタイム教員のうち 78 名が法学と MBA を専門分野とする教員で全体に占める構成比は 8.7％である。Ehrenberg の計算によれば、ハーバード大学が 25.6％、ペンシルバニア大学が 24.3％、スタンフォード大学が 13.3％で、コーネル大学は他大学比でこれらの専門分野の教員団が小規模である。この構成比の差が、教員平均給与の差の要因となるとしている (Ehrenberg, 2002, pp.117-120)。

　更に Ehrenberg は、キャンパスの立地環境の差についても要因であるとしている。コーネル大学はイサカ (Ithaca) に所在し、生活費が一般に大都会より安い上に競合大学が同じエリアに存在しない。ハーバード大学と MIT が競合するマサチューセッツ地域、シカゴ大学とノースウエスタンが競合するシカゴ地域、スタンフォード大学と UC バークレーが競合するサンフランシスコ地域では、給与が高くなりがちである。コーネル大学の高年齢でハイランクの教授は、引っ越しを伴うような移動を好まない傾向があり、教授

平均給与が、これらの大学と比較して抑えられがちとなる要因でありうる（Ehrenberg, 2002, pp.121-125）。

　コーネル大学はアイビーリーグに属する威信の高い大学であり、教授の平均給与の水準に関する順位意識も高いと想定される。学生1人当り基本財産が相対的に低い中にあってどのような戦略をとったのであろうか。

　准教授では、教授のランクにおけるハーバード大学のような別格に抜きん出た高い平均給与水準の大学は見られない。A2のイェール大学が、准教授給与では8大学の中で最も低く、唯一7万ドル台である。学生1人当り基本財産額が格段に豊かであるイェール大学は、准教授給与の大幅改定を行ったのであろうか。

　助教授では、Cグループのペンシルバニア大学、Aグループのハーバード大学が75,000ドル以上で8大学の中で第1位と第2位である。BグループのMIT、スタンフォード大学が7万ドル台でこれに次ぐ。基本財産でAグループのプリンストン大学とイェール大学は、2002年の助教授の平均給与では、8大学中の第7位と第8位で最も低いグループを形成している。

　図4-1が示す通り、教員平均給与は全体としては横並びであるが、その横並びの中でも、それぞれのランクで平均給与水準の順位は微妙に異なる。基本財産が順調に拡大した時期である2002年から2007年の間に、各大学の収入構造はどのように変化し、その中で各大学の教員平均給与はどのような戦略と動きを見せ、順位はどのように変化したのであろうか。第2節で各大学について分析する。

第2節　基本財産と教員給与——2002年から2007年の8大学ケーススタディ——

1　プリンストン大学（A1）

　プリンストン大学は、質の高い研究大学であると同時に優れたリベラルアーツ・カレッジの特質を持った大学[8]である。学生数の規模が、事例8大

学の中で最も小さい。教授、准教授、助教授からなるファカルティ（教授団）の構成の特色は、総勢約 700 名[9] と規模が小さいこと、教授が約 7 割に達し、准教授が約 1 割、助教授が約 2 割とトップヘビーであることである。

プリンストン大学の教授の平均給与は、2002 年時点においてハーバード大学に次ぐ第 2 位を争う 5 大学のグループの中でもトップのポジションにあった。潤沢な学生 1 人当り基本財産を生かして、ハーバード大学を追う積極的な給与アップの戦略をとったのであろうか。

図 4-2 に示す通り、プリンストン大学は、学生 1 人当り基本財産額が 2002 年の 127 万ドルから 2007 年の 223 万ドルへと 5 年間で 96 万ドルの増加を実現した。伸び率では 5 年間で 76%（年率 12.0%）[10] 増であった。最初の年は 3.2％の増加に留まったが、その後の 4 年間は 12.9％、12.7％、14.9％、16.6％と高い成長を実現した。第 3 章の年次財務報告書の分析で明らかにした通り、この期間におけるプリンストン大学の収入構成の特色は、基本財産からの配分収入が全収入に占める比率が 2002 年において既に 37.5％を占めるに至っていたことである。この基本財産からの配分収入の構成比率は 2007 年には更に 46.6％まで拡大した。基本財産からの配分収入の増減が、各年度の予算編成や教員給与の決定に大きな影響を与えうるレベルに達しているということができる。

2002 年から 2007 年の 5 年間に、教授の平均給与は 131,700 ドルから 163,700 ドルに 24.3％（年率 4.4％）増加した。額では 32,000 ドルの増加である。最初の 2 年間に 5.2％、5.1％と高い伸びを記録し、その後も 3.8％、3.8％、4.4％と安定した給与水準の増加が続いた。

プリンストン大学の准教授の平均給与は、この間 85,900 ドルから 105,000 ドルとなった。5 年間で 22.2％（年平均 4.1％）の増加、金額では 19,100 ドルの増加である。最初の 3 年間に 3.5％、3.9％、3.4％となだらかに増加し、4 年目は 1.7％にとどまったが、5 年目に 8.1％という高い伸びを記録した。5 年間の累計では教授を少しだけ下回るアップの水準を確保しているが、全体の准教授の人員が少ないためか 4 年目と 5 年目のアップダウンが激しく、教授より不安定な増減の推移となっている。

同様にプリンストン大学の助教授の平均給与は、この間 65,300 ドルから 79,100 ドルとなった。伸び率では 5 年間で 21.1％（年平均 3.9％）、金額では 13,800 ドルの増加である。最初の 2 年間に 4.3％、4.1％という高い伸び率で始まり、その後も 3.5％、4.0％、3.7％と安定して推移した。

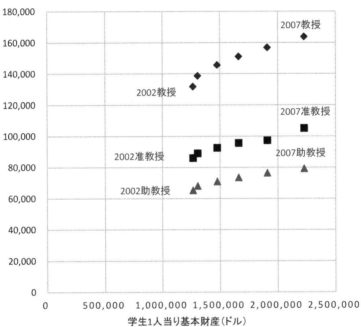

図 4-2　プリンストン大学の学生 1 人当り基本財産と教員給与
出典：NACUBO Endowment Study 2002 〜 2007, AAUP Faculty Salary Survey 各年より作成。

以上の推移をまとめたものが、**表 4-3** である。

表 4-3 プリンストン大学　学生 1 人当り基本財産の伸び率と教員給与のランク別伸び率

	2002	2003	2004	2005	2006	2007
学生 1 人当り基本財産	1.000	1.032	1.165	1.313	1.509	1.760
教授平均給与	1.000	1.052	1.106	1.147	1.191	1.243
准教授平均給与	1.000	1.035	1.076	1.112	1.130	1.222
助教授平均給与	1.000	1.043	1.086	1.124	1.168	1.211

出典：図 4-2 に同じ

　プリンストン大学では、2002 年から 2007 年の 5 年間に、教授が 24％（年率 4.4％）、准教授が 22％（年率 4.1％）、助教授が 21％（年率 3.9％）の給与の伸び率であった。事例 8 大学の中では、ランク別の給与アップ率の差が非常に少ない点に特色がある。

　これらの 5 年間の伸び率の水準は、消費者物価上昇率の 5 年間の累計の 14％（年率 2.7％）をすべてのランクで大幅に上回るものである。消費者物価上昇率を上回る幅は、教授で年率 1.7％、准教授で 1.4％、助教授で 1.2％である。また第 1 節の表 4-2 に示した約 1,300 校の同期間の平均である教授の 18.3％（年率 3.4％）、准教授の 16.3％（年率 3.1％）、助教授の 17.8％（年率 3.3％）をそれぞれ年平均で 1.0％、1.0％、0.6％上回る水準である。

　プリンストン大学では、教授、准教授、助教授の各ランクの 5 年間の増加率に大きな差がないが、8 大学の中での順位は、この結果どのように変化したのであろうか。増加額では 5 年間に教授の給与を 32,000 ドル増加させた。2002 年には 8 大学中で、ハーバード大学に次いで第 2 位の水準であったプリンストン大学の教授の平均給与は、2007 年には、8 大学の中で第 3 位の水準となった。

　プリンストン大学の准教授平均給与の水準は、2002 年には 8 大学中で、スタンフォード大学、ペンシルバニア大学に次いで第 3 位の水準であったが、5 年間で 19,100 ドル増加させたことによって 2007 年の順位も同様である。助教授では、5 年間で 13,800 ドル増加したことによって 2007 年のプリンストン大学の平均給与は 8 大学の中で低い方から 2 番目で 2002 年と同様の順

位にある。

　この間の基本財産からの配分収入の伸び率は、年平均10.5％という高い成長レベルを達成したが、純授業料収入の伸び率は、大学独自奨学金の拡充の影響もあって年率で2.7％にとどまった。この結果、その他の収入も含めた収入全体では年平均5.9％の伸びであった。すなわち教員給与の改定の財源的な裏付けである財務収入の5年間の伸びからだけ見れば、年平均5.9％程度まで教員給与を増加させる余地があった。しかし、教員給与の増加は長期的な固定的経費の増加となるため、一般にどの大学においても慎重な判断が必要で、プリンストン大学においても現在の教員給与におけるポジショニングと他の大学の動きを総合的に判断して、年平均で4.4％、4.1％、3.9％に留めたと見ることができる。これらアップ率は、消費者物価上昇率との比較の観点からは、教授で年率1.7％、准教授で1.4％、助教授で1.2％上回る水準である。

　ピア・グループ内での横並びと順位意識の観点からは、教授で第2位グループから上に抜け出すという積極戦略はとらなかった。また改善の余地が本来大きいはずの助教授のランクでも、教授や准教授のランクの伸び率を超えての特別な増加対応は、戦略上の判断としてとらなかったものと考察される。第2位グループを上に抜け出す戦略をとらなかった背景の一つは、既に述べた通り、リベラルアーツ的な性格を8大学の中では強く有しており、人文科学や社会科学の分野に裾野が広いことの反映とも考えられる。

2　イェール大学 (A2)

　イェール大学は1701年設立で、伝統的な神学、医学、法学、人文科学に加えて経営、建築、森林・経営、芸術、演劇などの多様な学問分野を有している。フルタイム換算学生数は全学で1万1千人前後と事例8大学の中ではプリンストン大学、MITに次いで3番目に少ない。教授団は約2千名であるが、医学が約半数を占め、医学を除くベースでは、約900名である。このうち学士課程の中心であるアーツアンドサイエンスに約75％の教員が所属している。建築、芸術、演劇などの分野では、教授会に属さない非ラダー

（Non-Ladder）の教員の比率が 7 割以上と非常に高く、非ラダーの比率が約 4 割に留まるアーツアンドサイエンスの教授が、結果として教授会に属する教員団の約 4 分の 3 を占めるに至っている。医学を除くベースで、教授が約 60％、准教授が約 10％、助教授が約 30％という構成になっている[11]。

イェール大学の 2002 年時点における教員給与のポジションの特色は、教授のランクでは、ハーバード大学を追う第 2 位グループの 5 大学の中位にある一方、准教授と助教授では 8 大学の中で最も低い水準にあることである。教授の平均給与では、豊かな基本財産からの収入を財源として活用して、第 2 位グループから抜け出すような戦略をとったのであろうか。また、准教授、助教授では、最下位を抜け出すような給与改善を試みたのであろうか。

図 4-3 に示す通り、イェール大学は、学生 1 人当り基本財産額で 2002 年の 96 万ドルから 2007 年の 198 万ドルへと 5 年間で 102 万ドルの増加を実現した。伸び率では 5 年間で 108％（年率 15.7％）増に達し、8 大学の中で最も高い増加率を実現した。最初の年は 3.5％の成長に留まったものの、その後の 4 年間は 14.4％、19.7％、17.4％、24.8％の伸びを達成した。

この間、教授の平均給与は 131,200 ドルから 157,600 ドルに 5 年間で 20.1％（年平均 3.7％）の増加に留まった。金額では 26,400 ドルの増加で、プリンストン大学の同期間の 24.3％（年率 4.4％）、32,000 ドル増を伸び率でも増加額でも下回る。最初の年は 4.6％の増加であったが 2 年目には 1.2％のアップに抑制された。その後は伸び率が回復し 4.9％、3.8％、4.2％と安定した伸び率を確保したものの、2 年目の低い伸び率が影響し、5 年間で 20％増の伸びに留まった。2 年目の教授の平均給与の伸び率が低かった背景には、その前年の基本財産の伸びが芳しくなかったことが影響しているものと考えられる。2007 年のイェール大学の教授の平均給与は、8 大学中で 5 番目の水準となり、2002 年の 8 大学中での第 4 位から第 5 位にわずかではあるが後退した。

2002 年時点で 8 大学の中で最も低い水準にあったイェール大学の准教授の平均給与は、この間 72,700 ドルから 87,100 ドルとなった。最初の年こそ 9.4％の高い率でアップしたが、次の年にはマイナス 1.3％となった。そ

の後は4.6％、3.9％, 2.1％のペースで伸びを確保し、5年間の伸び率は20％（年平均3.7％）増となった。この20％（年率3.7％）の伸び率の水準は、教授の5年間の伸び率と同じである。

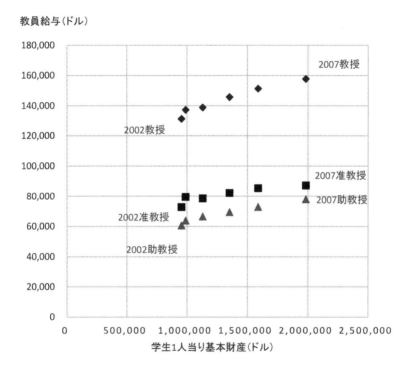

図 4-3　イェール大学の学生1人当り基本財産と教員給与

出典：図4-2に同じ

　2年目に平均給与がマイナスの伸びとなっているのは、教授の場合と同様にその前年の基本財産の低い伸び率が背景にあるものと考えられる。2002年時点では准教授と同様に8大学の中で最も低い水準にあったイェール大学の助教授の平均給与は、この間60,600ドルから77,900ドルとなり、17,300ドル増加した。5年間で29％（年率5.1％）の高い伸びである。5.3％のアップ

に始まり、第2年度も4.2%の伸び率を確保し、その後も4.4%、4.9%、7.0%と高いアップ率を継続した。

准教授と助教授については、2007年時点でも2002年時点と同様に8大学の中で最も低い水準のままである。ただし、5年間を通じて高い伸び率を維持した助教授については、5年間累計で29%の高い伸び率の結果、第7位のプリンストン大学との差が縮小された。

以上の推移をまとめたものが**表4-4**である。イェール大学の場合は、2002年から2007年の5年間に、教授と准教授がほぼ同じ20%（年率3.7%）の伸び率に留まり、助教授だけが29%（年率5.1%）の高い伸び率であった。

表4-4　イェール大学　学生1人当り基本財産の伸び率と教員給与のランク別伸び率

	2002	2003	2004	2005	2006	2007
学生1人当り基本財産	1.000	1.035	1.184	1.417	1.663	2.076
教授平均給与	1.000	1.046	1.058	1.110	1.152	1.201
准教授平均給与	1.000	1.094	1.080	1.129	1.173	1.198
助教授平均給与	1.000	1.053	1.097	1.145	1.201	1.285

出典：図4-2に同じ

教授、准教授、助教授の3ランクの中で、助教授のランクが最も高い伸び率を実現しているのは8大学の中でイェール大学のみであり、この点がイェール大学の特色である。学生1人当り基本財産の伸び率が108%と8大学の中で最も高かったイェール大学であるが、教授と准教授の平均給与の5年間の伸び率は20%に留まり、8大学の中でむしろ低い水準である。唯一助教授のランクのみが29%増で基本財産の伸びにふさわしい伸びであった。

これらの5年間の伸び率の水準は、消費者物価上昇率の累計の14%（年率2.7%）をすべてのランクで上回っており、その幅は、年率で1.0%、1.0%、2.4%である。また同期間の約1,300校の平均に対しては、教授で年率0.3%、准教授で年率0.6%上回る水準である。多くの一般の大学の平均を少しだけ上回る水準に上昇率に抑え込んだと見ることができる。助教授については、年率で1.8%上回る高い水準であった。

この間の基本財産からの配分収入の伸び率は、年平均10.5％という高い伸び率であったが、純授業料収入は年率2.5％増にとどまり、その他の収入も含めた収入全体では年率7.7％の伸びを記録した。すなわち財務収入の5年間の伸びからは、年率7.7％程度まで教員給与を増加させる余地があったが、教員給与の上昇率は年率で教授3.7％、准教授3.7％、助教授5.1％に留めた。教員給与の増加は、中長期的な固定費の増加を招くおそれがあるため、消費者物価上昇率との対比で、教授で年率1.0％、准教授で1.0％、助教授で2.4％上回る水準に抑制したと見ることができる。助教授のランクのみで、消費者物価上昇率を2.4％上回るという大幅な増加水準となる戦略をとった。

冒頭の教員構成の中で述べた通り、イェール大学では、建築、芸術、演劇などの分野では、教授会に属さない非ラダー (Non-Ladder) の教員の比率が7割以上と非常に高い。アーツアンドサイエンスでも非ラダーの教員が4割程度であるが、結果とし教授会に属する教員団の構成において医学部を除くと約75％がアーツアンドサイエンスに属することとなっている。これが5年間の累計での教授と准教授の給与の伸び率において20％とやや低めとなっている背景であると考えられる。

3　ハーバード大学 (A3)

ハーバード大学は1636年設立で、伝統的な神学、医学、法学、人文科学に加えて、経営学、公衆衛生学、工学、行政学、教育学等の多様な学問分野を有している。フルタイム換算学生数は約2万人でペンシルバニア大学、コーネル大学と並んで8大学の中では、学生規模が大きい大規模大学である。教授会に属する教授団は約1,500名であるが、医学を除くベースでは約1,300名である。このうち学士課程の中心であるアーツアンドサイエンスに約48％の教員が属している。医学を除くベースで、教授が約65％、准教授が約15％、助教授が約20％という構成になっている[12]。

ハーバード大学の2002年時点における教員給与のポジションの特色は、教授の平均給与において第1位のポジションにあることである。既にトップのポジションにある大学は、長期的な固定費の増加となる教授給与の増加を

できるだけ抑制し、競争するピア・グループを主導しながら、競争上の優位なポジションを巧みに守る戦略をとるであろうと考えられる。実際には、どのように推移したのであろうか。なお准教授では2002年時点で中位の第4位、助教授では第2位のポジションである。

　図4-4に示す通り、ハーバード大学は、学生1人当り基本財産額が2002年の91万ドルから2007年の177万ドルへと5年間で86万ドルの増加を実現した。伸び率では5年間で96％（年率14.4％）増に達し、8大学の中でイェール大学、スタンフォード大学に次いで良好な結果であった。伸び率の推移は、9.8％、16.6％、14.6％、13.1％、17.9％とどの年度においても高い。

　この同じ期間にハーバード大学の教授の平均給与は、144,700ドルから177,400ドルに32,700ドル増加した。増加額は、プリンストン大学の32,000ドル、イェール大学の26,400ドルを上回りAグループで最大の上げ幅である。5年間の伸び率は22.6％（年率4.2％）であった。4.2％、4.4％、3.6％、3.4％、5.2％とすべての年で安定して増加した。ハーバード大学の教授の平均給与は、2002年において8大学の中で最高の水準であったが、この5年間の安定的な伸び率によって2007年においても8大学中で第1位である。

　ハーバード大学の准教授の平均給与は、この間85,200ドルから100,000ドルとなった。金額では14.800ドルの増加で、プリンストン大学の19,100ドルと比較すると抑制気味である。増加率では5年間で17.4％（年率3.3％）である。最初の2年間は4.2％、3.5％と高い伸び率を見せたが、3年目に0.4％と急激な伸び悩みを見せた。その後4年目と5年目は5.2％、3.0％と再び高い伸び率を回復した。教授の平均給与推移と比較すると、2年目と3年目の伸び率で特に見劣りし、5年間の増加率では、顕著に教授を下回る水準に終わっている。2001年と2002年は景気後退と消費者物価上昇率の1％台への低下があった時期であるが、教授がこの時期にも年率3％以上の安定した上昇となったのに対して、准教授のランクではやや遅れて増加率の相対的な低下につながったものと考えられる。ハーバード大学の准教授の平均給与は、2002年において8大学の中で第4位の順位であり、2007年においても同じく第4位のままである。

ハーバード大学の助教授の平均給与は、この間 75,000 ドルから 91,300 ドルとなった。金額で 16,300 ドルの増加で、5 年間の増加率では 21.7％（年率 4.0％）であった。助教授のランクにおいても准教授と同様に最初の年に 5.7％、次に 3.5％、3 年目に 1.0％と 3 年目に急激な増加率の低下を見た。しかし准教授の場合と異なり、その後 5.3％、4.9％と高い伸び率を回復した結果、5 年間の累計では准教授の 17.4％を約 5％上回り、教授の 22.6％に迫る高い伸び率を達成している。助教授の平均給与では、ハーバード大学は、2002 年も 2007 年もペンシルバニア大学に次いで 8 大学中、第 2 位である。

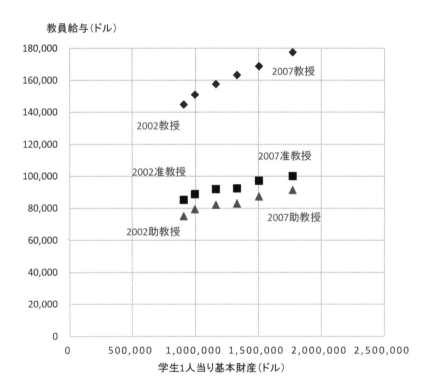

図 4-4　ハーバード大学の学生 1 人当り基本財産と教員給与

出典：図 4-2 に同じ。

以上の推移をまとめたものが、**表 4-5** である。ハーバード大学では、2002 年から 2007 年の 5 年間に、教授が 22.6％（年率 4.2％）、准教授が 17.4％（年率 3.3％）、助教授が 21.7％（年率 4.0％）の給与の伸び率であった。教授、助教授、准教授の順で伸び率が高いこと、助教授は教授とほぼ同じレベルの伸び率を確保していること、准教授だけが景気後退のあおりを受けた形になっていることが特色である。年平均で見ると消費者物価上昇率を、教授で 1.5％、准教授で 0.6％、助教授で 1.3％上回っている。約 1,300 校の平均と比較すると、教授で 0.7％、准教授で 0.2％、助教授で 0.7％上回っている。

表 4-5　ハーバード大学　学生 1 人当り基本財産の伸び率と教員給与のランク別伸び率

	2002	2003	2004	2005	2006	2007
学生 1 人当り基本財産	1.000	1.098	1.280	1.467	1.659	1.956
教授平均給与	1.000	1.042	1.088	1.128	1.166	1.226
准教授平均給与	1.000	1.042	1.079	1.083	1.140	1.174
助教授平均給与	1.000	1.057	1.095	1.105	1.164	1.217

出典：図 4-2 に同じ。

　この時期の基本財産からの配分収入の伸び率は、年平均 6.7％に達し、純授業料収入も年 5.2％で、その他の収入も含めた収入全体では 6.4％の伸びであった。すなわち財務収入の 5 年間の伸びからは、年平均 6.4％程度まで教員給与を増加させる余地があったが、教授 4.2％、准教授 3.3％、助教授 4.0％に留めたと考えることができる。教授については、消費者物価上昇率を教授で 1.5％程度上回る水準で、余裕を持って第 1 位の地位は堅持したと見ることができる。

　学生 1 人当り基本財産の高い伸び率が、教授の平均給与の安定的な増加とトップの位置の堅持に貢献をしたと考えられる。なお、2 位のポジションにある助教授では、トップのペンシルバニア大学との差を 1,700 ドルから 500 ドルに縮小し、1 位に肉薄している一方で、准教授の給与水準の改善は 8 大学の中で最も低い 17.4％増（年率 3.3％増）に留まり、准教授の順位は 8 大学中の 4 位のままとなっている。准教授のランクは必ずしも優遇されていな

い結果となっている。

4 スタンフォード大学（B1）

スタンフォード大学のフルタイム換算学生数は約1万5千人で、8大学の中では中規模の大学である。教授会メンバーは、医学分野を除くと約1,100名である。医学部を除いた学問分野別の教授団の構成は、スタンフォード大学の特色である工学が22％、MBAが10％、人文科学が50％、法学が5％、地球科学が5％、その他が8％となっている。ランク別の構成は、教授が約63％、准教授が17％、助教授が20％である[13]。

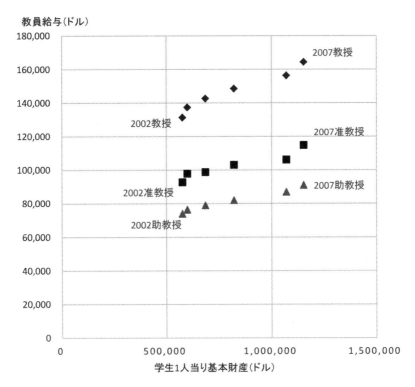

図4-5 スタンフォード大学の学生1人当り基本財産と教員給与

出典：図4-2に同じ

2002年時点におけるスタンフォード大学の教員給与のポジショニングの特色は、教授の平均給与において、第2位グループでプリンストン大学とトップを争いつつハーバード大学を追う位置にあることである。

スタンフォード大学は、**図4-5** に表れている様に、基本財産でも勢いのある高い成長を見せ、また教員給与においても教授のランクで特に上昇に勢いがあることが見て取れる。学生1人当り基本財産額が2002年の58万ドルから2007年の115万ドルへと5年間で57万ドルの増加を実現した。5年間の伸び率では100％（年率14.8％）増に達し、イェール大学の108％増に次いで8大学の中で2番目に高い伸び率であった。

この間、教授の平均給与は131,300ドルから164,300ドルに33,000ドル増加した。Aグループの3大学を凌ぐ増加額である。5年間の累計では25.1％（年率4.6％）の高い伸び率である。5年間の推移で見ても4.6％、3.9％、4.1％、5.2％、5.2％と安定して高い伸び率を継続した。スタンフォード大学における教授のランクの平均給与は、2002年時点でハーバード大学、プリンストン大学に次いで8大学中の第3位であったが、この5年間の伸び率の結果、2007年の教授平均給与は、プリンストン大学を上回り、ハーバード大学に次いで第2位[14]の高水準となっている。

スタンフォード大学の准教授の平均給与は、この間92,700ドルから114,700ドルとなった。金額では22,000ドルの増加でAグループの3大学をすべて上回る増加額である。5年間の増加率は23.7％（年率4.3％）に達した。5年間の上昇の推移を見ると、最初の年は5.5％増の高い伸び率を記録したが、2年目に0.9％増と急激に低下した。3年目と4年目は4.3％、3.0％と安定した上昇率に復帰し、最後の年には8.1％と大きな上昇率となった。教授のランクと比較すると上昇率の上下が激しい動きであるものの、5年間の伸び率では23.7％に達し、教授の25.1％にほぼ迫る上昇率を達成している。スタンフォード大学の准教授の平均給与は、2002年においても2007年においても、8大学の中で最も高い。

同様にスタンフォード大学の助教授の平均給与は、この間73,900ドルから91,000ドルとなった。金額では17,100ドルの増加で、イェール大学の

17,300ドルに次ぐ大きな増加額となっている。5年間の増加率では、23.1％（年率4.2％）とすべてのランクで年4％を超える上昇を達成した。助教授については、准教授よりも安定した推移であった。最初の3年間は3.2％、3.4％、3.9％と3％台の増加で推移し、4年目に6.0％まで増加率が上昇し、5年目も4.7％増加している。この結果、5年間の累計では23.1％の増加率なっている。2002年の助教授の平均給与は、ペンシルバニア大学、ハーバード大学、MITに次いで8大学中の第4位であったが、2007年にはMITを凌いで第3位となった。

以上の推移をまとめたものが、**表4-6**である。

表4-6　スタンフォード大学学生1人当り基本財産の伸び率と教員給与のランク別伸び率

	2002	2003	2004	2005	2006	2007
学生1人当り基本財産	1.000	1.040	1.189	1.423	1.854	1.996
教授平均給与	1.000	1.046	1.086	1.131	1.190	1.251
准教授平均給与	1.000	1.055	1.065	1.111	1.145	1.237
助教授平均給与	1.000	1.032	1.068	1.110	1.176	1.231

出典：図4-2に同じ

スタンフォード大学では、2002年から2007年の5年間に、教授が25.1％（年率4.6％）、准教授が23.7％（年率4.3％）、助教授が23.1％（年率4.2％）の給与の伸び率であった。事例8大学の中では、ランク別の平均給与について増加率の差が非常に少ない点に特色がある。A1のプリンストン大学と同じ特色ということができる。これらの伸び率の水準は、消費者物価の上昇率（年2.7％）を教授で1.9％、准教授で1.6％、助教授で1.5％上回る高水準である。約1,300校の平均と比較してもかなり高い伸び率で、教授と准教授で1.2％、助教授で0.9％上回っている。

スタンフォード大学のこの5年間の財務報告書によれば、この5年間には、基本財産からの配分収入が年率10.0％の高い率で伸び、また純授業料収入も年5.3％のペースで増加し、更にその他の収入も年8.4％で増加したことから、収入全体では、年率8.3％と非常に高い伸びとなった。Aグループの

3大学の総収入の伸び率を上回る高い伸び率である。こうした財源面での豊かな伸びを背景として、教員給与を積極的に改善し、より上位のポジションを狙う戦略をとった。これが教員給与の高い伸び率として結実している。各ランクで年率4％以上の高い伸びを達成し、2007年のポジションでは、教授ではハーバード大学に次ぐ第2位、准教授では8大学中の第1位となっている。助教授でも第3位に上昇している。

5　マサチューセッツ工科大学 (MIT) (B2)

　マサチューセッツ工科大学は、1861年設立の工学分野に集中した研究大学である。フルタイム換算学生数は約1万人で、8大学の中ではプリンストン大学に次いで小人数の大学である。教授団は約1,000名であるが、その他のアカデミックスタッフが約3,700名、研究スタッフが約1,500名と教授団以外の研究・教育スタッフの層が厚いことが特色である。教授団では、教授が64％、准教授が19％、助教授が17％の構成となっている。学問分野別では、工学が37％、自然科学が26％、人文社会科学が17％、経営が11％、建築その他が9％である[15]。

　マサチューセッツ工科大学の2002年時点における教員給与のポジショニングの特色は、教授で第2位から第6位までの5大学のグループからやや引き離された位置にあることである。突出して第1位のハーバード大学を別格としても、第2位から第6位までほぼ横一線に並んでいるプリンストン大学、スタンフォード大学、イェール大学、シカゴ大学、ペンシルバニア大学の中位グループから引き離されることは避けたいポジションにいる。この5大学の水準に追いつく戦略をとるものと想定される。

　しかし、同じBグループでもスタンフォード大学の基本財産が順調に成長を続けたことと対照的に、最初の年、すなわち2002年から2003年にかけて、5.3％の基本財産の減少の事態に見舞われた。図4-6において、最初の年度に右上に向けてスタートするのではなく、左上に向けてスタートしているのは、このためである。5年間トータルで見れば、学生1人当り基本財産額は、2002年の54万ドルから2007年の97万ドルへと43万ドルの増加

を実現した。伸び率では5年間に80.3%(年率12.5%)増で、8大学の中では5番目に高い伸び率であった。

　一方、この5年間に教授の平均給与は123,200ドルから145,900ドルに22,700ドル増加した。増加額は8大学の中で最も少額である。最初の2年は3.5%、5.9%と高い伸び率であったが、3年目にマイナス0.1%に転じた。その後は3.9%、4.0%と再び高い伸び率に復帰したものの5年間の通算の伸び率で見ても18.4%(年率3.4%)増と8大学中で最も低い伸び率に留まる結果となった。2002年時点で8大学中7番目の水準であった教授の平均給与は、2007年でも8大学中7番目の水準である。中位の5大学のグループに

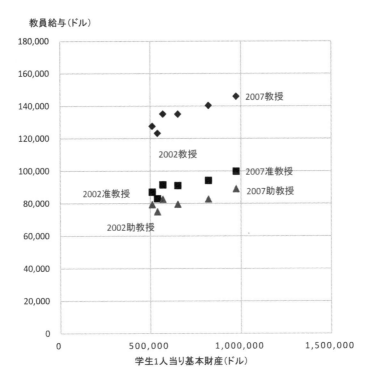

図4-6　MITの学生1人当り基本財産と教員給与

出典：図4-2に同じ

追いつくという戦略は、結果としてとれなかった。第2章で分析した2001年から2003年にかけての3年連続の急激な基本財産の減少が、2004年から2005年にかけて教員給与が停滞する引き金となったものと推測される。

マサチューセッツ工科大学の准教授の平均給与は、この間82,900ドルから99,700ドルとなった。金額では16,800ドルの増加である。5年間の通算では20.3％（年率3.8％）の伸び率となり、教授のランクの18.4％（年率3.4％）を上回る結果となった。最初の2年は4.9％、5.2％と高い伸び率であったが、3年目にマイナス0.5％に転じた。その後3.4％、6.0％と高い伸び率を確保した。准教授平均給与については、増加率が8大学中の中位で、平均給与の水準は8大学中の5位で変わらなかった。

同様にマサチューセッツ工科大学の助教授の平均給与は、この間74,800ドルから89,000ドルと14,200ドルの増加となった。5年間の伸び率では19.0％（年率3.5％）増で教授の18.4％（年率3.4％）をわずかに上回った。5年間の推移では5.9％、4.3％、マイナス3.8％、4.0％、7.6％と増加、減少のふれ幅が大きい推移となった。2002年には助教授の平均給与でペンシルバニア大学、ハーバード大学に次いで3位であったが、2007年にはペンシルバニア大学、ハーバード大学、スタンフォード大学に次ぐ4位となった。教授のランクと同様に第2章で述べた2001年から2003年にかけての3年連続での基本財産の減少が、その翌々年の教員給与の減少の引き金になったものと推察される。

当時のMITのProvostであったBrownは2004年のMIT Faculty Newsletterへの寄稿文の中で、「2005年予算の編成を前に9月の教授会に、教育研究予算を更に1,000万ドル削減するか、あるいは教員全員の給与を凍結するかの二者択一の選択枝を提示し、10月までの期間で討議してもらった。教員給与凍結は難しい決定であったが、教育研究予算の更なるカットのもたらすプログラムへのマイナス影響が出るケースや、人員カットが出るシナリオと比較すると正しい意思決定のようである」(Brown, 2004, p.13)と述べている。

以上の推移をまとめたものが**表 4-7**である。2004 年から 2005 年にかけては、教授、准教授、助教授の3ランクすべてで減少している。

表 4-7　MIT　学生 1 人当り基本財産の伸び率と教員給与のランク別伸び率

	2002	2003	2004	2005	2006	2007
学生 1 人当り基本財産	1.000	0.947	1.055	1.207	1.519	1.803
教授平均給与	1.000	1.036	1.097	1.096	1.139	1.184
准教授平均給与	1.000	1.049	1.104	1.098	1.135	1.203
助教授平均給与	1.000	1.059	1.104	1.063	1.106	1.190

出典：図 4-2 に同じ

マサチューセッツ工科大学では、2002 年から 2007 年の 5 年間に、教授が 18.4%（年率 3.4%）、准教授が 20.3%（年率 3.8%）、助教授が 19.0%（年率 3.5%）の平均給与の伸び率であった。ランク別の平均給与のアップ率の差が非常に小さい点では、プリンストン大学、スタンフォード大学と似ているが、基本財産の減少した年度があったことも影響して、教授と助教授のランクで 5 年間の給与の伸び率が、8 大学中で最も低い水準に留まった。消費者物価上昇率のこの 5 年間の伸び率の年平均 2.7% は、すべてのランクで上回っているものの、約 1,300 校の同期間の年平均伸び率に対しては、教授で 0.02% とわずかに上回るにとどまる。准教授では 0.7%、助教授では 0.2% だけ上回っている。

この期間のマサチューセッツ工科大学の年次財務報告書では、純授業料収入が年率 6.3%、その他の収入は年 7.7% で増加したものの、基本財産からの配分収入が年率 1.7% の低成長であったため、収入全体は年 6.6% の伸びに留まった。学生 1 人当り基本財産の一時的な減少を含む不振が、基本財産からの配分収入の伸び率の低下を招き、それが各ランクでの一時的な平均給与のダウンや助教授のランクでの順位低下を招いた背景にあると考えられる。

6 シカゴ大学（B3）

シカゴ大学は、1890年設立の総合大学である。設立当初から研究に重点が置かれていた。神学、法学、医学、経営学、公共政策、社会政策、経済学等の多様な学問分野を有している。フルタイム換算学生数は約1万3千名で事例8大学の中では5番目の学生数規模である。

シカゴ大学の2002年時点における教員給与のポジションの特色は、教授では8大学中の第5位で中位にあり、中位グループの5大学の中では下位の2大学に属することである。2002年時点において中位の5大学の中の上位3大学であるプリンストン大学、スタンフォード大学、イェール大学とシカゴ大学との差はそれほど大きなものではなく、これら3大学に追いつく戦略をとるものと考えられる。

シカゴ大学の学生1人当り基本財産も2002年から2003年への最初の年に3.9％の減少に見舞われ、更に2004年から2005年への3年目にわずか0.4％の基本財産の伸びに留まった（**図4-7**）。この背景には、第2章の第2節の基本財産のミッションのシカゴ大学の項目の中で既述の通り、シカゴ大学の基本財産の2001年度と2002年度における基本財産の投資のリターンがそれぞれマイナス8.6％とマイナス5.4％であったことが強く影響している。この結果5年間のシカゴ大学の基本財産の伸びは、金額で20万ドルの増加に留まり、伸び率では5年間で72.1％（年率11.5％）と8大学の中で最も低い伸び率に留まった。図4-7において、最初の年度に右上に向けてではなく、左上に向けて変化している点はマサチューセッツ工科大学の場合と同様である。

しかし、シカゴ大学は教授の平均給与について、この基本財産のスタート時点の不振にもかかわらず、4.3％、4.9％、5.0％、4.5％、4.8％と安定的に上昇させた。5年間の通算の伸び率では25.8％（年率4.7％）に達した。この平均給与の上昇を金額で見ると、シカゴ大学の教授の平均給与は129,200ドルから162,500ドルに33,300ドル増加した。この増加額は、スタンフォード大学の33,000ドル、ハーバード大学の32,700ドル、プリンストン大学の32,000ドルをわずかに凌いで8大学の中で最高である。基本財産の伸び

率の8大学の中での相対的な不振にもかかわらず、シカゴ大学の教授平均給与は、2002年には8大学中で第5位であったが、2007年にはハーバード大学、スタンフォード大学、プリンストン大学に次いで第4位となった。基本財産の伸び率が8大学の中で最低であったにもかかわらず教授の平均給与の増加額を最大とすることによって、イェール大学を上回る水準に達した。イェール大学が、逆に基本財産の伸び率では5年間で8大学最高の実績であったにもかかわらず教授の平均給与の伸び率を20.1％（年率3.7%）に留めたことと対照的である。

シカゴ大学の准教授の平均給与は、この間81,700ドルから97,800ドル

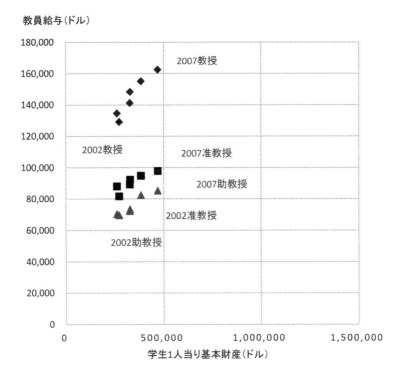

図4-7　シカゴ大学の学生1人当り基本財産と教員給与

出典：図4-2に同じ。

となった。金額では 16,100 ドルの増加に留まった。増加率では 19.7%（年率 3.7%）である。教授の年平均 4.7% と比較すると 1.0% 平均伸び率で低く抑えられている。5 年の増加率の推移は、7.8%、1.4%、3.3%、2.7%、3.2% という変動の大きい上昇の仕方であった。すなわち、1 年目に大幅に上昇し、2 年目に急激に抑制に転じ、3 年目以降は 3% 前後の上昇で比較的安定的に推移した。シカゴ大学の准教授の平均給与は、2002 年には 8 大学中、スタンフォード大学、ペンシルバニア大学、プリンストン大学、ハーバード大学、MIT に次いで第 6 位の水準にあったが、2007 年には、コーネル大学を下回り 8 大学中第 7 位の水準となった。

同様にシカゴ大学の助教授の平均給与は、この間 69,600 ドルから 85,300 ドルとなった。増加額で 15,700 ドルであった。増加率では 22.6%（年率 4.2%）増であった。准教授を上回る伸び率を確保している。最初の 3 年間は、1.0%、2.9%、1.5% と低い伸び率に留まったことが響き、4 年目の 12.4% の大幅な上昇と 5 年目は 3.4% という安定した上昇にもかかわらず教授の年平均 4.7% と比較すると抑制された増加率に留まっている。助教授の平均給与は、2002 年にはペンシルバニア大学、ハーバード大学、MIT、スタンフォード大学、に次いで 8 大学中第 5 位であったが、2007 年にはコーネル大学を下回り第 6 位となった。

以上の推移をまとめたものが、**表 4-8** である。シカゴ大学は学生 1 人当り基本財産の伸びが不振の年が複数年含まれていたために、基本財産の 5 年間の伸び率が 72.1% と 8 大学で最低であったにもかかわらず、平均給与の 5 年間の伸びは、教授が 25.8%（年率 4.7%）、准教授が 19.7%（年率 3.7%）、助教授が 22.6%（年率 4.2%）を確保した。これらの 5 年間の教員給与の伸び率の水準は、消費者物価上昇率の 5 年間の累計の 14%（年率 2.7%）を、教授で年率 2.0%、准教授で年率 1.0%、助教授で年率 1.5% 上回る水準である。また同期間の約 1,300 校の伸び率の平均を、教授で 1.3%、准教授で 0.6%、助教授で 0.9% それぞれ上回る。

表4-8　シカゴ大学　学生1人当り基本財産の伸び率と教員給与のランク別伸び率

	2002	2003	2004	2005	2006	2007
学生1人当り基本財産	1.000	0.961	1.199	1.204	1.407	1.721
教授平均給与	1.000	1.043	1.094	1.149	1.200	1.258
准教授平均給与	1.000	1.078	1.093	1.130	1.160	1.197
助教授平均給与	1.000	1.010	1.039	1.055	1.185	1.226

出典：図4-2に同じ。

　この5年間の基本財産からの収入の伸び率は年率5.7%にとどまったものの、純授業料収入が年6.7%、その他の収入が年7.5%の増加を見た。この結果収入全体では年7.1%のペースで増加し、これが教員給与の全体の高い伸び率の背景となったものと考えられる。ピア・グループ内での横並びと順位意識の観点からは、学生1人当り基本財産がマイナスになる年もあるなど不振の年が複数年含まれ多難な環境であったにもかかわらず、教授のランクについてのみは、8大学中で最高の増額を達成する戦略をとったものと考えられる。准教授がこのあおりを受けた形となっている。

7　ペンシルバニア大学 (C1)

　ペンシルバニア大学は、フルタイム換算学生数が約2万1千人でハーバード大学とコーネル大学の約2万人をわずかに上回って8大学の中で学生数最大規模の大学である。設立は1740年でAグループの3大学に次いで古く長い伝統を誇っている、学士課程に4つのスクールを持ち、アーツアンドサイエンス、経営学、工学、看護学からなる。大学院にも、医学、法学を始め、経営学、コミュニケーション学、教育学、社会政策学等の多様な専門領域を有している[16]。

　ペンシルバニア大学の2002年時点における教員給与のポジションの特色は、教授では中位グループの5大学の中にあり、その中では下位の2大学に属することである。すなわちプリンストン大学、スタンフォード大学、イェール大学、シカゴ大学を追える位置にある。シカゴ大学と同様に中位グループの中での上位を目指す戦略をとったものと考えられる。

図4-8に示す通り、ペンシルバニア大学の学生1人当り基本財産額は、マイナス成長となる時期はなく比較的順調に増加し、2002年の17万ドルから2007年の32万ドルへと5年間で15万ドルの増加を実現した。伸び率は5年間で88.8％（年率13.6％）であった。8大学の中では中位の増加率である。

この間、教授の平均給与は128,000ドルから156,500ドルに28,500ドル増加した。最初の2年間に4.3％、3.7％とかなり高い伸び率を実現し、その後も3.5％、4.5％、4.4％と安定した給与水準の向上が続いた。5年間の伸び率は22.3％（年率4.1％）であった。この年率4.1％という高い伸び率の結果、ペンシルバニア大学の教授平均給与は、2007年においても中位グループの中の下位にあることに変わりはないものの、第7位との差を4,800ドルの差

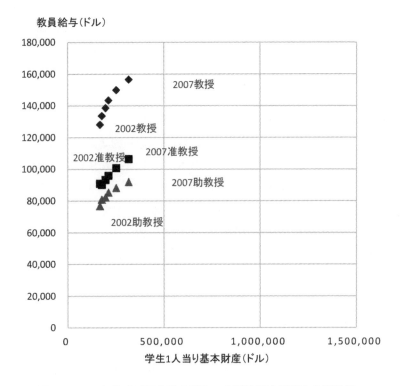

図4-8　ペンシルバニア大学の学生1人当り基本財産と教員給与

出典：図4-2に同じ。

から 10,600 ドルの差に拡大した。

　ペンシルバニア大学の准教授の平均給与は、この間 90,800 ドルから 106,400 ドルとなった。15,600 ドルの増加である。5 年間の伸び率では、最初の年の平均給与の低下もあって 17.2％（年率 3.2％）の増加にとどまった。最初の年はマイナスの 0.8％となったが、2 年目と 3 年目は 3.4％、2.9％まで回復し、更に 4 年目と 5 年目には 5.0％、5.7％と高い伸び率を実現した。准教授のランクでは、ペンシルバニア大学の平均給与は、2002 年で 8 大学中、スタンフォード大学に次いで第 2 位の水準であったが、2007 年でも同様にスタンフォード大学に次いでこの第 2 位の水準をかろうじて維持している。

　同様にペンシルバニア大学の助教授の平均給与は、この間 76,700 ドルから 91,800 ドルとなった。15,100 ドルの増加である。准教授と異なり、1 年目から 5.3％増の高い伸び率で始まった。2 年目に 1.6％増に低下したものの、その後は 3.8％、3.4％、4.2％と安定して推移した。5 年間の伸び率では 19.7％（年率 3.7％）増となり、准教授の 17.2％（年率 3.2％）増を上回った。助教授のランクでは、ペンシルバニア大学の平均給与は、2002 年に 8 大学中第 1 位である。2007 年においても 8 大学中で最高の水準を維持している。

　以上の推移をまとめたものが、**表 4-9** である。

表 4-9　ペンシルバニア大学学生 1 人当り基本財産の伸び率と教員給与のランク別伸び率

	2002	2003	2004	2005	2006	2007
学生 1 人当り基本財産	1.000	1.055	1.169	1.261	1.499	1.888
教授平均給与	1.000	1.043	1.082	1.120	1.171	1.223
准教授平均給与	1.000	0.992	1.026	1.056	1.109	1.172
助教授平均給与	1.000	1.053	1.070	1.111	1.149	1.197

出典：図 4-2 に同じ。

　ペンシルバニア大学の平均給与は、2002 年から 2007 年の 5 年間に、教授が 22.3％（年率 4.1％）、准教授が 17.2％（年率 3.2％）、助教授が 19.7％（年率 3.7％）の上昇率であった。この 5 年間の伸び率は、教授で 8 大学の 6 番目、准教授で 8 番目、助教授で 7 番目となっている。基本財産の伸び率が

8大学の中で4番目に高かったことと比較すると、教員給与の伸びが保守的であるが、これは特に准教授と助教授のいずれのランクにおいても2002年の時点でトップクラスの水準を既に達成しているためと考えられる。これらの5年間の伸び率の水準が、5年間の消費者物価上昇率の年平均2.7%を上回る幅は、教授で年率1.4%、准教授で年率0.5%、助教授で年率1.0%である。また同期間の約1,300校の平均伸び率を、教授で0.7%、准教授で0.1%、助教授で0.4%それぞれ上回る。

ペンシルバニア大学のこの期間の年次財務報告書によれば、基本財産からの配分収入が全収入に占める比率は、3.9%から4.6%で推移した。基本財産からの収入の増減が、各年度の予算編成や教員給与の決定に大きな影響を与えるレベルに達しているとはいえない。この間の基本財産の配分収入の伸び率は、年平均6.6%であったが、純授業料収入が年率7.1%、その他の収入が年7.3%で伸びた結果、全体の収入は7.3%の伸びとなった。2002年時点で8大学の中で中位グループであった教授の伸び率について年率4.1%の増加を実現し、下位グループとの差を拡大した。一方、2002年時点で既にトップクラスの水準にあった准教授と助教授では年率3.2%、3.7%と低い伸び率に抑制した。

8　コーネル大学 (C2)

コーネル大学は、モリル法制定直後の時代の1865年にその恩恵を受けて設立されたアイビーリーグでは最も新しい大学で、フルタイム換算学生数は約2万人とハーバード大学と並ぶ学生数規模を有する。医学を除く教授団は約800名で、アーツアンドサイエンス33%、農業とライフサイエンス24%、工学15%、獣医学8%に加えて法学、建築学、ホテル運営、ヒューマンエコロジー等の多様な専門分野を有している。教授が約53%、准教授が約23%、助教授が約24%という構成になっている[17]。

コーネル大学の2002年時点における教授の平均給与は、8大学の中で際立って低かった。このまま流れにまかせていれば、横並びのグループから引き離されてしまいそうな最下位のポジションである。中位グループに追い縋

るべく高い給与アップの戦略をとるものと推察される。

　図 4-9 に示す様に、コーネル大学もマサチューセッツ工科大学、シカゴ大学と同様に、最初の年に学生 1 人当り基本財産の伸び率が 0.8％のマイナスとなる状況を経験した。しかし翌年からは 13.2％、17.2％、14.8％と急激に回復し、最後の年には 24.3％の急成長となった。学生 1 人当り基本財産額を 5 年間で 13 万ドル増加させた。伸び率では 5 年間で 88.0％（年率 13.5％）増に達し、8 大学の中で 5 番目の伸びを確保することができた。

　この間、教授の平均給与は 110,600 ドルから 141,800 ドルに 31,200 ドル増加した。5 年間の伸び率では 28.2％（年率 5.1％）増で 8 大学の中で最高である。最初の 2 年間に 7.6％、6.1％と高いアップを実現し、その後は 3.8％、4.5％、3.5％と安定して推移した。最初の年に基本財産が 0.8％減少した環境下にあったことを考えると最初の 2 年間は特に高い伸び率ということができる。基本財産の伸び率が 8 大学中の 5 番目であったにもかかわらず、教授のランクでの平均給与の伸び率が、8 大学の中で最も高くなった背景は、アイビーリーグの 1 校でありながら 2002 年時点の教授の平均給与のレベルが 8 大学では際立って低かったことがあるものと推測される。教授の平均給与については、5 年間に 8 大学の中でも最高の伸び率を記録し、格差の縮小に努力した。この努力の甲斐あって、2007 年においても 8 大学中で最も低い水準に留まっているもののさらに引き離される事態は回避している。5 年間の増加額で見ると、コーネル大学の 31,200 ドルの増加は、シカゴ大学の 33,300 ドル、スタンフォード大学の 33,000 ドル、ハーバード大学の 32,700 ドル、プリンストン大学の 32,000 ドルに次いで 5 番目の水準である。

　コーネル大学の准教授の平均給与は、この間 81,400 ドルから 99,100 ドルとなった。5 年間で 17,700 ドルの増加である。基本財産の伸びがマイナスでスタートしたにもかかわらず、准教授でも教授と同様に最初の 2 年間から 6.0％、4.9％と高い伸び率で、その後も 2.7％、4.0％、2.6％と安定した推移であった。5 年間の伸び率は 21.7％（年率 4.0％）増と准教授のランクでも、スタンフォード大学、プリンストン大学に次ぐ高い伸び率を確保した。コーネル大学の准教授の平均給与は、2002 年には 8 大学中第 7 位の水準で

あったが、2007年にはシカゴ大学を上回り第6位となった。

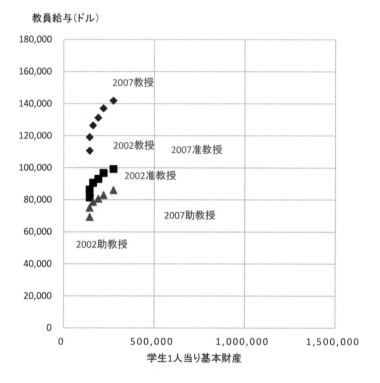

図 4-9　コーネル大学の学生 1 人当り基本財産と教員給与

出典：図 4-2 に同じ

　同様にコーネル大学の助教授の平均給与は、この間 69,200 ドルから 85,900 ドルとなった。5 年間で 16,700 ドルの増加である。最初の 2 年間は 8.4％、4.8％と高い伸び率を確保し、その後は 2.5％、2.9％、3.6％と安定的に推移した。5 年間の伸び率では 24.1％（年率 4.4％）で、助教授のランクにおいても、スタンフォード大学に次いで 2 番目に高い伸び率を記録した。助教授の平均給与は、2002 年に 8 大学中の第 6 位の水準であったが、2007 年にはシカゴ大学を上回り 8 大学中第 5 位となった。トップグループに引

き離されるのをくい止めようとする戦略が覗える。

　以上の推移をまとめたものが、**表4-10**である。コーネル大学では、2002年から2007年の5年間に、教授が28.2％（年率5.1％）、准教授が21.7％（年率4.0％）、助教授が24.1％（年率4.4％）の給与の伸び率であった。基本財産の伸び率が8大学中の5番目であったにもかかわらず、すべてのランクで年率4％以上となる高い平均給与の伸び率を確保したということができる。これらの5年間の伸び率の水準は、消費者物価上昇率の5年間の累計の14％（年率2.7％）を、教授で年率2.4％、准教授で年率1.3％、助教授で年率1.7％上回る。また約1,300校の平均の伸び率との比較では、教授で年率1.8％、准教授で年率0.9％、助教授で年率1.1％それぞれ上回る。

表4-10　コーネル大学　学生1人当り基本財産の伸び率と教員給与のランク別伸び率

	2002	2003	2004	2005	2006	2007
学生1人当り基本財産	1.000	0.992	1.123	1.317	1.512	1.880
教授平均給与	1.000	1.076	1.142	1.185	1.239	1.282
准教授平均給与	1.000	1.060	1.112	1.141	1.187	1.217
助教授平均給与	1.000	1.084	1.136	1.165	1.198	1.241

出典：図4-2に同じ。

　コーネル大学のこの期間の年次財務報告書によれば、コーネル大学のこの時期の収入に占める基本財産からの配分収入の比率は、6.7％から10.7％で推移した。基本財産からの配分収入の全収入に占める比率が低いため、その増減が各年度の予算編成や教員給与の決定に大きな影響を与えるレベルに達しているとは言い難い。この間の基本財産からの配分収入の伸びは年率2.9％に留まったが、純授業料収入が年率6.1％、その他の収入が年率9.9％で伸びたために、総収入の伸びは、年率8.5％増に達した。これが高い教員平均給与の伸びの背景にあると考えられる。なお、Faculty（教授団）の規模の面でも、2002年から2007年までの5年間にアーツアンドサイエンスと工学を中心に約5％増員している。教員数を絞って教員給与を改善したということではない。ピア・グループ内での横並びと順位意識の観点から、トップグルー

プに引き離されることをなんとか回避しようとする積極的な教員給与アップの戦略が見て取れる。

　基本財産の影響が構造的に A グループ、B グループと比較すると大きくないために、基本財産のマイナス成長からスタートしたにもかかわらず、教員給与の戦略において積極的な対応をとりやすかったものと考えられる。この点は B グループの MIT が基本財産のマイナス成長に影響されて教員給与でも保守的な対応をとった戦略と対照的である。

9　2002 年から 2007 年の 8 大学（1 から 8）のまとめ

　この 2002 年から 2007 年の時期は、基本財産の増加の面で全体としては環境に恵まれた時期であった。この時期に (1) 各大学は教員給与においてどのようなポジショニング戦略をとったのであろうか。(2) 各大学において教員の平均給与が消費者物価上昇率をどの程度上回って推移したのか。それは教授、准教授のランク別に見て如何なる特徴を持つのか。(3) 各大学の収入構造はどのように変化し、そこに見られる学生 1 人当り基本財産額で見た豊かさの度合いの違いが、教員給与の上昇にどのような差異をもたらしたのかという 3 点が分析の視点である。

1　各大学の教員給与におけるポジショニング戦略

　2007 年の各大学の学生 1 人当り基本財産は、2002 年の数値を 1 として、イェール大学が 2.08、スタンフォード大学が 2.00、ハーバード大学が 1.96、ペンシルバニア大学が 1.89、コーネル大学が 1.88、MIT が 1.80、プリンストン大学が 1.76、シカゴ大学が 1.72 であった。この倍率を横軸にとり、同様に 2002 年を 1 として、2007 年の各ランクの教員の平均給与を縦軸にとったものが、**図 4-10** である。

　教員給与の 5 年間の増加率の分布を更に詳しく分析するために、24 サンプルの集中するゾーンを拡大表示したものが**図 4-11** である。

　A グループでは、プリンストン大学とハーバード大学が教授に手厚くする戦略をとり、イェール大学が助教授をキャッチアップさせる戦略をとった。

ハーバード大学は 2002 年時点で既にトップの水準であった教授の給与を更に 5 年間で 23%（年率 4.2%）改善することにより、引き続き 1 位を維持している。A グループの 3 大学は、いずれもアメリカで最も豊かな大学であり、教員の処遇の核心部分である教員給与を大幅に改善して長期的な教育・研究の質を他大学に先んじて改善しようと企図し、もっと上方に突出する事例が見られても不思議でない時期であったが、そのような行動は見られなかった。イェール大学については、ランク別の伸び率の格差が他の大学と異なりやや例外的であった。助教授の伸びが 29% で最も高く、教授と准教授は、20% と低い伸び率に留まっている。イェール大学は、5 年間の学生 1 人当り基本

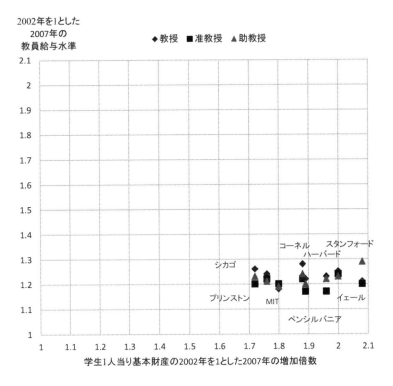

図 4-10　教員給与のランク別伸び率（2002 年から 2007 年の 5 年間）

出典：図 4-2 に同じ。

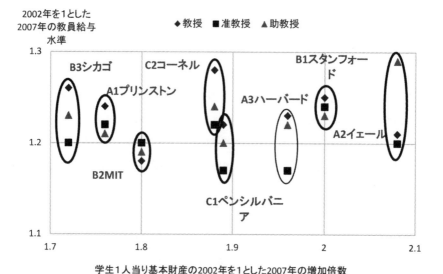

図 4-11　教員給与のランク別伸び率（2002 年から 2007 年の 5 年間）その 2

出典：図 4-2 に同じ。

財産の伸び率で最も高い 108％増であったにもかかわらず、教授と准教授では最も伸び率の低いグループに属している。建築、芸術、演劇などの分野では、教授会に属さない非ラダー（Non-Ladder）の教員の比率が 7 割以上と非常に高い。アーツアンドサイエンスでも非ラダーの教員が 4 割程度であるが、結果として教授会に属する教員団の構成において医学部を除くと約 75％がアーツアンドサイエンスに属することとなっている。これが、5 年間の累計において教授と准教授の給与の伸び率が 20％とやや低めとなっている背景であると考えられる。助教授のランクについては、2002 年時点においてイェール大学の給与水準が最低の水準となっていた（図 4-1）。助教授のランクが 5 年間で 28％増と高い伸び率になった理由は 2 つ指摘できる。第一点は教授と准教授の伸び率が 1.2％とマイナス 1.3％と抑制された 2004 年度に助教授だけ 4.2％増となったことである。第二点は最終年の 2007 年度に基本財産の好調な伸びを背景として 7.0％と高い伸び率が実現されたことである。

Bグループでは、スタンフォード大学が各ランクで5年間23％（年率4.2％）以上の給与のアップを実現する戦略をとり、2007年では教授で2位、准教授で1位、助教授でトップとの差がわずかの3位と全般的にトップクラスの給与水準となった。また学生1人当り基本財産の伸び率で8大学中の最下位であったシカゴ大学においても、教授と助教授のランクで5年間増加率が23％（年率4.2％）以上となる教員給与の増加がなされた。シカゴ大学は、この5年間の基本財産からの収入の伸び率は年率5.7％増にとどまったものの、純授業料収入が年6.7％、その他の収入が年7.5％の増加を見た。この結果収入全体では年7.1％のペースで増加し、これが教員給与全体の高い伸び率の背景となったものと考えられる。一方、マサチューセッツ工科大学の場合は、基本財産からの配分収入が年率1.7％の低成長で、また2002年から2003年にかけての基本財産の減少が、その翌々年の教員給与の減少の引き金になったものと推察される等、基本財産の減少の影響が尾を引いた形となった。Bグループの中位の水準は、基本財産の不振の影響をフロー面でCグループより受けやすく、半面Aグループほどの基本財産のストックの蓄積には至っていないために、教員給与に少なからぬマイナス影響を与えたものと推測される。

　Cグループでは、ペンシルバニア大学は全般的に保守的な運営であったが、その中では教授にウエイトを置いた。これは特に准教授と助教授のいずれのランクにおいても2002年の時点で既にトップクラスの水準を達成していたためと考えられる。一方、学生1人当り基本財産の増加率が8大学中の第5位で、スタート時点の2002年における教員給与水準が、教授で8位、准教授で7位、助教授で6位と芳しくなかったコーネル大学は、教授で5年間28％（年率5.1％）、助教授で24％（年率4.4％）と非常に高い増加率を実現しライバル大学を逆転あるいはその差を縮小した。この間の基本財産からの配分収入の伸びは年率2.9％に留まったが、純授業料収入が年率6.1％、その他の収入が年率9.9％で伸びたために、総収入の伸びは、年率8.5％増に達した。これが高い教員平均給与の伸びの背景にあると考えられる。収入全体

に占める基本財産からの配分収入の比率が10％未満で、基本財産の配分収入の相対的不振を、他の収入部門の好調で補うことができたものと考えられる。

コーネル大学における教授の給与の増加が、5年間で28％（年率5.1％）と著しく高くなった背景には、アイビーリーグ内の横並び意識が働いた結果であると推察される。学生1人当り基本財産の5年間の増加額と教授平均給与の5年間の増加額を、8大学中のアイビーリーグの5大学に絞ってみると、この横並びの傾向はより鮮明である（**図4-12**）。

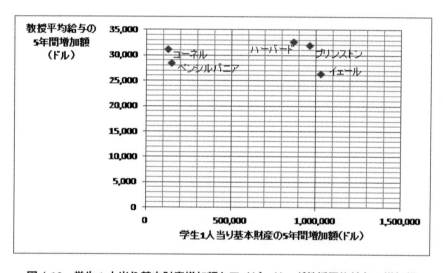

図4-12　学生1人当り基本財産増加額とアイビーリーグ教授平均給与の増加額

出典：図4-2に同じ。

ピア・グループすなわち伝統的に親しい仲間グループあるいはライバルと見なしているグループ間で相互に刺激しあい切磋琢磨しあいながらも、教員給与という大学の教育と研究の質を長期にわたって決定する基盤となる核心部分の競争において、ライバルに劣後したくないという意識と、逆に単独で突出して秩序を乱したくはなく、また人件費の過大な上昇を招きたくないという各大学の高度な判断による横並び意識が働いたことが、全体としての横

並びの分布をもたらしたと考えられる。実際にペンシルバニア大学では、この事例8大学にコロンビア大学、デューク大学、ダートマス大学、ブラウン大学を加えた12の大学の平均給与について、各ランク別に詳細な検討が毎年行われている[18]。またプリンストン大学では、各年度の大学の予算編成プロセスの中に学内資源配分の優先順位を決定する委員会が組み込まれており、その年の委員会の検討結果が学長への報告書にまとめられる。教員給与のライバル校との比較に加えて関係する労働市場での競争力を分析して給与増加の決定がなされる[19]。こうした長い歴史の中で培われてきた教員給与のピア・グループ内での横並び意識が、この5年間においても大きな要素として存在し続けているということができる。

しかし、学生1人当り基本財産のストックとしての蓄積が次第に大きくなるに従って、フローとしての毎年の基本財産からの配分収入の全収入に占める割合や基本財産からの配分収入の伸び率の差が、各大学の収入構造と教員給与の戦略にも新しい要素として付け加わりつつある。

各大学の内部における分配の問題である教員のランク別の5年間給与増加率について、教授、准教授、助教授の3ランクの差がほとんど見られない大学が3大学確認された。スタンフォード大学、プリンストン大学、マサチューセッツ工科大学の3校である。スタンフォード大学では、教授25％、准教授24％、助教授23％と差がそれぞれ1％以内で、序列通り教授が最も高かった。プリンストン大学でも教授24％、准教授22％、助教授21％と増加率の差が小さくかつ教授が最も高かった。マサチューセッツ工科大学でも教授18％、准教授20％、助教授19％と増加率が近接しているが、教授が最も低い増加率に甘んじた。教授の18％と助教授の19％は必ずしも高い伸び率とはいえず20％を割り込む4サンプルのうちの2サンプルとなっている。同大学が8大学の中でこの時期低い増加率に甘んじたのは、工科大学という構造的な高コスト体質をベースとしながらも、学生1人当り基本財産の水準がBグループの中位にある中で、2002年から2003年にかけての基本財産の減少の影響を大きく受けてしまったためと考えられる。

他方、教員給与のランク別の5年間増加率で、大きくはないがやや格差

の見られる大学が5大学確認された。ハーバード大学、シカゴ大学、ペンシルバニア大学、コーネル大学とイェール大学である。イェール大学を除く4大学は、教授の伸び率が最も高く、次いで助教授が2番目に高く、准教授が3番目という順が共通している。これら4大学は規模の大きな大学という点で共通している。またハーバード大学を除いて学生1人当り基本財産が8大学の中では少ない3大学、すなわちCグループに近いBグループの1大学とCグループの2大学である。これらの3大学は、それぞれの大学の収入に占める基本財産からの収入が占める割合が15％未満で推移しており、基本財産の増加率の影響を受ける度合いがAグループより小さい。基本財産からの収入が全収入の30％から40％を占めるに至っているAグループの各大学や20％に近づいているBグループのスタンフォード大学と比較すると、授業料収入やその他の伝統的な収入に依存する度合いが現在も高く、教員給与の学内運営においても、やや保守的な傾向を反映しているものと考えられる。

　以上で見た各大学の教員給与戦略の結果、2007年の時点を捉えて8大学を比較した場合、学生1人当り基本財産と教員給与はどのように分布しているであろうか（**図4-13**）。

　教授の平均給与は、ハーバード大学だけが17万ドルを超えている。スタンフォード大学、プリンストン大学、シカゴ大学が16万ドルを超えており、イェール大学とペンシルバニア大学が15万ドル台であるが、第2位から第6位まではほぼ横一線である。MITとコーネル大学は、14万ドル台である。

　教授の平均給与を全体として見れば、学生1人当り基本財産が相対的に少額であるグループでも、B3のシカゴ大学とC1のペンシルバニア大学は、基本財産の豊かなグループに拮抗しうる水準を維持している。大学全体の威信やMBA等の専門分野別の構成の影響が大きいのではないかと推測される。また必ずしもAグループが、基本財産からの豊かな資金を活用して格差を広げているという状況にはない。B2のMITは、教員給与の上昇で厳しい時期を経験し、教授の給与の面ではCグループに近いポジションに後退し

た。C2 のコーネル大学は、トップグループに引き離されることをなんとか回避しようという横並び意識が働いたためか、積極的な教員給与アップの戦略をとり、先行する 7 大学との差を縮小した。

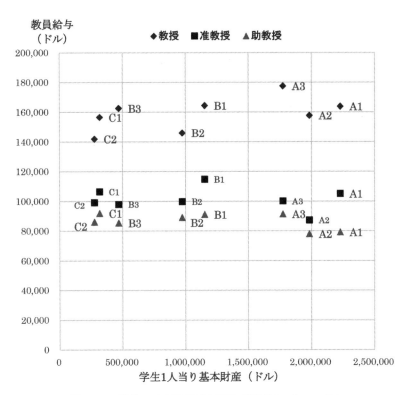

図 4-13　学生 1 人当り基本財産と教員給与（2007 年）

出典：図 4-2 に同じ。

A1：プリンストン大学　A2：イェール大学　A3：ハーバード大学
B1：スタンフォード　B2：マサチューセッツ工科大学（MIT）　B3：シカゴ大学
C1：ペンシルバニア大学　C2：コーネル大学

　准教授平均給与では、第 1 位が B1 のスタンフォード大学で上方に抜きん出ている。最下位の第 8 位が A2 のイェール大学で下方にやや離れており、他の大学の助教授とほぼ同水準である。第 2 位から第 7 位まではほぼ横一

線である。

　助教授平均給与においてもほぼ横一線である。学生1人当り基本財産が最も豊かなA1のプリンストン大学とA2のイェール大学が第7位と第8位である。5年間でスタンフォード大学が第4位から第3位に、コーネル大学が第6位から第5位に順位を上げた。

2　教員給与の上昇率と消費者物価上昇率との比較

　教員給与の上昇率が消費者物価上昇率を上回った率、すなわち実質ベースの年率換算上昇率が**表 4-11**である。8大学のすべてのランクで消費者物価を上回る給与増加となっている。

表 4-11　8大学の教員給与の上昇率と消費者物価上昇率の比較　　　　（単位：％）

	大学	教員給与の5年間増加（年率）消費者物価を上回る実質ベース		
		教授	准教授	助教授
A1	プリンストン	**1.7**	1.4	1.2
A2	イェール	1.0	1.0	**2.4**
A3	ハーバード	**1.5**	0.6	1.3
B1	スタンフォード	**1.9**	**1.6**	**1.5**
B2	MIT	0.7	1.1	0.8
B3	シカゴ	**2.0**	1.0	**1.5**
C1	ペンシルバニア	1.4	0.5	1.0
C2	コーネル	**2.4**	1.3	**1.7**

出典：AAUP Faculty Salary Survey 各年より作成。

　教授では、コーネル大学が年平均で実質2.4％と最も高い上昇を実現しており、シカゴ大学の2.0％がこれに次ぐ。5大学が、実質で1.5％を上回る増加の水準を確保している。最も低い実質増加率はMITで年平均0.7％増加に留まっている。

　准教授は、教授と比較すると全般に増加率が低く、実質で年平均1.5％を上回る給与上昇を実現したのは、スタンフォード大学のみであった。

助教授でも、イェール大学の 2.4％が突出して高い以外は、教授と比較すると全般に増加率が低い。

3　各大学の収入構造と教員給与

学生 1 人当り基本財産のストックとしての蓄積が大きくなるに従って、フローとしての毎年の基本財産からの配分収入が全収入に占める割合も増加する。**表 4-12** は基本財産からの配分収入が全収入に占める比率と 5 年間の配分収入額の伸び率をまとめたものである。

表 4-12　8 大学の収入構造と教員給与の戦略　　　　　　　　　　（単位：％）

	大学	基本財産からの配分収入			基本財産からの配分収入額の年平均伸び率
		全収入に占める構成比率			
		2002 (a)	2007 (b)	増減 (b-a)	
A1	プリンストン	37.5	46.6	9.1	10.5
A2	イェール	28.3	32.3	4.0	10.5
A3	ハーバード	32.0	32.5	0.5	6.7
B1	スタンフォード	17.8	19.3	1.5	10.0
B2	MIT	18.6	14.7	▲3.9	1.7
B3	シカゴ	13.5	12.6	▲0.9	5.7
C1	ペンシルバニア	4.5	4.3	▲0.2	6.6
C2	コーネル	10.7	8.2	▲2.5	2.9

出典：各大学年次財務報告書各年より作成。

2007 年における全収入に占める基本財産からの配分収入の比率では、A グループが 32.5％〜46.6％で 30％を上回る水準が定着している。特にプリンストン大学では 46.6％に達する。B グループが 12.6％から 19.3％であるが、スタンフォード大学では 20％に迫りつつある。C グループでは、4.3％〜8.2％となっており、基本財産からの配分収入の構成比率は A グループや B グループと比較すると大きくない。

基本財産からの配分収入が全収入に占める比率は 5 年間で A グループと B1 のスタンフォード大学までは、増加傾向にあるのに対し、残りの B グルー

プとCグループはむしろ減少傾向にある。また基本財産からの配分収入額の5年間の伸び率でも、AグループとB1のスタンフォード大学が高い伸び率となっている。

こうした個々の伸び率の差が見られるものの、全体としてこの5年間を通して見ると、学生1人当り基本財産が各大学とも大きく伸びたことを背景として、消費者物価上昇率(年率2.7%)を0.5%から2.4%上回る年率3.2%から5.1%で教員給与を上昇させることができたといえる。

各大学の教員給与のポジショニング戦略への影響の面では、Aグループでは、潤沢な基本財産からの配分収入を活用して、他の大学を圧倒的に突出して引き離そうとする動きは見られなかった。Bグループでは基本財産の増加が順調であったスタンフォード大学と基本財産の増強に苦戦したMITとが、ポジショニングの改善で明暗を分ける形となった。Cグループでは、コーネル大学の教員給与のキャッチアップが目立ちはしたが、基本財産からの配分収入の影響は小さい。

第3節　小括

8大学の事例研究から得られる、学生1人当り基本財産が教員給与に与えるインパクトについての知見は以下の通りである。

各大学の教員給与のポジショニング戦略では、Aグループが、基本財産からの豊かな資金を活用して格差を広げているという状況にはない。むしろゾーンとして横並びの中で、グループから滑り落ちないように改善したり、ライバルとの相対的な差を微妙に変化させたりというレベルの水準差の増減ということができる。

しかし、伝統的な横並びの給与水準の中での各大学のポジショニング戦略に、学生1人当り基本財産のストックとしての蓄積の厚さやフローとしての毎年の基本財産からの配分収入の伸び率の差が、新しい要素として付け加わりつつある。マサチューセッツ工科大学は、基本財産からの配分収入が年

率1.7%の低成長で、また2002年から2003年にかけての基本財産の減少が、その翌々年の教員給与の減少の引き金になったものと推察されるなど、基本財産の減少の影響が尾を引いた形となった。Bグループの中位の水準は、基本財産の不振の影響をフロー面でCグループより受けやすく、半面Aグループほどの基本財産のストックの蓄積には至っていないために、教員給与に少なからぬマイナス影響を与えたものと推察される。

　全体としてこの5年間を通して見ると、学生1人当り基本財産が各大学とも大きく伸びたことを背景として、消費者物価上昇率(年率2.7%)を0.5%から2.4%上回る年率3.2%から5.1%という高いペースで教員給与を上昇させることができたということができる。ランク別に見ると教授の伸び率が最も高いケースがほとんどで実質給与改善の恩恵を最も受けた。

　基本財産からの配分収入の伸び率には各大学に差があり、シカゴ大学やコーネル大学では相対的に基本財産からの配分収入が伸び悩んだものの、純授業料収入やその他の収入の順調な増加によって高い教員給与の伸び率を実現することが可能となった。これらの大学は、基本財産からの配分収入の収入全体に占める比率が15%未満であり、基本財産の影響が相対的に小さい大学である。
　逆にAグループやBグループの基本財産が豊かな大学では、基本財産の成長からもたらされる財源を、教員給与の中でも、その大学にとって戦略的に重要な分野に集中的に投入することが可能である。大学として中長期的に教育・研究の質を改善していくためには、教員給与の改善がベースであることを考えると、AグループやBグループの基本財産の豊かな大学が市場からのリスクと圧力に耐えて更に発展していく上でより広い可能性を秘めているということができる。

注
　1　AAUP, 2007, *Financial Inequality in Higher Education The Annual Report on the*

Economic Status on the Profession, 2006-2007, p.24。
2 当該研究では、NRC（National research council）による大学院プログラム格付けにおける教授の質を指標として用いている。
3 Thornton（2007）は、1974年から実施されているオクラホマ州立大学のIRオフィスの調査データを用いて、英語・英文学の教授の平均給与を100とした時の、17の分野の教授の平均給与について、1986年から2006年までの推移を検討している。平均給与が高い分野のトップ5は、法学、MBA、コンピュータ情報科学、工学、医学・健康の5分野である。Thorntonは、教授レベルでは、分野間の格差は1990年代の初期から半ばにかけてピークアウトしたと指摘している。また医学・健康科学の分野では、実技の学生指導のプログラムを大学が増加させた結果、給与がそれまでの教授よりも高くないスペシャリストが調査対象に入ってきたために平均給与が低下傾向にあると指摘している。MBAの教授は、2002年以降も上昇傾向にあり、英語・英文学の教授よりも2006年で47％平均給与が高い。また助教授のランクで比較するとMBAの平均給与が突出する傾向にあることを指摘している。ジュニアファカルティの方が、教授よりも大学外の活躍の機会が多いためであろうと指摘している。
4 コーネル大学2007年予算計画書の中の A Focus on Faculty の pp.24-27 による。
5 米国労働省（労働統計局）消費者物価比数　全都市消費者。この表における年率は、12月と12月の2年間の比較。
6 米国労働省（労働統計局）消費者物価比数　全都市消費者。この表における年率は、12月の1年間の比較。
7 オクラホマ州立大学IRオフィスの1998年の調査から Ehrenberg が計算した結果では、専門分野別の教授の給与の平均を100として、法学（Law and Legal studies）が139の水準で最も高く、経営学（Business Management）が123でこれに次ぐとしている。大学以外の産業組織との人材獲得競争が激しい新任の助教授レベルでは、法学が146、経営学が147である。
8 プリンストン大学の刊行物である「プリンストン大学プロフィール」の2007年度版の The Faculty の項目の冒頭で、プリンストン大学は質の高い研究大学の特質と合わせて、優れたリベラルアーツ的特色を持っていると述べ、学生・教員比率が5対1であると述べている。
9 2006年春で、教授484名、准教授59名、助教授176名で合計719名である。
10 年率は、5年間の通算増加率の5乗根をとって算出している。以下同じ。
11 ここに記載した教授団の構成は、イェール大学「Factsheet」の2007年度版に基づく。
12 ここに記載した教授団の構成は、ハーバード大学「Fact Book」の2007年度版に基づく。
13 ここに記載した教授団の構成は、スタンフォード大学「Stanford Facts」の2010年度版に基づく。ランク別構成は、テニュアを持つ教員の医学を含むベースで記載されている。
14 今回の対象校ではないが、ロックフェラー大学の186,400ドルを加味すると、教授平均給与レベルとしてスタンフォード大学は第3位である。
15 ここに記載した教授団の構成は、MITの Institutional Research Office の Faculty

and Staff、「MIT FACTS」2016 年度版他に基づく。
16 ここの記載した学部および大学院の構成は、ペンシルバニア大学の Institutional Research Office の Facts による。
17 ここに記載した教授団の構成は、コーネル大学の「A Focus on Faculty」2007 年 5 月版並びに Academic Personnel Data Base の 2007 年によっている。
18 ペンシルバニア大学における教授団給与の 12 大学の比較検討は、各年の Almanac Supplement の中の Economic State of the Faculty で見ることが出来る。
19 プリンストン大学における予算編成プロセスでの優先順位委員会の学長への報告は、毎年 Priorities Committee による「Recommendations Concerning the Operating Budget」としてまとめられる。

第III部

基本財産とリベラルアーツ・カレッジ

第 5 章　基本財産とリベラルアーツ・カレッジ

　アメリカの高等教育の特色の一つとして、私立のリベラルアーツ・カレッジをあげることができる。アメリカのリベラルアーツ・カレッジは、学生数が 2,000 名前後の少人数で、学士課程教育に重点が置かれている。大学院での教育や研究は小規模である。第 1 章の基本財産の歴史で述べたが、21 世紀のアメリカの大学において学生 1 人当りの基本財産の豊かさで大学をランキングすると、トップ 7 のうちの 3 大学、トップ 30 のうちの 12 大学がリベラルアーツ・カレッジである（第 1 章、第 5 節の 3、いずれも 2007 年時点）。

　アメリカの高等教育における伝統的特色であるリベラルアーツ・カレッジの中で、学生 1 人当りで豊かなカレッジでは、基本財産はどのようにガバナンスされ、どのようなインパクトを持っているのであろうか。ハーバード大学やイェール大学のような研究大学と異なる面は何で、共通している面は何であろうか。

　ガバナンスについては、基本的には研究大学と同様の使用をめぐるルールを持ちつつ、投資の面では、大規模研究大学ほどには高いリスクをとらずやや保守的な運営をしているのではないかと想定される。リベラルアーツ・カレッジの特色として、学士課程学生に対する奨学金にかなりの戦略的重点が置かれていると考えられる。また教員給与では、研究大学のような横並び意識の中での競争ではなく、基本財産の豊かさと消費者物価上昇率をにらんだ各大学独自の決定がなされているのではないだろうか。またリベラルアーツ的少人数教育の質の維持の観点から、学生・教員比率の改善に重点が置かれている可能性がある。

　第 5 章では、リベラルアーツ・カレッジを対象に、基本財産をめぐるガ

バナンス、基本財産と奨学金、基本財産と教員給与について分析し、その特色を明らかにする。まずリベラルアーツ・カレッジの定義とアメリカ的特色について述べたあと、分類と対象カレッジの選定を行う（第1節）。リベラルアーツ・カレッジの中から6カレッジの事例を捉えて検討を行う。分析の軸は、研究大学と同様にガバナンス（第2節）、奨学金（第3節）、教員給与（第4節）である。最後に研究大学とリベラルアーツ・カレッジの基本財産の比較を行いリベラルアーツ・カレッジでの基本財産の特色を明らかにする（第5節）。

第1節　リベラルアーツ・カレッジの定義とアメリカにおける特色

1　リベラルアーツ・カレッジの定義

　一般に大学の学士課程教育におけるリベラルアーツとは、自由な心や批判的知性の育成、また自己覚醒を目的にした教養教育を意味する[1]。イギリスのカレッジの伝統を受け継ぐアメリカの高等教育では、私立の4年制のリベラルアーツ・カレッジが少人数のリベラルアーツ教育に重点特化し、現在もユニークな重要性を保持し続けている。カーネギー財団による2000年版高等教育機関分類では、2000年時点で全米3,856機関のうち学士課程教育に重点を置く大学として577大学を学士号授与大学とし、このうちリベラルアーツ教育に重点を置く213大学を「リベラルアーツ型」と分類している[2]。

　Breneman（1994）は、アメリカのリベラルアーツ・カレッジの特色を教育理念と経済類型の観点から概念上次のように整理している。「概念上は、リベラルアーツ・カレッジは、ひとつの教育理念とひとつの経済類型を同時に示している[3]。教育という観点から見ればリベラルアーツ・カレッジは学士号を授与し、寄宿制をもち、本来18歳から24歳のフルタイム学生が在学し、かつ専攻科目の範囲を芸術、人文科学、言語、社会科学、自然科学における大体20から24の分野に限定する。2,500人以上の学生を擁することはめったになく、大半が学生数800から1,800のあいだである。多くの学生が卒業すると大学院か専門職大学院に進むのであるから、これらの大学が与える教育は予備専門教育といえるかもしれないが、リベラルアーツ・カレッジ自

第 5 章　基本財産とリベラルアーツ・カレッジ　325

体は事実上、学士課程段階の専門職教育は提供しない。

　これらのカレッジは当世の学生たちの就職市場に対する気がかりにおもねることのないカリキュラムを提供し、それで生き延びようと苦闘している。リベラルアーツ・カレッジは教育の理想に忠実であることにより、はるかに多くの教科や専攻科目を提供し、ビジネス、工学、建築、看護、教育における多種多彩な専門職学位を付与する総合大学と張り合わねばならない。結果的に、教育の理想と経済上の論拠がともに私のリベラルアーツ・カレッジの定義にはいりこむことになる」(Breneman 1994, 宮田, pp. 25-26)。

　この Breneman によるリベラルアーツ・カレッジの特色の記述は、教育上の理念と経済類型の観点から概念用の整理をしたものであるが、多くの優れたリベラルアーツ・カレッジに実際に概ね当てはまるものである。

　それでは、21 世紀のアメリカのリベラルアーツ・カレッジでの学士課程教育における教養教育の目的は何であろうか。

2　20 世紀後半のアメリカにおけるカレッジの教養教育の目的

　アメリカ的リベラルアーツ・カレッジでの学士課程教育の目的を論ずる際には、アメリカのハーバード大学のような総合研究大学における学士課程教育も含めた 20 世紀後半の大きな傾向をまず捉えておく必要がある。リベラルアーツ・カレッジに限らず、アメリカの現代の学士課程教育に共通する要素も多いからである。

　ハーバード大学の学長であったボック (Derek C. Bok) は、その 1986 年の著書 Higher Learning の中で学士課程教育における教養教育の目的について次のように述べている[4]。「最も広く共通する目的を挙げる。学士課程学生は、十分な知識を習得すべきである。その学修は、特定の分野に集中することによる深さといくつかの異なる学問分野に専心する幅広さとの両面を備えていなければならない。学生は正確にまた様式にのっとって意志疎通を図ることができ、統計的な数量処理を行う技術を身につけ、少なくとも一つの外国語に通じ、明確かつクリティカルに思考することができる能力を獲得しなければならない。学生はまた自然、社会、我々自身についての知識と理解を得る

ことができる問う力と思考する力に関わる重要な方法を身につけなければならない。異なる価値観、伝統、制度を持つ異文化について理解を深めなければならない。多くの機会を体験することによって、永続する知的、文化的興味を持ち、自己を知り、そして、最終的には将来の生活とキャリアのしっかりした選択ができなければならない。多種多様な学生仲間と共に働き共に生活することを通じて、より大きな社会性を養い、人間の多様性に対する耐久力を身につけなければならない。最後に、といっても優先順位が最後ということではないが、学生たちは学生時代そのものを楽しまなければならない。少なくとも、後に学生時代を振り返ってみたときに、興味あるものに取り組んだことや情熱を注いだ時代として、特に忘れ難く思い起こされるような過ごし方をしなければならない」。

これらのアメリカの現代の学士課程教育の目的の土台の上に、アメリカの21世紀のリベラルアーツ・カレッジは、何を学士課程教育の特色として訴求しようとしているのであろうか。

3 21世紀のアメリカのリベラルアーツ・カレッジの学士課程教育の特色

21世紀のアメリカの学士課程教育においては、ラーニングアウトカム[5]とそれを生み出す諸要素に以前にも増して関心が高まっている。今世紀においては、リベラルアーツ・カレッジの学士課程教育はどのように特色づけされようとしているのであろうか。リベラルアーツ教育の効果に影響を与えるファクターに関して、アメリカの50近くのリベラルアーツ・カレッジが参加している長期的実践的共同研究に Wabash National Study of Liberal Arts Education2006-2009 がある。ラーニングアウトカムとそれを生み出す諸要素に関する研究の中心であるこの Wabash College のリベラルアーツセンターは、リベラルアーツ教育を支えるために不可欠な3要素を次のように定義している (Blaic et al., 2004)。

(1) 職業技術よりも知的教養の開発により大きな価値を置くことについて大学全体のエートス[6]と伝統が存在すること。

(2) 学生の知的経験において、カリキュラムとキャンパス環境の構造が相互に関連して首尾一貫性と統合性を有していること。
(3) 「学生と学生」及び「学生と教員」の教室内外での相互研鑽に強い価値を置くことについて大学全体のエートスと伝統が存在すること。

この3要素は、現代のアメリカ的リベラルアーツ・カレッジの特色を表している。全寮制のもとで知育と人格形成を目指した幅広い教育という点で、イギリスの伝統的教育のモデルの影響を受けているが、他方、キャンパス空間の重視、教員との密接な交流、学問領域を超えた知の探求、グローバルな世界との関わりといった点は、21世紀のアメリカ型のリベラルアーツ教育ということができる。

リベラルアーツという特色を、他の学士課程に重点を置く大学の類型との比較で述べるならば、「就職に有利である」、「特定のスキルや資格が獲得できる」といった観点を強調するのではなく、むしろその対極に位置する「知的な探求」、「独立した思考力」、「学際的アプローチ」といった、すぐには役に立つかどうかわからない探求的な知的姿勢の育成に特色があるといえよう。

4　基本財産額で見たリベラルアーツ・カレッジの分類

学生1人当り基本財産で見たリベラルアーツ・カレッジの分類を以下の方法で実施する（**表5-1**）。

表5-1　学生1人当り基本財産額によるリベラルアーツ・カレッジの分類

グループ	学生1人当り基本財産額（ドル）	大学名	FTE学生数	設立	記号
D	1,150,165	ポモナ・カレッジ	1,531	1887	D1
	1,094,467	グリネル・カレッジ	1,570	1846	D2
	1,003,851	アマースト・カレッジ	1,656	1821	D3
E	974,464	スワースモア・カレッジ	1,479	1864	
	933,426	ウイリアムズ・カレッジ	2,027	1793	E1
	740,530	ウェルズリー・カレッジ	2,237	1870	E2

F	478,724	ボードアン・カレッジ	1,729	1794
	474,156	ハバフォード・カレッジ	1,138	1833
	439,305	スミス・カレッジ	3,098	1871	F1
	423,231	ブリンマー・カレッジ	1,568	1885
	411,477	クレアモント・マッケナ・カレッジ	1,152	1946
	392,766	ミドルベリー・カレッジ	2,384	1800
	390,033	ハミルトン・カレッジ	1,799	1812
	362,739	ヴァッサー・カレッジ	2,396	1861
	352,444	マカレスター・カレッジ	1,918	1874
	338,866	カールトン・カレッジ	1,958	1866
	326,670	リード・カレッジ	1,395	1909
	322,832	ワシントン・アンド・リー	2,146	1749
	321,034	コルビー・カレッジ	1,865	1813
	315,609	ラファイエット・カレッジ	2,327	1826

出典：Association of American Universities メンバーリスト、*NACUBO Endowment Study 2007* より作成。
注：フルタイム換算学生数、学生1人当り基本財産の数値はいずれも2007年現在

　　分類に用いた基準（学生1人当りの基本財産額：2007年）
　Dグループ：学生1人当り基本財産額が100万ドル以上。
　Eグループ：学生1人当り基本財産額が50万ドル以上、100万ドル未満。
　Fグループ：学生1人当り基本財産額が50万ドル未満

　2007年版のNACUBO Endowment Studyの私立大学リストを用い、学生1人当り基本財産額を回答している516の私立大学についてカーネギー財団による2000年版高等教育機関分類による分類を実施し、学士号授与大学（リベラルアーツ型）の138カレッジの中から、学生1人当り基本財産が30万ドル以上の20カレッジを抽出する。
　20カレッジを学生1人当り基本財産額でD, E, Fの3グループに分類する。学生1人当り基本財産額は、基本財産がピークを迎えた2007年の数値を用いる。
　Dグループは、学生1人当りの基本財産額が非常に大きく、教育・研究等の大学の活動に対する基本財産の影響が非常に大きい大学である。Eグ

ループは学生1人当り基本財産額がDグループに次いで非常に大きい大学である。Fグループは学生1人当り基本財産額が、私立のリベラルアーツ・カレッジの中では相対的に小さい大学である。

分類の結果、Dグループが3大学、Eグループが3大学、Fグループが14大学となった（表5-1）。このうち合計6大学を事例として取り上げる。6校は、各グループ内での、学生1人当り基本財産が大きい大学でかつガバナンス等の資料入手度合いが高い大学である。Dグループの3大学、Eグループの2大学、Fグループが1大学[7]となった。

分析に入る前に、本章で用いた資料についてまとめておきたい。本章のケーススタディで各大学の個別分析において中心として用いた資料は、2008年1月25日付でアメリカ上院財務委員会（U.S. Senate Committee on Finance）が主要大学に回答を求めた質問状に対する各大学の回答書（Response letter to U.S. Senate Committee）である（**表5-2**）。

表5-2 ケーススタディで用いた資料

記号	大学名	回答者名（敬称略）	回答日付
D1	ポモナ・カレッジ	David Oxtoby	2008年3月1日
D2	グリネル・カレッジ	Russell K. Osgood	2008年2月22日
D3	アマースト・カレッジ	Anthony W. Marx	2008年2月22日
E1	ウイリアムズ・カレッジ	Morton Owen Schaprio	2008年2月29日
E2	ウェルズリー・カレッジ	H. Kim Bottomly	2008年2月24日
F1	スミス・カレッジ	Carol T. Christ	2008年2月22日

出典：各大学の回答書 *Response Letter to U.S. Senate Committee on Finance* より作成。

各大学の回答は学長名、または機関名でなされた。各大学から上院財務委員会に提出された回答書の回答日付を表5-2に示す。

第2節のガバナンス各項目並びに第3節の奨学金における各大学の方針等で、これらの資料に基づく分析を行っている。ただし、これに加えて、別途個別大学の年次財務報告書、NACUBOの資料の分析、IPEDSのデータの分析を合わせて行っている。

第 2 節　基本財産のガバナンス（リベラルアーツ・カレッジ）

1　基本財産のミッション

　第 1 節に示したアメリカ型のリベラルアーツ・カレッジの特色は、Breneman (1994) が述べているごとく、2,500 人以上の学生を擁することはめったにない少人数教育であり、原則として寄宿制であり、教養教育を中心とした学士課程教育に重点が置かれていることである。また 21 世紀に入ってのリベラルアーツ・カレッジは、キャンパス空間の重視、教員との密接な交流、学問領域を超えた知の探究、グローバルな世界との関わり等を特色として強調している。

　これらのリベラルアーツ・カレッジの特色は、基本財産のミッションにどのように反映されているのであろうか。

1　ポモナ・カレッジ (D1)

　ポモナ・カレッジは、基本財産のミッションについて、2008 年の回答書において学長名で次のように述べている。「ポモナ・カレッジがその学生に対して提供する教育の質を高めること、そのためにカレッジの経常予算に対して重要で予見可能で世代間において公正な貢献をすることが、基本財産のミッションとして意図されている。このミッションに示されているように、近年のポモナ・カレッジの基本財産からの潤沢な投資収入は、入試プロセスにおいて、ポモナ・カレッジが引き続きニードブラインドベースの入試を継続することを可能にしている。また潤沢な基本財産からの投資収入は、ポモナ・カレッジが、その学生に対するローンを減額し、ローンを返済義務なしの給付に変更することを可能にした」(2008 年 3 月 1 日付ポモナ・カレッジ回答書 p.7)。

　ポモナ・カレッジの回答は、教育の質を高めること、予見可能で世代間において公正な予算を確保することが基本財産のミッションであるとしている。近年の潤沢な基本財産からの収入の効果として入試プロセスにおけるニードブラインド入試の継続と教育ローンを大学独自給付型奨学金に置き換えるこ

とによる学生のローン返済負担の軽減について触れている。

2　グリネル・カレッジ (D2)

　グリネル・カレッジは、2008年の回答書で次のように記述している。「グリネル・カレッジの基本財産のミッションは、リベラルアーツ・カレッジとしてのグリネルのミッションのために、予見可能で堅固な財政支援を提供することである。世代間の公平を達成するというグリネルの責任に矛盾のないよう、基本財産に関して、短期のリターンを狙うということではなく、長期的成長に焦点を当てた投資を遂行している。このことは、基本財産の正味の価値を恒久的に維持したいという期待に基づいている」(2008年2月22日付グリネル・カレッジ回答書 p.7)。

　グリネル・カレッジの回答は、予見可能で堅固な財政基盤を提供すること、世代間の公平を達成することが基本財産のミッションであるとした上で、基本財産の長期的成長に焦点を当てた投資を行っていると明言している点に特色がある。

3　アマースト・カレッジ (D3)

　アマースト・カレッジは、学長名で以下の様に回答している。「アマースト・カレッジの基本財産のミッションは、アマースト・カレッジのミッションステートメントに表現されているように、すべての学生に対して質の高い教育を提供することができるように財政的なサポートを提供することである」(2008年2月22日付アマースト・カレッジ回答書 p.8)。

　この回答では、すべての学生に対して質の高い教育を行うことに絞って基本財産のミッションを述べている。

4　ウイリアムズ・カレッジ (E1)

　ウイリアムズ・カレッジは、基本財産のミッションについて以下の様に回答している。「質が高く、奨学金等の補助が手厚く、広範囲からのアクセスを確保しているウイリアムズ・カレッジが提供する教育は、基本財産からの

収入にますます依存するようになっている。基本財産の目的は、現在並びに未来のカレッジの必要を満たすことを助け、またカレッジに対してタイムリーに十分な流動性資金を提供することである」(2008年2月29日付ウイリアム・カレッジ回答書p.4)。

　前掲のアマースト・カレッジが学生に質の高い教育を行うことに絞った言及の仕方をしているのと対照的に、ウイリアムズ・カレッジの回答では、教育の質の高さに加えて、学生の学費負担を軽減するための奨学金等による補助、広範囲のアクセスの確保が、ますます基本財産からの収入に依存しつつあると述べている。また現在と将来のカレッジの必要を満たすことにも言及している。

5　ウェルズリー・カレッジ (E2)

　ウェルズリー・カレッジは、学長名で次のように回答している。「ウェルズリー・カレッジの基本財産のミッションは、十分な財源を提供することによって、カレッジの教育の目的達成を支援することである。この基本財産からの財源は、現在と未来の教育のコスト、キャンパス内の寮に学生を住まわせることのコストの多くの部分をカバーする。またウェルズリー・カレッジがニードブラインド入試を維持することに伴い増加する奨学金に充てることも含まれる」(2008年2月24日付ウェルズリー・カレッジ回答書p.12)。

　この回答は、教育の質に加えてキャンパス内に学生を住まわせるための費用を賄うことが基本財産のミッションの一つであると言及している。

6　スミス・カレッジ (F1)

　スミス・カレッジは、学長名で以下の様に回答している。「スミス・カレッジの基本財産は、カレッジに対して重要な財源の流れを提供する。カレッジは基本財産によって、学生のニードに従って奨学金を提供し、カリキュラムに沿った教員構成を実現し、設備を維持・拡充し、そのときどきの社会的・知的チャレンジのイニシアティブ（例えば最近の女子カレッジとしてはじめてのエンジニアリング・プログラムの開設のようなプログラム）を展開することができ

る。また基本財産によって、今日の教育と学修に不可欠なテクノロジーの変化に機敏に対応することができる」(2008 年 2 月 22 日付スミス・カレッジ回答書 p.6)。

この回答は、奨学金に加えて、教員構成、キャンパス設備、様々なプログラム、テクノロジーへの対応等に言及し、基本財産のミッションを幅広く捉えている。

7　リベラルアーツ・カレッジの基本財産のミッション (1 から 6 のまとめ)

リベラルアーツ・カレッジのケースである 1 から 6 について、基本財産のミッションのまとめを行う。

第一に、リベラルアーツ・カレッジの基本財産のミッションは、大学全体のミッションを財政的にサポートすることである。この点は、基本的に研究大学と同様である。しかし、大学全体のミッションを反映して、教育のミッションを財政的にサポートすることが強調されている。すなわち研究大学の場合と比較すると教育の質にミッションの力点が置かれている。またスミス・カレッジのように、そのときどきの新しい社会的・知的チャレンジの教育プログラムを展開することを可能にすることも基本財産のミッションとして掲げられている。更にキャンパスに学生を住まわせるためのキャンパス設備にも言及されている。

次に、学生の経済的負担を和らげる奨学金供与が基本財産のミッションであることである。ポモナ・カレッジのように基本財産からの潤沢な投資収入が、入試プロセスにおいて、ポモナ・カレッジが引き続き「ニードブラインドベースの入試」を継続することを可能にし、また学生に対するローンを減額し、ローンの返済義務を伴わない給付型奨学金に変更することを可能にした点をミッションで言及しているところもある。この点は研究大学の場合とも共通している。

第三点は、現在だけではなく遠い将来にも同じサポートをすることを展望して運営されることである。この点については、D1 と D2 で、世代間の公平という表現でミッションに盛り込まれており、また E1 と E2 で現在と将

来に必要な費用を満たすことを助けることをミッションに含めている。しかし、D3とF1では、この点は触れられていない。D1とD2では、世代間の公平の観点と同時に基本財産からの資金の予見可能性にも言及されている。これは、基本財産が潤沢である大学ほど、基本財産を現在にもっと使用すべきであるという批判が生じやすいためであると考えられる。

2　リベラルアーツ・カレッジの基本財産の寄付者による使途制限と実際の支出領域

　各カレッジの基本財産のミッションや寄付者が指定する使途制限を受けて、実際に基本財産はどのように使用されているのであろうか。

　本書で取り上げる使途制限の付与と実際の支出領域は、本章の冒頭で既述のアメリカ上院財務委員会から主要大学に出された2008年質問状に対する各カレッジの回答を要約比較検討するものである。

1　ポモナ・カレッジ(D1)

　2007年6月30日現在でポモナ・カレッジの基本財産の50.6％に寄付者による使途制限が付いている。恒久的な条件が付されている基本財産のうちの31％が必要に応じた奨学金のためのものである。ポモナ・カレッジには大学院が置かれていないので、すべての奨学金は学士課程学生向けのものである。

　基本財産に付されている制限のトップ5は、一般奨学金(特に対象等のクライテリアが特定されていない奨学金)、特定奨学金(奨学金の対象となりうるクライテリアが特定されているもの)、教育・研究のサポート、ファカルティの給与、施設・設備・土地である。

　基本財産に使途制限の付されていないものは、カレッジの基本財産以外の収入(学生納付金など)に含められ、経常予算のための一部として使用される。

　基本財産の8.3％が理事会の決定によって、奨学金、教員給与、建物のメンテナンス等の使途制限が付されている。これは、寄付者から明示的に使途が指定されているわけではないが、寄付者とカレッジの関係を考慮して使途

指定されるといったケースである。基本財産からの支出のトップ10は開示されていない。

2　グリネル・カレッジ（D2）

グリネル・カレッジの2007年6月末現在の基本財産の31.6％に寄付者が設定した使途制限が付されている。これはもともとの寄付元本の部分と、その元本に関わる永年の投資益部分の両方を含んでいる。すなわち恒久的基本財産の時価ベースでの残高比率である。

前年の基本財産からの支出のトップ8は以下の通りである。

・使途制限なし	68.4％
・奨学金	8.2％
・教授職	7.2％
・その他の制限付きサポート	6.0％
・教育（教授職を含む）	3.1％
・学生サービス	3.0％
・図書館	1.9％
・施設・設備その他	2.2％
合計	100.0％

3　アマースト・カレッジ（D3）

アマースト・カレッジの基本財産のうち、寄付者によって恒久的な使途制限が付されている割合は69.1％である。すなわち真正基本財産は69.1％である。このうち21.0％がニードベースの奨学金に使用される。制限の内容のトップ5には、ファカルティーの給与・手当、学長イニシアティブ（レクチャー、ファカルティー改善、研究）のサポート、カレッジの一般慈善目的へのサポート等を含んでいる。

準基本財産の比率は17.4％で理事会が使途を決定する。カレッジのそのときどきの優先度に応じて決定され、理事会の決定で変更することができる。

このうち 10.3％がニードベース奨学金に振り向けられる。

2007 年度の基本財産からの支出における最大のカテゴリーは、学生への奨学金であった。50.8％の学生が恩恵を受けている。基本財産からの支出のトップ 10 は以下の通りである。トップ 10 の領域のみ開示されており、百分比（％）は開示されていない。

- 学生奨学金
- ファカルティー給与・手当
- 他の教育サポート
- キャンパス施設のメンテナンス
- キャンパスの博物館の運営サポート
- 図書館のスタッフ費と書籍購入費等
- 最近卒業したばかりの学生に対するフェローシップ（研究生奨励金）
- ファカルティと学生のための研究資金
- キャンパス内の様々なデパートメントによる講義やプログラム
- 学士課程学生へのパブリックサービスインターンシップのための給付金

4　ウイリアムズ・カレッジ（E1）

ウイリアムズ・カレッジの基本財産の大部分に制限が付されている。全体の 85％に使途制限が付されている。25.8％ の使途制限が学士課程学生向けのものである。使途制限の 5 大カテゴリーは、学生への奨学金、教授職（professorships）、その他の教員給与、その他の教育費用、図書館・博物館である。基本財産からの支出領域のトップ 10 は開示されていない。

5　ウェルズリー・カレッジ（E2）

ウェルズリー・カレッジの基本財産の約 60％に関して、寄付者の恒久的使途制限が付されている。その制限付き金額の約 36％が、学士課程のニードベース奨学金である。寄付者が付す制限の最も多いタイプは、学生への奨学金、ファカルティーへの給与、教授職、教育面での学科の費用である。

ウェルズリー・カレッジの基本財産の実際の実績としての主だった使途は、以下を含んでいる[8]。

・学生への奨学金
・教授職（endowed professorships）
・教育面での学科の費用（例えば実験器具、教育のテクノロジー備品）
・一般の経常支出（電気、ガスなどのユーティリティー、施設・設備のメンテナンス）

6 スミス・カレッジ（F1）

スミス・カレッジの基本財産の約53.1％に寄付者による制限が付されている。このうち42.4％が学士課程学生への奨学金である。学士課程学生向けを除くという指定が付されていない限り（そういうことはあまりないが）、スミス・カレッジは学士課程向け学生のための奨学金として使用する。これらの資金をニードベース奨学金として使用する。理事会は30.5％について自主的に使途制限を設けている。理事会の考えで制限付き基本財産に切り替える場合や寄付者の指定の範囲内で更に制限を付す場合などがある。

スミス・カレッジの2007年度の実績のトップ5の使途は以下の通りである[9]。トップ5であるので、合計は100％にならない。

・学士課程奨学金　　　　　　　　　33.5％
・ファカルティー報酬　　　　　　　20.4％
・施設の運営、メンテナンス費用　　5.6％
・図書館　　　　　　　　　　　　　3.4％
・ファカルティーの研究のサポート　3.1％

7 リベラルアーツ・カレッジの基本財産の寄付者による使途制限と実際の支出領域（1から6のまとめ）

寄付者による使途制限の割合と実際の基本財産からの支出領域について、

リベラルアーツ・カレッジのケースのまとめを行う。

図 5-1 の通り、寄付者からの使途指定が付されている比率は、31.6％から85％に分布している。ウイリアムズ（85％）、アマースト（69.1％）の歴史の古

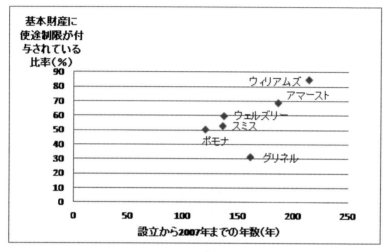

図 5-1　設立からの経過年数と基本財産のうちの使途制限付与比率

出典：表 5-1 と各大学の回答に基づき筆者作成。

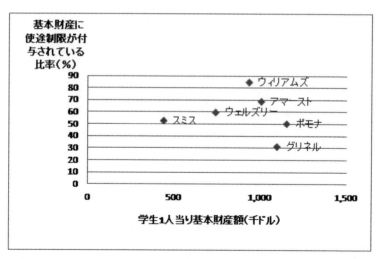

図 5-2　学生 1 人当り基本財産額と基本財産のうちの使途制限付与比率

出典：図 5-1 に同じ

い両校が制限の付されている割合が高い。グリネル・カレッジが 31.6% で最も低い。

　ポモナ・カレッジとグリネル・カレッジは使途制限が付与されている比率が低い。使途制限が付されていない上に、学生 1 人当り基本財産額でも事例研究の 6 カレッジの中で最も豊かであるため、大学の基本財産についての自由度が相対的に高い (**図 5-2**)。

　基本財産からの支出領域は、学生奨学金、教授職、ファカルティーの報酬、図書館、博物館などの関連や施設・設備等、学士課程教育の多方面に渡っている。また学生納付金の負担を軽減すべく、学生奨学金がすべてのカレッジでトップとなっている。

3　リベラルアーツ・カレッジの基本財産の使用をめぐるルール (スペンディング・ポリシー) によるガバナンス

　基本財産の使用をめぐるルールは、1971 年の UMIFA で元本の値上がり益の使用が認められて以降、基本財産の時価総額の数% (通常 4%～5%) を毎年使用するルールが多く見られるようになった。研究大学における基本財産の使用をめぐるルールを分析した第 2 章第 4 節において、想定されるルールの概念的な整理を行った上で、新しい傾向のスタートから約四半世紀を経過し、使用をめぐるルールが一層精緻化し始めた 1995 年時点での使用をめぐるルールを事例研究の起点としてまず分析した。リベラルアーツ・カレッジにおいても、まず 1995 年の NACUBO Endowment Study を用いて 1995 年時点の使用をめぐるルールを整理し、事例 6 カレッジがこの時点でどこに類型化されていたのかを明らかにする。その上で 2007 年はどうなっていたのかを示し、グループ別に変化が見られたのか、その変化をもたらしたものは何かをまとめとして考察する。

　1995 年時点における NACUBO Endowment Study では、463 大学が調査対象で、研究大学、リベラルアーツ・カレッジ、その他のさまざまな類型の大学を含む。各使用ルールの構成は、**表 5-3** である。

　1995 年時点においては、最も多く見られる使用ルールが、「(2) 基本財産

の時価総額の固定割合使用型」でほぼ全体の3分の2に達している。事例6カレッジのうちの4カレッジがこのルールであった。これらの4カレッジは、過去の一定期間の時価総額の移動平均をとることによって変動を滑らかにするスムージングの考え方を取り入れている。

表5-3 基本財産の使用をめぐるルール（1995年時点）リベラルアーツ・カレッジ

	使用ルールの類型	1995年 NACCUBO Endowment Study における構成比（％）	1995年時点の事例6カレッジ類型
(1)	利息や配当のみ使用型	8.8	事例6カレッジでは該当なし
(2)	基本財産の時価総額の固定割合使用型	65.9	ポモナ・カレッジ（D1） グリネル・カレッジ（D2） ウェルズリー・カレッジ（E2） スミス・カレッジ（F1）
(3)	前年使用実績額の固定割合増使用型	6.2	アマースト・カレッジ（D3） ウイリアムズ・カレッジ（E1）
(4)	毎年都度決定型	8.1	事例6カレッジでは該当なし
(5)	その他のルール	11.0	事例6カレッジでは該当なし
(6)	合計（463大学）	100.0	

出典：*1995 NACUBO Endowment Study*をもとに筆者作成。

　基本財産の時価の変動に影響されないルール設定で、学内の各部署における企画運営等の現場から見て安定性が高い「(3) 前年使用実績額の固定割合増使用型」を採用している大学は、全体で6.2％と少数派である。事例6カレッジの中ではアマースト・カレッジとウイリアムズ・カレッジがこのルールを使用している。なお、事例6カレッジの中では、利息や配当のみ使用型、毎年都度決定型やその他のルールに該当するカレッジはなかった。

　研究大学について分析した第2章の第4節でも述べたが、1995年から2007年までの12年間には、金融工学の発達によって、デリバティブズ等を組み合わせた高度な金融商品が生み出され、またリスク管理やポートフォリオ運用の仕組みもますます複雑になった。2002年以降には、アメリカ経済の好調とこれらの金融工学の発達によって、アメリカの大学の基本財産は更に大きく成長し、2007年にリーマンショック前の一つのピークを迎えた。

第 5 章　基本財産とリベラルアーツ・カレッジ　341

　次に 2007 年時点における事例 6 カレッジの使用をめぐるルールについて分析する。今回資料として取り上げる 2008 年 1 月に上院財務委員会から主要大学に出された質問状には、その質問 5 の中に「各大学の基本財産の使用をめぐるルールは何か」という質問がある。この質問に対する 6 カレッジの回答を中心に分析する。

1　ポモナ・カレッジ (D1)

　ポモナ・カレッジは、2008 年 3 月 1 日付の学長名での回答書で、基本財産の使用をめぐるルールについて次のように回答している。
　「ポモナ・カレッジの基本財産の使用をめぐるルール(スペンディング・ポリシー)は、長期間持続する基本財産の使用可能総額を最大化することである。基本財産の長期的な購買力を危うくすることなしに、今日の使用を最大化することを目指している。世代を超える公平の原則は、基本財産の資産としての長期的な実際の投資収益率からポモナ・カレッジの活動に影響を及ぼすインフレーションの率を差し引いて計算することによって具体的に達成される。この計算に用いるインフレ率の数値は、高等教育物価指数 (the Higher Education Price Index：HEPI) [10] であり、消費者物価指数 (the Consumer Price Index：CPI) より通常 1％か 2％ほど高い水準にある。
　これに加えてポモナ・カレッジでは、複数年に渡る滑らかな使用(スムーズ化された使用)を目指している。これは基本財産の時価残高の年ごとの変動が、使用額に直接伝わらないように和らげる働きをする。年ごとの変動があまりにも激しいと予算の計画策定が非常に難しいものになってしまうため、これに対する防御策である。これらの考え方のすべてが、ポモナ・カレッジの使用をめぐるルールの中に埋め込まれている。
　毎年、過去 12 四半期の基本財産の市場価値に使用率を掛けて使用額を計算する。使用率は 4.5％ と 5.5％ の間を使用する。正確な額は前年の使用実績額の 4％ 成長にあたる額に決定するが、過去 12 四半期の基本財産の市場価値の 4.5％ と 5.5％ が上限と下限の条件として機能する」(2008 年 3 月 1 日付ポモナ・カレッジ回答書 p.7)。

ポモナ・カレッジでは、前年の使用実績額の4%成長にあたる額に決定するが、過去12四半期の基本財産の市場価値の平均の4.5%を下回らず、また5.5%を上回らないという市場変動要素のチェックが働く複合ルールを採用している。

2　グリネル・カレッジ(D2)

グリネル・カレッジは、2008年2月22日付回答書で、基本財産の使用をめぐるルールに関して次のように回答している。

「グリネル・カレッジの使用をめぐるルールでは、各会計年度が始まる直前の12月31日時点における基本財産の市場価格の12四半期移動平均の4.0%で使用額が計算される。計算された額で、基本財産からカレッジの経常予算と戦略的な支出(施設・設備の更新を含む)に対して財源が割り当てられる。この割り当ては年次予算の一部として理事会によって承認される」(2008年2月22日付グリネル・カレッジ回答書p.7)。

グリネル・カレッジは、基本財産の時価総額の過去12四半期平均の4.0%で経常予算等への基本財産からの支出が計算される。

3　アマースト・カレッジ(D3)

アマースト・カレッジは、2008年2月22日付回答書で、基本財産の使用をめぐるルールに関して次のように回答している。

「アマースト・カレッジの基本財産の使用をめぐるルールは、1980年代に決定された。その当時アマースト・カレッジは、歴史的な投資収入の水準から見ればとても持続可能とは言い難いような水準で、基本財産からの使用を行っていた。1976年度から1990年度までの15年間にわたって、各年の基本財産からの使用の平均は基本財産の時価の6.7%に昇っていた。この期間、インフレーションを勘案して調整して比較した場合、基本財産の市場時価額は、1960年代半ばごろの最高水準から下がっていた。当時のアマースト・カレッジの財務部長と財務担当者は、理事会の予算財務委員会と協働して、基本財産からの適正な使用率を決定した。また将来の世代のために基本

財産の価値を維持することが可能で、しかもときどきの経常予算に対する堅実で成長する支援を可能とするような計算方式を決定した。

　この努力の結果、使用率は、過去3年の基本財産の平均の市場価値に対する比率として計算される。これによって基本財産の市場価値の増加や減少の影響を滑らかにすることができる。特に基本財産からの毎年の使用額を決定するために用いるフォーミュラは、前年の使用実績をインフレ率と資本的寄付[11]によって基本財産が増加する率を加えた比率で増加させたものを使用する。この金額はアマースト・カレッジの予算上の必要性と比較され、ときどきの市場の成長を反映させるために可能であればプラスされる。長い期間では、過去3年の基本財産の平均市場価格の3.5％と5％の間を行ったり来たりすることが想定される。市場が下降するときには使用率は高くなり、市場が成長するときには使用率は低くなる。こうして計算された金額は基本財産の市場価値に対するパーセンテージとして検証され、もし5.0％を超える率であれば、基本財産からの使用額の伸び率がインフレ率かそれ以下になるよう保たれる」(2008年2月22日付アマースト・カレッジ回答書 pp.8-9)。

　アマースト・カレッジでは、1980年代に新しい使用をめぐるルールを導入した。前年の使用実績額をインフレ率と資本的寄付による増加を勘案した比率で増加させた額を使用額とする方式である。ただし過去3年の基本財産の平均市場価格と比較され、5％を超える率になる場合は、使用額の伸びがインフレ率まで抑えられるチェックシステムをルールに内蔵させることによって持続可能性に配慮している。

4　ウイリアムズ・カレッジ (E1)

　ウイリアムズ・カレッジでは、2008年2月29日付回答書で、基本財産の使用をめぐるルールに関して以下のように述べている。

　「基本財産からの使用額は、毎年注意深い分析の上で決定する。一つのガイドラインとして、ウイリアムズ・カレッジは基本財産の期初時点における時価の約5％を経常支出として毎年使用することを目指している。このガイドラインは1970年のフォード財団の基本財産に関するレポートを含むいく

つもの研究に基づいている。また1970年代と1980年代といったいくつかの期間についての分析などに基づいている。結果としてこのガイドラインは、現在の使用と将来の使用のバランスを最も効果的に達成すると信じている。

　強制的な最低年次使用率といったものを設定しない方が、学生にとって望ましいと考えられる。ある年に、様々な理由から、予め設定された最低年次使用率を超えて使用することは賢明でないことがある。その一つが投資における予見できない通常でない収入（リターン）の実現の場合である。新しくにわかに使用できるようになった財源を、最も教育上の利益に貢献する方法は何かについての思慮深い計画を策定することなしに使ってしまうことは賢明でない。ウイリアムズ・カレッジは2000年に入るころにこういった事態を実際に体験した。1990年代後半はかつてないほど投資収入（リターン）に恵まれた。ウイリアムズ・カレッジはこれらの潤沢な新しい財源を急いで使ってしまうことはしなかった。戦略計画のプロセスが教育上最も優れた使用方法を決定するまでの2年間は、ガイドラインより少し少なく使用することを選んだ」（2008年2月28日付ウイリアムズ・カレッジ回答書 pp.5-6）。

　ウイリアムズ・カレッジは、基本財産からの使用額を毎年都度決定する。ガイドラインとしては、基本財産の期初時点における時価の約5%であるが、基本財産からの使用可能額が突然増加するような局面でも、思慮深い教育上の計画に基づいて使用するように努めているとしている。

5　ウェルズリー・カレッジ (E2)

　ウェルズリー・カレッジは、2008年2月24日付回答書で、基本財産の使用をめぐるルールについて次のように述べている。

　「2007年7月1日現在のウェルズリー・カレッジの基本財産の使用をめぐるルールは以下の通りである。ウェルズリー・カレッジの理事会は、長期的に基本財産の購買力を維持するという目的と現在の経常予算をサポートするという目的をバランスさせるよう基本財産の使用をめぐるルールを設定した。一般ルールとして基本財産の時価の4.5%から5.5%の範囲を基本財産の使用率とすることが目標として考えられる。許容可能な使用の上限として

は、過去3年の基本財産の時価の平均の5.5％が考えられている。

基本財産からの使用率の決定方法

(a) 前年の基本財産からの使用額をHEPI（高等教育物価指数）インデックスで今年用に換算した額に80％のウエイト付けを行う。

(b) 前年度期末の基本財産の時価の5％相当額に20％のウエイト付けを行う。

(c) (a) ＋ (b) に新しい慈善寄付の見込額のうち基本財産からの使用可能額を加える。

ただし基本財産の過去3年における時価の平均の5.5％を超えるときあるいは4.5％を下回るときは、その範囲内になるように調整される」(2008年2月24日付ウェルズリー・カレッジ回答書 p.11)。

ウェルズリー・カレッジのルールは、前年の使用実績額を今年用に換算した額（安定要素）に80％の加重をし、前年度の基本財産の期末時価の5％相当額に（市場要素）に20％の加重をする複合型である。

6 スミス・カレッジ (F1)

スミス・カレッジは、2008年2月22日付回答書で、基本財産の使用をめぐるルールについて以下のように述べている。

「スミス・カレッジが採用している使用をめぐるルールは、カレッジの経常の活動に最大限貢献することを目指しているが、投資収入（リターン）が芳しくない期間に対応するダウンサイドプロテクション[12]の機能も果たしている。スミス・カレッジの理事会は、2006年度に使用をめぐるルールの見直しを実施した。基本財産から毎年分配される額は、前年度使用実績額の4.0％増加とされた。ただしその結果の金額は、前年12月末の基本財産の時価に対する比率が、4.0％と6.0％の範囲内であるかどうかのチェックがなされる」(2008年2月22日付スミス・カレッジ回答書 pp.6-7)。

スミス・カレッジは、前年度使用実績額の4％増を基本とするルールに2006年度から変更した。安定要素を重視する方向での変更である。ただし、前年度時価との比率が4％から6％のゾーンに収まるようにチェックするス

テップを内蔵することで市場要素にも配慮している。

7 リベラルアーツ・カレッジの基本財産の使用をめぐるルールのまとめ

基本財産の使用のルールについて、1から6のまとめを行う。

1995年時点では、(2)の「基本財産の時価総額の固定％使用型」が事例6カレッジのうちの4カレッジを占めていたが、2007年時点では、D2のグリネル・カレッジのみとなった（**表5-4**）。D1のポモナ・カレッジ、F1のスミス・カレッジは(3)の「前年使用実績額の固定割合増使用型」に移行した。これは市場価値の激しい変動の影響をできるだけ避け、現場の各部署が予定を計画しやすい安定要素重視を志向した変化である。(5)の「その他のルール」に移行したE2のウェルズリー・カレッジも(3)の安定要素に80％のウエイト付けをした複合型であるので、変化の傾向としては、同じ傾向と考えることができる。

少人数教育でキャンパス内外での学士課程教育の質の充実を目指すリベラルアーツ・カレッジでは、安定要素を市場要素よりも重視する傾向となった。研究大学では事例8大学の中で最もリベラルアーツ的な要素の濃いプリンストン大学が従来から(3)の安定要素重視の使用ルールを貫いている。また事例6カレッジの中では、長い伝統を誇るD3のアマースト・カレッジが、(3)

表5-4 基本財産の使用をめぐるルールの類型（1995年と2007年の比較）

	使用ルールの類型	1995年時点の 事例6カレッジのルール	2007年時点の 事例6カレッジのルール
(1)	利息や配当のみ使用型	該当なし	該当なし
(2)	基本財産の時価総額の 固定％使用型	ポモナ・カレッジ（D1） グリネル・カレッジ（D2） ウェルズリー・カレッジ（E2） スミス・カレッジ（F1）	グリネル・カレッジ（D2）
(3)	前年使用実績額の 固定％増使用型	アマースト・カレッジ（D3） ウイリアムズ・カレッジ（E1）	ポモナ・カレッジ（D1） アマースト・カレッジ（D3） スミス・カレッジ（F1）
(4)	毎年都度決定型	該当なし	ウイリアムズ・カレッジ（E1）
(5)	その他のルール	該当なし	ウェルズリー・カレッジ（E2）

出典：2-3-1から2-3-7並びに表5-3より筆者作成。

の安定要素重視の使用ルールを貫いている。1995年時点でアマースト・カレッジと同じ(3)のルールを用いていた同じく伝統校のE1のウイリアムズ・カレッジは、(4)の「毎年都度決定型」に移行した。研究大学ではハーバード大学が同じ「毎年都度決定型」である。

4　リベラルアーツ・カレッジの基本財産の投資方針

　基本財産の使用をめぐるルールと並んで、基本財産のガバナンスでは確かな投資方針が重要である。事例6カレッジの実態を各大学の年次報告書等その他の資料をもとに分析する。分析の視点は、リベラルアーツ・カレッジがどのような投資方針をとっているのか、それは研究大学と比較して如何なる特徴を持っているのかという点である。ただし大規模な研究大学の事例の場合と異なり、リベラルアーツ・カレッジの場合は、年次報告書等において基本財産の投資方針や投資配分について必ずしも詳しく開示されていないことが多く、時系列的な詳細な分析は困難である。このため、ここでは事例6カレッジについて、研究大学の事例と同様に2007年までの過去10年間すなわち1998年から2007年間の基本財産の時価総額、増加額、増加率、基本財産への寄付額の推移を把握した上で、2007年時点における投資配分を分析し、投資方針の特色を研究大学と比較することとする。

1　ポモナ・カレッジ (D1)

　過去10年間のポモナ・カレッジの基本財産の時価総額、増加額、増加率、基本財産への寄付額は以下の通りである (**表5-5**)。

　ポモナ・カレッジの基本財産の時間総額は、2007年までの10年間の最初の2年間に12.5％、46.1％と急激な増加を見た後、2003年までの3年間に連続のマイナスとなる時期を経験したが、その後10％を大幅に超える増加率で増加し続けた。基本財産への寄付額は、0.1億ドルから0.5億までの幅でコンスタントであったが、基本財産の時価全体の増加率は、市場変動の影響を受け、マイナス7.5％からプラス46.1％まで変動が激しかった。

　2007年12月のポモナ・カレッジにおける基本財産の投資配分は以下の

通りである（**表 5-6**）。代替投資は、45.5％に達している。これは研究大学の事例 8 大学の中で最も代替投資比率が高かった MIT、シカゴ大学、プリンストン大学、ハーバード大学に匹敵する高い水準である。

表 5-5　ポモナ・カレッジ基本財産の時価総額、増加額、増加率、基本財産への寄付額

	基本財産の時価総額 （百万ドル）	増加額 （百万ドル）	増加率 （％）	基本財産への寄付 （百万ドル）
1998	675	—	—	11
1999	759	84	12.5	14
2000	1,109	350	46.1	14
2001	1,105	△4	△0.4	13
2002	1,022	△83	△7.5	9
2003	1,002	△20	△2.0	11
2004	1,156	154	15.4	8
2005	1,300	144	12.5	54
2006	1,459	159	12.2	11
2007	1,763	304	20.8	15

出典：Pomona College *Response Letter to U.S. Senate Committee on Finance dated March 1, 2008.*

表 5-6　ポモナ・カレッジの基本財産の投資配分（2007 年 12 月 31 日現在）

	債券	株式	代替投資	その他	合計
投資配分（％）	6.8	41.4	45.5	6.3	100

出典：Pomona College *Response Letter to U.S. Senate Committee on Finance dated March 1, 2008.* より筆者。
債券（Bonds）：米国債券、米国外の先進国、発展途上国の債券、ハイイールド債の合計
株式（Equity）：米国株式、グローバル株式、米国外の先進国、発展途上国の株式の合計
代替投資（Alternative）：ヘッジファンド、未公開株式、ベンチャーキャピタル、天然資源（商品市況、木材、原油、天然ガス他）の合計
その他：不動産、その他

2　グリネル・カレッジ（D2）

過去 10 年間のグリネル・カレッジにおける基本財産の時価総額、増加額、増加率、基本財産への寄付額は以下の通りである（**表 5-7**）。

基本財産の時価総額は、IT バブルが崩壊した 2000 年に 15.5％のマイナスとなった年が 1 年だけあるものの、その他の 9 年は、プラスの増加率で

比較的安定的に増加している。D1のポモナ・カレッジでは、過去10年間に10%以上の増加率の年が6回見られたのに対し、グリネル・カレッジでは4回に留まっている。D1のポモナ・カレッジは、1998年時点では、基本財産がD2のグリネル・カレッジの70%弱に相当する水準であったが、「ポモナ計画 (Pomona Plan)」と呼ばれる卒業生への寄付キャンペーンの継続と積極的な投資戦略で、2007年にはグリネル・カレッジと並ぶ基本財産の規模に到達した。1998年時点で既に最も財務的に豊かなリベラルアーツ・カレッジの地位にあったグリネル・カレッジも、ポモナ・カレッジ程ではないが、積極的な投資戦略を採用している。

表5-7 グリネル・カレッジの基本財産の時価総額、増加額、増加率、基本財産への寄付額

	基本財産の時価総額（百万ドル）	増加額（百万ドル）	増加率（％）	基本財産への寄付（百万ドル）
1998	1,019	264	35.0	2
1999	1,020	1	0.1	3
2000	862	△158	△15.5	2
2001	1,025	163	18.8	3
2002	1,075	50	4.9	2
2003	1,112	37	3.4	1
2004	1,292	180	16.2	2
2005	1,391	99	7.6	2
2006	1,472	81	5.8	1
2007	1,718	246	16.7	1

出典：Grinnell College *Response Letter to U.S. Senate Committee on Finance dated February 22, 2008.*

2007年6月のグリネル・カレッジの基本財産の投資配分は、以下の通りである（**表5-8**）。代替投資は41.9％に達している。研究大学の8事例大学の中ではイェール大学と並ぶ水準である。

表 5-8　グリネル・カレッジの基本財産の投資配分（2007年6月30日現在）

	債券	株式	代替投資	その他	合計
投資配分（％）	4.5	53.1	41.9	0.5	100

出典：Grinnell College *Response Letter to U.S. Senate Committee on Finance dated February 22, 2008* より筆者。

3　アマースト・カレッジ (D3)

　過去10年間のアマースト・カレッジにおける基本財産の時価総額、増加額、増加率、基本財産への寄付額は以下の通りである（**表 5-9**）。アマースト・カレッジの基本財産の時価総額は、ITバブルの崩壊に伴いマイナスとなった年が2回あるものの10％以上の増加率の年が7回に及んでいる。アマースト・カレッジは1998年時点では、D1のポモナ・カレッジより更に基本財産の時価総額が小さく、D2のグリネル・カレッジの約50％に相当する規模であったが、積極的な投資戦略によって2007年にはグリネル・カレッジにほぼ並ぶ水準の到達している。

表 5-9　アマースト・カレッジの基本財産の時価総額、増加額、増加率、基本財産への寄付額

	基本財産の時価総額（百万ドル）	増加額（百万ドル）	増加率（％）	基本財産への寄付（百万ドル）
1998	540	66	13.9	12
1999	635	95	17.5	22
2000	912	277	43.8	13
2001	890	△22	△2.4	20
2002	860	△30	△3.4	10
2003	877	17	2.0	6
2004	993	116	13.3	9
2005	1,155	162	16.2	8
2006	1,337	182	15.8	10
2007	1,662	325	24.3	10

出典：Amherst College *Response Letter to U.S. Senate Committee on Finance dated February 22, 2008*.

　アマースト・カレッジの基本財産の投資配分は以下の通りである（**表 5-10**）。

代替投資が 55.0％に達しており、これは研究大学の 8 事例大学のどこよりも高い水準である。

表 5-10　アマースト・カレッジの基本財産の投資配分（2007 年 6 月 30 日現在）

	債券	株式	代替投資	その他	合計
投資配分（％）	6.5	30.4	55.0	8.1	100

出典：Amherst College *Response Letter to U.S. Senate Committee on Finance dated February 22, 2008* より筆者。

　代替投資の内訳は、ヘッジファンドが 27.3％、未公開株式が 15.0％、ベンチャーキャピタルが 4.6％、天然資源が 8.1％である。2007 年のアマースト・カレッジの年次報告書によれば、1997 年時点における代替投資への投資配分は 17.9％であったが、2002 年までに急上昇し 52.0％に達している。2002年時点では、既に研究大学の 8 事例大学の中の 3 大学（シカゴ大学、イェール大学、プリンストン大学）が 40％を超えているが、アマースト・カレッジは、これらの大学を上回る代替投資への配分を行っている。

4　ウイリアムズ・カレッジ (E1)

　「ウイリアムズ・カレッジの基本財産は、これまでの長い間、理事会の投資委員会（Board's Investment Committee）によって運営されてきた。広い金融分野の経験と専門性を持った理事と卒業生のグループが投資委員会を構成してきた。委員会のパフォーマンスは素晴らしかったが、近年、もっと公式な投資オフィスを創設した方が良いのではないかという合意が形成され、2006 年秋に投資オフィスが置かれた」（2008 年 2 月 29 日付ウイリアムズ・カレッジ回答書 p.4）。このコメントに見られるように、公式な投資オフィスを 2006年秋に新たに設置している。ウイリアムズ・カレッジは、基本財産の時価総額、増加額、増加額、基本財産への寄付額を 2008 年資料で具体的数字では開示していない。ウイリアムズの投資配分の長期政策ターゲットは以下の通りである（**表 5-11**）。代替投資への投資配分の長期政策ターゲットは、25.0％としているが、詳細は開示していない。

表 5-11 ウイリアムズ・カレッジの基本財産の投資配分（長期政策ターゲット）

	債券	株式	代替投資	その他	合計
投資配分（%）	12.0	50.0	25.0	13.0	100

出典：Williams College *Response Letter to U.S. Senate Committee on Finance dated February 29, 2008.*

5　ウェルズリー・カレッジ (E2)

過去10年間のウェルズリー・カレッジにおける基本財産の時価総額、増加額、増加率、基本財産への寄付額は以下の通りである（**表 5-12**）。

表 5-12　ウェルズリー・カレッジの基本財産の時価総額、増加額、増加率、基本財産への寄付額

	基本財産の時価総額 （百万ドル）	増加額 （百万ドル）	増加率 （%）	基本財産への寄付 （百万ドル）
1998	781	90	13.0	23
1999	887	106	13.7	30
2000	1,253	366	41.2	32
2001	1,136	△ 117	△ 9.3	18
2002	1,032	△ 104	△ 9.1	23
2003	1,044	12	1.1	28
2004	1,180	136	13.1	28
2005	1,276	96	8.1	37
2006	1,413	137	10.7	24
2007	1,672	259	18.4	20

出典：Wellesley College *Response Letter to U.S. Senate Committee on Finance dated February 24, 2008.*

　基本財産の時価総額の増加率が10％以上の年が6回に達している。特にIT情報通信革命とも呼ぶべき新しい投資の流れの取り込みに短期的に成功した2000年には41.2％の増加を記録した。しかしそれに続くITバブルの崩壊の影響で、9％台のマイナスとなる年を2年連続で経験している。2007年時点でのウェルズリー・カレッジの基本財産の投資配分は以下の通りである（**表 5-13**）。代替投資への配分は35.0％でスタンフォード大学と並ぶ水準である。

表 5-13 ウェルズリー・カレッジの基本財産の投資配分（2007 年）

	債券	株式	代替投資	その他	合計
投資配分（%）	13.0	38.0	35.0	14.0	100

出典：Wellesley College *Response Letter to U.S. Senate Committee on Finance dated February 24, 2008*. より筆者

6 スミス・カレッジ(F1)

過去 10 年のスミス・カレッジにおける基本財産の時価、増加額、基本財産への寄付の推移は以下の通りである（**表 5-14**）。

表 5-14 スミス・カレッジの基本財産の時価、増加額、基本財産への寄付額

	基本財産の時価総額 （百万ドル）	増加額 （百万ドル）	増加率 （%）	基本財産への寄付 （百万ドル）
1998	793	94	16.1	16
1999	885	68	11.6	24
2000	907	5	2.5	17
2001	917	△2	1.1	12
2002	851	△81	△7.2	15
2003	824	△35	△3.2	8
2004	925	83	12.3	17
2005	1,036	98	12.0	14
2006	1,156	108	11.6	13
2007	1,361	197	17.7	8

出典：Smith College *Response Letter to U.S. Senate Committee on Finance* dated *February 22, 2008*.

　基本財産の時価総額は、2 回のマイナス成長と 6 回の 10％超の成長を記録している。しかし、年間の増加率は最高でも 17.7％で、比較的穏やかな安定的な伸びである。
　一方、スミス・カレッジの基本財産の投資配分は以下の通りである（**表 5-15**）。代替投資に 59.1％を配分しており、これは研究大学の 8 事例大学を凌ぐ高い比率である。

表 5-15 スミス・カレッジの基本財産の投資配分（2007 年 6 月 30 日現在）

	債券	株式	代替投資	その他	合計
投資配分（%）	4.5	32.8	59.1	3.6	100

出典：Smith College *Response Letter to U.S. Senate Committee on Finance* dated *February 22, 2008.* より筆者

　2008 年 2 月の学長名の回答書では、「スミス・カレッジは、ここ数年伝統的なアメリカ株式から未公開株等の代替投資に少しずつシフトしてきた。これは他の大きな基本財産を有する大学やカレッジでも同じ動きがあるように見受けられる」との見解を明記している。(20008 年 2 月 22 日付スミス・カレッジ回答書 p.8)。

7　リベラルアーツ・カレッジの基本財産の投資方針（1 から 6 のまとめ）

　アメリカのトップクラスのリベラルアーツ・カレッジである今回のケーススタディの 6 カレッジにおける 2007 年時点の基本財産の時価総額は、ポモナ・カレッジが 18 億ドル、グリネル・カレッジが 17 億ドル、アマースト・カレッジが 17 億ドル、ウイリアムズ・カレッジが 19 億ドル[13]、ウェルズリー・カレッジが 17 億ドル、スミス・カレッジが 14 億ドルである。トップ大学間の基本財産額の格差は、研究大学ほどには開いていない。

　基本財産の時価総額の年間増加率は、2000 年代初頭の数年間はマイナスになる時期があったものの、2004 年以降は順調な増加が続いている。基本財産の年間増加額は、そのほとんどが投資収入からの増加で、新規の基本財産への寄付のウエイトは相対的に低下している。これらの点は、研究大学と同様の傾向を示している。

　リベラルアーツ・カレッジの投資対象の構成について述べる。伝統的な投資対象で最も投資リスクの低い安全資産である債券が投資全体に占める構成比を見ると、2007 年現在で、ポモナ・カレッジが 6.8％、グリネル・カレッジが 4.5％、アマースト・カレッジが 6.5％、ウイリアムズ・カレッジが 12.0％、ウェルズリー・カレッジが 13％、スミス・カレッジが 4.5％となっている。1998 年からの時系列変化を開示しているウェルズリー・カレッジ

の事例では、1998年の23％から2007年の13％に債券の構成比率が低下している[14]。伝統的な安全資産である債券に対する投資は、研究大学の場合と同様に構成比が低下傾向にある。

ヘッジファンド、未公開株式、ベンチャーキャピタル等の非伝統的で、ハイリスク・ハイリターンである代替投資に対するリベラルアーツ・カレッジでの投資比率は以下の通りである。2007年時点でポモナ・カレッジが45.5％、グリネル・カレッジが41.9％、アマースト・カレッジが55.0％、ウイリアムズ・カレッジが25.0％、ウェルズリー・カレッジが35.0％、スミス・カレッジが59.1％である。ウェルズリーの事例では、1998年の19％から2007年の35％へ増加している[15]。

研究大学の場合と同様に、リベラルアーツ・カレッジも非伝統的で、ハイリスク・ハイリターンの投資対象にかなりの構成比で投資している。短期的には管理すべきリスクが大きいことは否めないが、基本財産を長期的に成長させていく大きなエンジンの一つとなっている。

第3節　基本財産と奨学金（リベラルアーツ・カレッジ）

学生1人当り基本財産が豊かであることが、奨学金を通じて教育に与えるインパクトについて第3章で研究大学のケースを分析した。学生・家族の立場から見ると、学生1人当り基本財産が豊かな大学ほど、大学ごとの奨学金パッケージが魅力的である可能性が高い。家族による貢献の部分が少額で済み、また学生が将来返済しなければならないローンの部分が小さくて済むというメリットがある。このことは、大学から見ると学生構成をより優秀にあるいは多様性に富んだ方向に改善することに貢献する。大学の財務の面から見れば、豊かな学生1人当り基本財産は、大学独自奨学金をより魅力的に拡大することを可能にする。

第5章の第2節で見たリベラルアーツ・カレッジの基本財産のミッションでは、大学全体のミッションを財政的に支えることが基本財産のミッションとされ、教育の質を高めること、学生の経済的負担を和らげる奨学金供与

がほぼすべてのカレッジで優先度が高く言及されていた。また実際の基本財産からの支出領域においても、学生奨学金が最も高い頻度と優先度で認識されていた。

基本財産と大学独自奨学金が最もダイナミックに変化した2002年から2007年に焦点を当て、リベラルアーツ・ラレッジの場合の基本財産と大学独自奨学金の個別大学の動向とその特色を分析する。Breneman (1994) も指摘している通り、リベラルアーツ・カレッジの場合は、少人数での学士課程の教育が中心であり、この類型の中で互いに似通った教育目的と財務構造を持っている。

リベラルアーツ・カレッジの分析では、表5-1に示した学生1人当り基本財産が30万ドル以上の20カレッジについての全体像を示した上で、事例6カレッジがその中でどのような位置づけにあるかを示すことによって、基本財産が豊かなカレッジの中でも更に豊かなカレッジがどのような特色を持つに至っているかについて分析するという手法をとる。また使用するデータについても、リベラルアーツ・カレッジの場合は、研究大学と異なり、年次財務資料や教員給与のデータが、必ずしも十分に開示されていないため、IPEDSから得られる資料を中心に分析する。

1　大学独自奨学金受給生比率と大学独自奨学金平均受給額

本章第1節の表5-1に示した学生1人当り基本財産が30万ドル以上に該当する20のリベラルアーツ・カレッジは、学生数が1,100人と3,100人の間に分布しており、伝統的に学士課程中心の大学教育を行っている。学生1人当りの基本財産が高い成長率で伸びた2002年から2007年の時期に、大学独自奨学金はどのように拡充が図られたのであろうか。大学独自奨学金を受ける学生の比率が増加したのであろうか、あるいは大学独自奨学金の平均受給額が増額されたのであろうか。最初に20カレッジ全体の動向を把握し、その後に事例6カレッジの戦略を分析する。

1 大学独自奨学金受給生比率

大学独自奨学金を受けている学生の比率の推移を、**表 5-16** に示す。

表 5-16 大学独自奨学金受給生比率（単位%）

	大学名	2002	2003	2004	2005	2006	2007	5年増減
D	ポモナ・カレッジ	50	54	57	50	51	48	-2
	グリネル・カレッジ	86	95	91	90	85	93	7
	アマースト・カレッジ	54	52	45	48	47	49	-5
E	スワースモア・カレッジ	49	51	53	51	48	51	2
	ウイリアムズ・カレッジ	46	48	43	44	44	37	-9
	ウェルズリー・カレッジ	54	57	54	53	55	52	-2
F	ボードアン・カレッジ	41	38	42	44	45	42	1
	ハバフォード・カレッジ	40	41	41	36	37	39	-1
	スミス・カレッジ	68	66	67	61	63	56	-12
	ブリンマー・カレッジ	49	55	57	57	54	61	12
	クレアモント・マッケナ	53	46	55	50	64	60	7
	ミドルベリー・カレッジ	45	42	36	41	38	34	-11
	ハミルトン・カレッジ	48	56	52	53	46	49	1
	ヴァッサー・カレッジ	48	47	51	47	55	50	2
	マカレスター・カレッジ	70	76	76	76	79	72	2
	カールトン・カレッジ	59	65	64	64	63	55	-4
	リード・カレッジ	42	42	40	49	44	45	3
	ワシントン・アンド・リー	41	38	37	34	36	36	-5
	コルビー・カレッジ	39	38	36	39	39	40	1
	ラファイエット・カレッジ	57	55	56	54	61	53	-4
	20カレッジ全体平均	52	53	53	52	53	51	-1

出典：IPEDSデータベースより筆者作成。

2002年時点では、20カレッジ中の16カレッジが40％から59％の間のゾーン内に分布している。20カレッジの平均では52％で、約半数の学生が大学独自奨学金の恩恵にあずかっている。このゾーンを上に突き抜けているカレッジが3カレッジあり、逆に40％未満のカレッジが1カレッジのみであった。5年後の2007年には、20カレッジ中14カレッジが40％から59％のゾーンに分布し、上に突き抜けているカレッジが2カレッジに減少し、40％未

満のカレッジが4カレッジに増加した。平均では51%で1%の減少を見た。

大学独自奨学金を受けている学生の比率の5年間の増減では、増加したカレッジが10カレッジある一方で、減少したカレッジも同じ10カレッジという結果であった。また5年間の推移を更に詳しく分析すると、Fグループのスミス、ブリンマー、ミドルベリーの3カレッジを除くと受給生比率の変化は大きくはなく、DとE両グループでは10％未満である。

2　大学独自奨学金平均受給額

大学独自奨学金を受けている学生の、平均受給額を**表5-17**に示す。

表5-17　大学独自奨学金平均受給額（単位：ドル）

	大学名	2002	2003	2004	2005	2006	2007	5年増加
D	ポモナ・カレッジ	18,000	18,687	20,125	21,123	24,073	25,460	7,460
	グリネル・カレッジ	11,646	12,123	13,925	14,425	15,512	15,312	3,666
	アマースト・カレッジ	20,519	20,305	21,740	26,787	30,059	29,624	9,105
E	スワースモア・カレッジ	19,181	19,414	21,690	21,981	24,678	25,076	5,895
	ウイリアムズ・カレッジ	18,421	20,898	20,906	23,616	26,299	29,012	10,591
	ウェルズリー・カレッジ	18,347	19,976	21,354	21,787	23,870	25,580	7,233
F	ボードアン・カレッジ	17,129	19,567	20,921	21,171	24,069	23,886	6,757
	ハバフォード・カレッジ	19,127	19,198	20,333	21,699	23,002	25,095	5,968
	スミス・カレッジ	17,226	18,444	20,022	19,966	20,209	23,013	5,787
	ブリンマー・カレッジ	15,863	17,511	19,749	19,071	21,496	24,492	8,629
	クレアモント・マッケナ	14,593	15,930	17,855	17,500	20,148	20,192	5,599
	ミドルベリー・カレッジ	17,400	19,469	25,284	19,180	21,008	27,187	9,787
	ハミルトン・カレッジ	18,459	19,169	19,478	21,068	21,232	23,587	5,128
	ヴァッサー・カレッジ	16,729	17,419	17,956	19,844	21,841	22,946	6,217
	マカレスター・カレッジ	13,704	15,197	14,484	16,367	17,233	19,576	5,872
	カールトン・カレッジ	15,104	13,525	15,908	15,459	18,837	18,406	3,302
	リード・カレッジ	18,765	19,491	21,548	23,574	25,308	27,109	8,344
	ワシントン・アンド・リー	14,560	16,677	19,987	20,041	23,500	25,373	10,813
	コルビー・カレッジ	18,871	19,899	23,980	21,871	24,996	26,691	7,820
	ラファイエット・カレッジ	15,499	17,747	18,288	19,236	21,305	22,141	6,642
	20カレッジ全体平均	16,957	18,032	19,777	20,288	22,434	23,988	7,031

出典：IPEDSデータベースより筆者作成。

20カレッジ全体では、2002年に 16,957 ドルであった平均受給額が 2007 年には 23,988 ドルへ 41％、7,031 ドル増加した。5 年間の消費者物価指数[16]は 15.2％上昇するが、これを考慮してもすべてのカレッジで大幅な大学独自奨学金の増額があったといえる。

　表 5-17 の大学独自奨学金受給生比率を横軸にとり、**表 5-18** の大学独自奨学金平均受給額を縦軸にとった 2007 年時点における戦略ポジションが**図 5-3** である。事例 6 カレッジの図 5-3 上のポジションは、各カレッジが採用してきた大学独自奨学金の戦略を反映している。2007 年時点のポジションから見れば、E1 のウイリアムズ、D3 のアマーストの両カレッジが高い水準の大学独自奨学金を提供し、D2 のグリネル・カレッジが幅広い学生に大学独自奨学金を提供している。

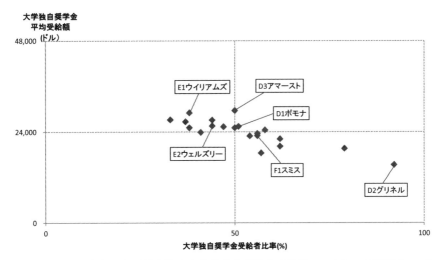

図 5-3　大学独自奨学金受給者比率と大学独自奨学金受給額の 6 カレッジ戦略（2007）

出典：IPEDS データベースより筆者作成。

2　事例6カレッジの定価授業料と大学独自奨学金

　研究大学の奨学金の章でも既に述べたが、アメリカにおいて選抜性が高くかつ財務的に豊かな大学は、入試制度としてニードブラインド入試を採用している。リベラルアーツ・カレッジでもその多くがニードブラインド入試を採用している。すなわちアメリカ国内の学生に対する合格者の選定に際しては、学費支払に関する経済的能力を一切考慮しない。このニードブラインドの入試を経て学士課程に入学を許可された学生に対しては、きめ細かな家族の経済状況の提示を求め、大学として家族による貢献と経済援助の必要額をアセスメントする仕組みが確立している。提示され、評価された各学生それぞれの学費援助の需要に対して、給付奨学金、ローン、ワークスタディの組み合わせによる学費援助パッケージが、各学生に個別に提示される。学費援助パッケージには、各大学の計算方式に基づく家族の貢献部分と大学独自奨学金の他、連邦政府等の奨学金、学内アルバイト等の雇用による収入、ローンが含まれる。

　定価授業料をいかなる水準に設定し、毎年いくら値上げするかは、各カレッジの重要な戦略である。しかし、あまりに高い授業料を設定することは、ニードブラインド入試で合格した学生の奨学金需要を高めることにつながり、大学独自奨学金も増額する体制が整っていなければ、学生に高額のローン債務等の経済的負担を強いることとなる。

　事例6カレッジの定価授業料、大学独自奨学金受給者率、大学独自奨学金平均受給額を2002年と2007年で比較したものが表5-18である。

　例えばD1のポモナ・カレッジでは定価授業料は2002年の36,468ドルから2007年の45,806ドルに26％アップした。ポモナ・カレッジの学生のうち大学独自奨学金を受給した学生は2002年には50％、2007年には48％存在し、その平均受注額が18,000ドルから25,460ドルに41％増加した。大学独自奨学金の受給生にとっては、5年間の定価授業料の値上げ幅9,338ドルのうち平均7,460ドルが大学独自奨学金の増加で負担軽減となったことになる。定価授業料の2007年の絶対額水準は、D1のポモナが最も高く、D3のアマースト、F1のスミス、E1のウイリアムズがこれに次ぐ。D2の

表 5-18　定価授業料、受給者率、大学独自奨学金についての 6 カレッジの動向

		定価授業料（ドル）			受給者率（%）			大学独自奨学金（ドル）		
		2002	2007	増加額	2002	2007	増減	2002	2007	増加額
D1	ポモナ	36,468	45,806	9,338	50	48	-2	18,000	25,460	7,460
D2	グリネル	22,250	34,392	12,142	86	93	7	11,646	15,312	3,666
D3	アマースト	34,360	43,996	9,636	54	49	-5	20,519	29,624	9,105
E1	ウイリアムズ	32,470	42,650	10,180	46	37	-9	18,421	29,012	10,591
E2	ウェルズリー	25,022	32,384	7,362	54	52	-2	18,347	25,580	7,233
F1	スミス	33,302	43,438	10,136	68	56	-12	17,226	23,013	5,787

出典：IPEDS データベースより筆者作成。定価授業料については、2008 年 2 月各カレッジ資料。

グリネルと E2 のウェルズリーは上記 4 カレッジよりも相対的に低く 3 万ドル台前半である。5 年間の定価授業料の値上げ額と大学独自奨学金の増加額を比較すると、D1 のポモナ、D3 のアマースト、E1 のウイリアムズ、E2 のウェルズリーの 4 カレッジでは、定価授業料の値上げ額を大学独自奨学金の増加額でほぼ吸収できる水準である。学生 1 人当り基本財産の潤沢な水準を背景として大学独自奨学金を充実させることによって、定価授業料を値上げすることが可能となっている。

　学生の高いローン債務を軽減する方向での改革もなされてきた。D2 のグリネル・カレッジは、2005 年に基本財産の順調な増加を背景として奨学金政策のかなり大きな改善を行った。すなわちニードベース奨学金の大学独自奨学金を増額し、返済の必要なローンによるパッケージ対応額の大幅な減額を実施した。また D3 のアマースト・カレッジは、2006 年度に年収 6 万ドル以下の家計の学生に対してローンの部分を全廃した。

3　基本財産と大学独自奨学金　リベラルアーツ・カレッジのまとめ

　本章第 2 節第 4 項のリベラルアーツ・カレッジの基本財産の投資方針では、1998 年から 2007 年の 10 年間における事例 6 カレッジの基本財産の時価、増加額、増加率の推移を示した。本節の基本財産と大学独自奨学金で対象とした 2002 年から 2007 年の時期は、アメリカのマクロ経済情勢が総じて好調な時期であり、金融工学の発達や代替投資を含む投資機会に恵まれた時期

であった。

　少人数教育で学士課程教育の質に重点を置くリベラルアーツ・カレッジの中でも学生1人当りの基本財産がとりわけ豊かな事例6カレッジは、この環境の中で研究大学の場合と同様に積極的な投資配分を採用し、非伝統的な投資対象にかなり大きな構成比で投資した。この結果、事例6カレッジは学生1人当り基本財産で高い成長を実現した（**表 5-19**）。

表 5-19　学生1人当り基本財産額推移（2002 ～ 2007）（単位ドル）

記号	大学	2002	2003	2004	2005	2006	2007	5年間増加率(%)
D1	ポモナ	658,164	647,445	750,470	841,626	952,427	1,150,165	74.8%
D2	グリネル	795,232	766,103	862,237	902,951	944,675	1,094,467	37.6%
D3	アマースト	526,754	540,784	612,087	702,293	820,846	1,003,851	90.6%
E1	ウイリアムズ	537,820	549,130	612,614	690,412	724,545	933,426	73.6%
E2	ウェルズリー	470,371	464,800	524,906	576,380	627,738	740,530	57.4%
F1	スミス	312,846	305,154	337,642	358,691	406,022	439,305	40.4%

出典：各年 *NACUBO Endowment Study*.

　学生1人当り基本財産が高い成長率で伸びた2002年から2007年の時期に、大学独自奨学金はどのように拡充が図られたのであろうか。大学独自奨学金を受ける学生の比率が拡充されたのであろうか。あるいは大学独自奨学金の平均受給額が増額されたのであろうか。

　大学独自奨学金を受ける学生の比率については、学生1人当り基本財産が30万ドル以上の20カレッジ全体では、10カレッジが増加、10カレッジが減少であった。更に事例6カレッジを詳しく見ると、学生1人当り基本財産の成長率がとりわけ高かったDグループのアマースト・カレッジでは54％から49％へ減少し、Eグループのウイリアムズ・カレッジでも46％から37％へ低下した。これはニードブラインド入試を突破して合格が認められる学生の家計平均年収が、仮に5年間のインフレ率と同じとしても約15％増加する傾向にあると考えられるのに対して、大学独自奨学金を供与する年収条件（例えば家計年収5万ドル未満）等を一定に保った場合には、基準

に該当する対象学生の比率が低下するためと考えられる。またGeiger（2011）が指摘するように、定価授業料を高い率で値上げし続けた場合に、選抜性が高く豊かな大学ほど高授業料、高奨学金となる傾向があり、そもそも高いローン残高を懸念する層は受験を断念することも考えられ、志願者の中で富裕層の占める割合が増加することも考えられる。

大学独自奨学金の平均受給額は、20カレッジ全体では、2002年に16,957ドルであった平均受給額が2007年には23,988ドルへ41％、7,031ドル増加した。5年間の消費者物価上昇率は、15.2％であり、これを考慮してもすべてのカレッジで大幅な大学独自奨学金の増額があったといえる。事例6カレッジの中では、E1のウイリアムズ、D3のアマーストの両カレッジが高い水準の大学独自奨学金を提供し、D2のグリネル・カレッジが幅広い学生に大学独自奨学金を提供した。5年間の定価授業料の値上げ額と大学独自奨学金の増加額を比較すると、D1のポモナ、D3のアマースト、E1のウイリアムズ、E2のウェルズリーの4カレッジでは、定価授業料の値上げ額を大学独自奨学金の増加額でほぼ吸収できる水準である。学生1人当り基本財産の潤沢な水準を背景として大学独自奨学金を充実させることによって、定価授業料を値上げすることが可能となっている。

また学生1人当り基本財産が事例カレッジの中で最も少なく、この期間の基本財産の伸び率が最も低かったF1のスミス・カレッジでも、基本財産からの助けは大きく、大学独自奨学金の財源の約半分が基本財産収入から来ている[17]。

第4節　基本財産と教員給与（リベラルアーツ・カレッジ）

カレッジが中長期的に教育の質を改善していこうと考えるならば、優秀な学生の確保と並んで教員給与の改善がベースであると考えられる。またリベラルアーツ的な少人数学士課程教育の質を考えた場合には、教員給与を改善するだけでなく、学生と教員との比率（ST比）をできるだけ低く保つことが重要である。基本財産が大きく成長した2002年から2007年の時期にリベ

ラルアーツ・カレッジの教員給与は大きく改善されたのであろうか。また学生と教員の比率は、どのように推移したのであろうか。奨学金と同様に最初に20カレッジ全体の動向を把握し、その後に事例6カレッジの戦略を分析する。

1 教員給与

リベラルアーツ・カレッジ20カレッジの教員平均給与[18]の2002年から2007年までの推移を**表5-20**に示す。

表5-20 教員給与の推移（ドル）

	大学名	2002	2003	2004	2005	2006	2007	5年増加率（%）
D	ポモナ・カレッジ	80,379	83,500	85,661	87,177	90,073	92,844	16
	グリネル・カレッジ	64,603	67,764	69,225	71,905	73,204	74,294	15
	アマースト・カレッジ	89,014	91,544	87,871	90,811	96,188	99,224	12
E	スワースモア・カレッジ	84,543	86,075	84,425	88,667	91,601	94,867	12
	ウイリアムズ・カレッジ	80,419	76,112	87,003	90,391	90,983	92,589	15
	ウェルズリー・カレッジ	84,518	83,354	87,471	90,978	93,382	96,876	15
F	ボードアン・カレッジ	70,350	71,069	72,213	81,505	82,280	86,825	23
	ハバフォード・カレッジ	69,445	70,875	73,250	74,783	77,266	76,531	10
	スミス・カレッジ	77,874	78,929	79,038	82,092	85,065	89,358	15
	ブリンマー・カレッジ	70,127	71,849	71,819	72,629	76,077	74,057	6
	クレアモント・マッケナ	79,950	N.A.	83,415	81,570	84,975	88,372	11
	ミドルベリー・カレッジ	71,972	74,121	74,157	79,729	81,587	87,370	22
	ハミルトン・カレッジ	69,957	70,003	72,138	74,041	79,126	81,966	17
	ヴァッサー・カレッジ	70,794	74,380	78,484	80,006	82,157	84,062	19
	マカレスター・カレッジ	64,523	66,121	69,481	72,940	76,441	78,782	22
	カールトン・カレッジ	76,054	75,526	74,326	72,311	78,191	81,213	7
	リード・カレッジ	61,941	67,797	67,900	72,780	73,926	77,004	24
	ワシントン・アンド・リー	81,030	84,481	80,379	82,783	71,504	76,357	-6
	コルビー・カレッジ	71,428	73,267	75,206	77,747	81,371	85,023	18
	ラファイエット・カレッジ	70,218	74,393	72,677	74,361	76,735	82,541	13

出典：IPEDSデータベースより筆者作成。

2002年から2007年までの5年間の消費者物価指数は15.2％増加したが、教員給与の上昇でこの比率を上回ったカレッジが8カレッジ、ほぼ同じであったカレッジが4カレッジ、下回ったカレッジが8カレッジであった。20カレッジの平均で5年間の上昇率は14.2％であり、消費者物価上昇率（15.2％）をわずかに下回る水準である。基本財産が好調な伸びを見せた時期にもかかわらず教員給与に手厚く振り向けたというレベルとは言えない。Dグループ、Eグループにおいても消費者物価上昇率とほぼ同じかやや下回る上昇に留まった。

この結果、2007年時点における学生1人当り基本財産を横軸にとり、教員給与を縦軸にとった散布図（**図5-4**）で見ても、D2のグリネル・カレッジを除いて学生1人当り基本財産が高い大学ほど教員給与が高くなる傾向が緩やかに見られるものの、突出して高いカレッジは見られない。グリネル・カレッジは大学独自奨学金を充実させる戦略を採用しており、教員給与は学生1人当り基本財産が第2位であるにもかかわらず相対的に低く抑えられている。

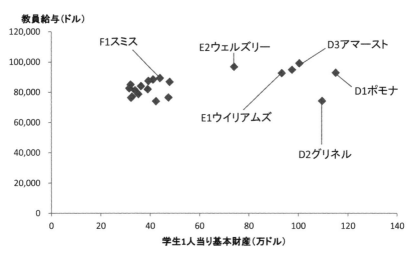

図5-4　学生1人当り基本財産と教員給与（2007）

出典：IPEDSデータベースより筆者作成。

2 教員数

2002年から2007年までに教員数は、どのように変化したのであろうか。20カレッジの平均教員数[19]は2002年の237名から2007年には251名と6％増加した（**表5-21**）。

5年間で教員数が増加したカレッジが15カレッジで、反対に減少したカレッジが5カレッジであった。最も学生1人当り基本財産が大きいポモナ・カレッジで教員数が減少しているが、Dグループのアマースト・カレッジとEグループのウイリアムズ・カレッジでは教員数がゆるやかに増加している。

表5-21　教員数の推移

	大学名	2002	2003	2004	2005	2006	2007	5年増減
D	ポモナ・カレッジ	224	160	161	161	165	172	-52
	グリネル・カレッジ	204	218	217	217	218	221	17
	アマースト・カレッジ	179	206	209	203	212	214	35
E	スワースモア・カレッジ	227	234	224	225	229	242	15
	ウイリアムズ・カレッジ	328	308	319	333	376	363	35
	ウェルズリー・カレッジ	307	316	315	327	325	325	18
F	ボードアン・カレッジ	208	211	216	219	217	222	14
	ハバフォード・カレッジ[20]	273	132	128	130	150	152	-121
	スミス・カレッジ	408	400	405	396	399	400	-8
	ブリンマー・カレッジ	249	233	260	251	260	260	11
	クレアモント・マッケナ	114	130	168	146	155	158	44
	ミドルベリー・カレッジ	280	252	307	316	297	290	10
	ハミルトン・カレッジ	226	235	237	219	232	240	14
	ヴァッサー・カレッジ	301	296	15	308	318	346	45
	マカレスター・カレッジ	232	225	217	232	232	220	-12
	カールトン・カレッジ	260	210	218	212	213	224	-36
	リード・カレッジ	132	147	128	143	146	154	22
	ワシントン・アンド・リー[21]	177	234	395	301	288	317	140
	コルビー・カレッジ	213	213	257	251	259	256	43
	ラファイエット・カレッジ	206	291	289	245	232	246	40
	20カレッジ全体平均	237	233	249	242	246	251	14

出典：各年IPEDSの教員数より筆者作成。

3　学生・教員比率

　学生と教員の比率は、どのように変化したのであろうか。20 カレッジの平均のフルタイム換算学生数は、2002 年の 1,787 名から 2007 年の 1,869 名へと 5%増加した。一方、20 カレッジの平均教員数は 2002 年の 237 名から 2007 年には 251 名と 6%増加した。学生・教員比率は、20 カレッジの平均で 2002 年に 7.8 であったが、2007 年には 7.6 へわずかながら低下した（**表 5-22**）。

表 5-22　学生・教員比率

	大学名	2002	2013	2004	2005	2006	2007	5 年増減
D	ポモナ・カレッジ	6.9	9.6	9.5	9.6	9.3	8.9	2.0
	グリネル・カレッジ	6.6	6.7	6.9	7.1	7.1	7.1	0.5
	アマースト・カレッジ	9.1	7.9	7.8	8.1	7.7	7.7	-1.4
E	スワースモア・カレッジ	6.4	6.3	6.7	6.5	6.4	6.1	-0.3
	ウイリアムズ・カレッジ	6.0	6.4	6.3	5.9	5.4	5.6	-0.4
	ウェルズリー・カレッジ	7.1	7.1	7.1	6.8	6.9	6.9	-0.3
F	ボードアン・カレッジ	7.8	7.7	7.6	7.6	7.7	7.8	0.0
	ハバフォード・カレッジ	4.1	8.3	9.1	8.7	7.7	7.5	3.4
	スミス・カレッジ	6.7	6.8	6.8	7.3	7.1	7.7	1.0
	ブリンマー・カレッジ	6.0	6.4	5.9	6.2	6.0	6.0	0.0
	クレアモント・マッケナ	9.0	7.8	6.2	7.2	7.3	7.3	-1.7
	ミドルベリー・カレッジ	8.2	9.1	7.7	7.4	8.0	8.2	0.0
	ハミルトン・カレッジ	7.5	7.3	7.5	8.0	7.8	7.5	0.0
	ヴァッサー・カレッジ	7.9	8.2	7.7	7.9	7.4	6.9	-1.0
	マカレスター・カレッジ	7.7	8.0	8.5	8.0	7.9	8.7	1.0
	カールトン・カレッジ	7.4	11.6	8.8	9.1	8.5	8.7	1.3
	リード・カレッジ	10.5	9.1	10.1	9.1	8.9	9.1	-1.4
	ワシントン・アンド・リー	12.0	9.1	5.4	7.2	7.6	6.8	-5.2
	コルビー・カレッジ	8.5	8.6	6.9	7.3	7.2	7.3	-1.2
	ラファイエット・カレッジ	10.8	7.7	7.8	9.2	9.8	9.5	-1.3
	20 カレッジ全体平均	7.8	8.0	7.5	7.7	7.6	7.6	-0.2

出典：各年 NACUBO Endowment Study の FTE 学生数、IPEDS の教員数より筆者作成

リベラルアーツ・カレッジの理念の要の一つである学生と教員の密な接触を支える学生・教員比率は、改善（数字が減少）したカレッジが10カレッジ、変化なしが4カレッジ、悪化（数字が増加）したカレッジが6カレッジであった。増加した6カレッジを含めて20カレッジでは、良好な水準が維持されたといえる。Eグループの3カレッジが特に良好な低い水準を誇っている。

事例6カレッジの中では、D3のアマースト、E1のウイリアムズ、E2のウェルズリーの3カレッジで改善した。これらの3カレッジでは学生数の増加を3％増未満に抑える一方で、教員数をそれ以上に増員することによって学生・教員比率を改善した。

第5節　小括

第5章では、アメリカ高等教育の伝統的特色の一つであるリベラルアーツ・カレッジを対象に、基本財産をめぐるガバナンス、基本財産と奨学金、基本財産と教員給与について分析し、その特色を明らかにした。

基本財産のガバナンスについては、研究大学を対象とした第2章と同様に、基本財産のミッション、寄付者による使途制限と実際の支出領域、基本財産の使用をめぐるルール、基本財産の投資方針について分析を行った。リベラルアーツ・カレッジの基本財産のミッションは、大学全体のミッションを財政的にサポートすることである。この点は、基本的に研究大学と同様である。しかし、大学全体のミッションを反映して、教育のミッションを財政的にサポートすることが強調されている。すなわち研究大学の場合と比較すると教育の質にミッションの力点が置かれている。寄付者による使途制限については、歴史の古いリベラルアーツ・カレッジほど使途制限が付されている割合が高く、比較的歴史が新しいカレッジでは、使途制限の付されていない自由な基本財産の割合が高くなる傾向が見られた。基本財産からの支出領域は、学生奨学金、教授職、ファカルティーの報酬、図書館、博物館などの関連施設・設備等、学士課程教育の多方面に渡っている。基本財産の使用を

めぐるルールでは、研究大学と比較して安定要素を市場要素よりも重視する傾向となった。リベラルアーツ・カレッジは総じて研究大学と比較して規模が小さく伝統的に安定志向が強いことの反映と考えられる。しかし基本財産の投資方針では、研究大学の場合と同様に、リベラルアーツ・カレッジも非伝統的でハイリスク・ハイリターンの投資対象にかなりの構成比で投資している。短期的には管理すべきリスクが大きいことは否めないが、基本財産を長期的に成長させていく大きなエンジンの一つとなっている。

　基本財産の高い成長を反映して、大学独自奨学金の平均受給額は、20カレッジ全体平均で2002年に16,957ドルであったが、2007年には23,988ドルへ41％、7,031ドル増加した。5年間の消費者物価上昇率は、15.2％であり、これを考慮してもすべてのカレッジで大幅な大学独自奨学金の増額があったといえる。事例6カレッジの中では、E1のウイリアムズ、D3のアマーストの両カレッジが高い水準の大学独自奨学金を提供し、D2のグリネル・カレッジが幅広い学生に大学独自奨学金を提供した。5年間の定価授業料の値上げ額と大学独自奨学金の増加額を比較すると、D1のポモナ、D3のアマースト、E1のウイリアムズ、E2のウェルズリーの4カレッジでは、定価授業料の値上げ額を大学独自奨学金の増加額でほぼ吸収できる水準である。学生1人当り基本財産の潤沢な水準を背景として大学独自奨学金を充実させることによって、定価授業料の大幅な値上げが実施されてきたということができる。

　教員給与については、20カレッジの平均で5年間の上昇率は14.2％であり、消費者物価上昇率(15.2％)をわずかに下回る水準である。基本財産が好調な伸びを見せた時期にもかかわらず教員給与に手厚く振り向けたというレベルとは言えない。この点は、研究大学の場合と明らかに異なる。基本財産の増加に伴う潤沢な資金は、教員給与のアップにも最低限のレベルで注ぎ込まれたが、むしろ教員数の増加を確保することによって、学生・教員比率を改善することに注ぎ込まれた。この点は少人数による質の高い学士課程教育を目指すリベラルアーツ・カレッジの特色ということができる。

リベラルアーツ・カレッジの基本財産が、研究大学と異なる面、共通している面の観点から今回の分析結果を整理する。研究大学と異なる面の第一点は、基本財産のミッションが大学全体のミッションを反映し、教育のミッションを財政的にサポートすることに力点が置かれている点である。大学院教育は規模が小さく、学士課程教育に力点が置かれているリベラルアーツ・カレッジとして当然の結果であり、基本財産の支出領域でも図書館、博物館などの学修関連施設・設備等、学士課程教育の多方面に渡っている。研究大学と異なる面の第二点は、基本財産の使用をめぐるルールにおいて、市場要素よりも安定要素を重視する傾向にあることである。リベラルアーツ・カレッジは総じて研究大学と比較として基本財産の規模も小さく伝統的に安定志向が強いことの反映と考えられる。研究大学と異なる面の第三点は、教員給与について、20カレッジの平均での5年間の上昇率は14.2％であり、消費者物価上昇率（15.2％）をわずかに下回る水準であることである。基本財産が好調な伸びを見せた時期にもかかわらず教員給与に手厚く振り向けたというレベルとは言えない。基本財産の増加に伴う潤沢な資金は、教員給与のアップにも最低限のレベルでは注ぎ込まれたが、むしろ教員数の増加を確保することによって、学生・教員比率を改善することに注ぎ込まれた。この点は少人数で質の高い学士課程教育を目指すリベラルアーツ・カレッジの特色ということができる。

　リベラルアーツ・カレッジの基本財産が、研究大学と共通してこの時期に見せた特色は以下の通りである。第一点は基本財産の投資方針で、非伝統的でハイリスク・ハイリターンの代替投資にかなりの構成比で配分したことである。短期的に管理すべきリスクが大きいことは否めないが、基本財産を長期的に成長させていく大きなエンジンの一つになっている。第二点は定価授業料を高い率で値上げすると同時に大学独自奨学金を増額した点である。学生1人当りの基本財産が非常に豊かなDグループの2大学とEグループの2大学では、定価授業料の値上げ額を大学独自奨学金の増加額でほぼ吸収できる水準である。学生1人当り基本財産の潤沢な水準を背景として大学独

自奨学金を充実させることによって、定価授業料の大幅な値上げが実施されてきた。研究大学と共通する以上の2点については、この時期のアメリカの私立大学において選抜性の高い大学にほぼ共通の特色として指摘することができる。

注
1　広辞苑では、リベラルアーツは①自由学芸に同じとあり、②としてこの説明がある。
2　Ben-David (1977) によれば、1950年代と1960年代に大きな変化があり、学士課程を特定の専門的職業に進むための準備であるとする学生や、特定の職業を進路として選択するための期間であると考える学生の数が圧倒的に多くなった（Ben-David, 1977, p.87）。しかしその後もリベラルアーツ・カレッジは生き残りの努力を続け、2000年のカーネギー分類では、学士課程授与大学の中の213大学がリベラルアーツ型として分類されている。日本においても、小方 (2011) が論じている様に、大学から社会へ如何なる人材を育成しどのように知を還元するかが、新しい時代の大学の在り方をめぐる重要な課題となっている。
3　この教育理念のすぐれた検討を Oakley が *Community of Learning* で行っている。
4　この引用部分は、1989年に出された翻訳書も参考にしているが、原書 (Bok, 1986, 54-55) を現在の視点からあらためて翻訳したものである。
5　アメリカの高等教育機関におけるラーニングアウトカムに関する最近の動向については、福留 (2009) 等に見ることができる。また多様化する学生やそのエンゲージメント（学生の積極的参画）という観点からも Harper and Quaye (2009) 等の多くの研究がある。
6　エートスの英語文は ethos である。この文脈では「理念と行動に裏打ちされた気風、精神」というようなニュアンスであろう。
7　Fグループを1大学としたのは、資料の入手可能性からである。リベラルアーツ・カレッジは学生数が少なく、学生1人当りでの基本財産額は大きいが、Fグループは、基本財産の時価総額では必ずしも大きくはない。基本財産についての公表資料は一般に多くない。
8　基本財産からのトップ10支出領域として、4分野にまとめて回答されており、また百分比（%）は開示されていない。
9　基本財産からの支出領域として5分野が回答されており、トップ10という形では回答されていない。
10　高等教育機関の諸活動を前提として物価の動向を指数化した物価指標。Research Association of Washington, D.C. が公表している
11　寄付のうち、年度を越えて資本的に使用される目的の寄付。
12　投資をめぐる市場環境が芳しくないときの、保険的な急減防止機能を意味する。
13　ウイリアムズ・カレッジは *NACUBO Endowment Study 2007* の数字を用いている。他のカレッジは各カレッジが2008年2月に開示した資料に基づいているが、ウイリ

アムズ・カレッジは 2008 年 2 月資料では、絶対額を開示していないため。なお、他のカレッジの時価は、*NACUBO Endowment Study 2007* の数値と同じであることを確認済み。

14　ウェルズリー・カレッジの 2008 年 2 月回答資料では、債券への投資配分は 1998 年から 2004 年までは 20％以上の構成比を維持しているが、2005 年以降、19％、15％、13％と徐々に低下している。

15　同上資料では、代替投資への投資配分は、1988 年から 2004 年までは 25％未満の構成比で推移しているが、2005 年以降に 26％、30％、35％と増加している。

16　米国労働省（労働統計局）消費者物価指数の全都市消費者全項目による。各年の変化は $1.023 \times 1.027 \times 1.034 \times 1.032 \times 1.028 = 1.152$ である。

17　2006 年 5 月 12 日付 The Chronicle of Higher Education に掲載された At Smith College, a Mission to Serve the Underserved と題する記事による。

18　ファカルティのステータスを持つ教員（教授、准教授、助教授、講師）の平均給与。IPEDS は、2001 年以前ではテニュアを持つ教員と定義していたが、2002 年以降はテニュアを持たないファカルティを含む。また IPEDS も 9 か月換算給与のため、12 か月年俸と比較する場合は注意を要する。

19　ファカルティのステータスを持つ教員数をフルタイムに換算した数値。

20　IPEDS に報告した教員数が、2002 年から 2003 年に急減している。このため ST 比が急減している。報告教員数が急増した背景は不詳。

21　IPEDS に報告した教員数が、2002 年 177 名、2003 年 234 名、2004 年 395 名と急増している。このため ST 比が急減している。報告教員数が急増した背景は不詳。

終章　結論と課題

　本書の第Ⅰ部、第Ⅱ部、第Ⅲ部では、アメリカの大学の基本財産についてその発展の歴史をさかのぼり、21世紀の初頭（2002年から2007年）における基本財産の豊かな大学群について、基本財産のガバナンス、奨学金、教員給与の観点から詳細な事例分析を行った。

　終章では、アメリカでそれらの大学群が生じてきた歴史をまとめ（第1節）、基本財産の豊かな研究大学において、共通して何が明らかとなったかを、基本財産のガバナンス、基本財産と奨学金、基本財産と教員給与の順にまとめる（第2節）。その豊かな大学群の中においてもポジションの違いから生ずる8事例大学の奨学金戦略の違いは何か、教員給与戦略の違いは何かについて述べる（第3節）。更にリベラルアーツ・カレッジにおける基本財産について、研究大学と何が共通で何が異なるのかを中心に総括する（第4節）。最後に全体のまとめと残された課題について述べる（第5節）。

第1節　基本財産の歴史

　21世紀初頭のアメリカで、基本財産が非常に豊かな一群の大学が生じたのはなぜであろうか。本書の第1章で詳しく論じた基本財産の歴史を、この問いに対する一つの回答としてまとめる。

　アメリカで最も長い歴史を持つハーバード大学は、1636年設立である。1776年のアメリカ独立戦争以前に設立された自治植民地カレッジは、各植民地地域内では独占的権限を通常与えられており、公共的性格を色濃く有していた。他方でこれらのカレッジは、設立の早い時期から教会の他に、個人

や私的ファミリーを寄付者として持ち、基本財産を有していた。この面では私的な契約に基礎を置く団体としての性格、言い換えればアメリカの私立大学の原型としての性格を基本的に有していた。

　アメリカの独立から10年余を経た1789年に合衆国憲法が制定されたが、アメリカにおける私立大学の基本財産の法的側面の守護を確立したのは、1819年のダートマス判決であった。この判決によって、私的な基本財産が公的な目的の高等教育機関においても法的に保護され、蓄積されることが可能になった。アメリカの大学の基本財産が独自に発展していく出発点であるといえる。

　19世紀前半のアメリカのカレッジが有していた基本財産は、それぞれの大学が生き延びていくための財源として中心的な役割を担っていた。基本財産の使途は、学生への奨学金を始めとしてほぼすべての分野にわたり、カレッジが安定した財政均衡を見出すまでの不安定な期間については、全体の赤字を補填することを含むあらゆる使途であった。1862年のモリル法は、大学の基本財産の形成に土地を用いた連邦政府による高等教育政策であった。この土地を原資とした基本財産は、19世紀後半のアメリカの大学における財政の安定に大きな貢献をした。アメリカの大学は新しい科学と工業技術、農業技術の発展をユニバーシティーという新しい概念の中に包摂し、国民の経済生活との結びつきを持つ存在として新しい歩みを始めることとなった。

　19世紀を通じて基本財産の社会的意義は、その地域あるいはコミュニティーにおいてカレッジを設立し、生き延びさせていくための主要なリソースであり、守護していくための仕組みであった。またカレッジへの寄付者に対して安心感を与える仕組みであった。

　20世紀前半には、アメリカの大学は更に大きな発展の時期を迎える。1920年までの50年間にアメリカの国民総生産は6倍以上に成長した。交通運輸、通信、製造業の革新が大きな経済の全体的拡大を引き起こした結果であった。ドイツと並んで世界をリードする人材を集めるようになったアメ

リカの研究大学は、3つの新しいグループから寄付を仰ぐことができるようになった。第一はロックフェラーやカーネギーを始めとする財団、第二はこの時代に巨大な富を蓄えた個人の篤志家、第三はそれぞれの大学を母校とする卒業生の3つのグループである。主要な研究大学を中心に基本財産も大きな発展期を迎えた。さまざまな種類の慈善寄付の数と規模の驚異的拡大、財団等による高等教育支援活動の拡大と並んで、20世紀前半の研究大学の基本財産に大きなインパクトを与えた特色は、ハーバード大学、イェール大学、シカゴ大学、コロンビア大学などの主要大学内部での基本財産の蓄積であった。慈善寄付の規模が大規模で活発になるに従って、受け入れる側の大学からは、これを長期的に蓄積していくことのメリットが次第に認識されるようになった。

20世紀前半における基本財産の意義は、トップクラスの研究大学にとっては、基本財産を長期的に蓄積していくことによって大学の威信を高め、優秀な教授、優秀な学生を獲得することを通じて研究・教育の両面で質の向上を達成することであった。

第2次世界大戦を経て、20世紀後半にはアメリカの高等教育が本格的な大衆化の時代を迎えた。戦後生まれの世代が大学に進学した1960年代に、研究大学の基本財産の新しい展開が始まった。投資の多様化と値上がり益の使用の両方が法的に自由化され、新しい投資の考え方が1972年までにかなりの大学で採用され、それを規制する枠組みが1972年に導入された。新しい枠組みとしてのUniform Management of Institutional Fund Act（UMIFA）である。

この新しいUMIFAのルールの下でアメリカの大学の基本財産の新しい成長が開始された。1977年から2007年までの30年間について、ニューイングランド地区の90校のスタディを行った。30年間を通して見ると、不況下のインフレーション（スタグフレーション）の影響が残った1982年までは消費者物価上層率を基本財産の伸びが上回れない類型もあったが、1982年から2007年までの25年間については、すべての類型で基本財産の伸びが消費

者物価の上昇を上回った。また大規模私立大学や全国的リベラルアーツなどの基本財産の規模の大きい大学が、基本財産の成長率で常にその他の類型を上回っているわけではない。この UMIFA のルール下での 1982 年代以降 25 年間継続した良好なマクロ経済環境と大学の果敢な投資方針こそが、21 世紀初頭のアメリカの大学で、基本財産の非常に豊かな大学群が生じた背景である。様々な寄付キャンペーン等の努力と並んで、基本財産の使用をめぐるルールに基づく自制もまた基本財産の巨大な蓄積の形成に貢献した。

　しかし、基本財産は、均等に分布しているわけではない。学生 1 人当りで見た基本財産の分布の特色を 3 点挙げる。第一に公立大学よりも私立大学に厚く分布する点である。第二にカーネギー分類 (2000 年分類基準) では学士号授与大学に最も厚く分布し、次いで博士号授与大学に豊かに分布することである。修士号授与大学とコミュニティ・カレッジは相対的に少額である。第三に一部の私立の研究大学と学士号授与大学 (リベラルアーツ型) では、学生 1 人当りの基本財産が 40 万ドル以上に達するほどの豊かな大学群が存在し始めていることである。2007 年時点で、学生 1 人当り基本財産が 100 万ドル以上の大学が 7 大学に達し、また同じく 40 万ドル以上 100 万ドル未満の大学が 23 大学存在している。これらの 30 大学はすべて私立大学である。これらの学生 1 人当りの基本財産が豊かな大学群は、毎年の新しい寄付による収入とは別に、厚い蓄積を形成する基本財産を投資することから得られる収入から大きなフロー収入を得ることができる。

　2000 年代にアメリカの私立大学で拡大した基本財産は、授業料が高額化し、奨学金が高額化多様化し、教員給与がインフレを上回る競争力の維持を求められる中で、どのようにガバナンスされ、いかなる運用がなされてきたのだろうか。これらの大学はアメリカの大学の一部ではあるが、アメリカの大学の基本財産が新しい教育へのインパクトを持ち始めている最先端の一つの動きとして捉えることができる。

第2節　研究大学における基本財産

　アメリカの最も伝統のある研究大学の集まりであるアメリカ大学協会AAU (Association of American Universities) には、2014年10現在で59の加盟校がある。このうち25校が私立大学で34校が公立大学である。AAU加盟の私立の研究大学である25校を学生1人当り基本財産額で3グループに分類した。このうちAグループから3大学、Bグループから3大学、Cグループから2大学の合計8大学を事例として取り上げ、基本財産のガバナンスを分析した。ガバナンスを踏まえて使途と成果を分析した基本財産と奨学金、基本財産と教員給与でも同じ8大学を事例として取り上げ考察を行った。

1　豊かな大学群における基本財産のガバナンス

　第2章では、アメリカの大学における基本財産のガバナンスについて、基本財産のミッション、寄付者による使途制限と実際の支出領域、基本財産の使用をめぐるルール、基本財産の投資方針を具体的に最新のデータで明らかにした。

　基本財産のミッションは、大学全体のミッションを財政的にサポートすることであり、各大学が重点を置く分野も必ずしも一様ではない。しかし、基本財産のミッションについて共通している点を3点挙げることができる。大学全体の教育と研究を中心としたミッションを財政的にサポートすること、学生の経済的負担を和らげる大学独自の奨学金を供与すること、これらのサポートを現在だけでなく遠い将来にわたっても提供することを展望し、現在と将来のバランスを保つことである。研究大学の事例8大学のすべてで、「現在と将来のニードをバランスさせる長期の使用をめぐるルールを持つこと」と「高いリターンをもたらす確かな投資枠組みを構築すること」の二つがとりわけ重要であった。

　寄付者による使途制限と実際の支出領域では、寄付者からの使途指定が付されている比率は、8事例大学で55％から90％に分布していることが明らかとなった。設立からの歴史が長い大学ほど使途制限付与比率の高い傾向が

見られる。基本財産からの支出領域は、各大学でまちまちである。学生奨学金のための支出と並んで、教育・研究サポート、教授職（Faculty Chair）、ファカルティの報酬等が、使途として多く指定されている。図書館、博物館などの関連施設・設備のメンテナンスも含めて多岐に渡っている。

基本財産の使用をめぐるルールをアメリカ全体の流れの中で捉えると、「基本財産の時価総額の固定割合使用型」が、ますます主流になる傾向にある。これは21世紀に入って基本財産の時価ベースの成長が加速すると同時に時価総額の変動が激しくなり、使用をめぐるルールに基本財産の時価総額の要素も組み込まざるを得なくなりつつあるためと考えられる。しかし8事例大学の中で見るとAグループの3大学は、こうした環境変化の中にあっても独自のルールを貫いている。Aグループの3大学は基本財産の蓄積が厚く、市場の急激な下落等に伴う時価総額の変動を吸収するバッファーとして蓄積が機能しているためと考えられる。8大学の中で基本財産の使用をめぐるルールを変更したのは、BグループのMIT、Cグループのペンシルバニア大学、コーネル大学の3大学であった。MITとコーネル大学は基本財産の時価総額の要素を取り入れる方向での変更であり、ペンシルベニア大学は逆に前年度使用実績額の要素を大幅に増やす方向での変更であった。

基本財産の投資方針では、新しい投資対象である「代替投資」が大幅に増加したことが8大学に共通した特色であった。代替投資とは、ヘッジファンド、未公開株式、ベンチャーキャピタル、天然資源他を含む新しい投資対象の総称である。毎年600を超える大学が回答している *NACUBO Endowment Study* の回答大学の平均では、2002年には654大学の平均で「代替投資」への投資配分は7.5％であった。これに比較すると事例8大学は「代替投資」に非常に高い比重で投資を振り向けたことが明らかとなった。2007年では778大学の平均で15.4％であるのに対して、プリンストン大学47％、イェール大学42％、ハーバード大学46％、スタンフォード大学37％、MIT49％、シカゴ大学47％、ペンシルバニア大学23％、コーネル大学40％で、ばらつきはあるもののいずれの大学も極めて高い割合であった。Aグループの3大

学とBグループのシカゴ大学が代替投資の割合増加で先行し、2002年時点で既に40％前後の割合で代替投資に配分していた。BグループのMIT、Cグループのペンシルバニア大学とコーネル大学が2002年から2007年の5年間に代替投資を1.5倍以上に急激に増加させた。2002年以前の段階では、相対的に代替投資に慎重であったこれらの3大学は、使用をめぐるルールを変更した3大学と一致する。

　これらの代替投資は、金融市場等の外部環境による影響も大きく短期的には管理すべきリスクが大きいことは否めないが、研究大学の教育・研究を更に充実させ、基本財産そのものの額も増加させていきたいという大学側の投資方針として重要である。基本財産を長期的に成長させていく大きなエンジンの一つとなっているといってよいであろう。なお、寄付による基本財産の増加はこれらの主要大学においても引き続き重要なターゲットであるが、基本財産の投資政策全体の中での時価総額の増加に占める位置は、相対的には小さくなる傾向にある。

　こうしたアメリカの大学における基本財産の蓄積の厚さとガバナンスの確かな枠組みは、アメリカの私立大学の基本財産をめぐる数百年にわたる大学自身の持続的努力とこれをサポートする歴代の寄付者によってもたらされたものであり、現在から未来に向かって受け継がれるアメリカ独特の仕組みである。Aグループの3大学は、現在と将来のニーズをバランスさせる使用をめぐるルールをそれぞれに一貫して保持し、自律的制御を志向しつつ、高いリターンをもたらす投資枠組みを構築し、リスクに果敢に挑戦してきたということができる。これに対してCグループの2大学は、使用をめぐるルールでそれぞれの事情に合わせた変更を行い、高いリターンをもたらす投資枠組みもAグループに遅れて構築した。こうしたグループの特色が出る背景には、Aグループの基本財産の蓄積の厚さがあると考えられる。

2　豊かな大学群における基本財産と奨学金

　第3章では、基本財産と奨学金について論じた。まずアメリカの大学の学費援助について概要を俯瞰的に明らかにした。「返還の必要のない給付」と

「連邦保証ローン」と「キャンパスでの学生の活動を前提とした学生支援プログラム」の三つから成る奨学金の基本構造が、1965年に連邦政府によって決定された。これがその後のアメリカの大学における奨学金政策の実質的なスタートとなる。1972年の教育修正法ではペル奨学金（Pell Grant）が創設され、連邦高等教育政策は低所得層学生への給付を中心とした奨学金政策へと転換した。その6年後の1978年には中間所得層学生援助法が制定され、ペル給付奨学金の選定基準が緩和されるとともに、連邦ローン受給条件の所得制限が撤廃され、中間所得学生もプログラムを利用することが可能となった。

一方、1980年代の半ば以降には私立大学の教育・研究コストが高騰を始め、授業料の値上げが毎年のように行われるようになる。連邦政府の給付型奨学金や連邦政府保証による貸与型の奨学金が、大学授業料値上げの環境を整え、結果として大学の高授業料政策を助けているという点も指摘された[1]。1990年代から2000年代にかけては、高授業料・高奨学金政策が多くの私立大学の行動となり、大学独自の奨学金においても給付型と貸与型が併存することとなった。どのような能力的・社会的・経済的背景を持つ学生の獲得を目指し、各志願者の経済的必要性をどのように個々に評価し、どのような奨学金パッケージを提示するのかという学生募集戦略と奨学金戦略が、私立大学の毎年の決定事項としてますます重要性を増すようになった。

アメリカの選抜性の高い私立大学は、事実上すべての大学が「ニードブラインド入試」と呼ばれる方式の入試を採用した。これは、学生の経済的状況を考慮の基準に入れないで、学生を選抜し入学させる方針の入試である。学生と家族の経済的背景の情報に対して、入学者選抜を担当する部署がアクセスできないような制度的ファイアーウォールを設けることによって、経済的な機会均等の面での社会的公正を確保しようとする入試制度である。こうしてアメリカの大学の奨学金では、基本財産の豊かな私立大学に焦点を当てて見れば、大学独自奨学金が、優秀な学生を獲得する上での大きな役割を占めるようになってきた。

8事例大学の分析では、基本財産と大学独自資金が最もダイナミックに変

化した2002年から2007年に焦点を当て、各大学の大学独自奨学金の方針を機関レベルで明らかにした。更に各大学の年次財務報告書から入手できるデータの分析を通じて、成長する基本財産からの収入が大学独自奨学金の大きな原資となり、高授業料・高奨学金政策にいかに影響を与えたかを検証した。

本書では、事例8大学の年次財務報告書を分析することにより、2002年から2007年における基本財産からの配分収入を明らかにし、基本財産の配分収入の20％相当額が、大学独自奨学金の実績額を賄いえた比率を分析した。基本財産の配分収入の20％相当額で大学独自奨学金が賄いえた比率を以下に示す（**図終-1**　図3-11再掲）。

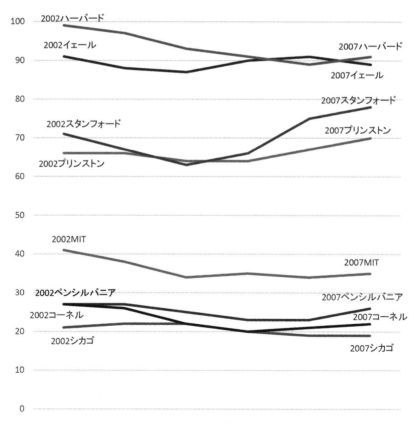

**図終-1　仮に固定した基本財産からの配分収入の
20％相当額で大学独自奨学金が賄いえた比率**（％）

出典：各大学各年財務報告書より算出

仮に20%で固定した理由は、基本財産から大学独自奨学金に使用された2007年度の実績が第2章で示されており、プリンストン大学27%、イェール大学23%、ハーバード大学22%、スタンフォード大学28%、MIT21%、シカゴ大学14%、ペンシルバニア大学19%、コーネル大学23%であるが、毎年変動する比率であり、必ずしも公表されていない数値であるため、仮に固定するとすれば20%が適切と考えられるためである。

イェール大学とハーバード大学では、基本財産からの配分収入の20%相当額で、大学独自奨学金の約90%前後を賄えている。この2大学は、基本財産からの配分収入だけでほぼ大学独自奨学金の財源をカバーすることが可能である。プリンストン大学とスタンフォード大学は、60%台から70%台となっている。これら2大学も基本財産からの支出の実際の比率は20%よりかなり高いので基本財産からの配分収入だけでほぼ大学独自奨学金の財源を賄うことができる。これに対してMIT、シカゴ大学、ペンシルバニア大学、コーネル大学では、20%台から30%台にとどまっており、基本財産からの配分収入に加えて純授業料収入やその他の収入を、大学独自奨学金の財源に用いなければならない厳しい水準となっている。

基本財産の配分収入からの財源拠出で足りない部分は、純授業料収入とそ

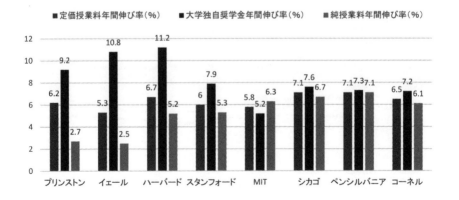

図終-2 定価授業料[2]、大学独自給付奨学金、純授業料伸び率 2002年〜2007年

出典：各大学各年財務報告書より作成。

の他の収入から工面されているものと考えられるが、収入と支出がすべて紐つけされて管理されているわけではないので通常は開示されていない。しかし総じて基本財産の豊かなグループほど大学独自奨学金の財源の面で安定度が高いということができる。各大学の大学独自奨学金を財務の面から見れば、豊かな学生1人当り基本財産は、大学独自奨学金を高い伸び率で拡充することを可能にする。

　2002年から2007年までの期間において、各大学によって授業料から控除される大学独自奨学金の年平均伸び率は、5.2％から11.2％までに分布し、大学によって伸び率にかなりの開きが見られた。特にハーバード大学（11.2％）、イェール大学（10.8％）、プリンストン大学（9.2％）で高い伸び率を記録している。この結果、この期間の定価授業料の年間伸び率は、5.3％から7.1％にまで分布していたにもかかわらず、大学独自奨学金を控除した後の値引き後の純授業料の年平均伸び率は、イェール大学（2.5％）とプリンストン大学（2.7％）で特に低い伸び率に抑えられている（**図終-2**）。

3　豊かな大学群における基本財産と教員給与

　第4章では、高品質の教育と研究を現在において実現し、将来に向けて確保、向上させていくための基盤となる教員の集団（ファカルティ）に焦点を当てた。ファカルティの給与は、特に私立大学においては、その大学の教育・研究水準や学問分野における大学の威信を反映すると考えられる。

　まずアメリカの大学におけるファカルティの地位と処遇の歴史を俯瞰的に明らかにした。Boyer（1990）は、3つの革命的なフェーズの変遷を経て、ファカルティの意味する内容が次第に洗練され、現代の共通認識に至ったとしている。第一のフェーズは、1636年のハーバード大学の創設から19世紀の前半までである。教職者や市民の人格形成に焦点が当てられていた。第二のフェーズは、南北戦争の終了と1862年のモリル法によって勢いを増した農業や工業の実業的な技能訓練とリベラルアーツ教育の時代である。第三のフェーズは、現代の研究大学へと発展するドイツ型の教授団の概念を導入し

た後の時代である。この第三のフェーズは、第二次大戦後に新たな拡大発展を見せ、1960年代半ば以降の本格的な高等教育の大衆化において更に洗練された。以上の記述に見られる通り、アメリカの高等教育におけるファカルティの地位は3つのフェーズを経て次第に洗練された。しかしその処遇面の中心である教員給与は、必ずしも恵まれた歴史を経てきたわけではない。むしろ高いインフレ率との戦いという側面を持っていた。

　AAUP(アメリカ大学教授協会)の年次報告をもとに、1972年から2002年までの30年間の教員給与の上昇率を消費者物価の上昇率と比較した。全体として見ると、約1,300の大学の平均で見た場合には、消費者物価上層率が高い場合には実質でマイナスとなる年度も見られ、また消費者物価上昇率が比較的落ち着いて推移している年度においても実質の教員給与の上昇率は多くの年度で1%前後である。

　事例8大学について見ると、2002年から2007年の期間について、学生1人当り基本財産が各大学とも大きく伸びたことを背景として、消費者物価上昇率(年率2.7%)を0.5%から2.4%上回る年率3.2%から5.1%という高いペースで教員給与を上昇させることができた。ランク別に見ると教授の伸び率が最も高いケースがほとんどで実質給与改善の恩恵を最も受けた。ハーバード大学、シカゴ大学、ペンシルバニア大学、コーネル大学でこの傾向が見られた。他方、スタンフォード大学やMITの様に理科系のファカルティの比率が高い大学では、教授、准教授、助教授のランク間の伸び率の差はほとんど見られない。これは自然科学分野では、優秀な若手研究者を確保する必要度がより高いためと考えられる。

　伝統的な横並びの給与水準における各大学のポジショニング戦略に、学生1人当り基本財産のストックとしての蓄積の厚さやフローとしての毎年の基本財産からの配分収入の伸び率の差が、新しい要素として加わりつつある。マサチューセッツ工科大学は、2001年から2003年にかけて基本財産の時価総額が3年連続して減少した。この基本財産の減少を受けて、2005年の予算編成を前にした2004年9月の教授会で、教育研究予算を1,000万ドル

削減するか、あるいは教員全員の給与を凍結するかの二者択一の選択肢が提示された。約1か月間の討議を経て2005年度の教員給与は一律に凍結するという厳しい意思決定がなされた。このケースでは、教育研究予算の削減よりも教員給与の凍結を選ぶという決断がなされた。

　Bグループの中位の水準は、基本財産の不振の影響をフロー面でCグループより受けやすく、半面Aグループほどの基本財産のストックの蓄積には至っていないために、教員給与に少なからぬ影響を与えた。大学として中長期的に教育・研究の質を改善していくためには、教員給与がベースであることを考えると、AグループやBグループの基本財産の豊かな大学が市場からのリスクと圧力に耐えて更に発展していく上でより広い可能性を秘めているということができる。

第3節　基本財産の豊かな研究大学（8事例大学）におけるポジションの違いと戦略の違い

　豊かな大学群の中においてもポジションの違いと戦略の違いが生ずる。8事例大学の奨学金戦略の違いは何か、教員給与戦略の違いは何かについて明らかとなったことを述べる。

　事例8大学について、横軸に学生1人当り基本財産をとり、縦軸に学生1人当り大学独自奨学金をとり、2002年から2007年のポジションの変化を示す（**図終-3**　図3-10再掲）。

　この図の各大学の矢印の左端に位置する起点が、2002年時点における各大学の学生1人当り大学独自奨学金の水準を示している。MITとプリンストン大学が15,000ドルを上回っている。続いてイェール大学、シカゴ大学、ハーバード大学、スタンフォード大学の順である。

　次にこの図の矢印の傾きに着目すると2つのグループに集約されることがわかる。Aグループの3大学は、傾きがほぼ45度で、学生1人当り基本財産も伸ばすと同時に学生1人当り大学独自奨学金を比例して増加させている。Bグループのうちのスタンフォード大学も、傾きが45度をやや下回っ

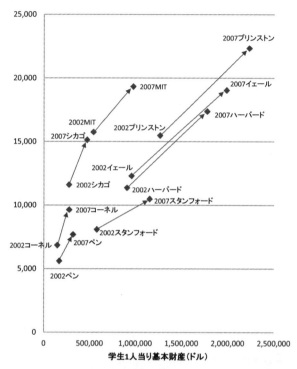

図終-3　学生1人当り基本財産と学生1人当り大学独自奨学金の8事例大学のポジションの変化（2002年〜2007年）

出典：各大学各年財務報告書と各年 NACUBO Endowment Study から作成

ており、額は小さいもののAグループと同様の傾向にある。他方、Bグループのシカゴ大学、Cグループのペンシルバニア大学、コーネル大学は、傾きが45度よりかなり険しく、学生1人当り基本財産の伸びと比較して、かなり頑張って、あるいは無理をして学生1人当り大学独自奨学金を増加させている。

更に矢印の長さに着目すると、Aグループの3大学が長く矢印が伸びているのと比較して、マサチューセッツ工科大学は、短い矢印に留まっている。

この結果、2007年時点においては、Bグループのマサチューセッツ工科

大学は、Aグループのプリンストン大学に学生1人当り大学独自奨学金額の1位の座を明け渡し大きな差をつけられる結果となった。また同じくAグループのイェール大学とハーバード大学に追い上げられる結果となった。

　2002年から2007年の期間についての事例8大学で見る大学独自奨学金戦略の分析の結果、学生1人当り基本財産が豊かな大学ほど大胆な思い切った戦略をとっていることが明らかとなった。学生1人当り基本財産が最も豊かなプリンストン大学だけが、ローンなしの政策を打ち出して定着させることに成功した点が最大の特色である。このNo-Loan policy（ローンを一切用いない大学独自奨学金政策）を採用するに至った背景として、Tilghman (2007) は次の3点を挙げている。第一に2000年に終了した250周年記念キャンペーンが成功裏に終わったこと、第二に1990年代の後半に基本財産が成長し規模が大きくなったこと、第三に卒業生による使途制限の付かない年次寄付の増加によってプリンストン大学の財務力が大幅に強化されたことである。この潤沢な財務資源に導かれて、理事と大学幹部は、その資源を資金不足で入学希望をあきらめる学生をなくすことに使用する責任があると考えるようになった。

　イェール大学、ハーバード大学、スタンフォード大学といった学生1人当り基本財産でプリンストン大学に次いで豊かな大学では、家族による貢献期待額を特定の所得階層について免除あるいは減額する政策を公表し、競争的に対応した。2005年にイェール大学は、両親の収入が45,000ドル未満の家族による貢献期待部分を免除した。また年収が60,000ドル未満である両親からの貢献期待額を大幅に減額した。イェール大学はまた、海外での夏季研修やインターンシップを経済的に支援する学士課程学生向け奨学金の提供を開始した。ハーバード大学も2004年に年収40,000ドル未満の家族による貢献期待額を減額した。2006年には、同様に年収60,000ドル未満の家計に対して、家族による貢献期待額として算定する金額を減額した。この2002年から2007年の時期、ハーバード大学は、大学独自奨学金を平均年率11.2%のピッチで増強した。これはプリンストン大学の9.2%やイェール大学の

10.8％を凌いで8大学の中で最も高い平均増加率である。スタンフォード大学では、家族の支払うべき金額を算定する方式において、連邦政府に連邦算定方式とは異なる独自の算定方式を用いている。スタンフォード大学方式では年収60,000ドル未満の家族の負担期待額を実質ゼロにしている。2002年から2007年の期間における大学独自奨学金の年平均伸び率は7.9％でAグループの3大学に次ぎ、8大学中で4番目に高い伸び率であった。トップ層の大学間で、奨学金パッケージによる将来性豊かな学生の獲得競争が激しくなり、財務資源に裏付けられた大学独自奨学金の重要度が増している。

一方、学生1人当り基本財産が相対的に小さい大学では、1994年の法律に基づく568学長グループの合同アプローチの範囲内での政策であったということができる。2002年から2007年の期間における大学独自奨学金の年平均伸び率は、Bグループのシカゴ大学が7.6％、Cグループのペンシルバニア大学が7.3％、同じくコーネル大学が7.2％であった。BグループのMITは、2002年時点では最も手厚い大学独自奨学金を供与していたが、年平均伸び率は5.2％にとどまり、8大学中で最も低い伸びであった。

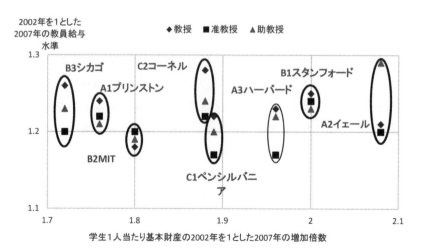

図終 -4　教員給与のランク別伸び率（2002年から2007年の5年間）
出典：*NACUBO Endowment Study 2002 ～ 2007*, *AAUP Faculty Salary Survey* 各年より作成。

2002年時点に既にトップグループの給与水準を誇るポジショニングにある大学は、長期的な固定費の増加となる教員給与の増加をできるだけ抑え、競争するピア・グループを主導しながら、競争上の優位なポジショニングを巧みに守る戦略をとると考えられる。中位のポジションにあると認識している大学は、上のポジションに加わろうと給与のアップを加速するか、あるいは中位のグループでの現状を維持しつつ人件費を抑制する方向に向かうかのいずれかの戦略をとるものと考えられる。ポジショニングで下位グループにあると認識している大学は、大きなピア・グループの一団から引き離されてしまわないように、無理をしてでもグループになんとか追いつこう追い縋ろうという戦略をとるものと考えられる。

2002年から2007年の教員給与のランク別伸び率は、次の通りであった（**図終-4** 図4-11再掲）。

この2002年から2007年の期間については、各大学の教員給与のポジショニング戦略では、Aグループが基本財産からの豊かな資金を活用して格差を広げているという状況にはない。むしろゾーンとして横並びの中で、グループから滑り落ちないように改善したり、ライバルとの相対的な差を微妙に変化させたりというレベルの水準差の増減ということができる。

スタート時点の2002年における教員給与水準が、教授で8位、准教授で7位、助教授で6位と芳しくなかったコーネル大学は、教授で5年間28％（年率5.1％）、助教授で24％（年率4.4％）と非常に高い増加率を実現し、ライバル大学を逆転あるいはその差の縮小を実現した。コーネル大学における教授の給与の増加率が、5年間で28％（年率5.1％）と著しく高くなった背景には、アイビーリーグ内の横並び意識が働いた結果であると推察される。学生1人当り基本財産の5年間の増加額と教授平均給与の5年間の増加額を、8大学中のアイビーリーグの5大学に絞ってみると、この横並びの傾向はより鮮明である（**図終-5** 図4-12再掲）。

伝統的に親しい仲間グループあるいはライバルと見なしているグループ間で相互に切磋琢磨しあいながらも、教員給与という大学の教育と研究の質を長期にわたって決定する基盤となる核心部分の競争において、ライバルに劣

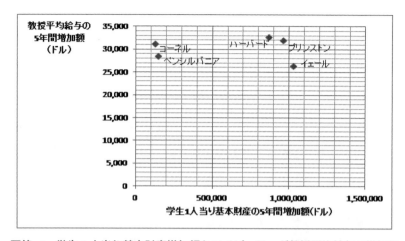

図終-5　学生1人当り基本財産増加額とアイビーリーグ教授平均給与の増加額

出典：図終-4に同じ。

後したくないという意識と、逆に単独で突出して秩序を乱したくはなく、また人件費の過大な上昇を招きたくないという各大学の高度な判断による横並び意識が働いたことが、全体としての横並びの維持をもたらしたと考えられる。

　実際にペンシルバニア大学では、この事例8大学にコロンビア大学、デューク大学、ダートマス大学、ブラウン大学を加えた12の大学の平均給与について、各ランク別に詳細な検討が毎年行われている[3]。

　またプリンストン大学では、各年度の大学の予算編成プロセスの中に学内資源配分の優先順位を決定する委員会が組み込まれており、その年の委員会の検討結果が学長への報告書にまとめられる。教員給与のライバル校との比較に加えて関係する労働市場での競争力を分析して給与増加の決定がなされる[4]。こうした長い歴史の中で培われてきた教員給与のピア・グループ内での横並び意識が、この5年間においても大きな要素として存在し続けているということができる。

　第3章の「学生1人当り基本財産と奨学金の関係」と第4章の「学生1人

当り基本財産と教員給与の関係」の相互関係について述べる。基本財産を潤沢に持っていることのプラスの作用は、今回の8事例大学で見る限りでは、大学独自奨学金の増強の方が教員給与の改善よりも強い。この理由は以下の通りである。

第一の理由は、アメリカの大学における高授業料・高奨学金の傾向と威信の高い大学間における優秀な学生の確保の競争がこの時期に特に激しかったためと考えられる。2001年秋にプリンストン大学は、すべての学生の経済支援から返済義務のあるローンを全廃した。これをきっかけとしてイェール大学やハーバード大学をはじめとする他の事例大学もこれに対抗するように大学独自奨学金を中心とする奨学金パッケージの改善、強化に乗り出した。

第2の理由は、アメリカの大学における年次教員給与改定決定プロセスに見られる横並び意識の強さである。長い歴史の中で培われてきた教員給与のピア・グループ内での横並び意識が、この5年間においても存在し続けているということができる。この5年間を通して見ると、学生1人当り基本財産が各大学とも大きく伸びたことを背景として、消費者物価上昇率（年率2.7％）を0.5％から2.4％上回る年率3.2％から5.1％という高いペースで教員給与を上昇させることができたことは既に述べたが、上記の横並び意識からこの水準以上に更に突出して教員給与を引き上げてライバル校との差を一気に広げようとする動きは見られなかった。この背景にはAグループの3大学を中心として、大学独自奨学金の増強に注力した時期であったことも影響していると考えられる。

第4節　リベラルアーツ・カレッジにおける基本財産

アメリカの高等教育の理想と伝統の型を受け継ぐリベラルアーツ・カレッジを対象に、基本財産をめぐるガバナンス、基本財産と奨学金、基本財産と教員給与について分析し、その特色を明らかにした。

基本財産の豊かなリベラルアーツ・カレッジ（6カレッジ）におけるポジションの違いと戦略の違いについては、開示されている資料の制約等から詳しく

分析できなかったが、リベラルアーツ・カレッジの理念の要の一つである学生と教員との密な接触を支える学生・教員比率（ST 比率）は、E グループの 3 カレッジで特に良好な低い水準が維持された。これら 3 カレッジは、いずれも基本財産が特に豊かな伝統校である。

　リベラルアーツ・カレッジの基本財産が、研究大学と共通している面、異なる面の観点から今回の分析結果を整理する。リベラルアーツ・カレッジの基本財産が、研究大学と共通してこの時期に見せた特色は以下の通りである。第一点は基本財産の投資方針で、非伝統的でハイリスク・ハイリターンの代替投資にかなりの構成比で配分したことである。短期的に管理すべきリスクが高いことは否めないが、基本財産を長期的に成長させていく大きなエンジンの一つになっている。第二点は定価授業料を高い率で値上げすると同時に大学独自奨学金を増額した点である。学生 1 人当りの基本財産が非常に豊かな D グループの 2 大学と E グループの 2 大学では、定価授業料の値上げ額を大学独自奨学金の増加額でほぼ吸収できる水準である。学生 1 人当り基本財産の潤沢な水準を背景として大学独自奨学金を充実させることによって、定価授業料の大幅な値上げが実施されてきた。研究大学と共通する以上の 2 点については、この時期のアメリカの私立大学においても選抜性の高い大学にほぼ共通の特色として指摘することができる。
　研究大学と異なる面の第一点は、基本財産のミッションが大学全体のミッションを反映し、教育のミッションを財政的にサポートすることに力点が置かれている点である。大学院教育は規模が小さく、学士課程教育に力点が置かれているリベラルアーツ・カレッジとして当然の結果であり、基本財産の支出領域でも図書館、博物館などの学修関連施設・設備等、学士課程教育の多方面に渡っている。研究大学と異なる面の第二点は、基本財産の使用をめぐるルールにおいて、市場要素よりも安定要素を重視する傾向にあることである。リベラルアーツ・カレッジは総じて研究大学と比較として基本財産の規模も小さく伝統的に安定志向が強いことの反映と考えられる。研究大学と異なる面の第三点は、教員給与について、20 カレッジの平均での 5 年間の

上昇率は14.2%であり、消費者物価上昇率（15.2%）をわずかに下回る水準であることである。基本財産が好調な伸びを見せた時期にもかかわらず教員給与に手厚く振り向けたというレベルとは言えない。基本財産の増加に伴う潤沢な資金は、教員給与のアップにも最低限のレベルでは注ぎ込まれたが、むしろ教員数の増加を確保することによって、学生・教員比率を改善することに注ぎ込まれた。この点は少人数で質の高い学士課程教育を目指すリベラルアーツ・カレッジの特色ということができる。

第5節　全体のまとめと残された課題

　基本財産の豊かな大学群の事例分析を総合し、研究大学とリベラルアーツ・カレッジの両方を俯瞰して、21世紀初頭におけるアメリカの大学の基本財産がもたらすものについてまとめる。

　1819年のダートマス判決以降、約200年の歳月と共に独自の発展を遂げてきたアメリカの大学の基本財産は、過去の大学への寄付と長年に渡る財務活動の集積を受け継ぐものである。私立大学の在り方は多様であるが、威信を高め、維持・向上していこうとする行動原理は共通している。そのためには、優秀な学生を集め、いい教育をする教員、優れた研究を行う教員を集める必要がある。これらの実現のためには基本財産は重要な役割を果たす。

　第一に、大学独自奨学金を充実させることができる。プリンストン大学を始めとする学生1人当り基本財産が豊かな大学では、連邦政府による奨学金に加えて大学独自奨学金を充実させることによって、国内外の優秀な学生を引き寄せることができる。また学士課程学生を海外派遣留学プログラムのための奨学金等も独自に充実させることができる。更に学生のローン債務を軽減することにより、学生の卒業後のローン債務返済の負担を軽くすることができる。

　第二に、教員の質を高い水準に維持・向上させることができる。教授を始めとするファカルティの質は、大学の教育・研究の質に決定的な重要性を持っている。一方、今回の研究大学の8校の事例で見る限りにおいては、大学

全体の平均給与レベルでは、ある秩序だった大きなゾーンの中での変化に留まっている。しかし、高い基本財産のレベルは、高い給与水準や充実した教員福利厚生を長期的にはもたらすことになり、世界から質の高い研究力を持つ研究者を呼び集めることができる。

第三に、学士課程教育において質の高い教育を行うことができる。リベラルアーツ教育の質を維持する根幹は、学生・教員比率と少人数教育であり、学生1人当り基本財産の高いレベルの維持は、学士課程教育のこういった面での長期的維持に不可欠である。また研究大学等の学士課程教育においても、情報テクノロジーを活用した新しい教育やアクティブラーニング等の新しい試みをすることが容易になる。図書館やキャンパス内の学生寮などの施設・設備面でも教育の質を高めるインフラを整えることができる。

今回のケーススタディの各大学は、基本財産の使用をめぐるルールを工夫することによって自律的制御を志向しつつ、高いリターンをもたらす投資枠組みを構築しリスクに果敢に挑戦してきた。大学独自奨学金戦略においては、基本財産からの収入を活用して大胆な大学独自奨学金改革が実施され、ポジションの違いと戦略の違いが明確となりつつある。教員給与戦略でも、伝統的な横並びの給与水準の中での各大学のポジショニング戦略に、学生1人当り基本財産のストックとしての蓄積の厚さや、フローとしての毎年の基本財産から得られる配分収入の伸び率の差が、新しい要素として加わりつつある。

今回の事例大学のケースでは、基本財産が大学独自の経営戦略に様々に活用されている姿が明らかとなった。基本財産をめぐる意思決定が、現在の大学の質と将来の価値に大きな影響を与えつつあるということができる。

最後に、本研究の限界、残された課題と分析の対象期間・方法などの今後の研究の方向性についてまとめておきたい。

本研究では、アメリカの大学の基本財産に関する歴史、ガバナンス、教育へのインパクトを明らかにすることを課題とした。基本財産の歴史については、植民地カレッジから始め、合衆国憲法の制定を経てダートマス判決に至

る法制度形成過程を論じた上で、時系列的に現代までの基本財産についてカバーすることができた。一方でガバナンスと教育へのインパクトについては、21世紀に入ってリーマンショックに至るまでの基本財産のピーク形成の時期に焦点を当て分析を行った。このため経済の好調な時期における基本財産のガバナンスと教育へのインパクトを分析することとなった。今回の結果の中には、経済動向にかかわらず当てはまる傾向も多く含まれるが、経済停滞期には違った要素が考慮されることも十分に考えられる。今後の課題は、2008年以降の経済停滞期における基本財産のガバナンスを具体的な事例を積み上げることでフォローすることである。

　また詳しく分析した対象は、基本財産の非常に豊かな大学群に焦点を当てた。基本財産のガバナンスや大学独自奨学金は、これら以外の多様な大学においても重要な課題である。特に大学が自由に決定できる資金を持った場合に、大学独自奨学金に使用するのかあるいは教員給与やその他の分野に戦略的に使用するのかという問題は、今後ますます重要度を増すと考えられる。アメリカの州立大学でも州からの予算が必ずしも大きな伸びを期待できないことが多く、多様な類型を対象とした研究は今後の課題である。

　本研究は、個々の日本の大学における基本財産の在り方を考える上での示唆となりうる可能性があると考える。

　第一に、アメリカの大学の基本財産が、大学の財務的資源の多様性をもたらす独自の仕組みとして発展を遂げた背景には、アメリカという国全体のレベルでの持続的経済的発展があった。この点では少子高齢化する21世紀前半の日本においては、私立大学セクターが、全体として同様の基本財産の蓄積を図ることは現実には多くは期待できない。

　しかしながら、比較的小さな学士課程教育に重点を置いた私立大学等では、財務的資源の多様性を図ることが重要であり、アメリカのリベラルアーツ・カレッジでの具体的な取り組みを参考とすることは十分に可能であると考えられる。また少子化でキャンパスの縮小をする場合には、土地を活用して基本財産とするアメリカの事例は参考となりうる。アメリカのリベラルアーツ・

カレッジの実践的な事例研究は今後の課題である。

　第二に、基本財産の投資方針の傾向として、ハイリスク・ハイリターンの投資対象に臆せずに挑戦していることをアメリカ的特色として挙げることができる。この点は、どの投資対象にどのようなリスクがありリターンがあるかという専門的な判断が欠かせない。また海外の投資対象をポートフォリオに組み込む際には、アメリカでは自国通貨のドルが国際決済通貨であるのに対して、日本の円から海外の外貨資産に投資する際には、為替リスクが介在することに注意が必要である。アメリカの大学にとって有利[5]で、日本の大学にとってはもともと不利なポイントである。この点に関しては、基本財産の守護や基金の投資ポートフォリオの担当者の資質についての日米比較などが研究課題である。

　第三に、大学独自奨学金を充実させるためには財務構造の変革と充実が重要である。寄付募集や資産運用等の財務戦略と連動した奨学金戦略の構築が今後の研究課題である。

注
1. レーガン政権の教育長官であったBennettが1987年2月18日付のニューヨークタイムズにOur Greedy Collegesというタイトルで連邦奨学金と授業料値上げの関係を指摘する寄稿をした。
2. ここに示す定価授業料の伸び率は、各大学の財務報告書での定価授業料収入の年平均伸び率を算出したものであり、学士課程と大学院を含む。また学生数の増減の要素も含む。序章の表序-5に示した学士課程学生向け公表定価授業料（ステッカープライスと呼ばれる）の年平均伸び率とは概念が異なる。
3. ペンシルバニア大学における教授団給与の12大学の比較検討は、各年のAlmanac Supplementの中のEconomic State of the Facultyで見ることが出来る。
4. プリンストン大学における予算編成プロセスでの優先順位委員会の学長への報告書が、毎年Priorities Committeeによる「Recommendations Concerning the Operating Budget」としてまとめられる。
5. 主な投資のリスクには、信用リスク（会社や債券発行体が倒産するリスク）と価格変動リスク（株価や債券価格が日々変動する値下がりリスク）、為替リスク（ドル、ユーロ、円等の通貨価値が日々変動するリスク）がある。アメリカからドルで海外のドル建て資産に投資する場合には為替リスクはないが、日本の円から海外の外貨建て資産に投資する場合には、信用リスク、価格変動リスクに加えて更に為替リスクが加わるので構造的にリスクが高くなる。

引用文献

阿川 尚之, 2013,『憲法で読むアメリカ史 (全)』筑摩書房.
Alexander,S. and Herring,A., 2008, "Endowment Spending Policy at MIT," *MIT Faculty Newsletter,*20 (5), pp.6-8.
天野 郁夫, 2009,『大学への挑戦』中央公論新社.
American Association of University Professors, 2007, "Financial Inequality in Higher Education The Annual Report on the Economic Status on the Profession, 2006-2007" *Academe*, 93 (2), pp.19-105.
American Council on Education, 2000, *Understanding College University Endowments*, Washington,D.C.: American Council on Education.
Amherst College, 1824, *Acts of 1824, Chapter84. An Act to Establish A College in the Town of Amherst*.
―――, 2007, *Amherst College Annual Report Fiscal Year Ended June 30, 2007*.
―――, 2008, *Response Letter to U.S. Senate Committee on Finance dated February 22, 2008*.
Andersen, C. J., 1991, *Endowments: How big and where* Washington D.C.: American Council on Education.
Basinger, J., 1999, "A University and its Own Foundation Battle Over Finances and Control", *The Chronicle of Higher Education*, 45 (29), pp. A47-A48.
Beard, C.A., 1929, *The American party battle*, New York: The book league of America, (= 1968, 斎藤真・有賀貞訳『アメリカ政党史』東京大学出版会).
Ben-David, J., 1977, *Centers of Learning Britain, Germany, United States*, New York : McGraw Hill.
Benedict, M.L., *Liberty and democracy: a constitutional history of the United States*, (=1994, 常本 照樹『アメリカ憲法史』北海道大学図書刊行会).
Bennett, W.J., 1987, "Our Greedy Colleges", The New York Times dated February18,1987.
Bezilla ,M., 1981, *Engineering Education at Penn State : A Century in the Land-Grant Tradition*, University Park: Pennsylvania State University Press.
―――, 1987, *The College of Agriculture at Penn State : A Tradition of Excellence*, University Park: Pennsylvania State University Press.
Blaich, C.F., Bost, A., Chan, E., and Lynch, R., 2004, *Defining Liberal Arts Education* , Center of inquiry of liberal arts , Wabash College.
Bok, D. C., 1986, *Higher Learning*, Cambridge, Mass.: Harvard University Press. , (= 1989, 小原芳明訳『ハーバード大学の戦略』玉川大学出版部).
―――, 2006, *Our Underachieving Colleges: A Candid Look at how Much Students*

Learn and Why they should be Learning More (*New Edition*), Princeton, NJ: Princeton University Press.
Bowen , H. R., 1980, *The Costs of Higher Education: How Much do Colleges and Universities Spend Per Student and how Much should they Spend?* San Francisco: Jossey-Bass Publishers.
Boyer, E.L., 1990, "Scholarship Reconsidered priorities of the professoriate" *Carnegie Foundation For the Advancement of Teaching.* pp.15-25.
Breneman, D.W., 1994, *Thriving, surviving, or endangered?* , Washington D.C.:Brooklin Institution., (= 1996, 宮田 敏近訳『リベラルアーツ・カレッジ：繁栄か , 生き残りか , 危機か』玉川大学出版部).
Brown, R.E. , 1956, *Charles Beard and the Constitution, : A Critical Analysis of "an Economic Interpretation of the Constitution."* Princeton, NJ: Princeton University Press.
Brown, R.A., 2004, "Financing MIT" *MIT Faculty Newsletter*, 16 (3), PP.9-13.
Brubacher, J.S., and Rudy W., 1968, *Higher Education in Transition; : A History of American Colleges and Universities, 1636-1968,* New York: Harper & Row.
Carnegie Commission on Higher Education, 2000, *The Carnegie Classification of Institutions of Higher Education. 2000.*
――――, 2005, *The Carnegie Classification of Institutions of Higher Education. 2005.*
Cary and Bright, 1969, *The Law and the Lore of Endowment Funds Report to the Ford Foundation.* Ford Foundation, New York.
Chronicle of Higher Education (The)
　The rich get richer (Oct 13, 2000)
　Princeton Increases Endowment Spending to Replace Students' Loans with Grants. (Feb 9, 2001.)
　The Rich-Poor Gap Widens for Colleges and Students (Apr 7, 2006)
　At Smith College, a Mission to Serve the underserved. (May 12, 2006)
　Why Cornell Can't Meet All Financial Need with Grants (Apr 27,2007)
　Pressure Builds on Wealthy Colleges to Spend More of Their Assets (Nov 2, 2007)
　Don't Require Colleges to Spend More of Their Endowments (Nov 9, 2007)
　Harvard's New Aid Policy Raises the Stakes (Dec.21, 2007)
　Yale Commits to Spend More From Its Endowment (Jan.18,2008)
　2013-14 AAUP Faculty Salary Survey (retrieved October,23, 2014)
Clark, B., R., 1983, *The higher education system : academic organization in cross-national perspective*, Berkeley : University of Cakifornia Press.
College Board, 2010, *Tuition Discounting 2010.*
――――, 2011a , *Trends in Student Aid 2011.*
――――, 2011b, *Trends in College Pricing 2011.*
――――, 2014, *Trends in Student Aid 2014.*
Cornell University, 1890, *History of the Agricultural College Land Grant of July 2, 1862,* Ithaca, NY: Press of the Journal Job Printing House.
――――, 2002, "Financial Statements," *2001-2002 Financial Report,* pp.14-32.

―――, 2003, "Financial Statements," *2002-2003 Financial Report,* pp.10-28.
―――, 2004, " Financial Statements," *2003-2004 Financial Report,* pp.10-28.
―――, 2005, "Financial Statements," *2004-2005 Annual Report,* pp.14-32.
―――, 2006, "Financial Statements," *2005-2006 The Cornell University Report,* pp.32-50.
―――, 2007a, "Consolidated Financial Statements," *2006-2007 The Cornell University Report,* pp.32-51.
―――, 2007b, "Focus on Faculty," *2007-2008 Financial Plan Operating and Capital,* pp.9-41.
―――, 2008, *Response Letter to U.S. Senate Committee on Finance dated February 20, 2008.*
Cowan, M. J., 2008, "Taxing and Regulating College and University Endowment Income: The Literature's Perspective", *Journal of College and University Law,* 34(3), pp.507-554.
Cubberley, E. P., 1919, *Public Education in the United States : A Study and Interpretation of American Educational History,* Cambridge: Houghton Mifflin Company..
Department of Education National Center for Education Statistics, 2011, *Digest of Education Statistics 2011.*
―――, 2012, *Digest of Education Statistics 2012.*
Dowie, M., 2001, *American Foundations : An Investigative History,* Cambridge, Mass: MIT Press.
Ehrenberg, R. G., 2002, *Tuition Rising: Why College Costs so Much,* Cambridge, Mass.: Harvard University Press.
Ehrenberg , R.G., McGraw M. and Mrdjenovic. J., 2006, "Why do field differentials in average faculty salaries vary across universities?" , *Economics of Education Review* 25(3), pp. 241-248.
Ford Foundations, 1969, *Managing Educational Endowments, Report to the Ford Foundations Advisory Committee on Endowment Management..*
Fosdick, R. B., 1952, *The Story of the Rockefeller Foundation,* New York: Harper .
Frederic, H. H., 1873, *History of Amherst College; during its First Century,* Clark, W. Bryan and Company.
Frey, D., 2002, "University Endowment Returns Are Underspent", *Challenge* , 45(4), pp.109-121.
Fuess ,C. M., 1935, *Amherst, : The Story of a New England College,* Boston: Little, Brown, and company.
藤田 幸男, 1991,『私立大学の財政 -20年の歩み』日本私立大学連盟財政部会財政白書分科会．
福井文威, 2010,「米国高等教育における寄付と税制度――1960年代～70年代の連邦税法をめぐる大学団体の動きに着目して」『大学財務経営研究』(7) pp.152-172.
福留東土, 2009,「米国高等教育におけるラーニングアウトカムに関する動向」日本比較教育学会編『比較教育学研究』(38) pp.145-158.
―――, 2012,「米国大学のガバナンス構造とその歴史的経緯」『IDE-現代の高等教育』

(545) pp.55-61.
GAO (U.S. Government Accountability Office), 2010, *Postsecondary Education Colleges And University Endowment s Have Shown Long-Term Growth, While Size, Restrictions, and Distributions Vary Report to Congressional Committees.*
Geiger, R. L., 1986, *To Advance Knowledge: The Growth of American Research Universities, 1900-1940* New York: Oxford University Press.
―――, 2004, *Knowledge & Money,* Stanford, Calif.: Stanford University Press.
―――, 2011a, "Markets and the End of the Current Era in U.S. Higher Education" in Pedro N. Teixeira and David D. Dill, eds., *Public Vices, Private virtues? Assessing the Effects of Marketization in Higher Education,* Rotterdam: Sense Publishers, pp.3-18
―――, 2011b, "The Ten Generations of American Higher Education, "Philip G. Altbach, Patricia G. Gumport & Robert O. Berdahl (Eds.), *American Higher Education in the Twenty-first Century: Social, Political and Economic Challenges* (Third Edition), The Johns Hopkins University Press., pp.38-70.
Gravelle, J.G., 2010, *Tax Issues and University Endowments, in College and University Endowments: Case Studies and Tax Issues,* New York: Nova Science Publishers, Inc.
Grinnell College, 2007, *Grinnell College Financial Report June 30,2007.*
―――, 2008, *Response Letter to U.S. Senate Committee on Finance dated February 22, 2008.*
Hackett, A.P., 1949, *Wellesley: Part of the American Story,* New York, E.P.Dutton.
Hamilton , A. 著(斎藤 真・武則 忠見訳), 1991,『ザ・フェデラリスト』福村出版.
Hammond, O. B., 1967, "Financial Affairs" *The Centennial Record of the University of California* , Berkeley: University of California Print Dept. , pp.290-296.
Hansen, J.A., 1992,「米国株式の運用スタイル」,『証券アナリストジャーナル』1992.11, pp.11-28
Hansen, W.L.,1986, "Changes in faculty salaries"*American Professors A National Resource Imperiled* (Edited by Bowen H.R.and Schuster J.H.), pp. 80-112 New York: Oxford University Press.
Hansmann, H., 1990, "Why do Universities have Endowments?"*Journal of Legal Studies*、19(1), pp.3-42.
Harper, S. R.,and Quaye S. J., 2009, *Student Engagement in Higher Education : Theoretical Perspectives and Practical Approaches for Diverse Populations,* New York: Routledge.
Harvard University, 1993 〜 2010, *Harvard University Fact Book, 1993 〜 2010.*
―――, 2002, *Financial Report to the Board of Overseers of Harvard College Fiscal Year 2001-2002.*
―――, 2003, *Financial Report to the Board of Overseers of Harvard College Fiscal Year 2002-2003.*
―――, 2004, *Financial Report to the Board of Overseers of Harvard College Fiscal Year 2003-2004.*
―――, 2005, *Financial Report to the Board of Overseers of Harvard College Fiscal Year 2004-*

    2005.
    ―――, 2006, *Financial Report to the Board of Overseers of Harvard College Fiscal Year 2005-2006.*
    ―――, 2007, *Harvard University Financial Report Fiscal Year 2007.*
    ―――, 2008, *Response Letter to U.S. Senate Committee on Finance dated February 25 2008.*
Herbst, J., 1982, *From Crisis to Crisis : American College Government, 1636-1819*, Cambridge, Mass.: Harvard University Press.
Hewett, W.T., 1905, *Cornell University, a history*, New York: The University Publishing society.
Hopkins, D. S., and Massy W. F., 1981, *Planning Models for Colleges and Universities*, Stanford, Calif. : Stanford University Press.
訪日アメリカ教育使節団　第二次米国教育使節団編, 1950,『第二次米国教育使節団報告書』誠文堂新光社.
Hughes, J. R. T., 1986, *The Vital Few : The Entrepreneur and American Economic Progress / Jonathan Hughes*, New York: Oxford University Press.
犬塚 典子, 2006,『アメリカ連邦政府による大学生経済支援政策』東信堂.
IPEDS：Integrated Postsecondary Education Data System, 2002〜2007年　各年Data.
金子 元久, 2006,「高等教育における市場化 -- 国際比較から見た日本」『比較教育学研究』(32) 149-163.
―――, 2010,「大学の設置形態 - 歴史的背景・類型・課題」『大学財務・経営センター研究報告』(13)：221-235.
金子 元久・小林 雅之, 1996,『教育・経済・社会』放送大学教育振興会.
Kerr, C., 1991, *The Great Transformation in Higher Education, 1960-1980*, Albany, NY.: State University of New York Press.
Kimball, B.A. and Johnson, B.A., 2012, "The Inception of the Meaning and Significance of Endowment in American Higher Education, 1890-1930," *Teachers College Record*, 114 (10), pp.1-32.
Kimberling, C.R., 1995, "Federal Student Aid: A History and Critical Analysis" *The academy in crisis: The political economy of higher education*, pp.69-93.
King, S., 1950, *A History of the Endowment of Amherst College*, Amherst, Mass.: Plimpton Press.
絹川 正吉, 1982,『一般教育における総合の意味』国際基督教大学教養学部.
喜多村 和之, 1994,『現代アメリカ高等教育論：1960年代から1990年代へ』東信堂.
小林 雅之 2010, 「学費と奨学金」『IDE: 現代の高等教育』(520) 18-23.
―――, 2012,『教育機会均等への挑戦：授業料と奨学金の8カ国比較』東信堂.
Kuh, G. D., 1995, "The Other Curriculum: Out-of-Class Experiences Associated with Student Learning and Personal Development, " *The Journal of Higher Education*, 66 (2), pp. 123-155.
Kuh, G.D. and Hu, S., 2001, "The Effects of Student-Faculty Interaction in the 1990s," *Review of Higher Education*, 24 (3), pp. 309-332.
Lapovsky, L. 2007, "Critical Endowment Policy Issues" *New Directions for Higher Education*,

140, pp. 99-110.
Levergott, S., 1966, "Labor Force and Emloyment, 1800-1960," *Output, Employment, and Productivity in the United States after 1800 published by National Bureau of Economic Research*, pp.117 204.
Levine , D.O. 1986, *The American College and the Culture of Aspiration, 1915-1940*, Ithaca: Cornell University Press.
Lindeman, E.C., 1936, *Wealth and Culture,: A Study of One Hundred Foundations and Community Trusts and Their Operations during the Decade 1921-1930*, New York: Harcourt, Brace and company.
丸山文裕、2001「アメリカの奨学金制度とその課題」『大学と学生 / 日本学生支援機構 編』(442), pp.19-24.
―――, 2009,『大学の財政と経営 = the Finance and Management of Universities in Japan』東信堂.
Massachusetts Institute of Technology, 2003, "Basic Financial Statements of the Institute for the Year Ended June 30,2003," Reports on the Audit of Federal Financial Assistance Programs in Accordance with OMB Circular A-133, pp.109-124.
―――, 2005, Basic Financial Statements of the Institute for the Year Ended June 30,2005," Reports on the Audit of Federal Financial Assistance Programs in Accordance with OMB Circular A-133, pp.114-133.
―――, 2007, Basic Financial Statements of the Institute for the Year Ended June 30,2007," Reports on the Audit of Federal Financial Assistance Programs in Accordance with OMB Circular A-133, pp.146-166.
―――, 2008, *Response Letter to U.S. Senate Committee on Finance dated March3, 2008.*
Massy , W. F., 1996, *Resource Allocation in Higher Education: Introduction,* Ann Arbor: University of Michigan Press.
McMillen, L., 1991, "Foundations and Corporations Concentrate Giving at Top Universities, Study Finds," *The Chronicle of Higher Education*, 37 (38), pp. A1-A1.
Mercer, J., 1996, "Foundation Makes Unrestricted Grants to 6 'Underendowed' Liberal-Arts Colleges," The Chronicle of Higher Education, 42 (43), pp. A38-A38.
道田 信一郎, 1983,『わなと裁判：アメリカと日本』中央公論社.
―――, 1987,『契約社会：アメリカと日本の違いを見る』有斐閣.
文部省調査局, 1960,『アメリカ合衆国の高等教育』.
Monroe, E. B., 2007, "The Influence of the Dartmouth College Case on the American Law of Educational Charities," *Journal of Supreme Court History*、32 (1), pp.1-21.
Morgan, P. L. and William, R.L., 2013, "Saving the Land Grant for the Agricultural Colleges of Pennsylvania," *Perspectives on the History of Higher Education*, (30), pp. 105-129.
Morison, S. E., 1936, *Three Centuries of Harvard, 1636- 1936.* Cambridge, Mass.: Harvard University Press.
両角 亜希子, 2010,『私立大学の経営と拡大・再編：1980 年代後半以降の動態』東信堂.
両角 亜希子・東京大学 大学総合教育研究センター, 2007,『高等教育のファンディング・

システムの国際比較』東京大学 大学総合教育研究センター (大総センターものグラフ No.8).
Morrell, L.R., 1999, "Figuring out the cost of a university education today : City Edition," *Boston Globe*. Jun 13,1999..
長野　公則, 2008,「米国私立大学の基本財産とその役割——ニューイングランドのリベラルアーツ・カレッジを例として——]『東京大学 大学院教育学研究科紀要』(47), pp.385-394.

―――, 2011,「基本財産の長期的成長——アメリカの大学を例としての30年間——」『東京大学 大学院教育学研究科　大学経営政策研究』(1), pp.185-202.

―――, 2013a.,「アメリカの大学の基本財産と奨学金——プリンストン大学の No-Loan Policy に着目して——」『東京大学 大学院教育学研究科紀要　』(52), pp.327-336.

―――, 2013b.,「アメリカのリベラルアーツ・カレッジと基本財産」『東京大学 大学院教育学研究科　大学経営政策研究』(3), pp.81-98.

中屋　健一, 1985,『新アメリカ史』三省堂.
National Association of College and University Business Officers, 1995, *1995 NACUBO Endowment Study Executive Summary.*
―――, 1997, *1997 NACUBO Endowment Study Executive Summary.*
―――, 1998, *1998 NACUBO Endowment Study Executive Summary.*
―――, 2001, *2001 NACUBO Endowment Study Executive Summary.*
―――, 2002, *2002 NACUBO Endowment Study Executive Summary.*
―――, 2003, *2003 NACUBO Endowment Study Executive Summary.*
―――, 2004, *2004 NACUBO Endowment Study The definitive resource of higher education investments Executive Summary.*
―――, 2005, *2005 NACUBO Endowment Study The definitive resource of higher education investments Executive Summary.*
―――, 2006, *2006 NACUBO Endowment Study The definitive resource of higher education investments.*
―――, 2007, *2007 NACUBO Endowment Study The definitive resource of higher education investments.*
―――, 2011, *2010 NACUBO-Commonfund Study of Endowment Results.*
National Research Council, 2011, *A data- based Assessment of Research Doctorate Programs in the United States.* Washington , D.C.,: The National Academies Press.
New England Board of Higher Education, 1994, *New England Endowments, 1977-1992* , NEBHE Research Report.
Nollen, J.S., 1953, *Grinnell College,* Iowa, State Historical Society of Iowa.
Oakley ,F., 1992, *Community of Learning : The American College and the Liberal Arts Tradition*、New York: Oxford University Press.

Orchowski, P.S., 2008, "High Endowments/High Students Costs: What's wrong with this picture?" *The Hispanic Outlook in Higher Education* 18 (6), pp. 10-27.
小方 直幸，2011,『大学から社会へ：人材育成と知の還元』玉川大学出版部 .
大口 邦雄，2014,『リベラル・アーツとは何か：その歴史的系譜』さんこう社 .
大崎 仁，1999,『大学改革 1945 ～ 1999』有斐閣 .
折原 卓美，1999,『19 世紀アメリカの法と経済』慶応義塾大学出版会 .
Padover , S. K. 著（中屋 健一訳），1961,『アメリカ思想を形成した人たち』有信堂 .
Pellow, D. N.,and Park, L. S., 2002, *The Silicon Valley of Dreams : Environmental Injustice, Immigrant Workers, and the High-Tech Global Economy*, New York: New York University Press.

Perna, L. V.Lundy-Wamger, A.Yee,L.Brill, and T.Tad, 2011, "Showing them the money The Role of Institutional FinancialAid Policies and Communication Startegies in Attracting Lae-Income Students", in A.Kezar (Eds.), *Recognizing and Serving Low-Income Students in Higher Education an Examination of Institutional Policies, Practices, and Culture*, New York:Routledge, pp.72-96
Pierson, D.W., 1955, *Yale: the University College, 1921-1937.*（*His Yale: college and university, 1871-1937, v.2*）New Heaven: Yale University Press.
Pomona College, 2007, *Audit Financial Statement For the Year Ended June 30, 2007.*
―――, 2008, *Response Letter to U.S. Senate Committee on Finance dated March 1,2008.*
Princeton University, 2002, *Report of the Treasurer Princeton University 2001-2002.*
―――, 2003, *Report of the Treasurer Princeton University 2002-2003.*
―――, 2004, *Report of the Treasurer Princeton University 2003-2004.*
―――, 2005, *Report of the Treasurer Princeton University 2004-2005.*
―――, 2006a *Report of the Treasurer Princeton University 2005-2006.*
―――, 2006b, *Report of the Priorities Committee to the President Recommendations Concerning the Operating Budget for 2006-2007.*
―――, 2007a, *Report of the Treasurer Princeton University 2006-2007.*
―――, 2007b, *Princeton Profile 2006-2007 .*
―――, 2008, *Response Letter to U.S. Senate Committee on Finance dated February 22, 2008.*
Reed, W. and Reed, B., 2007, *A Primer on the Art and Science of Fund-raising in American Higher Education.*（2008, 片山英治・小林雅之・劉文君訳,『高等教育機関のための寄付募集入門：アートとサイエンス』東京大学大学総合教育研究センター,）
Rothblatt, 1999, *The battle for Liberal Education in the United States History,*（=1999, 吉田文・杉谷祐美子訳『教養教育の系譜――アメリカ高等教育にみる専門主義との葛藤』玉川大学出版部）.
Rosovsky, H., 1990, *The University: an owner's manual*, New, York: W.W. Norton.
Rudolph, F., 1956, *Mark Hopkins and the Log: Williams College,* 1836-1872, New heaven, Yale University Press.

―――, 1962, *The American college and university, a history*, New York: Knopf .
Rudolph , F.and Thelin, J.R., 1990, *The American College and University : A History* , Athens: University of Georgia Press. (= 2003, 阿部 美哉・阿部 温子訳『アメリカ大学史』玉川大学出版部).
Rusk, D., 1909, *The Role of the Foundation in American Life*, Clarement, Calif. : Claremont University College.
Sattgast ,C. R.,1940, *The Administration of College and University Endowments,* New York: Teachers college Press, Columbia university.
Slaughter,S. and Rhoades, 2004, *Academic Capitalism and the New Economy: Markets, state, and higher education*, Baltimore: Johns Hopkins University Press. (= 2012, 成定 薫・阿曽沼 明裕・杉本 和弘・羽田 貴史・福留 東土訳『アカデミック・キャピタリズムとニュー・エコノミー：市場，国家，高等教育』法政大学出版局).
Smith College, 2007, *Financial Report 2006-2007.*
―――, 2008, *Response Letter to U.S. Senate Committee on Finance* dated *February 22, 2008.*
Somers, P., 1996, "Student Loan discharge through bankruptcy" *American Bankruptcy Institute Law Review* (4) 457-557.
Spitz, W.T., 1999, "Investment Policies for Colleges and University Endowments" , *New Directions for Higher Education*, 1999 (107), pp.51-59 .
Stanford University, 2002, "2002 Financial Review," *2002 Annual Report Thinking on New Lines*, pp.15-54
―――, 2003, "2003 Financial Review," *Stanford University 2003 Annual Report Changing to Remain a Progressive Force*, pp.17-54.
―――, 2004, "2004 Financial Review," *Stanford University 2004 Annual Report Creating a Sustainable Future* , pp.17-54.
―――, 2005, "2005 Financial Review," *Stanford University 2005 Annual Report Thinking Forward* , pp.17-54.
―――, 2006, "2006 Financial Review," *Stanford University 2006 Annual Report Meeting the Stanford Challenge* , pp.17-54.
―――, 2007, "2007 Financial Review," *Stanford University 2007 Annual Report Building for the New Century*, pp.17-52.
―――, 2008, *Response Letter to U.S. Senate Committee on Finance dated February 22, 2008.*
Swensen, D., 2000, *Pioneering Portfolio Management*: *An Unconventional Approach to Institutional Investment* , Free Press.
田中 英夫， 1968,『アメリカ法の歴史（上）』東京大学出版会 .
Tewksbury , D. G.,, 1965, *The Founding of American Colleges and Universities before the Civil War, with Particular Reference to the Religious Influences Bearing upon the College Movement.* : [New York, Bureau of Publications, Teachers College, Columbia University, 1932.] Hamden, Conn. : Archon Books.
Thelin, J. R.,, 2004 , *A History of American Higher Education*, Baltimoer: Johns Hopkins University Press.

Thornton, S., 2007, *Financial Inequality in higher education: The Annual Report on the Economic Status of the Profession*, Washington, DC.: American Association of University Professors.

Tilghman, S.M., 2007, " Expanding equal opportunity : the Princeton experience with financial aid," *Harvard Educational Review* 77 (4), pp.435-529.

鳥羽 欽一郎, 1970,『企業発展の史的研究：アメリカにおける企業者活動と経営管理』ダイヤモンド社.

Tobin, J. 1974, "What is Permanent Endowment Income?", T*he American Economic Review*, 64 (2), pp.427-432 .

戸村 理, 2017,『戦前期早稲田・慶應の経営──近代日本私立高等教育機関における教育と財政の相克──』ミネルヴァ書房.

Trow , M., 1971, "The expansion and Transformation of Higher Education," *International Review of Education*, 18 (1), pp.61-84.

―――, 1999, "From Mass Higher Education to Universal Access: The American Advantage," *Minerva* 37 (4), pp. 303-328.

―――, 2003, "In Praise of Weakness: Chartering, the University of the United States, and Dartmouth College," *Higher Education Policy* 16 (1), pp. 9-26.

United States Bureau of the Census, 1975, *Historical Statistics of the United States, Colonial Times to 1970*. Washington, DC: U.S. Government Printing Office.

University of California, 1967, *The Centennial Record of the University of California* , Berkeley,: University of California Print Dept.

University of Chicago, 2002, *Consolidated Financial Statements and Supplemental University Information June 30, 2002 and 2001.*

―――, 2003, *Consolidated Financial Statements and Supplemental University Information June 30, 2003 and 2002.*

―――, 2004, *Consolidated Financial Statements and Supplemental University Information June 30, 2004 and 2003.*

―――, 2005, *Consolidated Financial Statements and Supplemental University Information June 30, 2005 and 2004,*

―――, 2006, *Consolidated Financial Statements and Supplemental University Information June 30, 2006 and 2005.*

―――, 2007, Consolidated Financial Statements and Supplemental University Information June 30, 2007 and 2006.

―――, 2008, *Response Letter to U.S. Senate Committee on Finance dated February 25, 2008.*

University of Pennsylvania, 2002, *Financial Report 2002* .

―――, 2003, *Financial Report   2002-2003.*

―――, 2004, *Financial Report 03-04.*

―――, 2005, *Financial Report 04-05.*

―――, 2005, *Almanac, Vol51, No.25, March 22, 2005.*

―――, 2006, *05-06Annual Report Tercentennial Anniversary of the birth of Penn's founder.*

―――, 2007, *Financial Report 06-07.*
―――,2008, *Response Letter to U.S. Senate Committee on Finance dated February 25, 2008.*
U.S. Department of Health, Education, and Welfare, 1956, *Statistics of Higher Education: Receipts, Expenditures and Property, 1955-56.*
U.S. Senate Finance Committee, 2008, *A Letter dated January 25, 2008*（to the 136 colleges and universities with endowment assets in excess of $500 million）.
Wellesley College, 2007, *Wellesley College Annual Report 2006-2007.*
―――, 2008, *Response Letter to U.S. Senate Committee on Finance dated February 24, 2008.*
White, A. D., 1906, *Autobiography of Andrew Dickson White : With Portraits.*, New York: The Century Co..
Whitehead, J.S.,and Herbst, J. 1986, "How to Think about the Dartmouth College Case," *History of Education Quarterly* 26 (3), pp.333-349.
William. B. R., 1861, *Objects & Plan of an Institute of Technology*. MIT .
Williams College, 2007, *Williams College Financial Statements June 30, 2007 and 2006.*
―――, 2008, *Response Letter to U.S. Senate Committee on Finance dated February 29, 2008.*
Yale University, 2001, *A Yale Book of Numbers, 1976-2000 Update of George Pierson's original book A Yale Book of Numbers, Historical Statistics of the College and University 1701-1976.*
―――, 2002, *Yale University Financial Report 2001-2002.*
―――, 2003, *Yale University Financial Report 2002-2003.*
―――, 2004, *Yale University Financial Report 2003-2004.*
―――, 2005, *Yale University Financial Report 2004-2005.*
―――, 2006, *Yale University Financial Report 2005-2006.*
―――, 2007, *Yale University Financial Report 2006-2007.*
―――, 2008, *Response Letter to U.S. Senate Committee on Finance dated March 5,, 2008.*
山本 清, 2013,『アカウンタビリティを考える：どうして「説明責任」になったのか』NTT出版.
山内 英貴, 2006,『オルタナティブ投資入門――ヘッジファンドのすべて』東洋経済新報社.
Yoder, J.A. , 2004, *Endowment Management: A practical Guide*, Washington, D.C. : AGB Publications.
吉田 香奈, 2002,「アメリカ合衆国における学生援助政策：費用負担構造と政策モデルの検討」『大学論集』32:, pp. 73-86.
Zemsky, R., 2003, "In Pursuit of Prestige: Strategy and Competition in U.S. Higher Education" *The Journal of higher education* 74 (4), pp. 474-476.

既発表論文について（初出一覧）

　本論文には、既発表論文を再構成している章を含むため、既発表論文については以下に示し、該当する章を示す。

- 「米国私立大学の基本財産とその役割 ―― ニューイングランドのリベラルアーツ・カレッジを例として ―― 」『東京大学大学院教育学研究科紀要』(47) 2008, pp.385-394。→ 第1章
- 「基本財産の長期的成長 ―― アメリカの大学を例としての30年間 ―― 」『東京大学大学院教育学研究科　大学経営政策研究』(1) 2011, pp.185-202。→ 第1章
- 「アメリカ高等教育の法制度形成過程 ―― 合衆国憲法誕生からダートマス判決まで ―― 」『東京大学大学院教育学研究科紀要』(54) 2015, pp.211-219。→ 第1章
- 「アメリカの大学の基本財産と奨学金 ―― プリンストン大学のNo-Loan Policyに着目して ―― 」『東京大学大学院教育学研究科紀要』(52) 2013, pp.327-336。→ 第3章
- 「アメリカのリベラルアーツ・カレッジと基本財産」『東京大学大学院教育学研究科　大学経営政策研究』(3) 2013, pp.81-98。→ 第5章

あとがき

　本書は、2018年1月に東京大学大学院より博士（教育学）の学位を授与された博士論文『アメリカの大学の基本財産――その歴史・ガバナンスと教育へのインパクト――』の一部に加筆修正を加えたものである。

　大学独自奨学金の充実、教育・研究の質の向上といった重要な戦略を支える大学の基盤について新しい視点を得たいと考えておられる方々が、少しでも新たな視点を持つきっかけを本書が提供できたのなら、筆者として誠に有難いことである。本研究は、これからも充実させたい課題を多く残している。リベラルアーツ・カレッジや州立大学について、実証的な研究の幅を拡げて行きたいと考えている。忌憚のないご意見をお願いするとともに、本書を手にとってくださった皆さまに心よりお礼を申し上げたい。

　筆者は京都大学法学部で英米法と国際経済法を学んだあと、香港、ロンドン、バハレーンで邦銀の国際金融に携わった。20代には、アメリカ銀行系の経営コンサルティング会社に2年間出向した経験も持つ。そこで見たものは、契約を重んずるダイナミックな資本主義社会と技術革新をリードするアメリカの姿であった。21世紀の今日でも、研究と技術革新がアメリカの繁栄を更に力強いものにしている。連邦政府や企業からの財源がアメリカの大学の最先端の研究を支えているが、これとは別に多くのアメリカの有力大学は、大学の中に巨額の基本財産を蓄積している。この基本財産は、過去から受け継がれ、現代の大学の予算を支え、未来に引き継がれる世代を超えた贈り物である。

　21世紀になって、アメリカの一部の有力大学では基本財産からの収入が授業料収入を上回るに至っている。基本財産のストックが巨大になったこと

に伴い、その蓄積がもたらすフロー収入が、年次予算作成や新しい戦略検討上での重要度を増しつつある。大学の基本財産をめぐる意思決定が、大学の奨学金政策に大きな財源を与え、学生の経済的負担、卒業時のローン債務残高に大きな影響を持ちつつある。また基本財産からの配分収入が、現在の大学の質と将来の価値に大きな影響を与えている。

　このような新しいメカニズムを実証的に解き明かすこの研究には10年の歳月を要した。
　筆者が、新しく創設された東京大学大学院の大学経営・政策コースに入学したのは2005年の春のことである。翌2006年の新年早々に金子元久先生に率いられ、第1期生の学友らと共に、フィラデルフィアのペンシルバニア大学で集中講義を受けた。そのプログラムのまとめの段階で、アメリカ高等教育研究の権威のおひとりであるゼムスキー先生から、「基本財産を潤沢に持つプリンストン大学が、学生卒業後の返済を必要とするローンの部分を全く含まない大学独自奨学金政策を打ち出し、この面でアイビーリーグの大学をリードし、優秀な学生を獲得する競争において大きな波紋を広げている」という趣旨のお話を伺えたのが、この研究のきっかけである。

　2007年春に同コースの博士課程に進学し、今日に至るまで非常に多くの方々にお世話になった。特に東京大学の大学経営・政策コースでご指導いただいた先生方には言葉に尽くせないほどお世話になった。指導教員である山本清先生には、常に暖かく的確なご指導をいただいた。教育学の分野に加え、会計や財務の面でも専門的なアドバイスを戴けたことは心強かった。深く感謝申し上げる。小方直幸先生には特にお世話になった。論文の構成や論じ方を丁寧にじっくりと時間をかけてご指導いただいた。春夏秋冬、小方先生の研究室で時には3時間も超えて議論を交わし、熱心にご指導をいただいた。
　またアメリカでの数度の実地研修や東京での演習形式の授業等を通じて、福留東土先生、両角亜希子先生にも研究上の数々の示唆ときめ細かなご指導をいただいた。奨学金研究の第一人者でいらっしゃる東京大学の小林雅之先

生、成城大学社会イノベーション学部を率いておられる伊地知寛博先生には論文を完成させる段階で貴重なご示唆を多くいただいた。こうした恵まれた環境で時間をかけて研究できたことは幸せであった。

　この研究の土台をつくる段階で、様々な機会に熱心にご指導をくださった先生方にも恵まれた。金子元久先生、矢野眞和先生に特に感謝申し上げたい。若き日にさかのぼれば、英米法と国際経済法の土台を授けてくださった京都大学法学部の（故）道田信一郎教授のご指導と今でもご自宅に招いてくださる奥様の暖かさには、あらためて感謝申し上げたい。

　大学経営・政策コースの学友、とりわけ第1期生の皆様への感謝を忘れることができない。それぞれに多忙な激務をこなしながら、週末ごとに知的な好奇心を刺激しあい、切磋琢磨した濃密な時間は、生涯の宝物である。2期生以降のコースの学友の皆さまにもお世話になった。ペンシルバニア大学、インディアナ大学、リバプール大学、カリフォルニア大学バークレー校、ペンシルバニア州立大学他での集中講義プログラムにご一緒した学友の皆さまから受けた刺激には、大いに励まされ啓発された。

　本書の出版にあたって、東信堂の下田勝司社長はじめスタッフの皆さまには大変お世話になった。プロフェッショナルで迅速なご対応に感謝申し上げたい。

　最後に私事ではあるが、妻の長野和子に感謝の気持ちを伝えたい。晴れの日も翳りの日も変わらぬパートナーシップと暖かい愛情で励まし常に支えてくれた。言葉に尽くせぬ感謝の気持ちでいっぱいである。

付属資料

事例大学から上院財務委員会への回答書

（要約）

付属資料の主旨

　本論文の各大学の個別分析において中心として用いた資料は、2008年1月25日付でアメリカ上院財務委員会が、基本財産の使用と奨学金の現状を明らかにする目的で、主要大学に回答を求めた質問状に対する各大学の回答書である。

　2007年11月第1週の *Chronicle of Higher Education* はその第一面で、「富裕な大学は資産をもっと使用すべきであるという批判的圧力が強まっており、一部の上院議員が大学に対する新しい課税案を検討している」と報じた。授業料の値上げが続き学生や家族の高い経済的負担が社会問題となる中で、大学が基本財産を十分に使用せずに蓄積し過ぎているのではないかという観点である。2008年1月25日付のアメリカ上院財務委員会質問状は、財務委員会議長のMax Baucusと委員のChuck Grassleyの連名で、基本財産が5億ドル以上の主要な大学に同時に出状された。これに対して基本財産の豊かな各大学は、ほぼ同時期の2008年2月から3月にかけて回答した。

　通常、アメリカの大学のディスクロージャーにおいては、個別に基本財産の規模や基金の投資実績について強調されることはあっても、基本財産のミッションや使途、使用をめぐるルール、投資方針等について詳しく開示される機会は多くない。また同じ時期の同じ質問に対して、各大学がそれぞれ独自に回答したという面で非常に貴重な資料である。

事例大学の回答書一覧

記号	大学名	回答者名（敬称略）	回答日付
A1	プリンストン大学	Shirley M. Tilghman	2008年2月22日
A2	イェール大学	Richard C. Levin	2008年3月5日
A3	ハーバード大学	Drew Gilpin Faust	2008年2月25日
B1	スタンフォード大学	John L. Hennessy	2008年2月22日
B2	マサチューセッツ工科大学	N.A.（機関名）	2008年3月3日
B3	シカゴ大学	N.A.（機関名）	2008年2月25日
C1	ペンシルバニア大学	Craig R. Carnaroli	2008年2月25日
C2	コーネル大学	David J. Skorton	2008年2月20日

D1	ポモナ・カレッジ	David Oxtoby	2008年3月1日
D2	グリネル・カレッジ	Russell K. Osgood	2008年2月22日
D3	アマースト・カレッジ	Antony W. Marx	2008年2月22日
E1	ウイリアムズ・カレッジ	Morton Owen Schaprio	2008年2月29日
E2	ウェルズリー・カレッジ	H. Kim Bottomly	2008年2月24日
F1	スミス・カレッジ	Carol. T. Christ	2008年2月22日

出典：各大学の回答書 *Response Letter to U.S. Senate Committee on Finance* より作成。

上院財務委員会の質問状の内容

上院財務委員会からの質問状の内容は以下の 11 項目であった。

No.	質問内容
1	・学士課程学生数、大学院学生数の過去 10 年間の推移
2	・学士課程教育の学生納付金（授業料、諸手数料を含む）の過去 10 年間の推移 ・学士課程学生向けに大学自身が供与した奨学金（ローン、ワークスタディを除く）の過去 10 年間の推移 ・直近年における大学独自奨学金の学生納付金に対するカバー率 ・平均奨学金金額
3	・大学の奨学金政策　・学生と保護者への伝達方法 ・低所得者層の学生を入学させる方策　・低所得者層の定義　・費やした費用
4	・授業料値上げが必要との判断は誰が行うのか ・授業料値上げ決定のプロセスは ・授業料値上げは理事会の全メンバーが投票するのか ・授業料値上げの最終決定前に学生、保護者、公共が意見を述べる機会はあるか ・学生向け奨学金に大学の基本財産が果たす役割は
5	・大学の基本財産の運営　理事会の役割は ・大学の基本財産の使用をめぐるルールは ・大学の基本財産の投資方針は ・大学の基本財産のミッションは ・大学の基本財産の方針が直近に見直された時期　・次回の見直しの予定
6	・基本財産の成長の過去 10 年間の推移（年率とドル金額） ・基本財産への寄付として受領した寄付金額の過去 10 年間の推移 ・基本財産の投資対象の構成比（株式、債券、ヘッジファンド、未公開株式、ベンチャーキャピタル、その他）と海外に投資された金額
7	・大学の基本財産であると判断する基準 ・NACUBO に対して報告している基本財産に含まれない長期投資の有無（あればその内容と金額）
8	・基本財産を運営する費用の過去 10 年間の推移
9	・基本財産からの使用の（ドル及び%）の過去 10 年間の推移 ・基本財産からの目標使用率（%）の過去 10 年間の推移 ・実際の使用率や目標使用率が 5% 未満になる場合、現在在籍する学生のニーズにどう対応するのか ・実際の使用率と目標使用率とにかなりの開きが生じた場合の対応 ・基本財産からの支出分野の昨年のトップ 10
10	・寄付者によって基本財産の使途に関して恒久的条件が付されている比率

	・恒久的使途条件が付されている部分の中で、ニードベース奨学金に限定されている割合
	・学士課程奨学金に使途が限定されている割合
	・基本財産に付された制限のトップ 5 使途分野
	・寄付者ではなく理事会や大学幹部の決定によって基本財産の使途に重大な制限が付されている割合（例えば特定のプログラムのための保留）
	・基本財産の投資のリターンの過去 10 年間の推移
11	・投資アドバイザーへの手数料の内容　・投資アドバイザー手数料の決定方法
	・投資アドバイザーへの手数料や報酬の妥当性を見直すプロセス・類似比較対象
	・投資アドバイザーへの手数料を見直し承認する権限者
	・投資アドバイザーへの手数料の支払者（基本財産からか一般財源からか）
	・基本財産の規模・成長と学長と基本財産管理者に支払われる報酬との関係（もしあれば）
	・学長と基本財産管理者が基本財産に関連して受け取ったボーナスの過去 10 年の推移（もしあれば）

出典：U.S. Senate Finance Committee, 2008, *A Letter dated January 25,2008*　（上院財務委員会　2008 年 1 月 25 日付質問状）

事例大学から上院財務委員会への回答書の要約

A1　プリンストン大学 (Princeton University)

差出人：Shirley M. Tilghman　学長

日付：2008年2月22日

序文

1月25日付のご質問に対して、プリンストン大学を代表して回答する機会を得たことは光栄である。質問項目のほとんどが大学の基本財産の性質と使途について焦点が当てられている。とりわけ低所得者層、中所得者層、そして高所得者層の学生にとって大学が経済的に費用負担可能 (affordable) であるために、基本財産がいかに使用されているかに焦点が当てられている。

大学が学生から見て経済的に費用負担可能であることは、プリンストン大学にとって最も高い優先順位であり、これまでも常にそうであった。1759年、卒業生の一人の学校教師によって設立されたプリンストン大学における最初の基本財産基金の一つは、奨学金を目的とするものであった。今日、プリンストン大学の基本財産は、3,500の個別の勘定で構成されているが、最も多い使用目的は奨学金である。今年、プリンストン大学は、学士課程向け奨学金に8,100万ドルを使用する。これは純授業料として大学の収入となる7,500万ドルよりも多額である。来年には奨学金を8,700万ドルへと増額することを見込んでいる。我々の奨学金の92％以上が大学の資金で賄われており、85％以上が基本財産からである。

プリンストン大学はすべての学士課程学生をニードブラインド入試で選抜しており、入学を許可された学生の個別の経済的必要性にすべて対応している。

学士課程学生の半数以上が奨学金を受給しており、2001年以降、学生はローンを組むよう大学から要請されることはなくなった。ローンなし政策は、プリンストン大学をより一層経済的に費用負担可能にする。またそれは卒業後のキャリア選択で大きな柔軟性を学生にもたらす。

プリンストン大学における奨学金の平均金額は、約32,000ドルである。しかし全体の平均額は話のほんの入り口に過ぎない。家族の収入が75,000ドル未満の学生は、平均42,850ドルの奨学金を受給し、授業料の全額をカバーするだけではなく寮費と食費をほぼフルにカバーする。家族の収入が125,000ドルと150,000ドルの間の学生の平均奨学金受給額は23,000ドルであり、授業料、寮費、食費の半分以上をカバーする。家族の収入が150,000ドルと200,000ドルの間の層の学生も平均17,000ドル以上の奨学金を受けている。プリンストン大学の基本財産と奨学金へのコミットメントによって、ほとんどの学生がアメリカの公立大学に在籍すれば負担したであろう経済的負担よりも少ない額でプリンストン大学に学ぶことができる。

すべての学生、非常に富裕な家族を持つ学生さえも、無料でプリンストン大学に行けるべきであると提唱する人もいる。しかしこうした富裕層家族は、授業料を全額支払っている家族であっても大学がかけているコストの半分以下しか払っていないということを認識し、我が子を教育するコストに貢献すべきであると考える。また学生に対して、パートタイムアルバイトや夏季アルバイトを適度に行うことを通じて自らの教育費用に貢献するよう求めることは適切であると信ずる。なお、最近のプリンストン大学の奨学金制度の改善の一つは、こうした対応を期待する部分の負担軽減効果を持った。

プリンストン大学の奨学金へのコミットメントは、深い歴史的ルーツを有しているけれども、2000年代初頭の困難な金融市場への対応も含めた基本財産の注意深い管理運営によって達成された過去10年間における改善を強調したい。過去10年の期間において、5回の個別のタイミングで、基本財産からの使用の

特別な増加修正を実施した。この使用増加修正の主たる使途は、奨学金であった。2001年卒業生においては、38％の学生が奨学金を受けており、平均受給額は15,000ドルであった。10年後の2011年卒業予定クラスでは、54％の学生が奨学金を受給しており、平均受給額は31,187ドルである。奨学金受給学生の数では55％の増加であり、金額では100％以上の増加である。この同じ時期に低所得者層（53,500ドル未満）家族の学生は倍増（クラスの15％を構成）し、クラスの11％は家族で初めて大学に進学する学生であった。

　この序文を一つの最後の意見で締めくくることとしたい。いただいた質問項目の中に、莫大な費用や、世界に伍する大学院プログラムや研究を支えるために必要となる確固たる資源に関するものは見当たらなかった。研究大学として、プリンストン大学は学士課程学生の教育を通じて公共の利益に貢献しているばかりではなく、大学院の学生（多くが将来世代の学者や教師になる）の教育や研究で生ずる新発見、洞察、新しいアイデアを通じてもまた公共の利益に貢献している。Baucus上院議員が述べておられるように、「研究と技術革新がアメリカの繁栄を力強いものにしてきた」し、また引き続き「グローバルな競争においても重要である」。連邦政府や他の補助等が高騰するコストに追いつかない状況下にあっては、アメリカの競争力を活気づける最先端の研究に関わる活動費や設備費のコストに対して、基本財産が多大な貢献をしている。現在のプリンストン大学には、ナノテクノロジーから環境学、ゲノム研究から神経科学といった30年前には想像されなかった成長分野がある。プリンストン大学はこういった分野に莫大な研究投資を行ってきたが、これらは長年に渡る寛大な寄付者とその資源の注意深い管理運営の賜物である。

　アメリカの主要な大学は、公立も私立も世界の最高ランクに位置している。アメリカという国は、拡大を続ける知の分野において教育し研究活動を行い、様々な背景や経済的状況を有するすべての学生に門戸を広く開放する、これらの主要大学の継続するキャパシティに依存している。検討にあたっては、こうしたミッションを現在も未来も追求できるように、これらの主要大学のキャパ

シティが維持され向上するような公共政策の重要性が再確認されることを望む。

回答の項目
11 の質問項目に対してすべて回答。

A2　イェール大学 (Yale University)

差出人：Richard C. Levin 学長
日付：2008 年 3 月 5 日

序文
　2008 年 1 月 25 日付の貴委員会からの質問状に対するイェール大学の回答を同封する。低・中所得者層のアメリカ国民にとっての高等教育の費用負担可能性をめぐる社会的関心に対して興味をお持ちいただいたことに感謝する。また大学卒業に要する費用が低所得者層や更に少ない層にとっても手の届く範囲内にあり続けることに対して、基本財産が果たしている貢献に興味を持っていただいたことについても感謝する。これらの問題はイェール大学にとっても重要であり、特別に注意を払い続けてきた。

　イェール大学は、地元、国全体、グローバルといったコミュニティにおいて、教育や奨学金や学生・教員による活動を通じて大学が社会に貢献することを支援するために、財務資源の慎重な運営に専心している。現在の学生や教員は、イェール大学基本財産の管理運営の長い歴史の受益者である。来年度では、イェールの基本財産は、奨学金、教員給与、図書館の蔵書、アカデミックプログラムの充実やその他の多くの使途に 11.5 億ドルを提供する。基本財産の恩恵によって、イェール大学は過去 10 年間に数回にわたって奨学金プログラムを拡大することが可能となった。2008 年 1 月に発表された変更もその一つである。また基本財産の恩恵によって、イェール・カレッジの拡大を計画することも、新しい科学的挑戦を発展させることも可能となった。基本財産は 2009 年度経常

予算の 45％の財源となっており、大学の活動のための最大の収入源となっている。

　イェール大学の現在の基本財産は、寄付者の寛容の産物である。また試行錯誤の期間を含む長年にわたる賢明な投資戦略と基本財産使用の産物である。1968 年から 1982 年の期間においては、基本財産の価額は 40.7 億ドルから 20.7 億ドルに下落した (2007 年ドル換算)。この下落をもたらしたのは、弱い投資パフォーマンスの結果と実勢価格を保持するために十分でなかった使用をめぐる政策であった。最近では、新しい投資戦略と改定された使用をめぐるルールによってもたらされた目覚ましい投資パフォーマンスから、イェール大学は大きな恩恵を受けてきた。しかし未来の投資収入は不確実である。2008 年 1 月にイェールの基本財産は使用をめぐるルールの更なる改定を発表した。この使用をめぐるルールをモニターし続けることを通じて、現在の学生、教員、職員を支援し、同時にまた未来の学生や研究者がイェール大学で学びあるいは働く同様の機会を確保できるようにしたい。

回答の項目
11 の質問項目に対してすべて回答。

A3　ハーバード大学 (Harvard University)

差出人：Drew Gilpin Faust　学長
日付：2008 年 2 月 25 日

序文
　ハーバード大学と他の大学に対して先日お送りいただいた質問状に対するハーバード大学が作成した回答を同封する。この回答が一助となって、基本財産の性質、ハーバード大学の学術組織としての規模と範囲、学生のアクセスと費用負担可能性に対する我々の投資、長期間にわたって最高の質の教育と研究

のプログラムを維持するための資源の活用にあたっての努力といった諸点について十分な理解が可能となることを望む。

いただいた質問状は、大学の費用について特別な関心が向けられている。ハーバード大学は、何十年にもわたって、また特にここ数年において、多様な経済的背景を持つ優秀な学士課程学生に広く門戸を開放することを目指してきた。昨年12月に発表した奨学金の新たな取り組みは、優秀で前途有望な学生がその家族の資力にかかわらずハーバード大学に経済的に進学可能であることを確保することを目指して、長く続けられてきた努力の最新のものである。

この奨学金の取り組みは、ハーバード大学の最も重要なミッションを遂行するために基本財産と他の資源を使用するという広いコミットメントの一例である。そのミッションとは、様々な分野にわたって将来のリーダーを教育すること、社会の活動において新しい知識とアイデアを創造することである。アメリカの大学が世界における高等教育、新発見、技術革新において最先端であるのは、何十年にもわたって、連邦政府、州政府、寄付者、卒業生、財団、両親、学生が教育、研究の高い質と開かれた進学可能性に対するコミットメントを共有してきたおかげである。優秀さと機会均等はアメリカの高等教育システムの際立った特徴であり、現役世代の学生の要請と将来世代に対して資源を保持していく要請との何十年にもわたる注意深い均衡努力を通じて維持されてきた。

同封した回答が強い相互理解に役立つ情報となることを希望する。ご質問や追加情報については、私またはワシントンにいるハーバード大学連邦窓口担当 Suzanne Day まで。

回答の項目
11の質問項目に対してすべて回答。

B1　スタンフォード大学 (Stanford University)

差出人：John L. Hennessy　学長

日付：2008 年 2 月 22 日

序文
2008 年 1 月 25 日付の 11 項目のご質問に対するスタンフォード大学の回答を同封する。

この郵送に加えて、財務委員会あてに電子メールでも送信している。

我々はスタンフォード大学の回答を、スタンフォード大学のウエブサイトにアップする予定である。奨学金に関する多くの情報については、既にウエブサイトや出版物や将来の志願学生に対する広報プログラムで提供している。スタンフォード大学コミュニティのメンバー、スタンフォードに志願しようとしている学生と家族、一般の市民に対して公表している情報の一部としてスタンフォード大学の回答を同封したい。

スタンフォード大学が設立されて最初の 30 年間は、授業料は無料であった。そして学生に対する奨学金の提供は、その後も常に最高の優先順位に位置づけられ、現在も最高の優先事項である。

回答の項目
11 の質問項目に対してすべて回答。

B2　マサチューセッツ工科大学 (Massachusetts Institute of Technology)

差出人：機関名（作成部署を回答書序文の末尾に列記）

日付：2008 年 3 月 3 日

序文

マサチューセッツ工科大学（MIT）は、私立で共学の基本財産を有する教育組織であり、そのミッションは、21世紀のアメリカと世界に最も貢献する科学、技術とその他の学術分野において知を開拓し、学生を教育することである。創設の特許状が承認された4年後の1865年にMITは最初の学生を受け入れた。MITの開学は、次第に工業化されつつあったアメリカに適合する新しい種類の独立した教育組織を創設しようという優れた自然科学者William Barton Rogersによる努力の最高の結実であった。Rogersは、実用主義と実際的であることを強調した。彼はプロフェッショナルな能力は教育と研究の結合によって、また現実の世界を注意深く観察することによって育くまれると信じていた。MITは、多様な人々からなるキャンパスコミュニティの支援と知的刺激の中で、学生に厳格なアカデミックなスタディと発見の興奮を提供するために捧げられている。毎年MITは5分野のスクールで3,000以上の学士課程学位と大学院の学位を与えている。建築学とプランニング、工学、人文社会科学、経営学、自然科学の5分野である。学士課程の学生の85％が工学と自然科学を専攻している。

科学と技術はこの25年間に変化し、MITの教育もそれと共に変化した。現代の研究は単なる教科書や周期律表以上のものを必要としている。生物学はスクリーニングシステム装置を必要とし、電子工学とコンピュータサイエンスは最先端のマイクロ技術研究室を必要とする。物理学も最速のコンピュータ技術を必要とする。世界で最も複雑な難問を解決するために、一人の研究者が始めた研究がますます学際的な研究者チームによって行われる傾向もある。同様に科学と技術を我々が教育する方法も変化した。MITは最先端研究室、手作り教育をめざす小人数クラス、学士課程学生向け早期研究体験、メンタリングと個別教育といった分野に投資してきた。このように過去20年間に教育も研究も様変わりし、大きく改善された。MITにおいては教育と研究は結合されており相互補完的である。

MITはアメリカの科学と技術の中心であり、アメリカの最も偉大な技術革新

の源である。我々の役割は、研究者の研究活動によってもたらされる成果と毎年教育し養成する卓越した才能のプールとによって国家への貢献と深く結びついていると考えられる。

この回答書は、次の部署によって作成された。学長室、学士課程教育のディーンオフィス、副学長兼財務部長室、MIT 投資運営部署、MIT ワシントンオフィス。

回答の項目
11 の質問項目に対してすべて回答。

B3　シカゴ大学 (The University of Chicago)

差出人：大学名
日付：2008 年 2 月 25 日

序文
質問項目への回答は下記に示す。表を用いた情報は補足資料として番号を付して別記。

回答の項目
11 の質問項目に対してすべて回答。

C1　ペンシルバニア大学 (University of Pennsylvania)

差出人：Craig R. Carnaroli　副学長 (Executive Vice President)
日付：2008 年 2 月 25 日

序文
ペンシルバニア大学とすべての所得層の学生と家族にとって、ペンシルバニ

ア大学の教育が広く費用負担可能なものたらしめているコミットメントについての情報を、貴職並びにスタッフの皆様と分かちあえる機会をいただけたことに感謝する。

　ペンシルバニア大学の第8代学長である Dr. Amy Gutmann が2004年に就任するに当って *The Penn Compact* として具体化した大学のビジョンを発表した。その3つの戦略の第一が、「ペンシルバニア大学の教育へのアクセスの拡大」の目標である。Gutmann 学長のリーダーシップのもとで、ペンシルバニア大学はその教育が大学から恩恵を受け大学に貢献する才能と可能性に溢れたすべての学生にとって費用負担可能であるようにすることを約束した。この目標を達成するために、Gutmann 学長は、奨学金を増額しすべての経済的背景の学生がペンシルバニア大学の教育を考慮する機会を持つことを確かなものとするよう手を差し伸べる努力をしなければならないと明らかにした。

　ペンシルバニア大学は、親しいグループの大学の中でもアクセスが開かれていることに対するコミットメントにおいてリーダーであった。一連の改革計画の中で、ペンシルバニア大学は先日遠大な新奨学金計画を発表した。その計画では、家族収入の多寡にかかわらず、経済的に必要とする学士課程学生向け奨学金のローン部分を減額し、広い範囲の経済的背景の学生が、ローン債務を負わずに大学を卒業できるようになる。

　その新しい改善計画は、すべての経済的背景の学生のアクセスを拡大し、低中所得者層に対するローンなしプログラムを中高所得者層に拡大するペンシルバニア大学の努力の最終段階である。現在奨学金を受給しているペンシルバニア大学の学士課程学生約4,000名の半数が、ニードベース奨学金パッケージの一部としてローン部分を有している。新しい計画では、奨学金を受ける資格があるすべての学士課程学生のローンは、返済の必要のない給付奨学金によって取って替わられる。

新しいペンシルバニア大学の奨学金プログラムは、2008年の9月に登場し、新入生のみならず、すべての適格な学士課程学生に適用される。今年から計算上の家族収入が100,000ドル未満の学生は、ローンのない奨学金パッケージを受給する。この水準を超える家族収入の学生は、ニードベースのローンが10%減額される。2009年秋までに奨学金を受ける資格のあるすべての学士課程学生は、その家族収入の水準の如何にかかわらず、ローンなしの奨学金パッケージを受給する。

新しい奨学金計画の財源は、大部分がペンシルバニア大学の *Making History* キャンペーンから賄われる。この寄付キャンペーンは、学士課程学生向け奨学金のための3億5千万ドルの目標を含んでいる。ペンシルバニア大学は、現在、学士課程学生向け奨学金に9千万ドルを支出している。新しい奨学金計画が完全に実施されると、その金額は20%増加し年間1億1千万ドルに達する。

一方でペンシルバニア大学の学士課程学生向け奨学金のための基本財産は、ここ数年成長しているものの、学士課程学生向け奨学金のための基本財産からの収入は、現在の奨学金パッケージのコストの17%をカバーしているに過ぎない。奨学金の財源の残りは、大学の使途指定の付いていない一般予算財源で賄われている。学士課程学生と大学院生の両方の奨学金が、大学の *Making History* キャンペーンの優先目標である。

新しい奨学金計画は、ペンシルバニア大学の長く継続しているニードブラインド入試政策と相互補完の関係にある。ニードブラインド入試とは、学生を受け入れるに際して経済的支払い能力にかかわらず、学生の学力に基づいて選抜する入試制度のことである。ペンシルバニア大学は、経済的ニードを開示したすべての新入学生に対して4年間の在籍に要する学生のニードを完全にカバーする奨学金パッケージを提供することを保証している。アメリカ全土で50未満の大学がニードブラインド入試政策を掲げており、ニードベースに限った奨学金制度を持っているところは更に少数である。ペンシルバニア大学は、スポー

ツ奨学金や成績奨学金を提供していない。ペンシルバニア大学の学士課程学生の約 40％が、大学からニードベース奨学金を受給している。

ペンシルバニア大学はまた最近、これまで一度もペンシルバニア大学への進学を考えたことがなかった数百の高校の低中所得者層の数千の生徒に対して、新しいプログラムを開始した。もしペンシルバニア大学に入学することができたら、ローンを全く含まない奨学金パッケージを受給することができることを知らせるプログラムである。低中所得者層のアクセスを改善する努力に既に成果が見られる。昨年、必要度の高い学生向けのローンなし奨学金パッケージが倍増した。

一口に言えば、ペンシルバニア大学は、高等教育の費用が負担可能であるようにする点に関して上院財務委員会と関心を分かちあっており、この目的にコミットしている。費用の制約でペンシルバニア大学に志願することが妨げられることがあってはならないし、一度入学すれば、費用のために在学を断念させられることがあってはならないと信ずる。個別の質問に対する回答を別に記す。

回答の項目
11 の質問項目に対してすべて回答。

C2　コーネル大学 (Cornell University)

差出人：David J. Skorton　　学長
日付：2008 年 2 月 20 日

序文
コーネル大学は、アメリカの高等教育システムが高い成功を収めている状況を長く持続していることに関して、大学の基本財産の重要性に光を当てる機会を得たことを感謝する。

大学教育にかかる費用を認識することによって、多くの学生や家族がアメリカの高等教育が提供する大学等への入学をためらうのではないかという委員会の懸念をもっともだと考える。政策立案者としてまた市民として、我々はアメリカの教育へのアクセスの問題に対してより良い解決を見出さなければならない。

「Rising Above the Gathering Storm」と題した報告が説得力を持って指摘していたように、テクノロジーや技術革新における世界のリーダーとしてのアメリカのポジションは、高等教育システムの質に直接関連している。アメリカの未来は、複雑な問題を解決したり、革新的な基礎研究ができたり、市場の需要に新しい科学装置で対応したりする能力を有する教育を受けた労働力に依存している。次世代の挑戦に立ち向かう次世代のリーダー達を育成する強く生き生きとした大学のネットワークなくしては、アメリカは現在のポジションを維持することはできない。

1865年にニューヨーク州の土地付与大学として設立されて以来、コーネル大学は、人種、性別、経済的状況の如何にかかわらずすべての学生に高等教育へのアクセスを約束し続けてきた。「誰でもどんな分野でも学べる大学を創設する」という Ezra Cornell のビジョンは、大学が特権階級の子息達の指定席であった時代には、過激な考え方であった。実際にコーネル大学は、開学後10年以内に女性とマイノリティの学生を受け入れ、1879年にはニードベース奨学金を開始し、1892年には最初の奨学金のための基本財産を受け入れた。

Ezra Cornell は、大学の基本財産を 500,000 ドルの最初の寄付で創設した。何千人もの寛大な卒業生と他の寄付者による支援と長年にわたる注意深い管理運営によって、コーネル大学の基本財産は、現在 54 億ドルに達している。大学はこの基本財産を 13.5 億ドル増加させることを目標とした寄付キャンペーンの最中である。コーネル大学は基本財産の投資を通じて、また寄付者からの寄付によって基本財産を増加させ続けている。なぜならば、知の新発見、創造、保存、

伝達を担うという大学の本質から、幅広い専門家集団をかかえ、世界クラスの教育を学生に受けさせるための図書館や研究所といった高額な設備を備えなければならないからである。こうした活動の特質として、消費者物価指数で測られるインフレ率を超える財源の残高増加を必要としてきたし、これからもそれが求められると考えられる。

アメリカの高等教育システムは、公立大学と私立大学、連邦政府と州政府、寄付者、学生と家族の基本的パートナーシップに依存して維持されてきた。そのためコーネル大学は、学士課程学生向けの奨学金政策の改善強化を最近発表した。2008年度に始まり2010年度に完成する。コーネル大学は75,000ドル以下の家族収入の学士課程学生に対しては、ニードベースローンを減額する。今後、新入学生がローン債務なしで卒業することを可能にする。コーネル大学はまた75,000ドルから120,000ドルの家族収入の学生に対しては、年間のローン部分が3,000ドルを超えないようにする。この改革には2,400万ドルの財源を必要とするが、新しい基本財産への寄付と基本財産からの使用の増加と既存の財源の転用で工面される。

コーネル大学が上に述べたような奨学金パッケージの改革を実施できるのも、基本財産の健全な管理と大学の資産が効率的に使用されるよう必要な調整を行う理事会の意向の賜物である。同封された書類が十分に語っている様に、理事はその責任を真剣に遂行し、連邦や州や公共の強い監視の環境下で、義務を注意深く履行している。コーネル大学は、委員会の質問に回答するために用いた情報の多くを長年ウェブサイトで公表している。加えて大学はこの書類を印刷物として、学生、志願予定者とその家族、大学のコミュニティの他の構成員、一般市民に公表する。我々はコミュニケーションを改善する継続的努力を行っている。

質問事項に対する回答を同封する。オンライン上のリンクも明示している。委員会の質問状によって、基本財産が造成され、管理運営され、使用される方

法についての理解が進み、学生、教員、研究、教育をサポートする私的寄付を弱らせるような立法の必要性が減少することを望む。大学の費用負担可能性とアクセスについての新しい解決策を共に切り開くために協働できることを期待する。コーネル大学についての追加質問は喜んで回答する。

回答の項目
11 の質問項目に対してすべて回答。

D1　ポモナ・カレッジ (Pomona College)
差出人：David Oxtoby 学長
日付：2008 年 3 月 1 日

序文
ポモナ・カレッジは、2008 年 1 月 25 日付で上院財務委員会から提起された質問に謹んで回答する。これらはすべてのアメリカ国民が考えるべき重要な問題であり、基本財産、奨学金、大学の費用に関するこれらのデータと説明を提供する機会を得たことを歓迎する。

アメリカにおける一流のリベラルアーツ・カレッジの一つとして、高等教育の強くかつ多様なシステムの発展において果たしてきた役割を誇りに思う。設立当初の時代からポモナ・カレッジは、知のフロンティアの発展に貢献し、経済的状況にかかわらず合格する力のある学生に対して最善の教育機会を提供してきた。ポモナ・カレッジがこの努力において成功し繁栄を享受してこられたのは、友人と寄付者のおかげである。現在においては知名度のある評価の高い全国的機関として、ポモナ・カレッジは過去と未来の両世代の学生と寄付者に対して負う責任という視点を失ったことはない。我々のすべての財務計画や意志決定は、創設者と寄付者の意向が恒久的に守護され、同時に今日ここに学ぶ学生に優れた教育を提供できるよう可能な限りの挑戦を行うことに確信が持て

るよう企画される。今日の学生に奉仕することと明日の学生に同じことを保証することとのこのバランスは、我々の伝統である。我々の財務運営の政策は、この伝統を守るよう立案される。

　近年、ポモナ・カレッジは学生1人当りで見た基本財産で、全国で最も裕福な大学の一つに躍り出た。このステータスが達成されたのは、卒業生と友好組織による継続的なサポートのおかげである。また1944年以来好不況を問わず生涯年金からの寄付（life income gifts）の絶え間ない大学への流入を導いた「ポモナ計画」の成功、基本財産の注意深い保守的な管理運営、そして近年の基本財産投資の比類ない成功の結果である。これらの資源は真に優れた教育プログラムを構築するために用いられた。先端設備、教育と研究の両方に専心する最良のファカルティ、豊かな教育プログラム、学生が知的に人間的に成長できる機会のためにこれらの資源が用いられた。また基本財産からの資源は、創設以来のポモナ・カレッジのミッションの要である「家族の経済的資源の多寡にかかわらず学生にとって費用負担可能である大学であり続けること」に用いられてきた。ポモナ・カレッジは、経済的状況にかかわらず学生を入学させ、在籍に必要なすべての費用を奨学金で保証する全国で数少ない大学の一つである。

　ここに準備した情報が十分で、ご質問に答えていることを期待する。もし何か追加のご質問があれば直接お尋ねいただきたい。いくつかのケースでは、ご質問の意図を我々なりに精一杯翻訳解釈して回答したこともあり、もし間違えた解釈をしてしまっているような場合は、喜んで更なるご説明をする所存である。

回答の項目
11の質問項目に対してすべて回答。

D2　グリネル・カレッジ (Grinnell College)
差出人：Russell K. Osgood　　学長
日付：2008 年 2 月 22 日

序文
　数週間前にいただいた質問状に対するグリネル・カレッジの回答を提出する。我々の基本財産がどのような状況で、どのように投資され、どのように使用され、そして最も重要なことであるが何に使用されているかという情報を喜んで提供する。授業料収入を上回る主要な収入である基本財産からの収入は、この大学に進学するすべての学生を、家族の経済的状況にかかわらず、在学に必要なすべての経済的ニードに関してサポートし、公正のために大切なことをする一助となるように支出される。

　グリネル・カレッジは、大きな基本財産を有しているリストにある大学の中でも 3 点の特色を持っている。：1) 我々の全体で見た授業料割引率は約 55％である。すなわち平均的な在学生は、奨学金を控除したあとの純授業料で見れば、定価授業料の 45％のみを支払っている。これは主としてグリネル・カレッジの学生のプロファイルが比較的高い経済支援ニードを持っているためである。2) 87％もの学生がグリネルのニードベース奨学金の恩恵を受けている。3) 我々はアメリカの学生に対しては真にニードブラインドを貫いており、また学生が提示した必要額の全額に対応している。グリネル・カレッジは、その基本財産の使用をめぐるルールが、注意深く慎重であると認識している。これは大学の予算や支える学生と職員が、現在我々がおそらく実際に目撃しつつあるような大規模な市場の収縮に抵抗力が弱く、影響を受けやすいためである。3 年前に、基本財産の成長を踏まえて、現在の戦略計画の進展として、奨学金パッケージの大幅な改善に乗り出した。ニード奨学金の規模を拡大し、ニード奨学金の中身を構成するローン金額を大きく減少させることを内容とするものであった。またこの改善で、公益のための活動プログラムに学生が参加することを費用の面から奨励することも行った。例えば Peace Corps and Teach America プログラム（グ

リネル・カレッジはこのプログラムの1人当り最大の協力者としてしばしば引用される)のような活動のことである。これらの奨学金増強によって、同封の資料からもおわかりのように、奨学金予算が繰り返し二ケタの割合で増加した(来年については、授業料が3%の増加に対して、奨学金予算は17.4%の増加である)。

　我々が基本財産をどのように学生の便益、学生の教育、公益のために使用しているかを探求されるにあたっては、貴職はじめ委員会の方やそのスタッフの方と喜んでお会いしたい。

回答の項目
11の項目に対してすべて回答。

D3　アマースト・カレッジ (Amherst College)
　差出人：Anthony W. Marx 学長
　日付：2008年2月22日

　序文
　貴職からの質問状と回答要請は、アマースト・カレッジと理事会が、貴職が提起されている問題に大きな関心と資源を集中しつつあるまさにその時に到来した。1821年の創設以来、アマースト・カレッジは、アマーストの教育が学士課程のすべての学生にとって費用負担可能であることを確かなものにすることに優先順位を置いてきた。このミッションは今も大切にされている。

　1999年にアマースト・カレッジ低収入者層の学生向けのローンを減額し、大学独自奨学金に替えた全国で最初の大学となった。それから2007年6月の理事会において、アマースト・カレッジはこのコミットメントを更に深め、最も才能ある学生が経済的な背景に関わりなくアマーストに志願できるような費用負担にするために、すべての学生(低中所得者層の学生を含む)のための奨学金パッ

ケージからローン部分を完全に撤廃し、大学独自奨学金に替えることを公表した。

　アマースト・カレッジは、奨学金の分野で常にリーダーであり続けてきた。新しいローンなし改革が、中所得者層の学生にとってローン債務を負わずにアマーストに在籍することを容易にすることを確信している。ローンの返還債務を負って卒業することは、過去においては卒業後のキャリア選択を狭めさせた。アマーストはこのような約束をした全国で3番目の大学である。我々が行動を起こした数か月後に、いくつかの大学が同様の発表をして追随したことは喜ばしい。

　低所得者層の学生に対するアマースト・カレッジの努力のもう一つの尺度として、ペルグラント奨学金の受給資格のある学生数の大幅な増加を挙げることができる。1998年との比較で、その数字は211から今年の336へと約59％増加した。これはアマースト・カレッジの在籍学生の20％に相当する。これは誇らしいことであり、将来に向かってもこの努力を継続していく。

　貴職の質問に対する回答は次ページ以降に記載されている。表中の数字は、1998年度から2007年度までの10年間のものである。完了した年度でデータが入手可能な期間であるからである。可能な個所では、現会計年度である2008年度の数字も示した。6月末がアマースト・カレッジの年度末である。

　我々の大学とプログラムに関する情報を提供する機会を与えてくださったことに感謝する。追加で必要なことは何なりとお申し出ください。

回答の項目
11の項目に対してすべて回答。

E1　ウイリアムズ・カレッジ (Williams College)
差出人：Morton Owen Schaprio 学長
日付：2008 年 2 月 29 日

序文
　ウイリアムズ・カレッジは、貴職、上院財務委員会、国民に対して基本財産、授業料の設定、奨学金に関する我々の方針を説明する機会を持つことを歓迎する。これらの方針は、ウィリアムズの管理職とファカルティによる長い期間に渡る詳細な分析、キャンパス内や理事との定例で広範囲な議論を経て決定されている。

　3 か月毎に開催される理事会は、毎回今年度の財務パフォーマンスと財務 5 年計画のレビューで始まる。財務 5 年計画は、財務上の決定に際しての必須チェック事項である意思決定の将来への効果が明確になるようにデザインされている。理事会の予算財務計画委員会が 3 か月に 1 度会合を持ち、予算の現状と見込みを確認する。理事会の監査委員会も監視の役割を果たす。奨学金政策と運営は、理事会の入試奨学金委員会による頻繁なミーティングの事実上すべての会のアジェンダである。理事会の投資委員会は 3 か月に 1 度会合を持ち、我々のポートフォリオの現状、パフォーマンスの詳細、新しい投資機会についてレビューする。

　財務面の実際の活動と理事会の委員会に報告される調査等のより詳細な内容は、ウイリアムズ・カレッジ 2007 年版自己点検報告書の財務資源の章に詳しく示されている。ウイリアムズ・カレッジが、その教育ミッションを基盤として支える財務資源の管理運営に、いかに最心の注意を払っているかが述べられている。

　ウイリアムズ・カレッジは、経済的な背景によらずすべての学生に対して最も優れたリベラルアーツ教育を提供することを目指している。幸いなことに経

済的支払能力の如何にかかわらず学生を入学させることができており、入学許可された学生には4年間の在学に必要なすべてに対応する奨学金を約束できている。ウイリアムズ・カレッジは、授業料、基本財産からの収入、短期の寄付から流入する財務資源のおかげで、高い品質とアクセス可能性を維持することができている。これら3つのすべてが重要である。授業料収入が経常収入に占める割合は近年着実に減少しており、現在では半分を下回っている。基本財産からの収入や短期の寄付収入がなかったならば、授業料収入を倍の金額にしなければならない。さもなければ、学生に提供する教育の量か質を大きく落とさなければならなくなる。

回答の項目

奨学金
学生納付金
基本財産

11の項目に合わせて回答する形式をとらず、独自の項目と表で総合的に回答。

E2　ウェルズリー・カレッジ (Wellesley College)
差出人：H. Kim Bottomly 学長
日付：2008年2月24日

序文
ウェルズリー・カレッジと理事会を代表して、2008年1月25日付貴質問状で提起された質問に対する我々の回答を提出する。

我々の回答でおわかりのように、ウェルズリー・カレッジの理事会は、財務と予算に関する大学の意思決定の各段階に積極的に関わっており、関連する問

題の詳細な討論にも定例的に参加している。ウェルズリー・カレッジは幸運なことに、広い範囲の経験と専門性を持ち、献身的で見識があり責任感に溢れた理事たちによって理事会が構成されている。この優れた大学の運営管理のミッションを分かち合うために、理事は毎年かなりの時間とエネルギーを献身的に注いでいる。

1870年に創設された我々ウェルズリー・カレッジは、女性に対する優れた学士課程教育の誇るべき長い歴史を有している。ウェルズリー・カレッジはこのミッションを恒久的に継続することにコミットしており、それ故に指導者層は、今日の学生のためにもまた将来世代の学生のためにもそのミッションを完遂できるように、大学が財務資源を十分に持つことを確実にする必要がある。

寮制度を有する教育機関として、ウェルズリー・カレッジは数多くの短期・長期のコミットメントを持っている。それらは学生、ファカルティ、教育プログラム、施設・テクノロジーに対するコミットメントである。これらの約束を、経済金融市場の激しい変動の中にあって、毎年毎年果たすことができるような財務資源を持つことは、大学にとって非常に重要である。強くかつ注意深く管理された基本財産は、ウェルズリーがこれらのコミットメントを果たすための予算上の安定性を保つことを可能にする。

ウェルズリー・カレッジの長く続く力強い大学としての価値の一つは、ニードブラインド入試と学生が提示した経済的ニードにフルに対応する奨学金の提供についてのコミットメントである。学生は成績と個人の能力によってのみ選抜されるべきであって、経済的な支払い能力によって選ばれるべきではないと信ずる。在籍するコストに対しては奨学金を提供することを約束している。募集努力と入学後の継続的サポートも含むこのコミットメントの結果として、ウェルズリーは全国でも最も社会的・経済的に多様性を持つ大学であると考えられている。

財務委員会によって求められた質問のほとんどを、我々は日常的に公表している。年次財務報告書、入試と奨学金に関するパンフレット、大学のウェブサイト、National Center for Education Statistics や IPEDS のような様々な公共刊行物等を活用している。

委員会から何かご質問があれば、喜んで回答し、更に詳しい内容を提供する。

回答の項目
11 の質問に対してすべて回答。

F1　スミス・カレッジ (Smith College)

差出人：Carol T. Christ 学長
日付：2008 年 2 月 22 日

序文
スミス・カレッジの基本財産、授業料、奨学金のトレンドと実情についての情報を、貴職からの 2008 年 1 月 25 日付質問状に対する回答として提出する。我々の回答を話題領域ごとに分けて、アレンジした。貴職の質問状の構成と可能な限り密接に対応するように心がけた。

回答の項目
入学者数
授業料計画
奨学金
基本財産の成長
基本財産の使用率
基本財産の構成
投資マネジメント手数料

索引

事項索引

あ行

アーツアンドサイエンス……282, 285, 308
IT情報通信革命……………………102
アイビーリーグ………………39, 56, 135, 212, 213, 253, 256, 277, 303, 310
アイピッズ (IPEDS) ……………36, 329, 356
アカウンタビリティ………………111, 117
赤字補填資金……………………………76
アクセス機会………………………135, 136
アマースト・カレッジ…………65, 67, 76, 331, 335, 342, 343, 350, 360, 363, 366, 368, 437
アメリカ教育協会 ACE (American Council of Education) ………………44
アメリカ上院財務委員会………33, 47, 124, 126, 127, 138, 329, 341, 416, 418
アメリカ大学協会 AAU (Association of American Universitios) ……30, 77, 121, 377
アメリカ大学教授協会 AAUP (Association of American University Professors) ……34, 267, 269, 270, 384
アメリカ独立戦争 (American Revolution) ……………………………56, 57
安全商品…………………………………104
安全度・危険度 (リスク) ………166, 396
安定要素……………………………157, 369
イェール大学……30, 81, 89, 103, 105, 129, 137, 140, 153, 161, 172, 173, 175, 221, 222, 224, 281-284, 297, 307, 315, 382, 423
威信…………………………………………3, 375
遺贈………………………………………………79
一般教育…………………………………………39
一般教育委員会…………………………………79
インスティテューショナル・メソドロジー……………………………231, 235
インダストリアルクラス……………71, 73
ウイリアムズ・カレッジ……65, 331, 336, 343, 344, 351, 360, 363, 366, 368, 439
ウェルズリー・カレッジ……332, 336, 344, 345, 352, 361, 368, 440
運河の建設 (canal-building) ……………66
エイアンドエム (A&M)……………………74
英国法………………………………………29, 62
駅馬車…………………………………………68
エリー運河……………………………………67
円換算額………………………………………112
エンゲージメント……………………………371
エンジニアリング……………………………132
エンダウメント (endowment) ……………43
オックスフォード大学………………………ii

か行

カーネギー財団……………………………34, 328
カーネギー分類………………………………40
海外株式………………………………………188
学位……………………………………………55
学位授与権限…………………………………56
学士課程教育………………325, 326, 362, 394, 395
学士課程在籍費用 (Cost of Attendance) ……205, 226
学士課程授業料………………………………25
学士課程奨学金………………………………25
学資ローン………………………………24, 207
学生1人当り基本財産………………………208
学生1人当り収入……………………………10
学生運動………………………………………82
学生納付金……………………………………203
学部長 (ディーン)……………………………26
家計費……………………………………203, 204
家族による貢献期待額 EFC (Expected Family Contribution)…205, 221, 258, 259
課題設定的 (Agenda Setting) ………133, 134
学内期待インフレ率…………………………152
学科プログラム………………………………144

学校法人会計基準 16
合衆国憲法 58, 62-64, 112
カリフォルニア大学 74, 75
カレッジ・ボード(College Board) 249, 250
換算レート 37
機会均等 12
基金 84
技術革新 97, 98
帰属収入 16
寄付金収入 9
寄付講座 142
寄付者 338
寄付と税制度 51
寄付に対する税務上のインセンティブ 50
寄付の不安定性に対する仕組 50
基本財産 (endowment) .... iii , 1,
 3, 14, 15, 17, 73, 91, 129, 131, 169, 193,
 198, 206, 210, 211, 213, 224, 225, 229,
 230, 234, 238, 240, 242, 247, 252, 254,
 260, 261, 264, 266, 268, 275, 283, 284,
 288, 294, 298, 300, 306, 308, 311, 315,
 317, 323, 324, 331, 337, 346, 347, 354-
 356, 361, 362, 365, 370, 373-375, 378,
 379, 381, 382, 385, 391-393, 395
基本財産収入 9, 11
基本財産のガバナンス 32, 123, 190
基本財産の社会的意義 11, 43, 47, 76, 81
基本財産の守護者 (Guardians) 107
基本財産の定義 43
基本財産のミッション 32
基本財産への課税 52
キャンパス環境 327
キャンパス内の寮 82
給付型 207
給付型奨学金 210, 215
教育修正法 (The Education Amendment of
 1972) 199
教育プログラム 48, 195
教育ローン 111
教員給与 266, 267, 269, 271, 273-275,
 278, 282, 292, 296, 306, 312, 314,
 317, 363-365, 370, 383, 385, 389, 391
教員給与上昇率 272
教員構成 285
教会の宗派 58
教養教育 325
共和党 (Republicans) 61
ギルド 113
金鉱山開発 (gold-mining) 66
金融派生商品 (デリバティブズ) 23
グリネル・カレッジ 331, 335, 339, 342,
 348-350, 361, 436
クロニクルオブハイヤーエデュケーション
 (Chronicle of Higher Education) 21,
 116, 372, 416
慶應義塾 16, 38
契約条項 (Contract Clause) 61, 63, 64
研究大学 8, 10, 77, 78, 370,
 373, 392, 393
ケンブリッジ大学 ii
恒久的使途制限 143
高等教育機関分類 34
高等教育コスト 49
高等教育政策 .... iv , 71, 72
高等教育制度 29
高等教育法 (the Higher Education Act of
 1965) 199
コーネル大学 74, 114, 135, 136, 138,
 144, 160, 185, 186, 248-253, 276,
 277, 298, 302-305, 309, 313, 378, 389
国内株式 187
国立大学法人化 iii
国家施設型 4
568 学長グループコンセンサス・アプロー
 チ・メソドロジー 249, 258, 265
コミッショナー 70
コミュニティー 59
コミュニティカレッジ 106
コロンビア大学 81

索引　445

さ行

サービスラーニング……………………240
財源別内訳………………………………10
財団………………………………20, 78-80
財務部長…………………………………70
サプライサイド刺激策…………………94
算出使用率（Calculated spending rate）…193
シカゴ大学………79, 81, 133, 137, 143, 145, 157, 181-183, 241-244, 296-298, 309, 428
時価総額の固定割合使用型…………147, 150, 151, 159, 191, 340
支出領域………………………138, 139, 334
市場要素………………………157, 163, 369
慈善寄付………………………………20, 78, 80
使途制限………………………123, 127, 138, 139, 169, 334, 338
収入構成………………………217, 223, 228, 232, 237, 242, 246, 251
受給生比率……………………………356, 357
授業料収入………………………………9
授業料の割引（値引）………………219, 229
主要支出項目別消費者物価指数……92, 96-98, 100
準基本財産（Quasi endowment）………45
純授業料………………………………28
純授業料収入…………………216, 218, 257, 260, 281, 382
奨学金…………………………198, 199, 355
奨学金政策……………………199, 208, 211, 248
条件付基本財産（Term endowment）………45
消費者物価指数………………………91, 92
消費者物価上昇率……86, 89, 268, 272, 274, 280, 284, 314, 316, 317, 384
情報開示…………………………………22
使用をめぐるルール（スペンディング・ポリシー）……………33, 124, 125, 128, 130, 146, 147, 149, 151, 160, 180, 189, 191, 192, 339, 345, 346, 377, 378, 394
職業教育…………………………………27
植民地カレッジ………………………5, 55
私立型……………………………………13
私立学校法………………………………17
私立大学類型別…………………………10
真性基本財産（Ture endowment）………45
スタグフレーション…………………101
スタンフォード大学……131, 132, 137, 141, 155, 177, 178, 194, 213, 230, 232, 234, 289-291, 301, 304, 309, 311-313, 426
ステータス………………………………80, 110
スミス・カレッジ……332, 337, 345, 353, 360, 442
スムージング…………………150, 153, 155
制限の解除………………………………86
政府負担型………………………………13
世代間中立………………………………156
世代間の公平……………………47, 48, 128, 164
絶対リターン（Absolute return）………173, 189, 196
設置形態…………………………………13
全国的リベラルアーツ………90, 92, 93, 101, 376
前年使用実績額の固定割合増使用型…148, 150-152, 160, 340
全米大学実務者協会 NACUBO（National Association of College and University Business Officers）………3, 89, 329
専門学校令………………………………15
専門職教育………………………………325
専門分野………………267, 268, 276, 312, 318
専門分野別構成…………………………30
総合収入（トータル・リターン）……83, 86, 130, 158, 165, 166
想定使用率（Stated spending rate）………193

た行

ターゲットレンジ……………………153
ダートマス判決……………5, 18, 29, 60, 64, 110, 121, 374
大学経営…………………………………iii
大学独自奨学金……… iii , 25, 33, 109, 195,

202, 210, 216-219, 221, 222, 224, 226, 227, 229, 233, 234, 236, 238, 239, 241-243, 245, 247, 250, 252, 255, 256, 258, 261, 262, 264, 281, 356-361, 363, 381, 383, 386-388, 391, 393, 395, 396
大学独自奨学金改革 ·······························36
大学独自奨学金政策 ·····························208
大学独自奨学金戦略 ·····························202
大学令 ··15
大規模私立大学 ························92, 101, 376
第3号基本金引当資産 ····················16, 38
代替投資 (Alternative assets) ·········105, 165, 167-169, 171, 176, 178, 181, 186, 188, 189, 192, 348, 351, 352, 355, 372, 378, 379
第2モリル法 ···75
貸与型 (奨学ローン) ···················207, 209
高授業料・高奨学金政策 ·······37, 200, 201
高奨学金政策 ···24
多様性 ···57-59
チーフ・インベストメント・オフィサー (CIO) ···174
知的教養 ··27
注意義務 ··85
中央値 ···263
長期の安全確保 ··52
定価授業料 ················35, 235, 257, 360, 370
帝国大学令 ··14
ディスクロージャー ························104, 124
ディベート ··82
テクノロジー ·······························98, 133, 394
鉄道網 ··67
統一州法 (UMIFA) ············7, 21, 83, 84, 86, 147, 375, 376
投資アドバイザリー ··································85
投資委員会 ·······························173, 185, 351
投資対象 ···187, 396
投資配分 ······································170, 189, 348
投資方針 ···················164, 165, 186, 191, 347, 354, 377, 378

トービンルール ·············157, 162, 163, 196
篤志家 ··19
独立宣言 ··58
特許状 ··57
トレードオフ ··129

な行

内国歳入法 ··53
内部統制 ···122
内部留保税 (the accumulated earning tax) ···53
NACUBO Eudowment Study ········106, 147, 149, 168, 269, 328
ニードブラインド入試 ···201, 257, 333, 380
ニードベース奨学金 ··············132, 140, 214
ニューイングランド ······ ii , 88, 90, 96, 100
ニューハンプシャー州 ······························62
ニューヨーク証券取引書総合指数 ··········87
年次財務報告書 ········33, 105, 126, 170, 172, 177, 179, 185, 202, 216, 222, 227, 231, 233, 236, 241, 245, 250, 295, 302, 305, 381
年平均リターン ·······································184
農園の経営 (farming) ·································66
農業カレッジ ··19, 74
農民生活向上運動 ······································72

は行

ハーバード大学 ························81, 109, 130, 137, 140, 154, 161, 174, 175, 194, 226-229, 285-288, 307, 382, 424
ハイリスク・リターン ·············166, 369, 396
ハンプシャー郡 ··68
判例法 ··60
ピア・グループ ·········26, 267, 270, 281, 286, 299, 310, 390
ビジネススクール ·······································i
ビジネス専門 ··93
非ラダー (Non-Ladder) ·····························308
ファイアーウォール ································201

ファカルティ……………………26, 271
ファンドの守護者 (Guardians of the Fund)
　………………………………………69
フィナンサー…………………………69
複合型………………………………150
ブラックマンデー………………88, 95
プリンストン大学…………………128,
　137, 139, 146, 152, 161, 170, 175, 214-
　217, 219, 220, 253, 277, 278, 280, 291,
　311, 319, 387, 390, 420
フルタイム換算学生数 ……35, 225, 230, 254,
　289, 367
プロフェッショナルクラス……………71
プロヴォスト (学務担当副学長)……128, 142,
　154, 239, 294
平均受給額………………………………356
米国会計検査院 GAO (United States
Government Accountability Office)
　…………………………………88, 114
米ソ冷戦……………………………102
ヘッジファンド……………………167
ペルグラント……………207, 263, 380
ペンシルバニア大学……134, 138, 143, 144,
　146, 158, 159, 162, 183, 184, 244-247,
　261, 265, 287, 299-302, 309, 311, 428
ペンシルバニア州立大学……………114
ベンチマーク……………………171
法的保護……………………………18
ポートフォリオ・インシュアランス……95
ポートフォリオマネジメント……………23
募金活動……………………………95
ポジション (ポジショニング)……254, 269,
　270, 275, 290, 292, 296, 299, 306, 316,
　384, 385, 389
ポストドクター………………140, 141
ポモナ・カレッジ……330, 334, 339, 341,
　347, 349, 350, 360, 434

ま行

マイナス成長……………………182

毎年都度決定型…………148, 151, 156, 180
マサチューセッツ工科大学 (MIT)………113,
　132, 137, 142, 162, 179, 181, 235-238,
　255, 261, 292, 294, 295, 306, 309, 311,
　386, 426
マサチューセッツ工科大学教員ニュースレ
　ター (MIT Faculty News letter)………180,
　197, 239, 294
マサチューセッツ湾植民地………………56
マルチバーシティ……………………22
未公開株式……………………………176
ミッション…………122, 125, 127, 136, 164,
　190, 330, 333, 377
メリットベース奨学金………………141
綿花の紡績 (cotton-ginning)……………66
免税ステータス…………………53, 54
モーゲージ (住宅ローン)……………99, 103
目標使用率………………154, 155, 158
モリル土地付与法………6, 44, 71, 72, 374

や行

有産カレッジ………………………4

ら行

ラーニングアウトカム………………326
ランキング……………………………i
ランドグラント………………………71
ランドグラント・カレッジ……………72, 73
ランドグラント大学……………………90
リーマンショック……………11, 88, 107
理事会 (Board of Trustees)………………14
リセッション…………………………99
立地環境………………………………276
リベラルアーツ……………………8, 12, 28,
　65, 94, 277, 323-327, 333, 337, 346, 354,
　364, 368-370, 373, 391-393, 395
リベラル教育…………………………82
流動性の維持…………………………51
連邦最高裁……………………………63
連邦党 (federalists)…………………61

連邦メソドロジー FM (Federal Methodology) 231
連邦ローン 200, 380
ローンなし政策 (No-loan policy) 215, 216, 220, 258, 259, 264, 387

わ行

早稲田大学 16
湾岸危機 102

人名索引

あ行

阿川尚之 113
アイスグルバー　Eisgruber, Christopher 128
天野郁夫 15, 16
ウィーロック　Wheelock, John 61
ウエブスター　Webster, Daniel 63
ウッドロー　Woodrow, Wilson 139
エーレンバーグ　Ehrenberg, R. G. 24, 276, 318
大口邦雄 39
大崎仁 114
小方直幸 371

か行

カー　Kerr, C. 22
ガイガー　Geiger, R. L. 5, 6, 24, 26, 65, 75, 114, 207, 272, 363
カーネギー　Carnegie, Andrew 6, 78, 375
金子元久 14, 16
カバレー　Cubberley, E. P. 6, 65
カリー　Cary, William 83, 84
絹川正吉 39
キムボール　Kimball, Bruce 20, 114, 116
キング　King, S. 19, 29, 113
クー　Kuh, G.D. 39
クラーク　Clark, B .R. 22

コーネル　Cornell, Ezra 135
小林雅之 24, 37, 200, 201
コーワン　Cowan, M.J. 52, 53, 111, 112

さ行

ジャクソン　Jackson, Andrew 67
ジョンソン　Johnson, Benjamin Ashby ..20, 114, 116
スピッツ　Spitz, W. T. 23
ゼムスキー　Zemsky, R. 25
ソーントン　Thornton, S. 26, 27, 267, 318

た行

ターナー　Turner, Jonathan B. 71
ティルマン　Tilghman, S. M. 25, 215, 216, 387
テリン　Thelin, J. R. 5, 39, 66
トービン　Tobin, J. 48, 111, 156
戸村理 16
トロウ　Trow, Martin 5, 18, 29, 37, 56, 57, 59, 60

な行

中屋健一 113

は行

ハーブスト　Herbst, J. 5, 18, 29, 58
ハモンド　Hammond, O.B. 19
ハンスマン　Hansmann, H. 21, 47, 48, 50-52, 111
福井文威 51
福留東土 39, 371
ブライト　Bright, Creig 83, 84
ブラウン　Brown, R. A. 180, 239, 294
ブレネマン　Breneman, D.W. 27, 94, 95, 115, 324, 325, 356
ベジーラ　Bezilla, W. 19, 114
ベネット　Bennett, W. J. 24, 200, 263, 396

ベネディクト Benedict, M. L.	58
ベンデービット Ben-David, J.	371
ボイヤー Boyer, E. L.	271
ボーエン Bowen, H. R.	39
ボック Bok, D.C.	27, 325

ま行

マーシャル Marshall, John	64, 67
マッシー Massy, William F.	12, 23, 48, 49, 82, 83, 111, 165
道田信一郎	112
宮田敏近	115, 325
モリソン Morison, S. E.	19, 112
両角亜希子	17

や行

山内英貴	167
山本清	117

ら行

ラポフスキー Lapovsky, L.	21, 169
リンデマン Lindeman, E. C.	20
ルドルフ Rudolph, F.	4, 6, 19, 37, 39, 64, 66
ロソフスキー Rosovsky, L.	21, 26, 39
ロックフェラー Rockefeller, John D.	6, 78, 375

著者紹介

長野 公則（ながの　きみのり）

1951 年	大阪府に生まれる
1974 年	京都大学　法学部卒
	富士銀行 (現みずほ銀行) 入行
	企画部、香港、ロンドン、バハレーン駐在員事務所長を経て
	みずほ銀行エグゼクティブ (参事)
2005 年	みずほ銀行から国際基督教大学 (ICU)
	経理グループ長等歴任 (2016 年退職)
2007 年	東京大学大学院教育学研究科大学経営・政策コース修士課程修了
2018 年	同上　博士課程修了
現在	国際公認投資アナリスト CIIA (Certified International Investment Analyst)
	博士 (教育学・東京大学)

専門分野：高等教育論、リベラル教育、日米大学財務、日米大学史
主要論文：「基本財産の長期的成長 —— アメリカの大学を例としての 30 年間 (1977 年〜 2007 年) ——」(『東京大学 大学経営政策研究』第 1 号、2011 年)、「アメリカの大学の基本財産と奨学金 —— プリンストン大学の No-Loan Policy に着目して ——」(『東京大学大学院教育学研究科紀要』第 52 巻、2013 年)、「アメリカのリベラルアーツ・カレッジと基本財産」(『東京大学 大学経営政策研究』第 3 号、2013 年)、「アメリカ高等教育の法制度形成過程 —— 合衆国憲法誕生からダートマス判決まで ——」(『東京大学大学院教育学研究科紀要』第 54 巻、2015 年)

アメリカの大学の豊かさと強さのメカニズム ——基本財産の歴史、運用と教育へのインパクト——

2019 年 1 月 10 日　初版第 1 刷発行　　　　　　　　　〔検印省略〕

＊定価はカバーに表示してあります。

著　者　長野公則　　発行者　下田勝司　　印刷・製本　中央精版印刷

発行所　株式会社 東信堂

東京都文京区向丘 1-20-6　郵便振替 00110-6-37828
〒 113-0023　TEL 03-3818-5521 (代)　FAX 03-3818-5514
Published by TOSHINDO PUBLISHING CO.,LTD.
1-20-6, Mukougaoka, Bunkyo-ku, Tokyo, 113-0023, Japan
E-Mail: tk203444@fsinet.or.jp　http://www.toshindo-pub.com

ISBN978-4-7989-1530-2　C3037　©2019 Nagano Kiminori

東信堂

転換期を読み解く——潮木守一時評・書評集	潮木守一	二六〇〇円
大学再生への具体像——大学とは何か【第二版】	潮木守一	二四〇〇円
リベラル・アーツの源泉を訪ねて	絹川正吉	三二〇〇円
「大学の死」、そして復活	絹川正吉	二八〇〇円
大学教育の思想——学士課程教育のデザイン	絹川正吉	二八〇〇円
大学教育の在り方を問う	山田宣夫	二二〇〇円
北大 教養教育のすべて——エクセレンスの共有を目指して	小笠原正明編著	二三〇〇円
検証 国立大学法人化と大学の責任——その制定過程と大学自立への構想	田中弘允／佐藤博明／田原博人 著	三七〇〇円
国立大学法人の人事システム——管理職への昇進と能力開発	渡辺恵子	四二〇〇円
国立大学法人化の行方——自立と格差のはざまで	大﨑仁	二六〇〇円
教育と比較の眼	天野郁夫	三六〇〇円
大学は社会の希望か——大学改革の実態からその先を読む	江原武一	二六〇〇円
転換期日本の大学改革——アメリカとの比較	江原武一	三六〇〇円
大学の管理運営改革——日本の行方と諸外国の動向	杉本均編著	三六〇〇円
大学経営・政策入門 東京大学 大学経営・政策コース編		二四〇〇円
大学経営とマネジメント	新藤豊久	二五〇〇円
大学戦略経営の核心	篠田道夫	二二〇〇円
戦略経営III 大学事例集	篠田道夫	三六〇〇円
大学戦略経営論	篠田道夫	三四〇〇円
中長期計画の実質化によるマネジメント改革 カレッジ（アン）バウンド——米国高等教育の現状と近未来のパノラマ	J・J・セリンゴ著 船守美穂訳	三四〇〇円
アメリカの大学の豊かさと強さのメカニズム——基本財産の歴史、運用と教育へのインパクト	長野公則	四六〇〇円
米国高等教育の拡大する個人寄付	福井文威	三六〇〇円
大学の財政と経営	丸山文裕	三二〇〇円
私立大学マネジメント	（社）私立大学連盟編	四七〇〇円
私立大学の経営と拡大・再編——一九八〇年代後半以降の動態	両角亜希子	四二〇〇円
学長奮闘記——学長変われば大学変えられる	岩田年浩	二〇〇〇円
大学のカリキュラムマネジメント	中留武昭	三二〇〇円
イギリス大学経営人材の養成	高野篤子	二七〇〇円
アメリカ大学管理運営職の養成	高野篤子	三三〇〇円

〒113-0023 東京都文京区向丘1-20-6
TEL 03-3818-5521　FAX03-3818-5514　振替 00110-6-37828
Email tk203444@fsinet.or.jp　URL:http://www.toshindo-pub.com/

※定価：表示価格（本体）＋税

東信堂

ネオリベラル期教育の思想と構造——書き換えられた教育の原理	福田誠治著	六二〇〇円
アメリカ公立学校の社会史——コモンスクールからNCLB法まで	W・J・リース著／小川佳万・浅沼茂監訳	四六〇〇円
アメリカ 間違いがまかり通っている時代——公立学校の企業型改革への批判と解決法	D・ラヴィッチ著／末藤美津子訳	三八〇〇円
教育による社会的正義の実現——アメリカの挑戦(1945-1980)	D・ラヴィッチ著／末藤美津子訳	五六〇〇円
学校改革抗争の100年——20世紀アメリカ教育史	D・ラヴィッチ著／末藤・宮本・佐藤訳	六四〇〇円
現代学力テスト批判——実態調査・思想・認識論からのアプローチ	北野秋男・下司晶・小笠原喜康編	二七〇〇円
ポストドクター——若手研究者養成の現状と課題	北野秋男編著	三六〇〇円
日本のティーチング・アシスタント制度——大学教育の改善と人的資源の活用	北野秋男編著	二八〇〇円
現代アメリカの教育アセスメント行政の展開——マサチューセッツ州(MCASテスト)を中心に	北野秋男編	四八〇〇円
アメリカ公民教育におけるサービス・ラーニング	唐木清志	四六〇〇円
[増補版]現代アメリカにおける学力形成論の展開——スタンダードに基づくカリキュラムの設計	石井英真	四六〇〇円
ハーバード・プロジェクト・ゼロの芸術認知理論とその実践——内なる知性とクリエティビティを育むハワード・ガードナーの教育戦略	池内慈朗	六五〇〇円
アメリカにおける学校認証評価の現代的展開	浜田博文編著	二八〇〇円
アメリカにおける多文化的歴史カリキュラム	桐谷正信	三六〇〇円
現代教育制度改革への提言 上・下	日本教育制度学会編	各二八〇〇円
日本の教育をどうデザインするか	上田學・岩槻知也編著	二八〇〇円
現代日本の教育課題——二一世紀の方向性を探る	上田學編著	二八〇〇円
日本の教育制度と教育行政(英語版)	関西教育行政学会編	二五〇〇円
バイリンガルテキスト現代日本の教育	村田翼夫編著	三八〇〇円
人格形成概念の誕生——近代アメリカの教育概念史	山口満編著	三六〇〇円
社会性概念の構築——アメリカ進歩主義教育の概念史	田中智志	三八〇〇円
グローバルな学びへ——協同と刷新の教育	田中智志編著	二〇〇〇円
学びを支える活動へ——存在論の深みから	田中智志編著	二〇〇〇円
社会形成力育成カリキュラムの研究	西村公孝	六五〇〇円

〒113-0023 東京都文京区向丘1-20-6　TEL 03-3818-5521　FAX 03-3818-5514　振替 00110-6-37828
Email tk203444@fsinet.or.jp　URL:http://www.toshindo-pub.com/
※定価：表示価格（本体）＋税

東信堂

溝上慎一 監修 アクティブラーニング・シリーズ（全7巻）

① アクティブラーニングの技法・授業デザイン 安永 悟 編 १६००円
② アクティブラーニングとしてのPBLと探究的な学習 溝上慎一・成田秀夫 編 १८००円
③ アクティブラーニングの評価 石井英真・成田秀夫・溝上慎一 編 १६००円
④ 高等学校におけるアクティブラーニング：理論編【改訂版】 溝上慎一 編 १६००円
⑤ 高等学校におけるアクティブラーニング：事例編 溝上慎一 編 २०००円
⑥ アクティブラーニングをどう始めるか 成田秀夫 १६००円
⑦ 失敗事例から学ぶ大学でのアクティブラーニング 亀倉正彦 १६००円

学びと成長の講話シリーズ

① アクティブラーニング型授業の基本形と生徒の身体性 溝上慎一 १६००円
② 学習とパーソナリティー―「あの子はおとなしいけど成績はいいんですよね」をどう見るか 溝上慎一 १६००円

大学生白書2018
―今の大学教育では学生を変えられない 溝上慎一 २८००円

アクティブラーニングと教授学習パラダイムの転換 溝上慎一 २४००円

グローバル社会における日本の大学教育
―全国大学調査からみえてきた現状と課題 河合塾編著 ३८००円

大学のアクティブラーニング 河合塾編著 ३२००円

「学び」の質を保証するアクティブラーニング
―3年間の全国大学調査から 河合塾編著 २०००円

「深い学び」につながるアクティブラーニング
―全国大学の学科調査報告とカリキュラム設計の課題 河合塾編著 २८००円

アクティブラーニングでなぜ学生が成長するのか
―経済系・工学系の全国大学調査からみえてきたこと 河合塾編著 २८००円

附属新潟中式「3つの重点」を生かした確かな学びを促す授業
―教科独自の眼鏡を育むことが「主体的・対話的で深い学び」の鍵となる！ 新潟大学教育学部附属新潟中学校 編著 २०००円

社会に通用する持続可能なアクティブラーニング
―ICEモデルが大学と社会をつなぐ 土持ゲーリー法一 २०००円

ティーチング・ポートフォリオ／アカデミック・ポートフォリオの活用
―授業改善の秘訣 土持ゲーリー法一 १५००円

ポートフォリオが日本の大学を変える
―ティーチング・ポートフォリオ作成の秘訣 土持ゲーリー法一 २०००円

ラーニング・ポートフォリオ―学習改善の秘訣 土持ゲーリー法一 २५००円

〒113-0023　東京都文京区向丘1-20-6
TEL 03-3818-5521　FAX03-3818-5514　振替 00110-6-37828
Email tk203444@fsinet.or.jp　URL=http://www.toshindo-pub.com/

※定価：表示価格（本体）＋税